海外当代中国研究丛书
Overseas Studies on
Contemporary China Series

丛书主编：魏海生

海外中国研究报告
2014

主　　编　赖海榕
执行主编　张利军
副 主 编　吕增奎　冯　瑾

中央编译出版社
Central Compilation & Translation Press

前　言

随着经济力量的成长，中国正在受到世界各国越来越多的关注；同时，由于中国与世界的融合越来越深，世界各国对中国的看法也会反作用于中国。因此，全面认识外部世界对中国的看法，对于中国与世界建立良好的关系至关重要。党和国家领导人十分注重国际社会正确认识中国对于促进中国与世界的关系所起到的重要作用，习近平总书记强调："在全面对外开放的条件下，一项重要任务是引导人们更加全面客观地认识当代中国、看待外部世界。"习近平总书记指出："对我国传统文化，对国外的东西，要坚持古为今用、洋为中用，去粗取精、去伪存真，经过科学的扬弃后使之为我所用。"他要求："着力打造融通中外的新概念新范畴新表述，讲好中国故事，传播好中国声音。"要落实中央的精神，我们首先要做的就是了解海外对当代中国的各种看法。

为了做到这一点，我们应该首先梳理海外当代中国研究的状况，包括各主要国家有哪些机构、智库、学者在研究中国，这些机构和个人每年在对当代中国作什么样的研究，这些研究的主要观点是什么，他们得出这样或那样结论的依据和理论指导是什么，这些研究成果分别在哪些地方发表发布，产生了什么样的反响，如此等等。

为此，我们中央编译局海外理论信息研究中心，推出海外中国研究2014年度报告，按语种梳理了英语、法语、德语、俄语、日语国家的当代中国主要研究成果。英语国家数量较多，地理分布广，研究力量和成果多，与中国的经贸政治关系较复杂多样，因此，我们还按国别梳理了美国、英国、新加坡、澳大利亚和新西兰的当代中国研究情况。内容包括当年的主要成果和观点的综述，特别是对热点问题研究成果的综述；比较有代表性的若干篇论文的中文译文；各国的研究机构情况介绍；各机构的主要中国研究学者的情况介绍；各国当年的中国研究成果目录，包括论文发表和图书出版的目录等。由于这是首个年度报告，我们对海外当代中国研究成果的梳理会涵盖过去三四年的情况，以后的年度报告将限制于当年的情况。从内容上看，这份年度报告是一项资料性的基础工作，期望能对国内有兴趣的读者提供有益的参考。我们的目的是反映海外中国研究状况，入选译文中若干论述和观点，未必符合实际，未必正确，请读者以批判的眼光看待。

该年度报告涵盖的学术领域仅限于海外对当代中国政治、经济、社会问题的研究，不包括海外对中国传统文化和思想的研究。这绝不是因为后者不重要，而仅仅是因为我们的研究力量有限，目前暂时没有能力涉足这部分内容。

即便是当代中国问题研究，我们的涵盖面也是有限的。首先，在语种方面，西班牙语和阿拉伯语国家对当代中国的研究没有纳入本报告。这两个语种涵盖国家众多，与中国的经贸和政治关系日益密切，根据我们零碎的知识，这两个语种的当代中国研究尚处于起步阶段，更多的是借用其他语种，特别是英语世界的研究成果。但是随着时间的推移，这些国家自身的当代中国研究力量必然有所建设和发展，将会有越来越多的自主研究成果，未来的年度报告将设法涵盖这些国家。其次，就大语种的国别情况而言，如英语国家里的印度、巴基斯坦、南非等国的当代中国研究没有涵盖在本报告里，这些国家的成果数量不太多，但是有自己的视角和观点，并且随着与中国关系的进一步密切，其自身的当代中国研究力量和成果必然逐渐增长，我们将在未来的年度报告中设法扩大涵盖范围，把这些国家也包括进去。此外，由于全球化的发展，学者在国家间的流动频率增大，各国研究机构之间的合作在不断深化，有些研究成果的国别分类存在技术上的困难。例如，一个中国学者在美国工作，并未加入美国国籍，他/她的成果究竟算不算美国的研究成果，没有一个公认的标准，我们的研究人员根据学者在该国或机构工作时间的长度及其受教育和研究经历作一些自主的判断，可能带有一些主观因素，但也只能采取这种折中的办法。

尽管存在以上种种困难和问题，我们觉得，主要语种和主要国家的主要研究成果应该是涵盖其中了，至少我们是朝着这个目标努力的。当然，由于我们的水平有限，力量有限，梳理过程中恐有遗漏和误读，恳请读者专家批评指正，帮助我们把年度报告写得更好。

目 录 >>>>

◆ 国家篇 ◆

美　国	3
英　国	32
法　国	44
德　国	62
俄罗斯	77
日　本	96
澳大利亚	112
新加坡	129
新西兰	138

◆ 热点篇 ◆

中国梦 …… 144
　海外对中国梦的解读 …… 145
　中国梦、美国梦与世界梦 …… 163
　阐释中国梦：一项政治解释学的实践 …… 177

中外关系 ·································· **189**
  新领导集体下的中国对外政策 ·················· 190
  中日关系的前景——从习近平政府的对外政策出发 ······ 203
  中国对非援助：发展之路还是冲突之路？ ············ 213

人大与政协 ································ **229**
  现代中国民意机关的政治作用 ·················· 230
  一党制选举中的"好人"：中国地方人民代表大会中的选举联系 ··· 262

经济转型中的创新与环境保护 ···················· **280**
  "真正的大跃进"——中国的研究与创新政策 ·········· 281
  "环境严酷时代"的中国 ····················· 300

◆ **资料篇** ◆

海外中国研究主要机构 ························ 313
海外中国研究主要学者 ························ 342
海外中国研究文献索引 ························ 375

国 家 篇

美 国

早在20世纪50年代，美国学者就展开了对当代中国的研究（以下简称"中国研究"），美国的中国研究基本上与中华人民共和国同龄。在数代学者的努力下，美国的中国研究已经不再囿于政治学家的范围，扩展到各个学科，尤其是学者数量的增长更为可观。① 中国研究不仅是美国区域和国际关系研究中的显学，而且一些领域的研究水平也是世界中国研究的领导者，用美国已故著名中国问题专家迈克尔·奥克森伯格（Michel Oksenberg）的话说，"美国的当代中国研究乃是全球的样板"②。与此同时，中国研究在美国社会科学发展中的角色上也发生了重大转变。现在，中国研究"可能从一个'消费领域'（依靠来自其他国家的研究来获得分析的洞察力）成长为一个'生产领域'（即有能力产生使一般的比较研究者感兴

---

① 2010年，美国学者沈大伟在接受采访时指出，目前在美国大学和智库大概有3000人研究中国问题，研究政治、经济、社会的华人学者不少于300人。除了大学和智库外，美国政府也拥有大量的中国研究专家和分析师，据沈大伟的估算，美国中央情报局、国防部等机构差不多有一两千人研究中国问题，参见《西方学者视野中的国外中国问题研究——访美国乔治·华盛顿大学教授沈大伟》，载《中共党史研究》2010年第4期，第86页。关于美国政府中的中国问题专家的相关研究，参见 Thomas Fingar, "Government China Specialists: Scholar Officials and Official Scholars", in David Shambaugh ed., *American Studies of Contemporary China*, M. E. Sharpe, 1993, pp. 176–195。

② 转引自袁鹏：《美国的当代中国研究》（下），载《国际资料信息》2003年第7期，第37页。

趣的原创性分析)"①。

当然，在美国，中国研究自诞生之初就不是一种单纯的学术研究，而是具有强烈的实用主义色彩。从美国中国研究的半个多世纪的历史来看，促进美国对中国的认知、影响美国公众舆论与为政府提供政策咨询和建议是其主要的功能，并且确实在这些方面发挥了巨大的作用。② 正是由于这种很强的实用目的和功能，中国的国内事件和外交关系成为美国的中国研究的主要推动力，无论是从美国中国研究的历史中还是从目前的研究现状中，我们都会看到，中国国内发生的几乎所有重要事件都会出现在美国学者的视野之中。就2013年而言，中国内政和外交方面发生了一系列重大事件：3月，中国领导人新老交替的彻底完成；9月，薄熙来案的审判；11月，中共十八届三中全会的召开；中美两国领导人的首次私人会晤以及中国南海和东海的领土争端问题，等等。这些重大事件无不引起了美国学者的关注和讨论。中国崛起及其对世界尤其是中美关系的影响也是21世纪初期以来美国学界一直热度不减的话题。尤其是在全球经济前景依然不明朗、中国崛起日益明显和美国仍未走出金融危机阴影的背景下，中国领导人多次提出中美应建立新型大国关系的主张，使美中关系成为2013年美国学术界中最热烈的主题。

一、总体概况

2013年，美国的中国研究总体上处于极其繁荣的状态。从研究的领域来看，中国政治这个传统重点领域依然受到关注，而中国外交尤其是中美关系则成为最热门的主题。从学术活动来看，美国的学会、智库和大学举办了大量的国际性大会、专题研讨会、演讲和新书讨论会。从学术出版来看，美国学者发表了大量的中国研究论文和专著。本部分将从学术会议、期刊和专著这三个方面描述美国的中国研究的总体状况。

---

① [美]裴宜理：《半个世纪的伙伴：美国的中国研究与中华人民共和国》，见张海惠主编：《北美中国学——研究概述与文献资源》，中华书局2010年版，第324—325页。

② 关于这方面的个案研究，参见李增田：《鲍大可与中美关系正常化》，载《美国研究》2004年第2期，第79—99页。

1. 学术会议

美国的中国研究界向来比较重视举办各类学术会议，这些活动不仅仅是研究同行们进行学术交流和讨论的平台，更重要的是，它们也是影响公众舆论和政策决策的重要场合之一。因为这些学术会议通常是向公众开放的，听众中不仅有来自其他研究机构的学者，也有普通民众、记者和美国政府官员，尤其是在美国首都华盛顿举办的各类学术会议，经常会有美国外交圈和决策圈的人士参加。2013年，美国的中国研究界举办了大量的学术会议。从举办的机构来看，主要有美国的全国性学会、智库和大学；从会议的类型来看，既有规模达到上千人的国际大会，也有人数仅有两三人的专题研讨会，此外还有演讲和新书讨论会等形式的学术活动。

（1）全国性学会

美国亚洲研究学会（Association for Asian Studies）和美国政治学学会（American Political Science Association）的2013年年会是规模最大的会议，与会人数达到数千人，其中与会的中国研究学者也达到了数百人。2013年8月28日至9月1日，美国政治学学会年会在芝加哥举行。在当代中国研究方面，来自美国、新加坡、加拿大、澳大利亚、英国、中国大陆、中国香港和中国台湾等国家和地区的210名中国政治研究学者，提交了140多篇论文，举行了20多场分组和小组研讨会，其中比较重要的有：中国政治研究学会举行了题为"中国政治体制合法性的演变"和"移民与中国"的两场专题分组讨论会；"全球中国政治学家论坛"举行了题为"习近平领导下的外交政策"和"中国的抗争政治管理"的两场专题分组讨论会。除此之外，这次大会的比较政治分组、共产主义和前共产主义政治分组、外交政策分组、国际安全分组和国际政治经济分组等都设立了以中国为主题的小组讨论会。裴宜理（Elizabeth J. Perry）、欧博文（Kevin J. O'Brien）、魏德安（Andrew Wedeman）、李磊（Pierre F. Landry）、戴杰（Jacques De Lisle）、苏珊·奥格登（Suzanne P. Ogden）、金骏远（Avery Goldstein）和蔡晓莉等活跃于学术一线的著名中国政治研究专家都出席了这次大会，阎学通教授等来自国内的一部分学者也参加了这次大会。

从各场中国专题研讨会的内容来看，中国政治的几乎所有方面都有所涉及，包括近两年美国学者较少关注的村民选举和基层民主等问题；同时也呈现出一些热点，主要包括以下几个方面：①中国外交政策，涉及中国的外交政策思想、东亚政策、中东政策、安全政策等方面。②中国外交关系，包括中欧关系、中非关系、中日关系、中韩关系、中国与发展中国家的关系等。③中国崛起及其影响，这次大会为此专门举行了题为"国际关系理论与中国外交政策的转变：中国崛起辩论"、"中国的崛起与国际秩序的变化"和"作为国际安全挑战的中国"等3场小组讨论会。④中国的社会抗争问题，涉及集体暴力、公民社会与农村抗争、政府引发的抗争、抗争的作用和影响以及国家对社会抗争的反应、农村的不服从政治等诸多方面。⑤中国政治体制的合法性。⑥中国的地方政治研究。

在这次大会上，中国研究的分组和小组讨论会表面上似乎以主题来划分，但其实隐含着目前美国学界对中国政治体制的一般界定和总体研究框架。从较大的分组研讨会来看，关于中国的议题一般被归入比较政治研究分组与共产主义和前共产主义政治分组；从更为具体的小组研讨会来看，除了以中国为主题的小组研讨会外，一些关于中国的研究论文，例如关于社会福利、福利制度、政党、公共产品、公共安全等问题的少数论文，被归入一党制国家、发展中国家和"非民主国家"等小组讨论会。这些分组情况反映出美国政治学界仍然把中国政治体制界定为非西方民主制度的一党制发展中国家，同时在一定程度上也反映出，现代化理论、转型理论和一党制理论仍然是美国学界主流的中国政治研究框架。

2013年3月21—24日，亚洲研究学会在加利福尼亚圣地亚哥举行年度大会，与会人数达到3303名，来自世界各地的中国研究学者人数达到920名，共召开了373场小组讨论会，其中以中国为主题的小组讨论会达到135场，超过了小组讨论会总数的三分之一。尽管这些小组讨论会大多数以中国古代史、近代史和当代史为主题，但是关于当代中国问题的小组讨论会也达到了38场。从与会的学者来看，老一代中国研究专家仍然活跃，哥伦比亚大学政治系荣誉教授白思鼎（Thomas P. Bernstein）和美国普林斯顿大学东亚研究系荣誉教授林培瑞（Perry Link）分别主持了"苏联在中国的影响：一个再评价"和"充满想象的折射：后天安门时代的文学中国"的小组讨论会；一些知名中国研究专家——包括加州大学伯克利分校教授欧博文，乔治亚州立大学教授、中国腐败研究专家魏德安，波士顿大学教授傅士卓（Joseph Fewsmith），美国福特汉姆大学法学院副教授、中国群体性事件研究专家明克胜（Carl Minzner），丹麦哥本哈根商学院教授柏思德（Kjeld Erik Brodsgaard）——出席了会议。从小组讨论会的主题和论文来看：第一，美国学界的当代中国研究范围十分广泛，但关注的问题也非常细微，涉及中国政治经济体制、社会管理、社会保障、高等教育、思想文化、环境保护、台湾问题、外交关系、军事现代化等诸多方面。第二，基层选举、社会群体性事件和社会管理、社会保障等传统问题仍然受到关注，但是南海问题、环境保护、腐败等领域中的时事性问题是美国学界讨论的新热点。此外，值得注意的是，连一向不受关注的思想宣传领域也开始受到关注，这次大会设立了"作为全球性理论的中国思想"、"当代中国的精英和大众儒学"、"对中国宣传的新透视"等小组讨论会。第三，西方学者尽管注意到了中国政治经济体制的发展和变化，但是他们的总体判断没有改变，认为中国仍然是一个一党制国家。

（2）智库的会议活动

举办各种类型的研讨会是美国智库的主要学术活动之一。从规模上来看，美国智库的各类学术会议显然不能与上述全国性学会的年会相比，通常仅有3—5名学者参加，战略与国际研究中心（Center for Strategic and International Studies）的"2013年全球安全论坛"是规模最大的学术会议，也仅有50多名学者参加。但是，它们的会议数量却极为庞大，战略与国际研究中心、布鲁金斯学会、传统基金会、卡托研究所、和平研究所、外交政策研究所、威尔逊中心基辛格中美关系研究所等知名智库几乎都举行过学术会议，而且有些智库——例如战略与国际研究中心、布鲁金斯学会和威尔逊中心基辛格美中关系研究所等——甚至举行过多次会议。此外，智库的学术会议规格也更高，经常邀请一些国内外政要或者社会和学术名流参加会议或者发表演讲。2013年，在美国外交政策研究所智库排行榜前50名的智库中，除了极少数智库外，绝大多数都举行了各类有关中国的会议活动。这些会议的主题涉及中国内政外交的诸多方面，涵盖从国内改革和政策变化、十八届三中全会、中国崛起到中美关系、中日关系、南海和东海争端问题等一系列重大事件和现实问题。

在中国内政方面，企业研究所（American Enterprise Institute）在2013年1月22日举行了题为"2013年及其之后的中国"的研讨会，美国商务部前副部长雷文凯（Franklin Lavin）在会上描述了中国在经济和外交方面面临的两种选择："市场理性主义对经济民族主义"与"大国现实主义对道德主义的民族主义"；美中经济与安全评估委员会主席卡罗琳·巴塞洛缪（Carolyn Bartholomew）在会上指出，中国能否维持现有的威权政治加市场经济模式是决定中国未来的关键问题；企业研究所亚洲研究主任卜大年（Dan Blumenthal）认为，中国当前的状况是不可持续的；曾经担任美国财政部助理部长，现为马里兰大学教授的施瓦格（Phillip Swagel）则强调了中国经济体制目前所存在的各种局限。1月23日，雷文凯又应传统基金会（Heritage Foundation）邀请发表题为"中国面临四大问题"的演讲，指出经济政绩、社会稳定、领导层团结和外交政策是中国新一代领导人面临的四大根本问题。5月30日，威尔逊中心基辛格中美研究所（Kissinger Institute on China and the United States）邀请两位外部专家讨论了"习李领导下的中国经济和政治前景"。11月7日，亚洲学会（Asia Society）举行了与《纽约客》记者欧逸文（Evan Osnos）的专门交流会，邀请了加利福尼亚大学圣地亚哥分校谢淑丽教授（Susan Shirk）和前驻华大使芮效俭（J. Stapleton Roy）与该学会美中关系研究所所长夏伟（Orville Schell）一道讨论中国领导层的新老更替过程。

在中国共产党十八届三中全会召开前，布鲁金斯学会（Brookings Institution）举办了题为"中共十八届三中全会：改革开放2.0?"的研讨会（10月31日），布鲁金斯学会中国问题专家李成分析了对这次会议的三种悲观看法，表示他抱有乐观的看法，认为会议将会推出全面而又深刻的改革。11月22日，战略与国际研究中心举行研讨会，邀请前驻华大使芮效俭和彼得森国际经济研究所高级研究员尼古拉斯·R. 拉迪（Nicholas R. Lardy）、卡内基基金会副总裁包道格和英国《金融时报》（*Financial Times*）华盛顿负责人理查德·麦格雷戈（Richard McGregor）参加研讨会，探讨十八届三中全会所推出的政策及其影响。

在美中关系方面，围绕着中美交流基金会发布的报告《2022年的美国—中国：未来十年的美中关系》，亚洲学会、芝加哥全球事务委员会和战略与国际研究中心分别于 5 月 21 日、22 日和 23 日召开了题为"未来十年的美中关系"研讨会,基辛格、董建华、诺贝尔经济学奖获得者迈克尔·斯宾塞(Michael Spence)、中国商务部前副部长马秀红、美国前商务部部长和白宫办公厅主任威廉·M. 戴利(William M. Daley)、美国前财政部部长约翰·保尔森(John Paulson)等政界和学术界名流都出席了研讨会。除此之外,战略与国际研究中心在 4 月 23 日举办了题为"中国大陆—台湾—美国关系"的研讨会;6 月 13 日,邀请了众议员拉森(Rick Larsen)和众议员波斯坦尼(Charles Boustany)进行了题为"美国国会对美中关系的看法"的研讨会,并在 11 月 5 日的"全球安全论坛"上举行了题为"美中经济关系:2.0?"的主题讨论会。此外,亚洲学会在 3 月 11 日邀请美国总统国家安全事务助理托马斯·多尼隆(Thomas Donilon)发表了关于美国对华政策的演讲;布鲁金斯学会在 6 月 12 和 9 月 20 日分别邀请中国外交部发言人华春莹和外交部部长王毅就中美新型大国关系发表演讲。

在中国南海领土争端问题上,亚洲学会与新加坡国立大学在 3 月 13—15 日联合举办了为期三天的国际研讨会,会议主题是"中国南海:亚太和平与安全的关键"。来自美国、中国、越南、菲律宾、新加坡和澳大利亚的 15 名著名学者、专家和政府官员参加了会议。美国前驻华大使和基辛格美中关系研究所所长芮孝俭发表了题为"中国南海上危险的潮流"的开幕词。这次会议设立了五个专场,主题分别是:"中国南海上的美中关系"、"中国南海领土争端的起源"、"国际法的角色与治理"、"东盟在中国南海上的立场及其对地区和平与安全的影响"以及"寻找合作的道路:教训与建议"。6 月 4—5 日,战略与国际研究中心举办了题为"管控中国南海紧张局势"的国际研讨会,来自美国、中国、印度、菲律宾、中国台湾和越南的 25 名学者和政府官员参加了会议。这次会议设立了"中国南海领土争端的重要性"、"中国南海领土争端的最新状况"、"地区政治中的中国南海"和"促进中国南海合作的建议"等分组讨论会。此外,外交政策研究所在 4 月 23 日举行了题为"东海和南海争端:地区安全前景与美中关系"的小型研讨会。

2. 主要期刊

长期以来，美国没有专门的中国研究学术刊物。国际上权威的中国研究刊物是英国伦敦大学亚非学院主办的《中国季刊》（China Quarterly），尽管这是一家英国杂志，但是美国学者深度参与其中，哈佛大学历史及政治学教授罗德里克·麦克法夸尔（Roderick MacFarquhar）参与创刊，而沈大伟教授也曾经担任该杂志的主编。就美国国内而言，能够与《中国季刊》相比肩并经常刊载当代中国研究文章的老资格刊物有三种：《亚洲研究》（Asian Survey，1935 年创刊，原名为 Far Eastern Survey，1961 年改为现名），《共产主义和后共产主义研究》（Communist and Post-Communist Studies，1962 年创刊，原名为 Communist Affairs，1968 年改名为 Studies in Comparative Communism，1993 年改为现名）和《亚洲研究杂志》（The Journal of Asian Studies，1941 年创刊，原名为 Far Eastern Quarterly，1956 年改为现名）。20 世纪 70 年代，美国出现了两种中国研究刊物：《近代中国》（1975 年创刊）和《20 世纪中国》（1975 年创刊，原名为 The Chinese Republican Studies Newsletter，1983 年改名为 Republican China，1997 年改为现名）。尽管这两种杂志经常刊登一些当代中国研究的文章，但是更偏重于中国历史的研究。进入 20 世纪 90 年代后，美国新创办了三种专门的当代中国研究刊物：《当代中国》（Journal of Contemporary China，1992 年创刊），《中国政治学刊》（Journal of Chinese Political Science，1995 年创刊）和《国际中国评论》（China Review International，1994 年创刊，主要刊载中国研究著作的书评）。

到目前为止，美国经常刊载当代中国研究文章的刊物主要有三类：专门的中国研究刊物、地区研究杂志、国际政治和外交研究杂志。这里简要地介绍 2013 年这三类刊物的当代中国研究文章状况。从中国研究的专门刊物来看，《当代中国》杂志几乎每一期都推出专题研究，2013 年推出了"大中华地区的腐败控制：实践与趋势"、"当代中国的地方政府：利益、制度和财政"、"当代中国农村的土地改革和土地冲突"、"中国地方治理的转型"、"中国大陆和台湾地区对全球金融危机的应对"、"中印关系：来自印度的视角"、"中国农村治理的转变"、"中国内地与香港地区关系的转变"等专题研究。相比之下,《中国政治学刊》没有推出专题性研究,主题极为广泛,其中美国学者的文章主要有:密苏里州立大学政治系杰出教授范希祺(Dennis V. Hickey)的文章《警惕现实:台湾地区、大陆与两岸和平》、美国南卫理公会大学政治系副教授武内宏树(Hiroki Takeuchi)和日本庆应义塾大学政策学部副教授加茂具树合著的《代表与中国地方人大:扬州市人大的个案研究》、加利福尼亚州立大学奇科分校政治系助理教授詹妮弗·R. 威尔金等人的《接受谈判?——中国农村的政治权利、经济发展和对政府的支持的实证研究》、东伊利诺伊大学学者卢克·J. L. 伊斯廷(Luke J. L. Eastin)的《合法性赤字:中国在联合国的领导》。此外,在非美国学者的文章中,值得关注的是德国学者的两篇文章《说服和合法性之间关系的概念化:关于中国共产党的大框架》和《中国的意识形态:调和当代改革的政治和经济》。

在地区研究杂志中,《亚洲研究杂志》所刊发的当代中国研究文章主要有:科罗拉多大学博尔德分校地理学副教授埃米利·T. 叶(Emily T. Yeh)的《愤怒的打击与燃热的激情:西藏的民族主义、文化政治和景观去商品化》、斯坦福大学亚太研究中心卡伦·艾格尔斯顿(Karen Eggleston)、戴慕珍(Jean C. Oi)等人的《人口变化会放慢中国的崛起吗?》和罗彻斯特大学人类学助理教授约翰·奥斯博格(John Osburg)的《全球资本主义在亚洲:超越中国的国家和市场》。《亚洲事务:美国的评论》(*Asian Affairs: An American Review*)2013年仅刊发了三篇当代中国研究论文,分别是澳大利亚格里菲斯大学亚洲研究所研究员迈克尔·克拉克(Michael Clarke)的《中国在"大中亚"的战略:阿富汗是缺失的环节吗?》、香港城市大学公共与社会管理系副教授林德民的《香港梁振英政府的领导力》和密苏里州立大学政治系杰出教授范希祺的《美国的台湾政策:改变的时刻?》等。

在国际关系和外交研究杂志中,《外交》(*Foreign Affairs*)2013年仅刊发了一篇美国学者的当代中国研究文章,即宾夕法尼亚大学政治学教授金骏远的《现实和当前的中国威胁:现在是华盛顿担心的时候了》;澳大利亚前总理和外交部长陆克文在该刊3/4月号上发表了题为"超越重返:美中关系新路线图"的文章。《华盛顿季刊》(*Washington Quarterly*)刊发的主要文章有：美国新安全研究中心研究员艾利·拉特纳（Ely Ratner）的《再平衡带有不安全的中国的亚洲》、战略与国际研究中心研究员托马斯·芬格（Thomas Fingar）和中国学者樊吉社合写的《纽带：中美关系的战略稳定性》、卡内基国际基金会高级研究员艾西利·泰利斯（Ashley Tellis）的《非遏制的平衡：美国应对中国崛起的战略》以及夏威夷亚太安全研究中心副教授杰弗里·里夫斯（Jeffrey Reeves）的《中国正在制定的接触战略》。

3. 主要著作

美国学界每年都出版大量的中国研究著作，其中不乏产生巨大反响的重磅著作。就 2013 年而言，美国出版的中国研究著作依然涵盖政治、经济、社会、文化和外交等十分广泛的领域，但是，从总体上来看，主题比较集中于中国的崛起及其对中美关系和世界的影响。这里仅对一部分比较重要的著作进行简要的介绍。

在中国政治研究方面，波士顿大学国际关系与政治科学教授傅士卓的《中国政治改革的逻辑与局限》（Joseph Fewsmith, *The Logic and Limits of Political Reform in China*, Cambridge University Press, 2013）指出，自 20 世纪 90 年代以来，中国的政治改革存在自上而下和自下而上两种发展逻辑。乡镇选举和党内民主是由上层推动的政治改革，是自上而下发展逻辑的典型事例，而以温州商会为代表的公民社会则是自下而上发展逻辑的典型事例。这些政治改革和发展的局限在于两个方面：一方面过于依赖地方的个别领导人；另一方面，并未沿着各自的逻辑推广到整个政治体制。因此，这些改革属于制度创新的范畴，而不是政治的制度化。

在中国经济研究方面，卡内基基金会高级研究员、北京大学光华管理学院金融学教授迈克尔·佩蒂斯的《避免失败：中国的经济重组》（Michael Pettis, *Avoiding the Fall: China's Economic Restructuring*, Carnegie Endowment for International Peace, 2013）反驳了一些关于中国经济增长的乐观预期，认为不断飙升的债务和国内市场扭曲意味着中国经济的再平衡是不可避免的。因此中国别无选择，只能对经济进行重组，转向扩大国内消费，提高国内人均收入并减少对投资的依赖，尽管这将会付出政治代价，但却是避免中国经济失败的唯一途径。美国斯坦福大学教授罗纳德·麦金农的《不受待见的美元本位制：从布雷顿森林体系到中国的崛起》（Ronald I. Mckinnon, *The Unloved Dollar Standard: From Bretton Woods to the Rise of China*, Oxford University Press, 2013）从历史的视角分析了"二战"后美元本位制的不同发展阶段，认为中国的崛起不会削弱美元的国际货币地位，相反，中国已经成为美元本位制的支柱之一。

在中国崛起方面，乔治·华盛顿大学教授沈大伟的《中国走向世界：不完全的大国》（David Shambaugh, *China Goes Global: The Partial Power*, Oxford University Press, 2013）分析了中国在全球外交、全球治理、全球经济、全球文化和全球安全等领域的影响，指出中国作为全球大国的因素实际上非常弱小，而且非常不均衡。中国既不像一般人认为的那样重要，也不具有通常认为的影响力。要成为真正的全球大国，中国仍然有漫长的道路要走。波特兰大学政治学荣休教授梅尔·格托夫的《这将是中国世纪吗？——一种怀疑观点》（Mel Gurtov, *Will This Be China's Century?: A Skeptic's View*, Lynne Rienner, 2013）质疑了中国正在挑战或取代美国世界超级大国地位的看法，认为中国的经济崛起加剧了社会不平等、环境退化、官员腐败等问题，这些重大的制约因素会使中国领导人继续关注国内的挑战，也使中国军事能力和抱负受到限制，因此，美国的对华政策最好是接触而不是对抗或遏制。夏威夷东西方中心高级研究员丹尼·罗伊（Denny Roy）的《巨龙归来：正在崛起的中国与地区安全》（*Return of the Dragon: Rising China and Regional Security*, Columbia University Press, 2013）认为，中国的崛起加剧了诸如南海领土争端这样的一些地区双边争端，加深了美中关系中的冲突和互不信任，也对当前的国际体系、国际准则和国际机构产生了复杂的影响。但是，中国国内政治、社会和经济的弱点也会制约中国在对外关系上的自信行为。此外，还有两本著作讨论中国崛起尤其是中国日益增长的自然资源需求对世界的影响。一本是任职于南阿拉巴马大学的西格弗里多·布尔戈斯·卡塞雷斯和美国海军研究生学院助理教授索帕尔·伊尔合著的《饥饿的巨龙：中国对资源的追求正在如何重塑世界》（Sigfrido Burgos Cáceres and Sophal Ear, *The Hungry Dragon: How China's Quest for Resources is Reshaping the World*, Routledge, 2013），另一本是《新闻周刊》前驻亚洲记者克雷格·西蒙斯的《贪食龙：中国的崛起如何威胁自然世界》(Craig Simons, *The Devouring Dragon: How China's Rise Threatens the Natural World*, Scribe Publications, 2013)。

与众多认为中国经济将会继续增长的观点相反，美国自由作家詹姆斯·R. 格里的《中国危机：中国经济的崩溃如何导致全球萧条》(James R. Gorrie, *The China Crisis: How China's Economic Collapse Will Lead to A Global Depression*, Wiley, 2013)一书，从中国政治稳定性和合法性、社会不稳定、经济不可持续性、经济和金融、环境退化和民族问题等方面进行了分析，指出中国即将进入磨难期，这将使中国把目光转向支持或复兴本国经济，从而可能使中国不再购买美国的国债，导致美国国债市场的崩溃。这种可能性对美国、欧洲乃至全球经济来说都是恶兆。美国布鲁金斯学会高级研究员威廉·安欧里斯对这种通过资料来研究中国并作出判断的方法不以为然。他和家人花费了5个月的时间在中国和印度进行旅行，写作了《由内而外、印度和中国：地方政治走向世界》(William Antholis, *Inside Out, India and China: Local Politics Go Global*, Brookings Institution Press, 2013)一书。他指出了西方学者、政治家和商业领袖所忽视的一个事实，中国和印度最大的七个省和邦正在崛起，它们的影响能够走向世界。

在中国外交方面，乔治城大学外交学院教授罗伯特·萨特的《中华人民共和国的外交关系：1949年以来中国国际政治的遗产和限制》(Robert G. Sutter, *Foreign Relations of the PRC: The Legacies and Constraints of China's International Politics since 1949*, Rowman & Littlefield Publishers, 2013)全面地考察了中华人民共和国自1949年成立以来的外交关系，分析了这60余年中国外交所留下的遗产和制约因素，并对中国当前的外交成就和问题进行了评估。美国前国务院和白宫官员唐纳德·格罗斯在《对华误识：美国如何能从中国的崛起中受益和避免另一场冷战》(Donald Gross, *The China Fallacy: How the U. S. Can Benefit from China's Rise and Avoid Another Cold War*, Bloomsbury Academic, 2013)一书中分析了美国鹰派的中国经济威胁论、军事威胁论、软实力威胁论等观点的谬误，指出美国对华经济和安全政策的缺点，认为它们都建立在错误的前提上。由于美中关系的结构性缺陷可能导致严重的军事对抗和贸易冲突，因此，他建议建立一种大国关系的新范式：为美中之间的"稳定和平"关系奠定基础，这种新大国关系范式也最符合美国的利益。内布拉斯加大学林肯分校政治学副教授戴维·拉普金和印第安纳大学政治学荣誉教授威廉·R.汤普逊的《转移情景：21世纪的中国和美国》（David Rapkin, and William R. Thompson, *Transition Scenarios: China and the United States in the Twenty-First Century*, University of Chicago Press, 2013）运用国际关系理论中的权力转移理论，设想并分析了中国和美国之间的四种权力转移前景："美国治下的和平 II"、"转移战争"、"中国治下的和平"与"自由和平"。他们认为，这四种都不是预先注定的、必然的和即将出现的，至于现实的世界体系会如何走向仍然是一个有待继续研究的问题。

二、研究热点

1. 中国崛起：不完全的大国

中国的崛起是进入新世纪以来最重大的国际事件，尤其是在2008年西方国家陷入经济危机的背景下显得更为明显。正如美国前商务部副部长赖文（Frank Lavin）所说："中国崛起成为重要的经济和政治大国是我们时代的最重要的发展，从美国、日本和欧盟持续表现不佳的背景下来看，中国崛起的后果更为突出。"[①] 这也是美国学者一直以来最为关注的问题。在美国学者当中，普遍的共识是中国正在崛起是毫无疑问的事实，目前已经成为一个经济超级大国。当今的中国是"成功的中国"、"具有重大影响的国家"和"重要的国家"。然而，从综合实力来看，中国目前究竟崛起到什么程度？这成为2013年美国学者最为关注的问题。

乔治·华盛顿大学教授沈大伟从中国在全球外交、全球治理、全球经济、全球文化和全球安全中的影响的角度分析了中国的崛起程度。他指出，中国实际上只有在某些领域——全球贸易模式、全球能源和商品市

[①] Frank Lavin, "China's Rise to Global Economic Power: What does it Mean for the United States?", http://www.wilsoncenter.org/sites/default/files2013August27ChinasRisetoGlobalEconomicPower_LAVIN%20Remarks.pdf.

场、全球旅游业、全球奢侈品销售、全球房地产和网络攻击——中才具有全球影响力,能够影响这些领域中的全球趋势。除了这些领域外,中国实际上并不能影响全球的事件。目前,虽然中国存在并活跃于全球许多地区和领域,但是尚不能影响或塑造这些地区和领域的行动者和事件。沈大伟把中国的这种全球地位状况概括为"有广度无深度、有存在无影响模式"①。在外交上,中国通过不作为或消极行为来影响事件,也没有积极主动地解决全球问题。在军事上,中国不能把军力投射到亚洲邻国地区之外,即使在亚洲地区内,中国的军力投射能力仍然有限。在文化上,尽管自2008年以来,中国投入大量努力和资金打造软实力和改善国际形象,但是中国继续存在毁誉参半的国际名声;同时,中国的文化产品——艺术、电影、文学、学术、音乐等——仍然不能引领世界潮流,不为其他国家所知。即使在经济这个中国有望成为全球潮流引领者的领域,中国的影响也远远低于人们的预期。因此,沈大伟认为,中国的全球存在和声望是模糊不清的,要成为像美国那样的全球超级大国,仍然有漫长的道路要走。"随着时间的推移,中国或许能够获得这些特性,但目前中国仍然是一个不完全的大国。"②

莱克星顿研究所(Lexington Institute)副总裁丹尼尔·古雷(Daniel Gouré)认为,凡是公共卫生间不提供厕纸的国家都不可能是大国。他注意到,即使在北京这样的大城市中,公共卫生间也都不提供厕纸。这是中国不均衡发展的清楚反映,也是政府在公民福利上投入不足的指标。中国面临着下层要求提高福利的压力,这种压力随着时间的推移而不断增长。因此,由于承担着为民众提供体面生活的内部压力,中国政府难以实施咄咄逼人的外交和安全政策,更难以承担大国角色。按照这种公共卫生间指数,中国不过是一个中等水平的大国。③

在中国崛起的同时,美国是否在衰落?或者说,中国是否会取代美国成为下一个全球霸权国家?这也是近年来美国学者激烈争论的问题。塔夫

---

① David Shambaugh, *China Goes Global: The Partial Power*, Oxford University Press, 2013, p. 9.
② David Shambaugh, *China Goes Global: The Partial Power*, Oxford University Press, 2013, p. 10.
③ Daniel Gouré, "Is China a Great Power?", Lexington Institute, http://www.lexingtoninstitute.org/is-china-a-great-power-/? a = 1&c = 1171.

茨大学助理教授迈克尔·贝克利（Michael Beckley）在《国际安全》（International Security）杂志 2012 年冬季号上发表的一项长篇研究文章中指出，目前关于美国相对于中国而言正在衰落的流行观点是错误的，美国实际上并未衰落，与 1991 年相比，美国反而比中国更具有优势、更富有创新性和拥有更强大的军力。美国衰落论之所以是错误的，是因为许多人混淆了增长率和增长量的概念，依靠有瑕疵的数据衡量中国的经济实力，同时错把规模当实力。① 针对迈克尔·贝克利"美国没有衰落"的观点，乔治·华盛顿大学安全与冲突研究所研究员约书亚·R. 伊兹科维茨·施弗林森（Joshua R. Itzkowitz Shifrinson）指出，贝克利的衰落定义存在问题。按照贝克利的定义，美国与中国之间经济、军事和技术能力的绝对差距正在扩大，因此，美国没有正在衰落。施弗林森认为，衰落最好定义为两个大国之间经济和军事能力比率的下降。当一个国家的经济和军事能力增长比另一个国家更快，因而两者的能力对比缩小时，经济、军事能力增长较慢的国家就会出现衰落。因此，应该讨论的问题是中国的增长是否正在使美国在没有其他国家反对的情况下更难以追求自己的利益，而不是美国是否在绝对的意义上正在输给中国。即使美国能够在绝对能力上维持巨大的优势，但是美中两国经济和军事能力相对比率正在下降。这意味着中国将会在美中目标不同的地方能够更容易地推进自己的利益，而美国在世界事务中追求自己利益的能力将会越来越受到中国实力的制约。尽管美国在经济和军事上对中国具有绝对的优势，但是按照相对实力定义，中国是正在相对崛起的大国，而美国则面临事实上的相对衰落。贝克利在回应施弗林森时继续坚持他的观点，认为当两个国家能力的绝对差距缩小时就会出现衰落；在人均 GDP 和技术先进性上，中国与美国的绝对差距不但没有缩小，反而正在扩大。这意味着美国在经济和军事实力上更为强大。②

---

① Michael Beckley, "China's Century? Why America's Edge will Endure", *International Security*, Vol. 36, No. 3 (Winter 2011/12), pp. 41 – 78.

② Joshua R. Itzkowitz Shifrinson and Michael Beckley, "Debating China's Rise and U. S. Decline", *International Security*, Vol. 37, No. 3 (Winter 2012/13), pp. 172 – 181.

2. 中国外交：新自信？

近年来，随着中国的崛起，中国的外交行为具有了以往所不具有的影响。即便是中国坚持过去的一贯主张和行为，也会引起不同的解读。从2008年全球金融危机爆发，到2010年的中国外交言论和行为就是处在这样的境况中。美国新闻界、专家和学术界认为这一时期的中国采取了更强硬的外交政策，使用"自信的"（assertive）、"更不合作的"、"傲慢的"、"进攻性的"、"修正主义的"和"粗暴的"等词语来形容中国。自此之后，"新自信"（new assertiveness）成为了美国各界描述中国外交行为的流行语。正如哈佛大学政府系教授江忆恩（Alastair Iain Johnston）所指出的那样："在美国的媒体、博客和学术研究中，这种新自信因子'变成了病毒'。"[①] 这一主题并未随着时间的流逝而逐步淡化，恰恰相反，它仍然是2013年美国学者进一步讨论的问题。

一些美国学者认为，随着中国变得更强大，它可能变得更"自信"。兰德公司资深政治学家安德鲁·斯科贝尔（Andrew Scobell）和斯科特·哈罗德（Scott W. Harold）指出，中国外交出现了两波"新自信"，第一波是出现在2008年北京奥运会期间并持续到2009年哥本哈根气候变化峰会期间；第二波出现在2010年中期东盟地区论坛峰会期间并持续到2010年底。此后中国改变了面对美国的自信行为，转而更关注与美国的合作。通过对北京和上海两地研究所和知名大学的分析家们进行访谈，斯科贝尔和哈罗德指出了中国外交这一变化的不同原因。第一波"自信"的原因有三个：一是中国国内过早的胜利主义意识，认为美国对亚洲的投入正在下降，并对中国的"核心利益"变得更加包容；二是民族主义崛起并要求领导人变得强硬的国内压力；三是随着利益相关者的增多和国家利益范围的扩大，中国外交政策变得更加复杂，因而中国不可能提出单一的政策结果来满足日益多样化的政治行为者的要求。与第一波不同，第二波"自信"的原因则是由于中国认识到2010年美国加强在亚洲的威胁性行为而作出的反应，其背后是被动的不安全感。此后中国之所以放弃了"自信"外交，原因在

---

① Alastair Iain Johnston, "How New and Assertive Is China's New Assertiveness?", *International Security*, Vol. 37, No. 4, 2013, p. 7.

于中国认识到与美国的持续紧张关系将会对中国的国家利益产生负面影响。通过对第二波"自信"原因的分析,斯科贝尔和哈罗德认为,中国将会继续怀疑美国在亚洲的举动,并将其解释为美国敌视中国的进一步证明,是美国遏制中国图谋的一部分。因此,他们预测说,"尽管2012—2013年由于中国希望领导层顺利实现新老交替,可能抵制国内要求外交政策更加自信的压力,但是中国领导人仍然会继续深深怀疑美国的'重返亚洲'战略,警惕美国的实力,并准备定期挑战美国的决心"。①

针对这种中国外交出现"新自信"的观点,江忆恩教授通过对20世纪90年代以来中国外交政策的纵向分析,指出中国外交"新自信论"的问题在于:它"低估了中国过去在某些政策领域的自信程度,又高估了2010年及其之后中国外交变化的程度"。具体而言,他认为,这种"新自信论"存在三方面的问题。第一,它忽视了2010年之前中国外交政策在主权和领土问题上一贯的自信。实际上,2010年之前中国外交政策在涉及主权和领土问题上始终保持一贯的自信,例如,1995—1996年台海危机、1999年美国轰炸中国驻南斯拉夫大使馆、2001年南海撞机事件等。与之相比,美国大多数分析家所指认的中国外交"新自信"行为——例如2009年哥本哈根气候变化大会上的外交行为、2010年1月对美国对台军售和2月达赖喇嘛访美的反应、2010年3月对中国南海领土的主张、2010年3月和11月对朝鲜军事行为的外交辩护以及对2010年6月日本逮捕中国渔民的强硬反应——看不出中国外交的"自信"达到了顶峰。"即使更系统的自信指标,即关于主权的官方言论,也表明2010年没有表现出像大多数分析家所声称的急剧变化。"第二,它误读了2010年所谓的中国"自信"事例的许多细节。江忆恩认为,美国大多数分析家所指认的上述被误认为"自信"的中国外交行为实质上是对外交状况变化的反应,而不是外交政策偏好的改变。第三,它的分析方法存在问题。江忆恩认为,这种"新自信论"一方面选择性地挑选变量,只考虑到证明证据,忽视反面证据,夸大中国外交的变化,忽略连续性,即忽视2010年美中之间的大量合作;另一方面又采取非历史主义的态度,倾向于假定现在看到的事情与过去相比

---

① Andrew Scobell & Scott W. Harold, "An 'Assertive' China? Insights from Interviews", *Asian Security*, Vol. 9, No. 2, 2013, pp. 111–131.

是新的、不同的和不连续的,缺乏与过去之间的比较。总而言之,江忆恩认为,2010 年中国外交没有表现出所谓的"新自信"。①

3. 中美关系的前景:新型大国关系与"修昔底德陷阱"

近年来美国掀起了关于中美关系的讨论热潮,中美关系的未来是最受关注的问题。这一讨论在 2013 年依然热度不减。一些美国学者认为美中关系存在危机的不稳定,甚至可能爆发一场不可想象的冲突,美中面临着重蹈古希腊雅典和斯巴达关系与"一战"前英德关系的覆辙,陷入"修昔底德陷阱"②的危险。在 6 月 7—8 日习近平主席与奥巴马总统在加州安纳伯格庄园会晤后,中美建立"新型大国关系"的概念受到了美国学界的高度认同和关注。5 月 14 日,美中关系全国委员会邀请曾任奥巴马政府国家安全理事会亚洲事务部主任、现任布鲁金斯学会高级研究员的杰夫里·贝德(Jeffrey A. Bader) 在鲍大可—奥克森伯格讲座(Barnett-Oksenberg Lecture) 上发表他对中美建立新型大国关系的看法。6 月 12 日和 9 月 20 日,布鲁金斯学会又分别邀请中国外交部发言人华春莹和外交部部长王毅就中美建立新型大国关系的问题发表演讲。与此同时,一些美国学者围绕美中如何建立新型大国关系进行了深入讨论,并提出了具体的实施建议。

在近年来中国崛起和美中互不信任的背景下,以著名学者米尔斯海默(John J. Mearsheimer) 为代表的现实主义悲观派认为,美中之间更可能出现安全竞争和零和博弈,中国崛起是美国安全的根本威胁。③ 甚至一些自由主义派的学者,例如著名国际关系学者约翰·伊肯伯里(G. John Ikenberry) 也认为中国是 21 世纪世界秩序的"重大威胁和挑战"之一。④ 然而,宾夕法尼亚大学政治学教授金骏远认为,与这种遥远将来的威胁和冲

---

① Alastair Iain Johnston,"How New and Assertive Is China's New Assertiveness?",*International Security*,Vol. 37,No. 4 (Spring 2013),pp. 7 –48.

② Graham Allison,"Thucydides's Trap has Been Sprung in the Pacific",*Financial Times*,August 21,2012.

③ John J. Mearsheimer,"The Gathering Storm:China's Challenge to U. S. Power in Asia",*Chinese Journal of International Politics*,Vol. 3,No. 4,2010,p. 382.

④ G. John Ikenberry and Anne-Marie Slaughter,*Forging a World of Liberty under Law:US National Security in the 21st Century*,p. 9.

突相比，更应该关注的是迫在眉睫的现实威胁："至少在未来10年内，尽管中国仍然弱于美国，但是现实的危险是美中两国将会陷入一场可能升级为公开军事冲突的危机中。"① 如果美中确实偶然陷入这样一场严重的危机，那么它可能像冷战期间的美苏危机一样危险，甚至更危险。他认为，尽管未来几年中美之间爆发危机的风险很低，但是这种风险并非可以忽视。同时，更麻烦的风险在于冲突不断升级。北京和华盛顿能够采取的最重要的措施首先是那些有助于阻止危机进一步发展的措施。因此，金骏远建议，由于双方重大利益关切的不确定性可能触发危机，因此，美中两国应该深化那些密切关注这一问题的政治和军事交流。即使他们不能完全清楚这一问题，但是讨论可以帮助双方认识到彼此何种姿态最可能引发风险。此外，美中两国还应该加强当前军队之间的有限交流，促进两国军队指挥官之间的相互了解，一旦陷入危机，已经建立的基本信任会对政治领导人试图缓和冲突有帮助。②

霍普金斯大学国际问题高级研究院中国项目主任戴维·蓝普顿（David Lampton）指出，现实主义理论对美中关系的看法不符合现实。美中在许多地区和全球论坛上存在合作，每一方都是另一方的巨大贸易伙伴，2011年双边贸易额首次超过5000亿美元；现实不支持这种关于一方对另一方动机、利益和抱负的最坏解释。因此，这次由中国提出的新型大国关系主张是一个美国应该欢迎的发展。但是，问题是美国和中国如何在当前互不信任的状况下建立新型大国关系。蓝普顿主张两国通过对美中关系战略基础的共同理解和采取稳妥、积极、逐步的措施，建立新型大国关系。两国的当前任务是沿着这个方向制定切实可行的措施，重点应该在以下三个方面：第一，美国和中国应该改善双方政治高层的合作与相互战略理解，深化双方军队之间的交流与合作。这包括实施更有效的危机管控与双方国内外交政策和安全协作。第二，两国应该加深各自社会之间的经济相互依赖，尤其是在州、省和地方能够创造就业的企业之间的经济相互依赖。这

---

① Avery Goldstein,"China's Real and Present Danger:Now Is the Time for Washington to Worry", *Foreign Affairs*,September/October 2013,p.137.

② Avery Goldstein,"China's Real and Present Danger:Now Is the Time for Washington to Worry", *Foreign Affairs*,September/October 2013,pp.143 – 144.

意味着两国应该消除不必要的投资阻碍和确保已有的投资更加安全——例如签订双边投资条约。第三,两国应该建设地区性和多边的安全和经济组织,这些组织应该包括双方,而不是排斥另一方。①

彼得森国际经济研究所高级研究员阿文德·萨勃拉曼尼亚(Arvind Subramanian)提出了美中两国如何在经济领域上建设新型大国关系的建议。萨勃拉曼尼亚认为,在经济领域中,美国和中国应该克服的最大挑战是"金德尔伯格难题"(Kindleberger Conundrum),即"在中国不愿意承担领导责任,而衰落的大国(美国)越来越无力独自承担领导重负的历史性转变的背景下,维护建立在规则基础上的、开放的多边经济体系"。只要崛起的大国(中国)和衰落的大国(美国)采取正确的视角和正确的行动,就能够维持开放的全球经济体系。萨勃拉曼尼亚对此抱有乐观的态度,建议中美达成一个"以权力换取目的的交易"(Power-for-purpose):"美国放弃在现有多边机构中的部分权力,换取中国在维护全球开放体系的现实目标上发挥更大的全球领导力。"②

4. 安纳伯格庄园会晤:构建新型大国关系的良好开端

2013年6月7—8日,习近平主席与奥巴马总统在加利福尼亚安纳伯格庄园举行为期两天的私人会晤。这次会谈的时间、地点、形式、性质和目标不同于以前中美两国元首的任何会晤。这次会晤的独特性引起了美国学者的密切关注,总体上而言,美国学者普遍肯定这次会晤本身的重大意义。著名国际政治学家约瑟夫·奈甚至认为,"这是自尼克松与毛泽东会晤以来40年里美国总统与中国领导人之间最重要的一次会晤。"③ 卡内基基金会副总裁包道格(Douglas H. Paal)认为,像1972年毛泽东与尼克松之间的会晤一样,"加利福尼亚峰会可能对21世纪产生同样

---

① David M. Lampton, "A New Type of Major-Power Relationship: Seeking a Durable Foundation for U. S. – China Ties", *Asia Policy*, No. 16, July 2013, p. 67.

② Arvind Subramanian, "Preserving the Open Global Economic System: A Strategic Blueprint for China and the United States", Peterson Institute for International Economics, Policy Brief, Number PB1 – 16 June, 2013.

③ David E. Sanger, "Obama and Xi Try to Avoid a Cold War Mentality", *The New York Times*, June 9, 2013.

的影响"①。

大多数学者认为这种非正式会晤为习近平主席和奥巴马总统提供了建立良好私人关系和进行真诚坦率对话的机会，对中美关系的未来发展具有重大意义。布鲁金斯学会高级研究员李侃如认为，这种会晤形式在美中关系历史上是前所未有的。这次峰会为美中两国领导人提供了充足的时间进行深入的讨论，包括广泛地交换意见。除了提供使两国领导人建立私人关系的机会外，这次峰会将会讨论美中关系的一些关键问题。尽管这次峰会不会产生具体的成果，但是如果它产生了更好的个人理解和化学反应，将是一次十分重要的会议，也会指出未来取得进展的途径。如果这次峰会成为关于美中关系未来的战略性讨论的渠道，就会证明是非常重要的。② 布鲁金斯学会东北亚政策研究中心主任卜睿哲（Richard C. Bush III）认为，这次峰会的首要目标是深化习近平主席和奥巴马总统的私人关系，明确每一方的成功将会影响另一方的成功的现实，从而创立一个更有效的平台，解决未来的问题。这是一个良好的开始。同时，这次会晤提供更多的时间和非正式环境讨论本国的挑战、对未来的构想、本国在国际体系中的角色和美中关系如何适应各自的角色。美中两国领导人的这种非正式交流非常重要，因为他们都领导着一个复杂庞大但又不容易监控的政府体系。这是两国近来摩擦不断的原因之一。这次会晤提供了确认和扩大利益重叠领域的机会，因而能够相应地制定政策优先事项。③ 清华—卡内基全球政策中心主任韩磊（Paul Haenle）认为，这场在加利福利亚举行的中美峰会将为习近平主席和奥巴马总统提供一个有价值的、也是必要的建立个人的工作关系和相互信任的机会，为建立长期的有建设性的中美关系奠定基础，是中美建立稳固的战略理解关系的过程中至关重要的第一步，为中美两国关

---

① Douglas H. Paal, "U. S. – China Summit: Time to Make History", June 4, 2013, http://carnegieendowment.org/2013/06/06/time-to-make-history/g9od.

② Kenneth G. Lieberthal, "U. S. – China Relations: The Obama – Xi California Summit", June 3, 2013, http://www.brookings.edu/blogs/up-front/posts/2013/06/03-us-china-relations-obama-xi-california-summit-lieberthal.

③ Richard C. Bush III, "Obama and Xi at Sunnylands: A Good Start", June 10, 2013, http://www.brookings.edu/blogs/up-front/posts/2013/06/10-obama-xi-sunnylands-bush.

系的新途径奠定基础,是构建中美新型大国关系的良好开端。①

然而,一些学者强调不要对这次非正式会晤的成果抱有过高的期望。尽管企业研究所安全研究中心主任卡尔·施密特(Gary Schmitt)从这次会晤的时间和形式的角度形容它是"史无前例的",但是他认为这次会晤达不到两国官方所宣称的预期目标,因为两国之间的争端不是误解的问题,而是植根于历史、政治体制和国际准则上的根本差异。② 企业研究所日本研究项目主任欧世林(Michael Auslin)也持有同样的观点,他认为国家利益而不是私人关系才是国际政治的决定因素。领导人之间的良好私人关系不能解决美中之间的差异和问题。"本周的'衬衫'峰会不会带来更有意义的美中关系,因为这次峰会的动力是一厢情愿的思维,而不是保护美国利益的坚定决心。"③ 卡托研究所高级研究员卡彭特(Ted Galen Carpenter)认为,无论多么令人兴奋,两天的峰会没有也不可能消除两国在安全问题上正在加剧的怀疑。即使当两国都明确地接受相同的目标时,也可能在实现目标的方式上存在重大分歧。具体的政策争端背后是新兴大国即中国与老牌大国即美国之间的内在紧张。美国不可能改变如下认知:中国的实力和影响力正在赶上美国,中国也会成为东亚地区乃至该地区之外的主导国家。相反,中国不可能改变如下认知:美国领导人决心限制——如果不是颠覆——中国崛起成为大国。两国领导人在真正减少政策分歧和美中关系紧张上似乎没有取得足够的进展。在一系列经济和安全问题上,重大的差异仍然存在。简而言之,"这次峰会更多是象征性的,缺乏实质性内容"④。

---

① http://www.carnegietsinghua.org/2013/06/06/中美峰会将打破照本宣科/g8t4.

② http://www.aei.org/article/foreign-and-defense-policy/defense/viewpoints-us-china-summit/.

③ Michael Auslin,"Xi's Not Ready",http://www.aei.org/article/foreign-and-defense-policy/regional/asia/xis-not-ready.

④ Ted Galen Carpenter, "The US-China Summit: Why Cooperation Remains Tentative", http://www.cato.org/publications/commentary/us-china-summit-why-cooperation-remains-tentative.

5. 十八届三中全会：历史关键时刻

自1978年十一届三中全会以来，中国共产党的历次三中全会通常是推出重大经济改革的场合，美国学者对此十分清楚，因而对三中全会非常关注，这次也不例外。除此之外，十八届三中全会之所以更受关注，还有其他三个原因。一是在这次全会召开前，中国领导人多次强调改革，使国内外对这次全会推出重大经济和政治改革抱有很高的预期；二是不同寻常的是，这次三中全会推迟了一个月的时间才召开；三是这次全会是中国新一届领导人上任后召开的第一次三中全会，对于美国学者来说，这是观察中国新一届领导人执政方针和政策方向的良机。由于此前抱有很高的预期，随着会议公报和决定的发布，美国学者的态度发生了从普遍期待到失望[①]再到惊喜的转变。

对于十八届三中全会，美国学者关心的两个主要问题是：这次全会会不会进行改革？将会进行哪些改革？针对第一个问题，大多数美国学者普遍表示乐观，认为十八届三中全会将会推出重大改革，原因在于中国面临的一系列挑战迫使中国必须进行改革。例如，密歇根大学孔子学院顾问汤姆·沃特金斯（Tom Watkins）认为，中国领导人面临一个难题：如何维持经济的高速增长。中国的经济挑战因为下列问题而变得更加严峻：民族紧张、劳动力成本增长、腐败、环境恶化、老龄化、房地产泡沫、资本外流、影子银行、地方政府债务，这些都是中国经济可能脱轨的警报信号。[②]同时，中国新一届领导人也有决心和能力推进重大的改革。彼得森国际经济研究所高级研究员尼古拉斯·拉迪在国家利益研究中心"中国经济改革：优先事项、前景和影响"的研讨会上指出，中国新一代领导人不仅认

[①] 在会议公报公布后，美国外交关系委员会亚洲研究所研究员易明（Elizabeth C. Economy）和著名中国问题专家沈大伟都表达了失望的情绪，参见"A Vague Map for Chinese Reform"，http://www.cfr.org/china/vague-map-chinese-reform/p31849；David Shambaugh，"The Third Plenum: Initial Disappointment"，http://www.chinausfocus.com/political-social-development/the-third-plenum-initial-disappointment。

[②] Tom Watkins，"Can Chinese Leaders Sustain its Rise?"，http://www.chinausfocus.com/political-social-development/can-chinese-leaders-sustain-its-rise。

识到改革的必要性,而且也有能力和意愿推进改革。① 美国财政部前部长亨利·保尔森指出了他对这次全会推出改革表示乐观的四大理由:第一,中国领导人知道中国的经济增长模式必须改变;第二,中国领导人有能力推进改革,反腐败证明中国领导人的改革意志;第三,中国不再拥有拖延必要改革的环境;第四,公众的预期比以前更高。②

  与第一个问题相比,第二个问题显然是美国学者最为关心的问题。美国学者认为这次全会可能会全面深化经济、政治和社会领域的改革,尤其是经济改革。对于这次全会作出的《中共中央关于全面深化改革若干重大问题的决定》,宾夕法尼亚大学当代中国研究中心主任金骏远认为,这份文件"极其详细,极其宏伟,完全毫无保留地提出了有利于市场的改革,远超外界预期"。约翰·霍普金斯大学中国问题专家、高级副教授鲍迪乐(Pieter Bottelier)评价说:"这是迄今为止我所见到过的最具雄心、最为全面的改革方案。它比已故中国领导人邓小平提出的1978年和1993年的改革方案走得都要远。"③ 保尔森研究所副所长方艾文(Evan A. Feigenbaum)和研究员马达明(Damien Ma)认为,这次全会的主要理论贡献是"在《决定》中以'决定性'取代了'基础性'来描述市场在资源配置中的作用",这表明中国将会继续追求和实施以市场为基础的改革。④ 彼得森国际经济研究所副研究员尼古拉斯·博斯特(Nicholas Borst)认为,这次全会改革战略的核心是建立一种更市场化和更有竞争力的经济,而实现这一目标的关键挑战是确立政府与市场之间的恰当关系。减少政府对要素价格的干预、消除投资的监管障碍和国企改革都是必要的改革。限制政府在经济

---

① Ashley Frohwein, "China's Economic Reforms: Priorities, Prospects & Impacts", Nov. 1, 2013, http://www.cftni.org/11-1-13%20Summary.pdf.

② Henry M. Paulson Jr., "China's Economy, Back on Track", http://www.chinausfocus.com/political-social-development/chinas-economy-back-on-track.

③ 《中国梦的实现之路?美国学者评十八届三中全会改革方案》,http://www.knowledgeatwharton.com.cn/index.cfm?fa=viewArticle&articleID=2881&l=1&&languageid=4。

④ Evan A. Feigenbaum and Damien Ma, "After the Plenum: Why China Must Reshape the State", http://www.foreignaffairs.com/articles/140557/evan-a-feigenbaum-and-damien-ma/after-the-plenum.

中的角色的措施，是政府态度和意识形态的重大转变。①

这次全会是中国改革开放30多年后和进入新世纪中国经济高速增长10多年后召开的一次会议，无论是改革还是中国经济、政治和社会发展都处于关键的转型阶段。因此，美国学者认为，这次全会不仅对于中国而且对于世界都会产生深远的重大影响。美国加州大学圣地亚哥分校贝瑞·诺顿（Barry Naughton）教授从中国经济发展的角度对这次全会的重大意义进行了解读，他认为，中国经济开始放缓，面临许多难题。如果中国领导人不解决这些问题，中国的经济奇迹可能变成全球的经济噩梦。十八届三中全会是面对和解决这些问题的最有希望的机会。1978年的三中全会开启了中国改革开放的新时代，另一次三中全会勾画了全面的市场改革。这次三中全会，中国领导人将通过经济改革计划，使中国经济摆脱困境，使经济继续增长数十年。② 约翰·霍普金斯大学高级副教授鲍迪乐认为，"如果能够在未来5到10年内落实全部方案，必将带来突破性的改变"③。美国卡内基国际和平基金会高级研究员维克拉姆·尼赫鲁（Vikram Nehru）认为，这次全会提出的改革重点是一项重要的未来改革议程，将使未来经济政策的方式和走向产生潜在的重大变革。如果中国政府决心认真贯彻其核心思想——市场的决定性作用——那么，这完全可被证明为中国历史上的一个关键时刻。④

此外，一些学者还分析了这次全会对美国乃至世界的影响。美国进步研究中心中国政策主任梅兰妮·哈特（Melanie Hart）博士认为，中国能够推进这次全会提出的新经济改革会对美国产生重大的影响。如果中国实施了亟需的改革并成功地实现经济再平衡，将会为美国企业创造新的增长机

---

① Nicholas Borst, "Economic Reform in the Third Plenum: Balancing State and Market", http://www.jamestown.org/single/? tx_ttnews%5Btt_news%5D=41667&no_cache=1#. VFwuDNKOx6E.

② Barry Naughton, "Will China's Leaders Announce Major Economic Reforms This Weekend?", November 6th, 2013, http://asiasociety.org/blog/asia/will-chinas-leaders-announce-major-economic-reforms-weekend.

③ 《中国梦的实现之路？美国学者评十八届三中全会改革方案》, http://www.knowledgeatwharton.com.cn/index.cfm? fa=viewArticle&articleID=2881&l=1&&languageid=4。

④ Vikram Nehru, "Two Cheers for China's Third Plenum", http://carnegieendowment.org/2013/11/13/two-cheers-for-china-s-third-plenum/gtif.

会，减少当前的美中贸易摩擦。如果失败，中国将继续依赖回报不断下降的资源密集型、出口导向型的增长模式，这对美中两国来说都不是一件好事。① 耶鲁大学杰克逊全球事务研究所高级研究员斯蒂芬·罗奇（Stephen Roach）认为，这次全会所制定的改革是重大的，或许是历史性的，表明了中国发展战略的重大转变。这次全会提出的经济重组对像美国这样的增长饥渴型经济体来说是巨大的机遇。中国即将出现的庞大消费者群体可能是本世纪全球最大的增长源泉，也会使美国制造业和服务业受益。②

三、特点与趋势

在美国，"中国研究"（China Studies）不是一门学科，而是一个研究领域。这一点可以从两个方面看出，一方面，美国的大学没有设立专门的学系（department），中国研究要么隶属于政治系，要么隶属于国际关系和外交系，即使有些大学设立东亚系或者相关研究中心，中国研究也只是其中的一个领域；另一方面，从事中国研究的学者基本上都是来自各个学科。中国研究本身的这种性质决定了它的发展和变化趋势受制于研究对象——中国——的发展和变化，同时中国研究的政策建议功能使美国对中国研究的"消费需求"会对它的发展和变化趋势产生重大的影响。美国中国研究60多年的历史就印证了这一点。因此，如果要分析2013年美国中国研究的特点和趋势，就必须结合它近年来的特点和趋势。

1. 2013年的中国研究延续了近年来美国中国研究不断加强的趋势

进入新世纪以来，随着中国崛起和影响不断增长，中国国内状况变得更加错综复杂，美中经济交往和联系日趋紧密，美国对中国研究的"消费者基础"不断扩大，"消费需求"不断增加，这为美国的中国研究提供了

---

① Melanie Hart, "Beijing Set to Announce Reform Blueprint", November 7, 2013 http://www.americanprogress.org/issues/china/news/2013/11/07/79047/beijing - set - to - announce - reform - blueprint/.

② Stephen Roach, "Chinese Reform, U. S. Stasis", http://www.chinausfocus.com/finance - economy/chinese - reform - u - s - stasis.

强大的推动力。美国智库尤其是知名智库开始设立中国研究项目或专门的中国研究中心,例如,2006 年,一向偏重文化和历史的亚洲协会成立了美中关系中心,布鲁金斯学会成立了约翰·桑顿中国中心;2007 年 9 月,兰德公司在美国唐仲英基金会的资助下成立唐氏美中关系研究所(Tang Institute for U. S. – China Relations);2008 年 7 月,伍德罗·威尔逊国际学者中心成立了基辛格中美关系研究所;甚至以拉美研究为主的智库"美洲对话"(Inter-American Dialogue)也在 2011 年设立了"中国与拉丁美洲项目"。据笔者统计,在美国外交政策研究所 2013 年智库排行榜上的 55 家顶级美国智库中,没有设立中国研究项目或者专职研究人员的智库只有 13 家,但这 13 家智库也曾经或多或少地发表了一些中国研究成果或举办过相关会议;其中排名前十的智库全都有专门的中国项目或研究中心,拥有专职的中国研究人员。同时,美国大学的中国研究也呈现出加强的趋势。例如,近年来研究相对活跃的南加州大学美中学院成立于 2006 年;2012 年埃默里大学设立了"中国演讲者系列"讲座;2012 年,宾夕法尼亚大学为了保持和提高本校的中国研究水平,专门成立了当代中国研究中心,协调和支持该校众多的中国研究活动;2013 年,芝加哥大学保尔森研究所设立了"新当代中国演讲者系列"(New Contemporary China Speakers Series)。2011 年,密歇根大学中国研究中心为纪念中心成立 50 周年,在"午间讲座"系列中还特别设立了"校友讲座"系列;2013 年,该中心获得 1000 万美元捐款,更名为密歇根大学李侃如—罗睿驰中国研究中心。

2. 中国研究出现了明显的主题变化和领域转移

上文已经指出,美国中国研究的发展和变化趋势受制于它的研究对象——中国——的发展和变化。如果我们以中国当代历史的各个阶段作为线索的话,就会发现美国的中国研究也呈现出类似的阶段特征。如果我们以中国当代历史的每个阶段的特征确定美国中国研究的主题的话,那么可以说,"共产主义或革命"是 20 世纪 50—80 年代美国中国研究的关键词,"改革"则是从 80 年代到 20 世纪结束时美国中国研究的关键词,"崛起"则是进入 21 世纪以来美国中国研究的关键词。从中长期的视角来看,美国中国研究的领域出现了从政治领域向外交领域的明显转移。20 世纪 90 年代,以村民选举为代表的中国政治研究是热门的研究领域,与之相比,近十年来以中国崛起和中国外交关系尤其是中美关系为中心的外交领域则是新的热门领域。2013年美国学者出版的专著证实了美国中国研究领域的上述趋势。① 在2013年美国学者的专著中,除了"中国"外,"美国"和"崛起"成为出现频率最高的词汇。同时,关于中国政治的著作仅有一部,即波士顿大学傅士卓教授的《中国政治改革的逻辑与局限》。学者学术兴趣的变化在一定程度上也反映出美国中国研究领域的变化趋势。以乔治·华盛顿大学教授沈大伟为例,从其近十年来的论著来看,在2008年《中国共产党:收缩与调适》一书的前后几年里,沈大伟的学术兴趣集中于中国共产党;近两三年来则转向了中国崛起和中美关系,2012年主编了《纠缠的巨人:美国与中国》(Tangled Titans:The United States and China,Rowman & Littlefield,2012),2013年出版了《中国:不完全的大国》这本研究中国崛起的专著。

3. 从中国研究的主体来看,美国智库比大学更为活跃,影响力也更大

智库和大学是美国中国研究的两大主体,但是在活跃度和影响力上后者与前者相比逐渐落于下风。自本世纪前十年中期以来,美国智库在大量捐款的资助下纷纷设立中国项目或者研究中心,积极举办系列讲座、研讨会和学术会议。相比之下,美国大学的中国研究则沉寂许多。在开创美国中国研究的哈佛大学、麻省理工学院、加州大学伯克利分校、密歇根大学、哥伦比亚大学和华盛顿大学等著名的中国研究中心中,只有哈佛大学费正清中国研究中心相对而言比较活跃。这主要是因为美国大学中国研究的经费缺乏和人才流失。与智库不断获得大量捐款相比,美国大学尤其是公立大学相关研究拨款和资金却在不断减少。加州大学伯克利分校政治系已故教授包瑞佳(Richard Baum)曾经指出,这是美国中国研究领域中一

---

① 根据笔者的统计,2013年美国出版了20多部中国研究著作(不包括华裔学者的著作)。这里之所以以专著作为分析的对象,是因为相对于专著形式的出版物,学术期刊的主题比较分散,难以作出概括性的描述;更重要的原因是,专著的写作周期更长,一般至少需要二三年的时间,因此更能反映出学者近几年的学术兴趣和研究领域。

个令人担忧的趋势。① 包瑞嘉的学生、美国外交政策理事会高级研究员汪佳士（Joshua Eisenman）指出，现在美国许多最优秀的青年汉学家正在离开学术界，选择政府或私人部门中更有利可图的工作。美国大学要保持一流的中国研究水平，就需要培训新一代的学者并与政府机构、智库和咨询公司争夺研究人才。②

美国智库中国研究的社会影响力，也越来越大于美国大学。这主要是两者研究的不同性质决定的，也与美国智库更善于利用互联网等新技术传播其研究成果相关。美国智库的研究人员一般撰写带有政策建议性质的文章，这些文章短小精悍，面向的读者是社会公众，通常发表在《华尔街日报》、《金融时报》和《纽约时报》等报纸的评论专栏以及《国家利益》、《外交政策》、《新共和》等政策期刊上。同时，美国的智库更是充分利用互联网等新技术，把相关研究报告和分析文章以及讲座和会议的多媒体内容等发表在自己的网站上，创办网络杂志——例如美国亚洲协会（Asia Society）创办的"中参馆"（*China File*）。美国大学中国研究学者的文章一般是严肃性的学术论文，通常发表在同行评审的学术期刊上，主要的读者是学术研究同行，专业的学术行话和理论论证让普通读者望而却步。而对于互联网技术的运用，只有近年来一些大学的机构才开始重视，例如宾夕法尼亚大学当代中国研究中心和加州大学圣迭戈分校"21世纪中国项目"。

（吕增奎　中央编译局海外理论信息研究中心副研究员）

---

① Richard Baum,"Studies of Chinese Politics in the United States", *China Watching Perspectives from Europe, Japan and the United States*, Edited by Robert Ash David Shambaugh and Seiichiro Takagi, Routledge, 2007, p.163.

② Joshua Eisenman,"U. S. Universities Must Invest in China Studies", Feb. 19, 2013, http://www.usnews.com/opinion/blogs/world-report/2013/02/19/us-universities-must-invest-in-china-studies.

英 国

一、研究概况

英国是最早开展中国研究的国家之一。早在19世纪，伦敦大学、牛津大学、剑桥大学就先后开办了汉语学习课程，教授汉语及中国文化。到19世纪末、20世纪初，英国的中国学研究在汉语教学的基础上，逐渐发展为对中国文化、文学、宗教、历史、地理、艺术、科技史等领域的研究，出现了翟理斯、李约翰、斯当东、威妥玛等知名汉学家。但早期中国学在英国的研究发展历程中远称不上繁荣，只是零星地散落在几所大学当中，教学规模也可谓惨淡。直到"二战"后，英国政府才逐渐对中国学的研究予以重视，设立专门的大学委员会促进中国学研究的发展。此后，伦敦大学亚非学院、爱丁堡大学、曼彻斯特大学、利兹大学、谢菲尔德大学等先后开设了中国学研究课程。近年来，随着中国经济的快速发展和在国际社会地位的提高，英国的中国学研究开启了新的高潮。这一时期英国的中国学研究明显呈现出两个特点：(1) 从传统的汉学研究转向当代中国现实问题研究；(2) 英国智库机构成为继高校之后又一当代中国研究的重要话语阵地。

高校的中国研究中心、东方学院以及智库的中国研究项目构成英国当代中国研究的主要话语阵地。截至目前，英国开设中国学研究的高校近20

所，开展中国问题研究的智库也已近10个。而20年前，这两个数字相加也不过十余个。当前英国的中国问题研究已经遍布英伦三岛：英格兰的研究实力最强，绝大部分中国问题研究高校和智库都分布在以伦敦大学亚非学院、伦敦政治经济学院和查塔姆研究所为中心的英国东南区和以利兹大学、谢菲尔德大学和诺丁汉大学为中心的英国中部地区；苏格兰则以格拉斯哥大学为核心建立了苏格兰中国研究中心；威尔士仅有威尔士大学在文化研究学院开设了中国学专业。

英国的中国问题研究在2013年依然保持增长态势。目前从事中国问题研究的英国学者百余人，2013年度发表中国问题研究论文40余篇；出版《中国梦：二十个未来愿景》、《奋斗的巨人：中国未来面临的威胁》、《中国与环境：绿色革命》、《跨越分歧的中国：国内外的政治和社会》等中国问题研究专著近10部；查塔姆研究所等智库机构不定期发表的研究报告30余份；年度举办中国问题研究的大小型学术会议、研讨会等近百次，其中，仅查塔姆研究所召开的中国问题研究相关学术活动就多达20次，且内容更新速度快，时刻关注中国政治、经济和外交发展的新变化。

从总体形势上看，2013年度英国的中国问题研究依然延续业已形成的中国问题研究趋势，愈加注重对中国现实问题的研究。英国的中国问题研究机构，特别是智库机构展现出强大的中国问题研究实力和活跃的学术氛围。

二、研究热点

英国当代中国研究紧紧围绕中国的政治、经济和社会发展问题。特别是2012年党的十八大以及2013年十八届三中全会召开之后，许多智库都迅速召开研讨会，探讨中国未来的发展和面临的困境，分析新一届政府将会采取何种内政外交政策。

1. 环境问题

对环境问题的关注是2013年度英国当代中国问题研究的热点之一。中国问题研究学者从不同视角对中国环境问题进行分析。牛津大学中国研究中心、地理学系副教授安娜·罗拉-温赖特（Anna Lora-Wainwright）依据其在云南省农村地区开展的污染防治田野调查研究，从地方政治经济体制的视角分析环境污染存在的根源。她在文中指出，污染问题已经成为中国人民最为关注的问题，"然而在环境受到威胁的农村地区，人们却很少采取集体行动阻止破坏环境的行为"[1]。作者在实际调查中发现，工业化为当地居民带来了可观的经济收益。即使当地受到环境污染影响，疾病爆发率增高，当地农村人口也不会过多将疾病归咎于环境的恶化，而是更多地抱怨环境问题对农作物的影响和破坏，民众的诉求也仅限于对农作物损失的赔偿。因此作者认为，尽管当地居民充分意识到环境污染对人们健康的威胁，但对阻止环境继续恶化依旧无能为力。农村地区公民环境保护集体行为的缺失并不在于人们没有意识到污染所带来的威胁，而是缺乏将清洁环境根植于地方政治经济体制的意识。

在评价政府应对环境问题的理念及政策方面，一些学者虽然并不完全赞同，但持积极态度。如山姆·吉尔（Sam Geall）在其著作《中国与环境：绿色革命》中指出，网络的发展和媒体自由度的提高使得人们接触到更多国外处理、解决环境问题的方法。"人们在社交网络上对环境问题的热烈讨论极大增强了公民对环境问题的关注意识。"[2] 这为政府对媒体的管控提出了新的挑战。中国政府应对这一挑战的方法就是积极参与社交网络，其目的不仅是为了了解民意，而且还希望能够影响社交网络舆论导向。吉尔指出，环境信息公开对决策者来说是一项非常划算的防污措施：决策者可以利用社会参与和公众压力提高环境质量，这种做法通常比自上而下贯彻上层政策来得更为有效。吉尔认为，中国已经践行了这一理念，并通过这一方法，反映了中国治理平衡法，即一方面进一步加大信息公开和公众监督力度；另一方面通过经济高速增长维护稳定，优化社会管理，维护中国共产党政权的权威。英国外交政策中心研究员斯蒂芬·米纳斯（Stephen Minas）指出，以美国为代表的发达国家和以中国为代表的新兴国

---

[1] Anna Lora-Wainwright,"Dying for Development:Pollution,Illness and the Limits of Citizens' Agency in China",*The China Quarterly*,No. 214(June 2013),pp. 243 - 253.

[2] Sam Geall,*China and the Environment:The Green Revolution*,Zed Books,2013,p. 13.

家在降低温室气体排放等问题上存在根本争议,即中国认为由于中国处在工业化过程中,而发达国家已经进入后工业化时期,中国的碳排放不同于发达国家的碳排放。发达国家和发展中国家在应对全球环境污染中的分工问题逐渐成为谈判中的红线。但尽管如此,米纳斯认为,通过制定价格政策和环境保护条例政策以及开发可再生能源和提高能源效率项目,中国实际上正在追寻一条绿色转型的道路。①

2. 中国的对外关系

对中国外交处境的研究,特别是对新一届政府对外政策的分析是英国学界 2013 年度关注的又一热点问题,其中中欧、中美、中日以及中非关系是其中国外交研究的着眼点。

中欧关系。英国学者普遍认为欧洲应当进一步重视发展中欧贸易关系。查塔姆研究所亚洲项目高级研究员凯利·布朗(Kerry Brown)在《中欧关系:超越贸易之路》中回顾了中欧贸易关系的发展历程,指出 2006 年欧盟委员会发布的《伙伴关系与责任共进》明确了欧盟对华关系的五个主要领域,即:帮助中国向更为开放和多元的社会转型;促进中国可持续发展;加大双边经贸关系;加强双边合作和促进国际地区合作。②《金融时报》首席亚洲事务评论员伊·德·容凯尔(Guy de Jonquieres)也认为,欧洲应当充分重视与中国的关系,欧盟是世界上最大的贸易区,是中国最大的出口市场,贸易和投资涵盖了双边各种经济关系。但容凯尔指出,欧洲并没有处理好中欧间的关系,原因在于欧盟不够统一,采取分而治之的政策单独与中国开展贸易投资关系。欧盟贸易中心不在布鲁塞尔,而在柏林。这导致欧洲企业无法挑战贸易保护主义,不能与其他外资企业在中国市场展开激烈竞争。

在分析中欧未来的合作方面,布朗指出,中欧未来十年的发展要基于双方的需求以及对彼此改革路线的清晰认识。容凯尔认为中欧关系将进入

---

① Stephen Minas, FPC Briefing: Climate Change Cooperation within the Global South: Finance, Policy and Institutions, http://fpc.org.uk/fsblob/1628.pdf.

② 参见 Kerry Brown etc., China-EU Relations: Moving beyond Trade, Chatham House Transcript.

平稳期。因为中国希望拥有稳定的外部环境，以此专注于国内经济改革和应对各种挑战。虽然中欧双方的需求不尽相同——欧盟希望扩大欧盟在中国的市场，而中国则希望能够保护其在欧洲的投资，但如果中国将欧盟视为其促进国内改革的有力同盟的话，双方需求的差别便会缩小，但是这需要欧盟自身去迎合中国。查塔姆研究所能源和气候项目研究部主任李永怡（Bernice Lee）认为，中国和欧盟在经济上已经开展了广泛而密切的合作。欧盟曾是中国最大的贸易伙伴，是中国的直接投资国和最大的技术和服务提供来源地。但双方在政治层面却较难开展合作，特别是近年来的经济危机使得欧洲更加难以从双方合作中获得政治红利。李永怡认为，尽管欧盟与中国的关系存在着许多挑战，双方持有不同的观点和看法，但是能源和气候变化方面的合作将是中欧合作关系发展的新领域，原因在于：其一，双方都是能源的主要消耗国和进口国；其二，双方在面临能源和气候变化时都会转向天然气开发，因此中欧可以共同开启下一代技术革命。在2020—2030年间，中欧将有可能共同致力于可再生能源的开发与利用。

中美关系。"中国威胁论"和中美关系未来发展是英国中美关系研究的两个着眼点。曼彻斯特大学布鲁克斯世界贫困研究所研究员奥利弗·特纳（Oliver Turner）指出，日益崛起的中国是当今美国在安全问题上关注的焦点。尽管众多研究国际关系的文献都分析了所谓的"中国威胁"，但事实上中国并没有带来预期的威胁。特纳认为，"整个历史上的中国对美国的'威胁'并不符合客观事实，实际上这是美国构建出的概念以此保护其自我认同，并且美国已经因此调整了对华政策"。[①]

在分析中美关系未来发展方面，欧洲外交理事会主任、英国外交学者马克·伦纳德（Mark Leonard）在《为何聚合产生冲突：中美两国相似性提高将会导致两国背道而驰》一文中详尽阐述了中美关系的走向及背后原因。伦纳德提出了一种独特的观点，他认为"中美过去的差异使得两国关

[①] Oliver Turner,"Threatening China and US Security:The International Politics of Identity",*Review of International Studies*,Sept. 2013,pp. 1 – 22.

系相处融洽,而未来两国相似性的增大将最终导致两国背道而驰"①。

中美两国在过去 20 年间相互弥补、互相合作,被称为"中美国"时期:中国的储蓄为美国的消费提供资金支持;中国的制造业生产了后工业时代美国设计并需要的产品;中国内向型外交政策没有在根本上破坏美国的霸权;美国优先发展与其他民主国家和中东等资源丰富国家的关系,中国则在外交上寻求与非洲和拉丁美洲国家合作的机会。

然而,马克·伦纳德却认为,2008 年爆发的金融危机结束了"中美国"时期。因为金融危机爆发后,中美都致力于重新平衡两国经济关系,重新调整对外和对内政策以适应突然变得脆弱的全球经济。在经济领域,中国抛弃了长期以来的出口政策思路,转而刺激国内消费,开发国内服务业经济;而美国则通过量化宽松和补贴汽车工业政策促使美元贬值,支持制造业发展,鼓励本国出口导向型的经济增长。因此,中国提高价值链的努力与美国重振工业化的尝试使得双方走向对方传统的生产和消费模式,导致两国开展更为直接的竞争。在对外政策上,美国认为随着中国参与国际事务不断增多,美国主导的国际秩序将会得到中国认同。但事实上,中国在谋求构建新型国家关系,引发美国等西方国家的不满。因此,中美矛盾和冲突或许会在不远的未来被激化,但究其原因,这并不是因为两国之间在利益和国家性质上存在差异,相反,是由于两国的相似性而造成的。②

中日关系。伦敦政治经济学院荣誉退休教授、中国问题专家迈克尔·雅胡达(Michael Yahuda)在新著《冷战后的中日关系:一山容二虎》中指出,中日是东亚地区的两个大国,既是对手也是伙伴。冷战以来,中日两国在历史上第一次力量大体相当。但随着中国的崛起,中国已经超越日本,成为世界上第二大经济体。许多学者根据国际政治体系中力量转移理论预测,中美间存在着潜在的冲突,而日本不会对两国之间的对抗产生过多影响,但雅胡达认为,日本很有可能影响中国的崛起和强大,其作用不

---

① Mark Leonard,"Why Convergence Breeds Conflict:Growing More Similar will Push China and the United States Apart",*Foreign Affairs*,No. 125,2013,pp. 125 – 135.

② Mark Leonard,"Why Convergence Breeds Conflict:Growing More Similar will Push China and the United States Apart",*Foreign Affairs*,No. 125,2013,p. 129.

容忽视。①

雅胡达提出,由于中日经济的相互依存以及日本与美国的政治盟友关系,中日之间不可能在短时间内爆发冲突。但是随着两国爱国主义情绪高涨、中国海军力量的加强以及中国"远海"野心的显现,两国之间的战争并不是完全没有可能。因此,雅胡达提出,中日应当找到避免这种冲突发生的可能和两国在东亚地区共存的方法,学习如何"一山容二虎"。两个结构限制可以应对中日关系的固有矛盾。其一是日本与美国的同盟关系是美国在东亚地区和西太平洋地区战略地位的基石,这种同盟关系抑制中国形成对美国的挑战。其二是中日两国的经济相互依赖性。由此可见,中日关系不仅包含根本上的不信任和潜在的冲突,还包含合作因素。冷战之后,中日关系历经起伏,但两国一直以来保持着既是对手也是伙伴的关系,一方的经济稳定发展与另一方息息相关。因此,中日双方的利益在于双方能否持续共存。在这一情况下,"两虎"必须共处"一山"。

中非关系。随着中非合作关系的不断深入,中非关系饱受西方政府和学者诟病,认为中非关系是新殖民与被殖民关系。英国开放大学国家发展学教授吉利斯·莫汉(Giles Mohan)在《飞地之外:中国与非洲的批判政治经济学》一文中就依托后殖民政治经济学,分析了中非关系的政治经济学框架。莫汉认为,中国的崛起伴随着世界力量平衡的改变,中非关系的建立由国家—资本关系决定。中国的飞地投资是为了确保低价经济资源,尽管这一点看起来与其他西方投资国家并无区别,但不同于其他殖民国家的是,中国采取"外科殖民主义"政策,即结合了援助、贸易、对外直接投资和进口劳动力等措施。②

在分析中国企业在非洲的行为时,莫汉指出,尽管目前中国企业获得了相对独立性,不再完全是国家机器的一部分,但因为中国政府与中国大型跨国企业之间的关系仍十分紧密,作者倾向于将正在向非洲扩展业务的

---

① 参见 Michael Yahuda, *Sino-Japanese Relations after the Cold War: Two Tigers Sharing a Mountain*, Routledge, 2014。

② 参见 Giles Mohan, "Beyond the Enclave: Towards a Critical Political Economy of China and Africa", *Development and Change*, 44(6) 2013, pp. 1255 – 1272。

中国企业看做是中国政府的"政治影子",其背后都得到了国家的支持和鼓励。

然而,英国开放大学国家发展学教授拉法尔·卡普林斯基(Raphael Kaplinsky)则指出,中国事实上支持了非洲平等化发展进程,尽管这一进程在不同国家、不同阶层、不同性别和年龄族群中有着不同程度的体现。非洲为中国提供了廉价的生产资料和新的市场机会,中国也有能力帮助非洲更好地实现可持续发展以及相对平等的增长,但"非洲能够在多大程度上利用好中国所提供的这些条件,实现新型的包容性增长道路取决于非洲自身的政治发展"[①]。

3. 中国经济发展的内驱力及未来发展道路

英国华威大学经济学教授马克·哈里森(Mark Harrison)在《飞龙与困熊:比较视角下的中国崛起》一文中指出,中国经济快速增长的关键因素在于中国地方分权的一党制体制。他指出,中国的省级构架类似于公司的多部门组织结构,包括多个自我管理且相互竞争的部门。每个省级单位的财政和经济资源都是分散的,整个国家表现为一个多组织的等级结构。然而,在中国政治体制中,虽然经济分权,但政治上却高度集中,党中央可以通过考察各省级领导干部的绩效决定其任免和晋升。这就给予各级领导人极大的动力来实现各省目标,如实现 GDP 和税收收入的增长。哈里森认为,地方分权一党制体制通过竞争提高了中国体制内的创新能力,促进了私营经济的发展,成为中国经济发展的主要引擎。同时,地方分权的一党制体制还鼓励各省在基础设施、外商直接投资等方面展开竞争,促进中国经济的长期繁荣。[②] 牛津大学中国经济问题学者琳达·岳(Linda Yueh)在分析中国经济发展的特殊之处时指出:"中国经济发展处在看似矛盾的环境之中,如中国虽没有健全的保护私有财产的法律和客观公正的司法制

---

① Raphael Kaplinsky,"What Contribution can China Make to Inclusive Growth in Sub-Saharan African?",*Development and Change*,44(6)2013,pp.1295 – 1316.

② 参见 Mark Harrison,"Soaring Dragon,Stumbling Bear:China's Rise in a Comparative Context",*The CAGE – Chatham House Series*,No.6,March 2013. www.warwick.au.uk/go/cage。

度等经济发展所需的法律制度保障,但却保持着高速的经济发展。"① 究其原因,琳达·岳认为,中国渐进式的制度改革发挥了巨大作用。渐进式改革改变了中国的经济结构,推动了经济发展。在中国这个案例中,不仅科技推动了生产力的发展,资源的再分配同样促进了生产力的进步,例如国企改革降低了国有企业经济的比重,劳动力经济的结构改革促使劳动力从国有企业向民营企业流动。

在对中国未来经济发展预测分析中,英国学者普遍持消极观点,强调中国身处的困境。牛津大学中国奖学金基金会主席谭宝信(Timothy Beardson)在《奋斗的巨人:威胁中国未来的因素》一书中指出,中国取得经济突破的机会窗口十分有限,错过机会就有可能陷入"中等收入"陷阱。中国会继续崛起,但它所面临的威胁太广、太大,而国内政策反应又太过谨小慎微,很难想象中国会在本世纪超越美国。② 哈里森虽然认为中国地方分权的一党制体制有利于打破持续改革的阻力,但却强调中国所面临的一些风险,包括缺乏政府问责制和政策改革的动力。他指出,中国目前面临着两个陷阱,一个是自满陷阱,即中国跨入中等收入国家行列后,政府对现有局面感到自满,不愿意冒继续推进改革的风险;二是冲突陷阱,即在外来势力的影响下,身处民主转型边缘的政府面临国家重构的可能。③ 琳达·岳也强调:"如果中国想要实现未来30年稳定发展的目标,中国不仅需要在技术和人力资源问题上有所提升,更需要完善法律制度,改革政府角色以及调整中国经济结构。"④

英国对中国问题的研究紧紧围绕中国政治、经济和社会的新变化和发展展开,除上述提到的环境问题、中国的内政外交等主题外,公民社会也

---

① Linda Yueh,"What Drives China Growth?",*National Institute Economic Review*,No. 223,February 2013,pp. 4 – 15.

② 参见 Timothy Beardson,*Stumbling Giant:The Threats to China's Future*,Yale University Press,2013,pp. 43 – 45。

③ 参见 Mark Harrison,"Soaring Dragon,Stumbling Bear:China's Rise in a Comparative Context",*The CAGE-Chatham House Series*,No. 6,March 2013. www. warwick. au. uk/go/cage。

④ Linda Yueh,"What Drives China Growth?",*National Institute Economic Review*,No. 223,February 2013,p. 10.

是英国学者关注的又一话题。英国国王大学刘氏中国研究院中国政治学专业讲师提摩西·希尔德布兰特（Timothy Hildebrandt）在其著作《中国的社会组织与一党制》中阐述了他对中国社会组织发展趋势的分析。他指出，通常来讲，社会组织能够改变社会现状，但中国的非政府组织不会在一党制体制下引发社会制度的改变，因为中国的非政府组织伴随中央和地方政府利益的变化而调整，在国家体制内强调社会问题，因此，中国的非政府组织实际上有效加强了国家权力。希尔德布兰特提出了研究一党制国家的国家和社会关系的方法，即在威权国家中，国家与社会在本质上相互依赖：政府需要非政府组织帮助其开展社会治理，而非政府组织则需要政府帮助其扩大政治和经济影响力，从而寻求个体组织的发展机会。①

三、特点与趋势

英国是欧洲中国研究的老牌国家，无论是过去的传统中国学研究，还是当今社会的中国当代问题研究，欧洲的主要研究力量都集中在英国。特别是近年来，随着一些具有中国学研究传统的高校新建或重组中国问题研究机构和资源，如诺丁汉大学建立了中国政策研究所、曼彻斯特大学重建中国研究中心等，英国的中国问题研究力量得到加强，欧洲作为中国问题研究中心的地位得到进一步巩固。

英国当代中国问题研究尽管从规模上无法与美国相提并论，但其研究质量不可小觑。英国的中国问题研究学者都受过严格的方法论训练，善于田野研究，实证分析性强。在研究内容上，尽管英美学者对中国经济高速发展的探究仍然是他们乐此不疲的方向，但英国较之美国的中国问题研究也存在细微差别：英国学者普遍更乐于分析中国政治体制的运作方式，认同中国政治体制在促进经济稳定发展方面的积极作用。此外，英国学者对中国的对外政策和近年来凸显的环境问题研究也呈现出明显的上升态势。

---

① 参见 Timothy Hildebrandt, *Social Organizations and the Authoritarian State in China*, Cambridge University Press, 2013, pp. 1 – 22。

随着当代中国问题研究的不断深入，英国的当代中国问题研究呈现出如下几个特点：（1）中国学者赴英的学术交流不断加强。仅2013年一年，英国邀请中国官员及学者赴英国高校及智库机构进行学术讲座多达50余人次，查塔姆研究所相继邀请国务院发展研究中心研究员吴敬琏、中国人民银行金融研究所所长金中夏、全国人大外事委员会副主任委员查培新等中国官员和学者赴英进行学术讲座。（2）中方为中英学术交流提供更多的资金支持。如中国政府为伦敦政治经济学院设立了两项中国政府奖学金，资助当代中国问题研究；复旦大学为包括伦敦政治经济学院在内的大学提供访问学者交流项目；伦敦国王学院于2012年接受刘鸣炜博士600万英镑捐赠，以资助国王学院中国研究院的当代中国研究，研究院因此更名为刘氏中国研究院。（3）英国高校间跨机构中国研究项目继续积极推进。2007年由牛津大学、布里斯托大学和曼彻斯特大学在多家英国官方基金会资助的基础上成立的英国跨大学中国研究中心在2013年度仍然围绕中国当代问题开展近十次学术交流活动；自2006年起，由英格兰高等教育基金委员会、英国经济和社会研究委员会以及艺术人文研究委员会资助的全英中国研究所在其成员——利兹大学和谢菲尔德大学的推动下，一直活跃在中国问题研究的舞台上；2002年成立的伦敦政治经济发展论坛依托伦敦政治经济学院亚洲研究中心、伦敦商务孔子学院、伦敦政治经济学院经济系、48家集团和中英贸易协会每年定期组织中国发展论坛，探讨当代中国现实热点问题，2013年中国发展论坛的主题为"转型中的中国"。（4）从事中国研究的学者跨机构特征愈加明显，学术背景更为国际化。如中国问题专家凯利·布朗是查塔姆研究所亚洲项目高级研究员，同时任悉尼大学中国研究中心主任。英国外交政策中心研究员斯蒂芬·米纳斯（Stephen Minas）擅长研究中国气候政策和亚太地区政策，同时兼任墨尔本大学人口与全球卫生学院荣誉研究员。皇家联合服务研究所研究员尤安·葛兰姆（Euan Graham）常年关注东亚安全问题，研究领域包括海事安全、区域构架和朝鲜半岛问题等，同时兼任新加坡南洋理工大学拉惹勒南国际研究院高级研究员。

英国对中国问题的研究所呈现出的研究热点和特点与国际环境、国内政治经济形势紧密关联。具体而言，在中国方面：（1）2013年是领导人换届之后的开局之年，中国对外政策的调整不仅直接影响着国际格局的改变，而且关乎中欧关系以及英国的直接利益。特别是国家安全委员会的成立，美国重返亚太战略以及中国与周边国家岛屿边界的争议都引发了西方学者对中国的国家安全形势和对外关系的关注。（2）近年来，中国环境污染严重，生态系统退化形势严峻。十八大报告指出，要把生态文明建设放在突出地位，融入经济建设、政治建设、文化建设、社会建设各方面和全过程。2013年中组部印发的《关于改进地方党政领导班子和领导干部政绩考核工作的通知》中明确规定，"不能仅仅把地区生产总值及增长率作为政绩评价的主要指标，不能搞地区生产总值及增长率排名"，对于"造成生态严重破坏的"，即使离任也要追责。中国环境问题与政治稳定、经济增长和公民社会发展等问题紧密联系，这也是促使西方学者关注环境问题的重要原因。在英国方面：（1）经济增速缓慢促使英国对中国经济增长研究的持续升温。尽管2013年以来，英国等深受2008年全球经济危机重创的西方国家经济开始出现好转，但仍面临着经济可持续发展和增进人民福祉的挑战。当前欧洲国家普遍采取紧缩政策，大幅减少政府开支，削减国家福利，以唤起经济崛起。因此，西方学者对寻求经济增长的可替代模式的热情依然不减。（2）财政紧缩政策促使英国研究机构谋求外部资金支持。自2012年起，英国政府便提高了高校学费收费标准，只是通过国家贷款形式予以一定程度的补贴。2013年度英国公布的财政开支计划中，投入到教育领域的经费不升反降，引发了社会和高校的不满。尽管科研经费投入相对有所增加，但在资金使用策略上作出了调整，采取抓大放小的思路，支持业已颇具规模的大学或团队。这对于近年来兴起的中国问题研究无疑并不是一个利好消息。相反，中国在高等教育和科研中的投入却在一直加大。这或许将会促进英国研究机构谋求与中国以及其他基金会的合作。

（冯瑾　中央编译局海外理论信息研究中心馆员）

法　国

　　过去几十年内，中国的改革为各个领域带来了巨大变化。中国在转型过程中所呈现出的不同于其他国家的特殊性以及作为理论验证的相似性激发了众多外国学者的兴趣，海外关于中国问题的研究持续升温。经历了2008年全球金融危机的冲击以及2012年党的领导集体实现新老交替之后，中国在政治、经济、社会等领域内发生的新变化和未来走向更加受到学术界的关注。

　　作为第一个创立汉学的西方国家[①]，法国在对中国进行科学研究方面拥有深厚的传统和丰富的经验。法国之所以能够成为欧洲汉学的代表，走在西方汉学的最前端，"与法国汉学家的学养有关"，"他们多数人都有渊博的知识和触类旁通的学术敏感，因此在中国人文科学和社会科学领域里能独立思考，善于发现问题"，这也是法国"多开放，少保守，喜欢变革"的精神在对于文化的学术追求上的表现。[②] 法国汉学的基本形态和学术模式对当代研究中国问题的法国学者产生了深远影响，使他们对中国问题的关注重点、研究方法和分析角度呈现出一定的独特性。本文所指的中国研究，其范畴不同于涉及哲学、宗教、历史、语言等人文科学的传统汉学，

---

　　① ［法］保罗·戴密微：《法国汉学研究史概述》（上），秦时月译，载《中国文化研究》1993年冬之卷（总第2期），第131页。
　　② 阎纯德：《从"传统"到"现代"：汉学形态的历史演进》，载《文史哲》2004年第5期（总第284期），第123—124页。

而侧重于法国学者在政治、经济、社会等社会科学领域内对当代中国所作的研究。

一、总体概况

2013年，在中国领导集体换届、改革开放迎来35周年、十八届三中全会勾勒改革蓝图等一系列重要事件的推动下，法国学术界对中国的研究热情有增无减，2003—2013年间关于中国的研究成果在数量上的变化可以从一定程度上印证这种趋势（图1）。

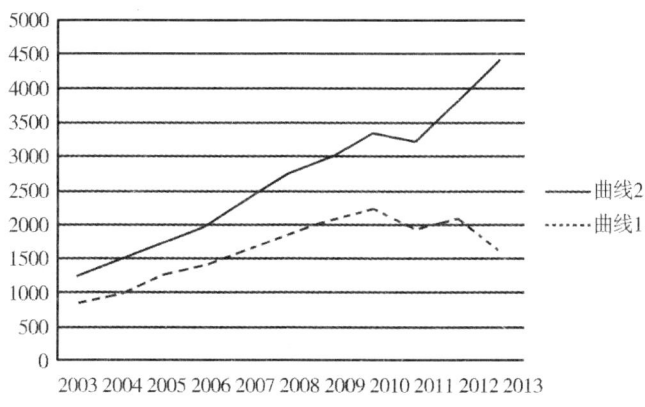

图1　"中国"一词出现频率（2003—2013）

注：曲线1为法国Cairn数据库中"中国"一词出现频率的年度变化曲线。将法文"中国"（Chine）作为关键词，搜索2003—2013年间"中国"一词每年在数据库中"全文出现"的数量，制作出该图。Cairn为法国最大的人文社会科学数据库，收录了历史学、哲学、社会学、政治学、经济学、法学等14个学科的396个学术刊物、2215部书籍、1722部百科全书以及8本杂志，搜索结果中包括学术文章、新书信息、会议记录等多种学术成果。

曲线2为法国网站revues. org中"中国"一词出现频率的年度变化曲线。将法文"中国"（Chine）作为关键词，搜索2003—2013年间"中国"一词每年在网站中出现的数量，制作出该图。revues. org网站收录了大量人文社会科学领域的杂志、书籍和学术资料，是法国最有影响的学术网站之一，搜索结果包括学术文章、学术书籍、学术信息（研讨会）等多种内容。

Cairn数据库与revues. org网站的数据信息有部分重合内容，但是重合部分的比重较小，大部分搜索结果是不同的。Cairn数据库收录的内容以学术文章为主，来源主要是公开发表的纸质版学术刊物；而revues. org网站则以可以免费浏览的学术文章、新书简介、研讨会信息为主要内容,来源主要是电子刊物、学术机构、出版社、高校等网页信息。因此,两者具有一定的互补性。正因如此,笔者选取了这两个重要的网站作为数据来源,以共同反映法国学术界关于中国研究成果的数量变化趋势。从图1中可以看出,两条曲线自2003年至2010年间均呈现直线上升,2011年略微出现回落,随后的2012—2013年,曲线1出现小的波动,而曲线2则以更大的幅度上升。但综合两条曲线的变化情况来看,十年间中国研究成果的数量整体上呈明显上升趋势。

在法国,有两个专门以当代中国为研究对象的学术刊物,一个是由法国现代中国研究中心(CEFC)主办的季刊《神州展望》(*Perspectives Chinoises*),另一个是由法国舒瓦瑟尔研究所(l'Institut Choiseul)主办的季刊《华人世界》(*Monde Chinois*)。2013年,《神州展望》的4期杂志分别以地方官员与普通公民之间的相互作用、房地产泡沫与社会挑战、中国农村的城镇化以及中日关系为研究专题,推出了一系列研究文章;《华人世界》以对中国大陆的研究为主,同时还涉及对新加坡、中国台湾、中国香港等国家和地区的研究,4期杂志的研究专题包括中国台湾—非洲—中国大陆的关系、分裂60年的朝韩、中国的宗教问题以及中国的电影。还有的刊物在某一期推出了中国问题专刊,例如,地理和地缘政治杂志《希洛多德》(*Hérodote*)2013年第3期推出了关于中国的专刊,关注中国的地缘政治对中国经济增长的影响;《生态与政治》(*Ecologie & politique*)杂志2013年第2期推出了研究政治生态问题的中国篇,对近期特别是最高领导集体换届后的几个月内,生态问题如何在中国的公民社会和诸多领域内发展变化进行分析;《思想》(*La Pensée*)杂志2013年第1期为中国问题专刊,汇集了4位法国学者和3位中国学者关于中国金融体系、政治改革和社会构成三大问题的多篇文章,以期从中法学者的不同视野中展现中国的改革开放和发展变化;《会饮》(*Le Banquet*)杂志2013年2月期(总第31期)推出了以"中国是什么样?"为主题的专刊,借十八大之机探讨中国的社会和政治动向。更多的关于中国研究的文章则是散见在各种学术刊物中,因此涉及的主题较为分散,涵盖政治、经济和社会领域的诸多问题。

在这一年中,法国学术界也推出了不少研究中国的专著成果。关于政治问题的研究，关注点集中在中国的发展模式和改革效果、公民社会在广东的发展情况、中国与俄罗斯及伊朗组成三国地缘政治联盟等方面[①]；在经济学领域内，中国与其他金砖国家的经济发展模式、企业管理的中国模式、中国经济实力的增强对战略调整的影响等问题是研究重点[②]；另外，还有关于农民工在社会中的地位变化对转型中的中国政体的影响、中国年轻人的价值观和认同感如何保持中国文化的延续性、如何在网络和信息时代推动中法学术交流等文化和社会问题的研究成果。[③] 这些专著研究不仅体现出中国研究内容上的多样化趋势，还凸显出法国学术界注重跨学科研究的特点。

关于学术活动的开展，法国学界主要依托研究中国问题的学术机构和高校研究中心作为平台，举办一些关于中国问题的学术研讨会。研讨会的主题和参加人员一般都是由主办机构根据具体情况确定，规模大小不等，但总体来看，中小型的学术活动更为频繁一些。此外，越来越多的学术活动注重国际交流，特别是与中国同行的合作。以法国现代中国研究中心为例，2013年主要举办过五场研讨会，主题分别涉及当代中国女性研究、中非关系、福利积累与机会不平等、中国公民社会的新发展以及文学、公共空间与民主。其中一场研讨会是与清华大学中法中心合作举办的，另外三场研讨会分别与香港浸会大学、香港科技大学和香港大学联合举办。

---

① 例如 Jean-Marie Bouissou,"François Godement et Christophe Jaffrelot", *Les géants d'Asie en* 2025：*Chine*，*Japon*，*Inde*，Philippe Picquier,2013；Monique Sélim, *Hommes et Femmes dans La Production de La Société Civile à Canton Chine*, L'Harmattan,2013；Thomas Flichy（dir.）, Jean-Marie Holtzinger, Jérôme Pâris et Antoine-Louis de Prémonville, *Chine*，*Iran*，*Russie*：*Un Nouvel Empire Mongol?*, Lavauzelle,2013。

② 例如 Andrea Goldstein et Françoise Lemoine, *L'économie des BRIC*：*Brésil*，*Russie*，*Inde*，*Chine*, Editions La Découverte,2013；Charles-Edouard Bouée, *Comment la Chine Change le Monde*, Editions dialogues,2013；Joachim Dornbusch et Romain Zolla, *La Chine*, Bréal,2013。

③ 例如 Chloé Froissart, *La Chine et Ses Migrants*：*La Conquête d'une Citoyenneté*, PU Rennes,2013；Brigitte Tison, *Identités*，*Codes et Valeurs en Chine*, L'Harmattan,2013；Hotier Hugues, *France-Chine*, Editions L'Harmattan,2013。

二、关注焦点

从 2013 年出版的法文学术书籍和杂志中，可以发现关于中国研究的成果所涉主题较为多元，但整体来看，关于改革发展、中非关系、环境问题和城镇化方面的研究相对集中，出产成果从数量上相比其他领域明显较多，因此，从某种程度上似乎可以将这四个维度视为年度关注重点或热点问题。

1. 中国的改革和发展战略

中国的改革发展一直是法国学者进行中国研究时比较关注的问题，特别是十八大之后，中国领导人的更替更引发法国学界对中国的内政变化、新领导集体的政策动向、中国的未来走向等问题的持续关注。

有些学者对中国的发展模式和改革效果进行分析，试图通过对中西方的比较研究来阐释中国的发展特点及其原因。法国巴黎政治学院国际研究中心高级研究员鲍佳佳（Stéphanie Balme）认为，中国共产党领导的改革并没有导致中国政权倒台，而是带来了经济的惊人增长，成为如今政权稳固的基石。但是由于社会不公平和环境危机的加重，中国成为一个实力不稳的强国，所以其本身并无意成为国际警察。对于西方观察家而言，中国转型的政治合理性确实可以用过程本身的复杂性来解释，但是欧洲学术界的传统无法理解与资本主义完全相悖的共产主义能够成为一种可改良的模式，且改良并没有导致共产主义的消失。在中国，共产主义意识形态衰退的同时，共产党的作用并没有被削弱，反而得到了再次扩展，覆盖到社会和政治的方方面面。政权合法性的危机并不是如同西方人一般所认为的那样，来自马克思主义意识形态与市场经济之间的矛盾，而是源自民众对更有效的治理和更少专断权的要求。中国之所以会出现这种情况，在很大程度上是由于中国与西方存在差异。中国一方面受到自身传统的强烈影响，另一方面也一直努力向西方靠拢，新旧的结合造就了独特的"中国模式"。中国既不是一个马克思主义国家，也不是资本主义体制，更不是传统意义上的超级大国，而是通过对源自日本、美国和欧洲等西方模式的再创造并结合其自身的传统，从而形成一整套政治、经济和社会的混合式理论。因此，许多在西方人看来不可兼容的理论和实践在中国实现了共存：一种自由主义和马克思主义的中西合璧，一种在中央集权国家中出现的事实上的联邦主义，一个缺乏民主的合法国家，一个专业的但是不独立的司法体制，一种威权体制下的农村基层选举，一种在百花齐放的意识形态的推动下出现的一党统治。①

法国艾克斯—马赛大学亚洲研究中心研究员、中国问题专家吴明黄（Thi Minh-Hoang Ngo）指出，西方舆论揭露和攻击中国各种缺陷的倾向性明显，他们认为社会主义的中国与西方是完全对立的。事实上，社会主义的中国与西方之间虽然存在诸多显著差异，但是也具有大量共同之处。中国共产党承袭了许多西方人也予以认可的观念，只是阐释的方式和角度与西方有所不同，比如马克思主义、资本主义、自由、人权甚至民主。② 中国在这些问题上表现出的独特的研究角度，对概念的多样化理解，在很大程度上是受到帝制时期就意欲成为世界中心的传统观念影响。但是随着中国社会的演变，特别是在全球化的影响下，中国人对这些概念的理解逐渐趋同于西方的主流观点。因此，中国在许多观念上与西方达成了共识，接受取代了对抗，只是仍然宣扬一种东亚式的政治和意识形态模式。中国呈现出一种亚洲大国的姿态，但是正处于积极融入世界并努力汲取西方思想文化遗产的阶段。③ 如果说西方人对中国和中国共产党心怀恐惧，那么这并不是因为社会主义的中国与西方毫无共同点，而是由于西方人不知道在如今的全球化运动中自己应该何去何从。

有些学者对中国过去和未来的发展战略颇为关注，因为这是改革的重要推动力和指导方向。法国社会科学高等研究院近现代中国研究中心研究员、法国勒阿弗尔大学国际问题系教授蒲吉兰（Guilhem Fabre）和法国国

---

① Stéphanie Balme, *La Tentation de la Chine, Nouvelles Idées reçues sur un Pays en Mutation*, Le Caalier Bleu, 2013.

② Thi Minh-Hoqng Ngo, *Doit-on Avoir peur de la Chine？: Le communisme chinois et l'Occident*, Paris: Editions de l'Aube, 2013.

③ Thi Minh-Hoqng Ngo, "De la liberté en Chine", *Le Débat*, n° 173, janvier-février 2013, pp. 78 – 87.

家信息与自动化研究所高级研究员郭青溪（Stéphane Grumbach）对中国在发展研究和创新方面的政策进行了研究，认为许多分析家将中国目前在此领域内的发展程度视为接近日本和东亚四小龙的水平，这实际上低估了中国赶超政策的实际效果，这是由于中国在21世纪最初十年的发展政策促使从事科技工作的人员数量大幅增加；此外，中国的工业生产能力、国内市场的规模以及中国企业参与新兴市场的活动程度都得到了显著提升。如果将国家主权也考虑进来，因为这一要素在信息技术和国防领域发挥着关键作用，那么中国的研究发展和创新战略显然正在逐渐改变科学技术的整体格局和界限。一些分析家对中国的科技发展战略强调自主创新、减少对外技术依赖的理念持悲观态度，认为这体现了一种新的"技术民族主义"，引入外资投资、专家技术共享和技术转让只会让中国的"双赢"变成"赢双倍"；同时，自上而下的垂直型发展研究和创新模式给予政治官员过多的权力干涉科学家的工作。但是，蒲吉兰和郭青溪对这类分析予以驳斥，认为这种观点过度强调"内生创新"而没有着眼于中国研究发展战略的整体格局，事实上，中国的整体战略采取的是一种更加开放的态度。尽管在航空、能源、高铁等某些领域内存在一些争议，但是中国的研究发展战略在减少政府对科技活动的干涉、外企自愿保护核心技术等方面的态度始终如一。而在化学、生命科学、信息通讯技术、纳米技术等其他领域内，中国采取的态度更为开放，研究人员的交流往来受到更多政策性鼓励。①

也有些学者对中国的政治改革持相对悲观的态度，在肯定改革带来各方面成就的同时，更关注改革所面临的挑战。法国国家科学研究院当代中国问题高级研究员、巴黎政治学院国际政治研究所教授白夏（Jean-Philippe Béjà）认为，改革开放30余年后，中国共产党进入了一个前所未有的阶段，虽然取得了举世瞩目的成就，但同时也面临诸多棘手的问题：如何在保持执政权的情况下实现经济和社会的现代化？如何避免广大民众生活和教育水平的提高导致对政治参与的强烈要求？如何保证社会经济的转型不会引发政治转型？新任领导集体与前任相比较是完全不同的一代人，经历了"文化大革命"的变迁，在改革开放伊始的80年代完成学业，

---

① Guilhem Fabre et Stéphane Grumbach, "Chine: levrai Grand Bond en avant", *Le Débat*, n° 173, janvier-février 2013, pp. 88 – 104.

可能具有推动政治体制改革的勇气。但是他们面临着改革的两难窘境：不惜一切代价维持稳定可能是"等待死亡"，而推动政治改革又可能像戈尔巴乔夫一样面临丧失政权的风险。从目前的改革措施来看，反腐的做法并无更多创新，没有从设立监督机构或开放新闻自由方面着手，而是采用传统的毛主义式整风方式以求改善领导干部的工作作风。与此相反，在周边领域采取了一些创新做法，例如废除劳教制度，这对于自由进步而言意义深远。但是，这些做法并不能表明新任领导集体在政治体制改革方面实现了重要的创举。[①]

2. 中非关系

中国与其他国家或地区的关系以及中国的对外政策一直也是法国学者的研究重点。2013年，在一些突发事件的影响下，中国与邻国的关系颇受关注，特别是中国与日本、朝鲜、南海邻国等国家的关系。此外，中国与欧洲、法国的关系是法国学界长期关心的主题，2013年也不例外。不过，在国际关系领域内，这一年最受关注的还是中国与非洲国家的关系以及中国在非洲地区的外交政策。由于中国在非洲地区影响力的加强直接影响到原殖民宗主国在该地区的利益，因此中非关系激起了法国甚至法语地区学者的研究兴趣。

法国国家科学研究院高级研究员、巴黎亚洲中心（Asia Centre, Paris）研究员、香港浸会大学政治及国际关系学系教授兼系主任高敬文（Jean-Pierre Cabestan）从宏观层面上对中非关系进行了较为全面的分析，探讨了中国与非洲经贸关系的发展及其对政治领域产生的影响，同时提出新形势下中国发展中非关系所面临的挑战和必须承担的责任。诚然，中国成为非洲不可忽视的发展要素，在当地获得了前所未有的外交影响力，但是，中国还远没有成为非洲独一无二的合作伙伴。相反，中国企业的大量涌入促使大型的本国企业或跨国集团之间产生了激烈的竞争，这迫使西方国家放弃了一些领域（公路），将力量集中在它们更为专长的领域（高科技），这也为诸如印度和巴西等其他新兴国家敞开了大门。在外交领域，北京影响

[①] Jean-Philippe Béjà, "Chine: des menaces sur la prospérité?", *Esprit*, n° 391, janvier 2013, pp. 15-31.

力的抬升扩大了游戏范围，使得非洲国家能够在较为不利的处境下也可以与美国、法国、英国等西方大国展开谈判，成为国际舞台上更加活跃的参与者。对于欧洲和法国而言，中国在非洲的兴起确实带来了新的挑战，涉及经济、政治甚至意识形态领域。法国将与非洲的合作权交给欧盟并没有促使欧洲在该地区的影响力增强。相反，法国对非洲的出资减少，随之而来的是欧洲在该地区影响力的退步；同时，中国在非洲地位的提升削弱了法国一直以来在非洲强调善治和人权的意义。①

比利时鲁汶天主教大学国际关系学教授唐吉·斯特勒耶·德斯维朗德（Tanguy Struye De Swielande）和鲁汶天主教大学政治学与国际关系教授唐吉·德维尔德·德斯特麦尔（Tanguy De Wilde D'Estmael）认为，非洲从过去到现在一直是重要的利益中心，引起诸多大国的觊觎，往往被殖民化的新形式所笼罩。这种殖民化表面上只涉及经济和商贸领域，实际上不可避免地以地缘政治为基础。在这场影响力的较量中，尽管美国和欧洲保持着重要的地位，但是中国以一种新兴大国的姿态出现。由于中国没有因历史包袱造成的复杂关系，没有造成涉及人民福祉或尊重人权的心灵创伤，因此中国在非洲的发展较少受到阻碍。但是，究竟哪种模式更受到非洲大陆的欢迎：是将经济发展与发展合作结合起来的西方模式，还是实用主义的北京模式？两位教授提出，除此之外，可能存在第三条道路，就是将西方式的高科技推动发展的战略与北京式的劳动力资源丰富的优势结合起来，发展出一条适合非洲的道路。②

法国奥弗涅大学国际发展研究中心经济学教授西尔维娅娜·吉约蒙·让纳内（Sylviane Guillaumont Jeanneney）对中非汇兑和贸易体制进行了研究，在一系列经济数据分析的基础上得出三点结论。第一，中国与撒哈拉以南非洲国家之间的实际双边汇率对中国向这些国家的出口产生重要影响。第二，中国对非洲国家的金融援助有利于中国向这些国家的出口，但是受到中国在非洲建立的经济特区的限制。第三，中国倾向于向由于地理

---

① Cabestan Jean-Pierre,"Les relations Chine-Afrique: nouvelles responsabilités et nouveaux défis d'une puissancemondiale en devenir", *Hérodote*, n° 150, 2013/3, pp. 150–171.

② Tanguy Struye De Swielande et Tanguy De Wilde D'Estmael, *La Chine et les grandes puissances en Afrique: Une approche géostratégique et géoéconomique*, Presses universitaires de Louvain, 2013.

因素导致交易成本更低或者治理水平更高的非洲国家出口商品,但中国进口原材料则会选择治理水平貌似较低的非洲国家。中国通过出口商品推动与非洲本土制造业生产的竞争,为数众多的非洲国家被迫忍受其货币与欧元挂钩而造成的不利条件。在过去几个月中,与人民币相比,欧元对美元贬值可能会使这种不利条件的影响变弱。自然资源最为丰富的非洲国家从对中国的原材料出口迅速增长中明显获益。对于这些国家而言,这是一个能够即刻促进经济增长的重要来源,但是,这种做法也存在对其产品多样化和制造业发展产生阻碍的风险。[1]

3. 环境问题

环境污染作为当前中国发展所面临的重要挑战,不仅在中国国内受到极大关注,也是国际社会讨论的热点问题。法国学者对中国环境问题的研究成果近两年明显增长,从对中国的环保政策、治污机制、国际合作等比较单纯的环境政治研究,扩展到非政府组织在环保领域的发展、环境领域的司法体制建设等与环境问题相关的更广阔的研究范畴,研究的广度和深度都得到了相当程度的提升。

法国雷恩第二大学讲师、人文社会进程分析跨学科中心(CIAPHS)研究员让-保罗·马雷夏尔(Jean-Paul Maréchal)对全球新气候体制的构建进行了研究。中国和美国是全球两个最大的二氧化碳排放国,同时也是达成新的国际气候条约的最大障碍,但是两国的情况截然不同,应当区别对待,这比起将两国视为 G2 同盟而言更易于推进谈判的进程。如今排名第二的美国近 20 年来一直是二氧化碳排放大国,但是拒绝批准《京都议定书》,始终对构建新的国际气候体制持否定态度。与美国不同,20 年前中国作为发展中国家,未被列入 1992 年通过的《联合国气候变化框架公约》发达国家缔约方的名单之内,但是如今中国已成为全球最大的二氧化碳排放国,排放量占世界排放总量的 47%。目前出现了两个因素有利于推动谈判向好的方面发展:一是空气污染问题触及中国本土,迫使政府必须采取行动改善环境;二是中美在绿色技术方面产生竞争,中国采取多种方

---

[1] Jeanneney Sylviane Guillaumont et Hua Ping,"Régimes de change et commerce Chine-Afrique",*Revue Économique*,Vol. 64,2013/3,pp. 469 – 482.

法将发展清洁能源作为优先的工业目标,在推广风能、太阳能、节能灯、电动汽车等绿色技术以及科研投入方面已经远超美国。因此,构建新气候体制的前景并非如许多分析家认为的那样悲观,因为中国和美国寻求本国经济和政治的短期私利很可能导致一些能够改善两国二氧化碳排放措施的实施。①

法国巴黎政治学院国际研究中心(CERI)研究员玛丽-埃莱娜·施沃布(Marie-Hélène Schwoob)研究了中国的公民社会在环保领域的发展情况。她认为,中国自1978年开始实施的经济发展政策既带来了经济的飞速发展,也造成了严重的环境问题,反过来对国家的发展前景造成巨大威胁。近年来,面对环境污染的加重,政府密集地推出了大量环保政策。然而,中央政府为阻止环境进一步恶化而推出的措施遭到视经济目标优先于环境目标的地方政府机构的阻碍,这为致力于解决环境问题的公民社会留出了越来越大的发展空间。21世纪的最初十年,环保类的非政府组织数量激增,政府的态度也由最初的简单容许转变为鼓励发展,试图将其作为公共服务机构的延伸纳入到政府管理或协商机构的范畴内。但是,非政府组织与政府之间的经济和人事联系易削弱组织的独立自主权。②

法国巴黎政治学院欧洲研究中心研究员、国际事务学院(Ecole des Affaires Internationales)国际公共管理硕士专业教授鲍铭言(Richard Balme)从司法角度对中国的环境公正问题进行了研究。由于涉及阶级、民族和社会划分等问题,居住因素直接影响环境物品的获取,绝对公正地获取环境物品是不可能实现的,因此鲍铭言把环境公正的研究重点放在解决或弥补由诉讼和冲突反映出的不公正的方法上。他将环境公正界定为与保护环境以及获取环境产品相关的法律的出台、实施和辩护,阐释了公共决策中的立法、动员和参与的进步以及环境公正方面的行动这两者的趋同如何促使中国的环境政治在近十年中得到极大的改善。环境立法的进步和

---

① Jean-Paul Maréchal,"La Chine, les Etats-Unis et la difficle construction d'un nouveau régime climatique", *Revue de la régulation. Capitalisme, institutions, pouvoirs*, 1er semestre 2013, source: http://regulation.revues.org/10145.

② Marie-Hélène Schwoob,"L'éveil vert de la société chinoise?", *Ecologie & Politique*, n°47, 2013/2, pp. 27 – 37.

环境冲突的倍增导致环境诉讼迅速上升，这种变化带来了巨大的希望，因为法律诉讼是推动法律实施的强有力因素，诉诸法律可以成为公民社会"自下而上"发展环境政治的重要工具。对污染受害者的承认也取得了不可否认的进步。虽然存在的问题仍然很多，特别是行政处罚对法律程序的消极影响，政治体制的固有特点导致环境诉讼的政治化倾向，但是一些地方做法已经产生突破，比如一些省份设立了环保审判庭或环保法庭。这些创新具有实质性的意义，首先将环境问题作为合理的、重要的法律诉讼的动因，随后在司法领域引入真正的创新做法，更多地向公众和公民社会开放，这是中国在司法体系框架内的显著进步。[1]

4. 城镇化问题

随着 2011 年城镇化率达到 51% 的水平，在接下来的两年中，中国城镇化速度进一步加快，成为当前社会和经济发展的关键要素。[2] 在此背景下，2013 年法国学界关于中国社会问题的研究中，有相当一部分成果是以城镇化为直接研究对象或与城镇化问题相关的研究，研究角度既包括征地引发的社会矛盾、当地居民生活方式的转变、农村人口结构的变化等城镇化进程对农村地区的影响，也包括社会阶层的新变化、农民工的社会地位和公民身份、城管与商贩之间关系等城镇化进程对城镇地区的影响。

法国社会科学高等研究院近现代中国研究中心博士鲍里斯·施瓦茨曼（Boris Svartzman）对城市化进程中出现的农村转型和社会矛盾进行了田野调查，研究在农村区域转变为新的城市区域这一过程中，由征地引发的各方力量关系的变化。始于 20 世纪 90 年代的第二次城市化进程源于城市扩张，城市发展占用大量农民的土地，加上户籍管理制度改革的逐渐推进，使得大批失去土地的村民变成了新兴城市居民，这不同于 80 年代第一次城市化产生的大量离开农村前往城市务工的农民工。因此，第二次城市化所面临的社会挑战主要与农村征地、地方政府寻租、农村地区群体性事件等问题相关。由此产生的矛盾虽然时常表现得较为激烈，但并不是对抗政权

---

[1] Richard Balme, "La justice environnementale comme équité", *Ecologie & Politique*, n°47, 2013/2, pp. 63-75.

[2] Ben Hillman et Jonathan Unger, "éditorial", *Perspectives Chinoises*, n°1, 2013, p. 3.

的行为,而是村民被排除在城市之外且被迫努力适应城市生活框架的过程。①

法国东方语言文化学院讲师、亚洲研究会研究员塞巴斯蒂安·科兰(Sébastien Colin)对当前的"三农问题"进行了研究。新领导集体上台后的首要关切就是三农问题,实现农业现代化、改善农民的社会经济境况和推进农村地区的基础设施建设是促进农村地区发展的关键环节,也是解决地区和社会不平等,特别是缩小城乡差距的基本要素。加快城市化进程的动力首先来源于经济,主要是为推动建设领域和国内消费的发展。而在此进程中,政府最需要解决的突出问题是城市就业和农民保障,一方面提高已经在城市安家的农民工的生活条件,另一方面妥善处理农村征地给留守当地的村民造成的诸多问题。中国的领导人在执政之初都充分意识到农村问题的解决对于中国的发展和"中国梦"的实现而言是至关重要的,但是解决"三农问题"显然还要考虑更深层的因素,涉及土地管理、中央和地方的关系、税收制度、土地使用权的保护等。②

法国社会科学高等研究院近现代中国研究中心博士埃马纽埃尔·卡龙(Emmanuel Caron)对城管和商贩之间相互作用的关系进行了研究,由此探究行政机构的不受欢迎对行政机构与被管理者之间关系的影响。国家公职人员与受到他们管控的人员之间的相互作用表现为多种形式,城管与商贩之间的冲突就是其中的一种。由于行政管理人员掌握权益处置权,他们在个体层面上是实际决策者,可以对被管理者采取不同程度的处罚方式。不应当将这种权益处置权的施行视为一种由行政管理人员心血来潮而自行做出的随意形式;相反,对人或事的区别性对待往往是系统分类的结果,这种分类的实施基础是在国家公职人员培训时采取的形式化方式,或者在工作实践中同一行政机构的同事之间对采取非正式手段的经验共享。最初创建城管的目的是将"行政处罚权"分配到不同的政府机构手中,以避免将处罚违法行为的任务集中于一家机构。但是城管与警察不同,不具有使用强制的权力,而只能进行罚款或没收之类的处罚,因此城管在执法时经常

---

① Boris Svartzman,"Le bond en ville:résistance et transition d'un village chinois face à l'urbanisation", Perspectives Chinoises, n°1, 2013, pp.41 – 54.

② Sébastien Colin, Le défi rural du" rêve chinois", Hérodote, n°150, 3/2013, pp.9 – 26.

与流动商贩产生冲突。经过媒体报道和舆论宣传,这类行政机构的不受欢迎已经十分显而易见,以至于城管系统决定转变执法方式,对流动商贩表现出更大的容忍。但是由于城管具有权益处置权,他们在对谁使用容忍以及容忍到何种程度上表现出很大的差别,他们对流动商贩的管控呈现出不规则且捉摸不定的特点,这更加重了被管理者与管理者之间的不信任,两者之间的关系并未因倡导"文明执法"的方式转变而得到缓解。由此可以看出,行政机构实施管控的灵活性既强化了冲突性,也解释了暴力场面反复出现的原因。①

三、特点与趋势

1. 从研究主题的变化趋势来看,社会问题一直是关注重点,政治问题有所增加,经济问题有所减少

中国实施改革开放政策以来,经济持续增速发展、外交影响加强、国家地位上升、社会转型加快等变化,都是促使法国学者加强中国研究的主要动力。研究主题主要受到研究对象国本身发生的变化、研究实施国的研究传统和利益关切、国际环境的影响等多种复杂因素的共同作用,因此研究主题的年度变化可以在一定程度上反映出实际情况的动态发展趋势。从表1中可以看出,2013年与2012年相比,法国学界对中国社会问题的关注情况变化不大,波动幅度在10个百分点以内;对政治问题的关注热度明显升高,上升了超过30个百分点;而对经济问题的关注则有所回落,下降幅度超过20个百分点。虽然受到若干条件的限定,表1的统计样本无法涵盖2013年产出的所有中国研究成果,但是由于数据来源于法国最具学术权威性和代表性的数据库,因此能够在相当程度上反映出主流学术界的中国研究情况。

---

① Emmanuel Caron,"Les interactions entre chengguan et vendeurs de rue à Pékin: les effets de l'impopularité d'une administration dans les relations avec ses administrés", *Perspectives Chinoises*, n°1, 2003, pp. 17 – 28.

表1 中国研究主题分布及变化情况（2012—2013）

单位:%

年 份	社会学与社会类	政治学类	经济管理类
2012 年	23.7	39.5	36.8
2013 年	14.3	71.4	14.3

注：本表的数量统计是在 Cairn 数据库中进行的，主要考虑两个原则，一是统计更具可操作性，二是避免重复统计，因此对搜索条件进行了适当限定，缩小了统计对象的范围。将法文"中国"（Chine）作为关键词，条件限定为"在文章题目或章节题目中出现"，分别在"社会学与社会"、"政治学"和"经济管理"三类学科中进行搜索，统计出 2012 年和 2013 年的各项数量，再分别计算每一项占三项总和的百分比，得出此表。

社会问题一直颇受法国学者的青睐，主要出于两点原因：其一，中国在转型过程中出现了一些社会现象和社会问题，如移民、医疗和教育、社会冲突、社会阶层的变化、环保、少数族裔等问题，为相关学者提供了丰富的研究主题和素材；其二，法国是社会学领域的学术重镇，从早期的社会学学科开创者孔德，到社会学奠基人之一涂尔干，再到将结构主义引入社会学的布迪厄，法国的社会学无论是理论创新还是方法论实践，在国际学术界都颇具代表性。2013 年法国学界对中国政治问题的研究热度明显上升，包括对内政问题和国际关系问题的两类研究，导致这种变化的最主要动因来源于研究对象国本身。一方面，2013 年处于最高领导集体更替之年，刚刚卸任的领导集体过去十年的政治成果、新任领导集体的政策动向、未来十年政治领域的改革方向等问题都使得中国内政成为备受瞩目的研究热点；另一方面，钓鱼岛问题、南海争端等突发性事件在 2013 年持续发酵，再加上法国学界长期具有注重地缘政治研究的传统，因此，对中国的周边政策、外交战略以及参与全球治理等国际关系问题的研究在这一年明显升温。而在经济领域，由于前些年经历了对中国经济在全球金融危机中表现出的稳定性给予积极分析以及近年来诸多危言耸听的经济崩溃论，对中国经济问题的几波研究高潮过后，中国经济形势并未出现较大变动，未来发展趋势仍然不甚明朗，因此 2013 年对经济问题的研究出现小幅回落。

2. 从方法论上看，较多采用定性分析的方法，较少进行定量分析

方法论的选择对研究具有重要影响。在田野调查和数据收集方面，法国甚至欧洲大陆相比美国而言存在一定的差距。尽管实地田野调查和熟练掌握中文已经成为作好中国研究的两项基本要求，但是欧洲大陆对定量研究方法的重视程度还没有达到美国的水平，而这种研究方法在美国高校政治学系是获得终身教职必须具备的条件。法国的人文社会科学研究具有注重构建理论体系和理论创新的传统，除了社会学和经济学之外，其他学科较少应用统计分析的方法进行研究，这与盎格鲁-撒克逊的学者普遍采取定量研究方法并将此作为基本研究条件的情况明显不同。法国的大部分高校和研究机构仍然将坚实的理论背景和跨国比较研究的能力作为衡量学术水平的首要条件，这些要求也避免了过度专业化、过于细节性的特殊领域研究，因为这种专业化研究可能会被视为无法对比较研究产生关键作用，甚至根本起不到任何作用。①

对方法论的选择无所谓孰优孰劣，只是对研究方法的不同选择可能会造就不同的学术习惯，从而影响一个国家或地区的学术风格。从这个角度来看，法国学者在中国研究方面的定性分析特点不一定会对他们了解中国造成障碍，相反，尽管在中国进行田野调查和定量分析非常重要，但是对各种理论和学科的综合掌握实际上有助于研究者以一种全景的视野理解和分析中国的复杂问题。

3. 从分析角度上看，颇受汉学传统的影响，注重从历史学视角阐释中国问题，将中国自身传统作为阐释独特性的重要因素之一

美国学者迈克尔·奥克森伯格（Michel Oksenberg）曾经把美国的中国政治研究归纳为六种研究视角，历史学视角就是其中之一。"把现代中国与传统中国的继承与断裂作为分析的坐标轴，认为在传统中国的官僚机构、皇帝的权力、乡绅等传统知识分子的支配和现代中国的官僚制度、毛

---

① Jean-Pierre Cabestan,"Studies of Chinese Politics in Europe", Robert Ash, David Shambaugh and Seiichiro Takagi(eds.), *China Watching：Perspectives from Europe*, Japan and the United States, Routledge, 2007, p. 120.

泽东的统治、'干部'的作用之间能够找出很多共同点。"① 事实上，这一特点在法国的中国研究领域表现得更为明显，并且不仅局限于中国政治研究，而是牵涉中国研究的各个领域。

无论是鲍佳佳评估中国共产党如何在国家转型过程中保持合法性地位，吴明黄阐释中国人如何理解西方主流价值观的一些概念，还是蒲吉兰和郭青溪分析中国在发展研究和创新方面的政策，让－保罗·马雷夏尔研究全球新气候体制的构建，他们都无一例外地使用了历史学的研究方法，纵向比较研究，分析中国传统元素对现代独特性的影响，这种传统元素涉及思维方式、意识形态、文化理念、政治遗产等诸多领域。这一特点的形成，一方面受益于法国历史学环境给予研究者多方面的训练，特别是年鉴学派理论和方法的熏陶，包括理论思辨、社会学参照模式、历史语言学的专业知识、史料索骥的严谨的学术态度等；另一方面亦可归因于法国汉学研究传统的影响，即注重对中国古代历史和文化各个领域进行深层次的学术研究，汉学家对价值观、伦理道德观、家庭观、宗教观等中国传统思想和精神的阐释直接或间接地影响了法国学术界看待当代中国问题的角度。

4. 从研究者身份上看，非中国问题专家的参与度明显增加

法国《费加罗报》在介绍鲍佳佳2013年出版的研究中国政治问题的专著时曾经指出，关于中国的分析长期被视为中国问题专家的特殊领域，而今得到更为多样化的方法的给养，在多角度的勾勒下，中国的形象被定位为最古老的文明、对欧洲的最大威胁或欧洲用以对抗美国的最佳机遇、一个经济的奇迹或幻景、正在成形的最大的公民社会或者世界上最大的威权体制。② 这一评价既说明众多学者在研究中国问题时不再局限于某一种

---

① 参见日本中国问题专家毛里和子2005年6月在台湾"中央研究院"近代史研究所作的报告，题为"日本近50年现代中国研究概览——以中国政治研究为中心"。毛里和子在报告中指出，20世纪60年代末70年代初，迈克尔·奥克森伯格把美国的中国研究成功地整理为六种研究手法，包括历史学研究手法、现代化论研究手法、官僚机构模式、全体主义模式、比较共产主义研究手法和革命社会研究手法。日本比美国落后，但是也有同样的倾向。90年代以后，美日的研究又增加了两种新的手法，即对民主化进行比较研究的比较政治学的手法和关注国家与社会的关系的政治社会学的手法。

② http://evene.lefigaro.fr/livres/livre/stephanie－balme－la－tentation－de－la－chine－1208237.php.

学科的某一种方法，而是采取更加多样化的方法，同时也表明中国研究已经突破了中国问题专家的职业限制，其他领域或学科的研究者越来越多地受到中国问题的吸引，参与到相关主题的研究工作中来。

以经济学领域为例，法国著名经济学家、调节学派创始人米歇尔·阿格利埃塔（Michel Aglietta）近年来频频以中国作为研究案例，在其开创的调节学派理论框架中对中国的经济现象进行分析，认为王权传统的延续性使得中国走上了一条独特的市场经济道路[①]；罗兰贝格管理咨询有限公司全球董事会成员、亚洲区总裁查尔斯-爱德华·布埃（Charles-Edouard Bouée）也致力于从中国的传统思想文化中，探究中国经济强盛的深层原因。[②] 这两位新近从事中国研究的兼职中国问题专家，一位在经济学理论创新上颇有建树，一位在经贸实践中经验丰富，都是在个人领域内积淀到一定程度后转向研究中国问题的，他们的经历颇具代表性，为中国研究带来了更深度的理论分析、更丰富的原始材料、更多样的研究视角以及更广阔的发展空间，为这一研究领域注入了新鲜的血液。

法国是欧洲学术界进行中国研究的重要阵地，同时也是欧洲大陆学术风格的典型代表。尽管部分法国学者将研究领域的全球化视为一种"美国化"，多少存在某种程度的抵制情绪，但是日益频繁的跨国交流和学术沟通客观上促使法国学者与其他国家和地区的中国研究界加强了融合，这既可为西方政府和民众理解当代中国提供不容小觑的独特视角，亦可为中国学者对本国问题的研究提供更加多元的论证角度和理论资源。

（赵超　中央编译局海外理论信息研究中心副研究员）

---

① Michel Aglietta et Guo Bai, *La Voie Chinoise：Capitalisme et Empire*, Odile Jacob, 2012. 米歇尔·阿格利埃塔认为中国走的是一条独特的资本主义道路，是将帝国延续性的中央集权传统与市场经济结合在一起，这样的做法实际产生了两种结果：一是使市场经济成为推动发展的工具，而非目的；二是使开放成为实现效率的条件，"赶超西方"的经济指令具有可操作性。

② Charles-Edouard Bouée, *Comment la Chine Change le Monde*, Editions dialogues, 2013. 查尔斯-爱德华·布埃认为中国的文化传统是中国成为新兴经济强国的真正催化剂，儒家学说的回归可能会成为中国人利用另一套价值观体系对抗资本主义模式的有效方式，这终会将美国模式远远甩在身后。

德 国

作为海外中国研究的主要国家之一,德国有着悠久的中国研究传统。在长期的发展过程中,德国的中国研究是与两国经济、文化交流互动紧密联系的,这些交流互动经常直接地受到部分德国学者研究活动的推动。比如历史上出现的汤若望(J. A. Schall von Bell)、基尔彻(A. Kircher)、拜尔(T. S. Bayer)、克拉普罗斯(J. Klaproth)、弗兰克(O. Franke)、福克(A. Forke)、卫礼贤(R. Wilhelm)、马克斯·韦伯(M. Weber)等知名学者对中国直接或间接的研究,在推动了中国研究和汉学学科自身的形成同时,极大地增进了德国对中国的了解,甚至他们本身就是交流的组成部分。[①]

近年来,中国发生了巨大而深刻的社会变迁,随之而来的还有深刻的经济与社会结构变化。中国的发展在改变和重塑自身的同时,对外部世界也产生了重大的影响,直接影响着包括德国中国学在内的海外中国学研究。虽然在研究投入和能力上还无法与美、日等中国研究第一梯队国家比较,甚至和英、法等传统中国研究强国相比也有一定的差距,但德国也是海外中国研究的重要国家之一,在中西文化交流中同样作出了很大的贡献。中华人民共和国成立以来,中国对外部世界的影响方式经历了以输出意识形态为主导到以输出经济元素为主导的转变。21世纪以来,中国更是成为了世界上最重要的经济体,特别是2008年金融危机爆发后,数十年积

---

① [德]马汉茂汉雅娜:《德国汉学:历史发展人物与视角》,张西平、李雪涛译,大象出版社2005年版。

累的工业生产能力开始全面地影响着世界,与其他国家的经济、社会联系更加广泛和深入。

十八大之后,随着中国共产党新一代领导集体的产生,以及持续稳定的经济发展,德国社会各界对中国在政治、经济、社会等领域内发生的新变化及未来走向充满了好奇心和探索欲望。可以说,中国研究在德国迎来了一个前所未有的历史机遇,无论是对研究的主体还是客体来说,中国研究的重要性日益凸显。深入研究中国,客观认识中国,已经逐步成为德国中国学研究的重要学术使命,这不再仅仅是部分学者的个人学术兴趣,更是成为了整个社会的现实需求。这种社会现实需求正在转化为德国中国学研究的重要推动力,客观上推动着德国中国学的转型发展。下文将以2013年德国的中国现实问题研究领域为重点,从学术平台、关注重点、研究特点等几个方面对近年来德国的中国研究作一个简单的梳理。

一、学术平台

近年来,德国的中国研究已经从之前小范围的象牙塔里走到了社会需求这个更广阔的环境中,学术平台也有了新的发展,出现了研究机构从以大学汉学系为中心向多校联合机构、跨专业联合研究的方向转变,出现了研究人员的年轻化,以及研究经费来源的多元化等新的趋势。

1. 研究机构

(1)隶属大学的研究机构①

传统的中国研究机构是遍布全德国各个大学的汉学系、中国研究系以及东亚系内部的中国研究(汉学)专业等大学所属的研究机构。在这里首先要提到的是三个重要的德国汉学研究机构的发源地:莱比锡、柏林和汉堡。

德国的中国研究(汉学)机构无论以任何标准来看,1878年由贾柏莲(Hans Conon Georg von der Gabelentz,1840—1893年)开拓发展的莱比锡

---

① 本节部分内容主要参照[德]马汉茂汉雅娜:《德国汉学:历史发展人物与视角》,张西平、李雪涛译,大象出版社2005年版,第13—24页。

大学东方语言学教席可以被认为是这个领域的开始。1897年孔好古（August Conrady，1864—1925年）成为贾柏莲的继任者，莱比锡的中国研究开始形成了自己的学派特色，他又培养出了像高本汉（Bernhard Karlgren，1889—1978年）这样知名的汉学家。如果再提到高本汉的学生，瑞典文学院院士、欧洲汉学协会会长、诺贝尔文学奖18位终身评委之一、汉学家马悦然（Goran Malmqvist，1924年—），可能大家就会更清楚莱比锡在德国乃至欧洲汉学发展上的地位了。然而随着汉学家爱德华·埃尔克斯（Eduard Erkes，1891—1958年）在1958年的突然离世，以及一系列的历史与现实原因，造成了莱比锡这一中国研究重镇的影响力在一定程度上出现了下降。不过近年来莱比锡大学东亚研究所又重新变得活跃了起来，开始与中国两岸三地的部分院校发展友好单位关系，并与中国教育部及中国人民大学一同开办了莱比锡孔子学院。另外，这里还是德中友协（Der Deutsch-Chinesische Freundschaftsverein，DCF）的所在地，继续以不同形式积极推动着德中双方在文化、经济和科研等多方面关系的发展。

1887年在柏林成立的东方语言学院（Seminar für Orientalische Sprachen，SOS）被很多人认为是另一个德国中国研究学术机构的诞生地。由于历史的原因，今天这一机构分别由柏林洪堡大学的亚非学院东亚系、柏林自由大学的东亚学院以及波恩大学的东方与东亚学院继承了下来。近年来洪堡大学东亚研究学院的汉学系主要的学术关注点还是在传统汉学领域，如语言、文学、古代史、社会文化等方面，对现当代中国的研究开展较少。柏林自由大学的情况则有较大的不同，拥有多个教职席位的汉学系是德国现当代中国研究领域最重要的机构之一，同时也是今天德国最重要的中国研究学术期刊之一《中国社会与历史》（Berliner China-Hefte / Chinese History and Society）的编辑机构。波恩大学汉学系的情况与洪堡大学有些类似，重点研究领域是传统汉学的范畴，主要关注中国传统语言、文化与社会等领域。

1909年，自汉堡大学前身机构殖民地研究所设立了第一个专门的汉学教职职位给福兰格（Otto Franke，1862—1946年）开始，这里一直就是德国的中国研究重镇，直到今天依然如此，汉堡大学的汉学系目前隶属于其亚非学院。

在隶属大学的中国研究机构里，比较重要的还有研究范围从传统汉学到现当代中国研究，涵盖政治经济文化社会各个方面的法兰克福大学汉学系；研究内容相对全面的海德堡大学汉学系，以及海德堡大学2007年建立的跨学科研究机构欧亚研究学院；以研究现实中国政治经济见长的杜伊斯堡大学东亚研究所；近年来在当代中国政治研究领域发展势头良好的特里尔大学政治学院中国政治经济系；以当代中国政治经济研究为重点的波鸿大学东亚学院；近期以来成长较快，主要关注中国现当代经济、政治以及历史研究的维尔茨堡大学汉学系；重点研究中国近现代文化、政治及历史的弗莱堡大学；主要研究当代中国的现代化转变进程的哥廷根大学东亚研究所；近年来转向中国基层治理方向研究的图宾根大学；重点研究中国文学、文化和社会的慕尼黑大学汉学系等。

除此以外，还有许多大学设立有东亚语言系或者汉语文学专业，基本上以语言文学等传统汉学研究为主，如，基尔大学汉学系，纽伦堡大学的外国语言与文化系中国学专业，马尔堡大学汉学系，德累斯顿工业大学东亚研究中心，科隆大学东亚系中国研究专业，明斯特大学汉学系等。

（2）社会研究机构

除了大学的中国研究机构外，德国还有一些独立于大学体制之外的社会研究机构。比如，位于中国研究传统重镇汉堡市的德国全球与区域研究中心（German Institute of Global and Area Studies, GIGA）的亚洲所，2006年之前名为德意志海外研究院（Deutsches Übersee Institut, DÜI）。也正是从这次机构调整后，中国研究变成了该中心发展的战略重心，在其关注对象中的比重越来越大。考虑到其主要经费来源是德国外交部（Auswärtigen Amt），作为提出政府对外政策建议、意见的国家智库地位就变得十分清晰了。正是由于这种原因，该中心所关注的中国问题几乎全部都是中国现实的政治、经济和社会领域里的最新情况，时效性很强。除了和各个大学的学者有着不定期的联系外，该中心自身也有着庞大的专业研究队伍——除了以地区划分的研究团队外，还有专门的政治学、经济学等学科研究团队。总之，谈到德国的中国研究（非传统汉学），尤其是现实问题研究，这个机构是无法绕过的。

另一个需要提及的机构是德国亚洲学会（Deutschen Gesellschaft für

Asienkunde e. V. , DGA），这是一个非营利性学术社团，拥有庞大的研究队伍，每年举办相关的学术会议。主要关注亚洲地区的经济发展和现代化进程，其下属机构中国社会科学研究学会（Arbeitskreis der sozialwissen-schaftlichen Chinaforschung, ASC）近年来的成长也非常迅速，中国是他们关注的重点地区。

德国发展研究所（Deutsches Institut für Entwicklungspolitik, DIE）是一家专注于研究世界范围内发展问题的智库机构。虽然中国不是其特定研究区域，但是其关注专题经常会与中国产生交集，所以该机构有时候也会有中国相关的研究项目与成果。

还有位于柏林市中心的德国墨卡托中国研究中心（MERICS），这家2013年正式挂牌成立的中国研究机构是由德国知名私人非营利基金墨卡托基金会（Stiftung Mercator）资助建立的。该基金会的出资人是麦德龙集团的主要股东施密特家族，目前该基金会已经把中国定位为其国际事务三大重点关注对象之一。该研究中心拥有近30名专家学者和工作人员，其目标是成为欧洲最大的中国问题研究机构，主要研究领域分为政治、经济、社会、媒体和当代文化、创新与环保等几个方面。研究所负责人韩博天（Sebastian Heilman）教授同时也是特里尔大学政治学院中国政治经济系的学术带头人，主要研究领域是中国的政治体制与经济政策。虽然有着雄厚的资金和耀眼的研究队伍，但是由于刚刚成立，正式的研究成果还不多。总体来说，值得期待，但需要继续观察。

将政治学和中国研究交叉联合为一体的学术团体"中国治理"专题研究网络是另一个值得关注的学术团体。这个学术团体是在德国教育和科研部（BMBF）资助下，由数名目前在德国最活跃的中国现实研究专家组成的研究团队，与中国政府研究机构有着广泛的合作关系。主要成员有：杜伊斯堡大学东亚研究所所长托马斯·海贝勒（Thomas Heberer）教授，上文提到的特里尔大学政治学院中国政治经济系韩博天（Sebastian Heilman）教授，图宾根大学汉学系舒耕德（Gunter Schubert）教授，维尔茨堡大学汉学系安晓波（Björn Alpermann）教授，以及来自德国全球和区域研究中心（GIGA）的何必（Heike Holbig）教授。该网络研究主题为"中国政治体制在21世纪提高应变和创新能力的条件、局限和潜力"，旨在以一种新颖的组织形式为基础,广泛联系社会学和区域学,共同就中国在治理方面的应变和创新能力进行研究。另一方面该机构还会通过每个课题组吸收一到两名博士研究生或博士后的方式,培养中国研究的新生代力量,完善自身的学术梯队建设。

除此以外,德国还有专业的全德范围内学术联盟"德国汉学协会"(Deutsche Vereinigung für Chinastudien),这一协会是传统汉学研究界的一个联盟,通过召开年会的形式在全德范围内对传统汉学研究的状况进行交流与探讨。主要关注内容涉及中国传统哲学、宗教、历史、语言文字等部分社会科学,诸如传统的版本、目录、校勘、音韵、训诂、考证等,较少涉及现实中国问题的研究。

2. 学术期刊

由德国全球与区域研究中心(German Institute of Global and Area Studies, GIGA)编辑出版的《当代中国事务》杂志(*Journal of Current Chinese Affairs*, 英文)是目前德国境内时效性与专业性最突出的一本当代中国研究学术期刊。其关注范围包括中国大陆及香港、澳门、台湾地区政治、经济和社会发展的方方面面,其前身为1972年开始发行的《中国现实》杂志(China Aktuell)①,自2009年起改版。虽然每期印刷版只有大约1000册左右,但由于同时提供网络电子版供全球的研究者阅读使用,因而是德国的中国研究领域影响力最大的学术期刊,尤其在当代中国现实问题研究领域。每期内容由同一主题下不同类型学术文章组成,通常情况下每年出版一到两期。例如2013年的主题是"中国的影响力和对中国的影响"②(Chinese Impacts and Impacting China)。该中心另一份主要学术期刊《聚焦亚洲》杂志(*GIGA Focus Asien*, 德文)虽然关注点包括整个亚洲,但是由于近年来中国影响力的不断上升,其研究内容中关于中国的内容比例也是非常高的。以2013年为例,该杂志一共发行10期(每年发行期数不固定),其中5期主题是关于中国的,另有一期主题与中国相关(关于"东

---

① http://www.CurrentChineseAffairs.org,2014年4月27日。
② GIGA, *Journal of Current Chinese Affairs* 1/2013:1-2.

盟+6自贸区计划"），由此可见中国问题在其关注范围内的重要性。① 类似的情况还有该机构的《环球聚焦》杂志（*GIGA Focus Global*）。

由德国亚洲学会编辑出版的期刊杂志《亚洲》（*ASIEN*）是一本以亚洲经济发展和现代化建设为研究目标的季刊，里面有一定数量关于中国的学术文章。

此外，由柏林自由大学编辑，LIT 出版社（Lit-Verlag）出版发行的《中国社会与历史》②（*Berliner China-Hefte / Beiträge zur Gesellschaft und Geschichte Chinas / Chinese History and Society*，英文德文混合编辑）也是一份关注中国现实问题的学术期刊，每年出版一到两期，每期由若干在同一主题下的学术论文组成。例如 2013 年的主题是"中国的南南关系"③（China's South-South Relations）。

德国还有一些传统汉学研究期刊，比如《华裔学志》④（*Monumenta Serica*）和《远东学报》⑤（*Oriens Extremus*）。这些传统汉学期刊的共同特点是几乎不关注中国现实问题研究，刊物上的文章多数以英文为主，部分内容为德文及其他语言，在传统汉学研究领域有一定的影响力。

3. 学术会议

由于在德国的中国研究大型学术会议目前还不是非常多，并且信息发布往往集中于学术圈内部，相对来说比较难以统计和梳理。以 2013 年为例，笔者整理出的中国研究或与中国相关的部分学术会议，情况如下：

2013 年 4 月 11—13 日，维尔茨堡大学汉学系承办了主题为"新领导集体下的中国农村"⑥ 的第十一届欧洲关于中国农业与农村发展会议（11th European Conference on Agriculture and Rural Development in China：

---

① GIGA Focus Asien,2013.

② http://www.geschkult.fu-berlin.de/e/oas/sinologie/publikationen/bch/index.html,2014 年 4 月 27 日。

③ Berliner China-Hefte-Chinese History and Society, China's South-South Relations Bd. 42,2013,144 S.

④ http://www.monumenta-serica.de/,2014 年 4 月 27 日。

⑤ http://www.oriens-extremus.de/,2014 年 4 月 27 日。

⑥ http://www.ecardc.org/.

Rural China under New Leadership)。

2013 年 6 月 4—5 日，弗里德里希·艾伯特基金会（Friedrich-Ebert Stiftung，FES）与柏林日德中心（Japanisch-Deutsches Zentrum Berlin）在柏林举办了主题为"中国的观点以及德日的外交选项"① 的座谈会（Die Perzeption Chinas und außenpolitische Optionen für Deutschland und Japan）。

2013 年 6 月 6 日，由德国联邦安全政策研究院（Bundesakademie für Sicherheitspolitik，BAKS）、康拉德·阿登纳基金会（Konrad-Adenauer-Stiftung，KAS）以及特里尔政治学校友会（Trierer Alumni-Verein der Politikwissenschaft）共同主办主题为"军事力量：中国军队的战斗力如何？"② 的特里尔·中国论坛。

2013 年 6 月 20、21 日两天，由德国亚洲学会主办的主题为"亚洲的领导与权力：亚洲的政治领导与领导方式"（Leadership and Authority in Asia：Politische Führung und Führungsstile in Asien，Wissenschaftliche Tagung der DGA）的比较政治学学术会议在柏林举办。6 月 21 日下午，由维尔茨堡大学汉学系菲舍尔教授（Doris Fischer）作了关于"中国经济精英：2012/13 年发展的新认识"的学术报告③（Chinas Wirtschaftselite：Neue Erkenntnisse aus den Entwicklungen in 2012/13？）。

2013 年 11 月 22 日、23 日，学术团体"中国治理"专题研究网络（Governance in China）在维也纳大学举办了同名主题的第四次国际联合会议。④

---

① http://www.jdzb.de/veranstaltungen/detail/?tx_ttnews%5Btt_news%5D=209&cHash=1cfb47803db48b8c46229dae0c95416e,2014 年 4 月 27 日。

② https://www.baks.bund.de/de/aktuelles/trierer-china-gespraeche-2013,2014 年 4 月 27 日。

③ http://www.asienkunde.de/content/veranstaltungen/pdf/dga_tagung_2013_programm.pdf,2014 年 4 月 27 日。

④ http://www.regiereninchina.de/uploads/media/ASC_Program_2013_02.pdf,2014 年 4 月 27 日。

二、关注重点

从 2013 年出版的德文学术书籍和杂志中可以发现，除了关于传统汉学以外，中国研究关注重点从整体来看还是比较集中的，中国对外影响及中德关系、体制改革与基层治理问题研究是其主要关注对象。因此，从某种程度上似乎可以将这两个方向视为年度关注的重点和热点。

1. 中国对外影响及中德关系

大量的关于中国对外影响的研究成果的出现，一方面说明了近年来中国综合国力的上升，对世界影响力的不断增加，体现了德国社会的现实需要。同时也从一个侧面反映出了德国学界在中国研究尤其是现实问题研究领域还处于补课的阶段，区域或国别研究的起点往往是对外关系研究——对研究客体内在细化分析基础还不充分的情况下，驻足研究客体的外围，观察其与外界的互动是最具操作性的办法。在这个领域活跃着非常多的非中国研究专业出身的学者，他们普遍关心着中国在世界范围内的行动与政策，以及由此产生的对欧盟以及德国的影响。

德国发展研究所（Deutsches Institut für Entwicklungspolitik，DIE）双边与多边发展合作部的研究员克里斯蒂娜·哈克内斯（Christine Hackenesch）女士以埃塞俄比亚为例指出，中国今年来在东部非洲的一系列政策和行动深深地动摇和影响了欧盟在该地区长期以来作为主要资助者的角色和地位。她认为北京全面建设与该地区的政治经济伙伴关系的决定实际上使中国成为了最强有力的资助者，同时给欧非间的合作施加了巨大的压力。因为中国为非洲提供了另一种可能性，就迫使欧盟必须对自己的援非政策进行改革，以克服欧盟援非中那些言行不一的问题。[①]

来自德国发展研究所另一个部门世界经济与金融发展部的阿克塞尔·贝尔格（Axel Berger）研究员则是更多的从比较具体的经济行为上分析中国对外影响力。他以全球风能工业为例子，研究了中国的经济发展与国内

---

① Christine Hackenesch, "Aid Donor Meets Strategic Partner? The European Union's and China's relations with Ethiopia", *Journal of Current Chinese Affairs* 42（1）, pp. 7 – 36.

政策是如何在全球范围内影响新兴产业的。他指出，西方的风力发电机组制造商都有着进入中国这个不停增长的巨大市场的强烈欲望，但是中国的国内政策和政府采购却总是更有利于其国内生产制造企业，这就使这些国内企业更具有竞争力，从而影响全球的市场份额分配。他认为，中国不仅仅通过其庞大的市场和强大的生产力影响世界市场份额，而是同时运用其国内政策、协调、研发和金融力量影响着各个产业链的发展。[1] 另外，在关于中欧投资协定谈判的问题上，他认为这是另一个体现中国影响力的案例。中欧之间的投资协定谈判无论结果如何，短期内在实际操作层面上根本不会有中欧之间投资和经贸数量的大变化。因为，从欧洲投资者角度看，已经拥有的投资地位和政策都是非常稳固的，中国对外资的政策也不会由于一个协定发生改变。并且中国与欧盟 27 个成员国之间都拥有相关的双边协定，无论他们来自哪个国家，在实际操作层面对欧盟新协定的诉求并不紧迫。反之，中国在欧洲的投资也因为欧盟成员国统一市场的相关政策，在众多双边协定中已经有明确稳定的框架存在，新的欧盟—中国投资协定也不会带来实质的改变。可这也恰恰表明了中国的实际影响力，以及欧盟的重要性，因为欧盟—中国投资协定与美国—中国投资协定、跨大西洋自贸协定（美欧）这三个正在谈判的协定如果签订，将会是对全球最重要的三个经济体之间的新的稳定框架，其象征意义本身就具有影响力。[2]

维尔茨堡大学教授费多丽（Doris Fischer）女士，则从另一个不同的领域观察中国对世界的影响。在气候变化问题上，她认为，中国对世界的影响比起欧盟来说毫不逊色，当然，这些成就还体现在可再生能源的研发和推进方面。虽然双方都取得了不小的成就，但是双方之间经常陷入一些无法调和的冲突中，比起双方的合作，这些不和谐似乎更多一些。如果忽视双方之间巨大而复杂的差异性，人们很容易陷入把复杂问题简单化叙述带来的陷阱中，从而无法理解所发生的问题。她主张在理解中欧关系时，必

---

[1] Lema, Rasmus, and Axel Berger, and Hubert Schmitz, "China's Impact on the Global Wind Power Industry", *Journal of Current Chinese Affairs* 42 (1), 37 – 69.

[2] Axel Berger, "A European Investment Treaty with China: Limited Effect, But Global Significance", *The Current Column* (2013).

须立体全面地多层解读。①

维也纳大学教授安德烈·科姆洛斯（Andrea Komlosy）以历史的维度分析和观察今天世界霸权结构变化的可能性和现实性。近代以来历次的全球意义上的权力更替，都是由强大的经济、科技等综合国力的发展变化所决定的。而中国这个雄心勃勃的具有竞争力的潜在霸权挑战者正在这条路上行走，从在全球生产链上的重要性，到经济要素的方方面面，中国都是值得期待的。虽然目前仍然是一个人均生产力还比较低的经济体，现阶段还不是一个全球政治霸权的现实继承者，但是未来任何可能都会出现。②

2. 中国体制改革与基层治理

在这一领域里活跃的学者基本上就是德国学术界里最核心的一批既掌握政治学专业分析能力同时又具有良好的中国研究基础的学者，他们可以直接使用一手资料进行专业问题的研究与分析，因此可以进行更多的深层次实际问题研究。而这些问题是德国政治和经济界最为关心的，也是德国社会比较感兴趣的问题。因此，这个领域的课题和研究项目得到政府和各大财团支持也最多，自然而然也几乎成为研究成果最为集中的一个领域。

杜伊斯堡大学东亚研究所中国问题专家托马斯·海贝勒教授在关于政治经济体制改革的问题上认为，目前中国社会人们的关切和不满主要集中在腐败、就业以及日益严重的社会不公平现象之上，当前的政治制度是被普遍接受的，因为绝大多数人主要关心的是日常问题的解决。在当前困难而复杂的转型过程中，不同社会阶层和地区之间的利益冲突，建设一个稳定民主国家所必需的前提条件的缺失以及政治制度的衰弱，都意味着中国不可能自动实现这一系列的变化并维护其内部的稳定。而如西方所期待的政治体制改革意味着极大的风险，有可能带来相对来说并不非常好的结

---

① Axel Berger, Doris Fischer, Rasmus Lema, Hubert Schmitz and Frauke Urban, "China-Europe Relations in the Mitigation of Climate Change: A Conceptual Framework", *Journal of Current Chinese Affairs* 42 (1), pp. 71–98.

② Andrea Komlosy, "Hegemonialer Wandel im Weltsystem: der Aufstieg Chinas", *GIGA Focus Global*, 04/2013.

果，所以这些期待也是不现实的。① 关于中国目前的发展状态，他则认为中国并不是一个传统意义上的发展中国家，而是一个发展型国家，后者是"有明确目标"的国家，其特点是，有强烈的意愿进行自上而下、从整体到局部的发展，积极有效地干预经济，政府和企业之间存在较强的互动关系，成功地选择自己的发展路径，并能够克服政治、经济和社会领域的困难和障碍。②

另外，关于地方治理问题托马斯·海贝勒教授与图宾根大学汉学系教授舒耕德作了一些联合研究，力图在对"社会主义新农村建设"在各地实践调研的基础上，将"战略群体"这个概念理论化，用来分析地方官员。③ 他们认为县乡干部，尤其是领导干部之所以能被视为战略群体，是因为他们能够实现目标导向的合作，作为地方精英具有集体意识，有共同的服从机制，在政策执行的过程中相对于上级以及社会具有相对高度的政治自主性。他们认为，这样的分析路径可以弥补一些学者将地方官员视为内部派系林立带来的分析缺陷。两位作者借助社会资本理论以及文化资本理论，提出了地方官员作为战略群体所拥有的各类共同资本：经济资本、文化资本、社会资本、象征（符号）资本以及结构资本。通过这些共同资本的积累和分享，不同部门、不同区域的地方官员形成了共同认同，成为了一个群体。这个群体在中央政策在不同地方效果的实现过程中发挥了重要作用。④

维尔茨堡大学汉学系安晓波教授认为在中国，由于村民直选、村民自治等制度都是建构性的政治制度，对这种制度建构过程及其社会效应的分析研究，比较适合使用制度主义的理论框架结合具体情况加以分析。他一方面观察村委会与乡镇政府的关系，另一方面观察村委会与党支部的关系。他发现在法律中规定乡镇政府与村委会的关系为指导与被指导的关

---

① Thomas Heberer, "Politische Reformen sind nicht zu erwarten. China nach dem jüngsten Parteitag" *Neue Gesellschaft Frankfurter Hefte* 7 – 8/2013：65 – 68.

② Thomas Heberer, "Ist China ein Entwicklungsstaat?", *Zeitschrift für Politikwissenschaft*, 4/2013：577 – 587.

③ 杨雪冬：《地方政治的能动者：一个比较地方治理的分析路径》，载《东南学术》2013年第4期。

④ 《经济社会体制比较》2013年第2期。

系,带来了政策执行的困难和矛盾。同样,规定党支部是领导核心而村委会是村民自治权的行使主体,也导致了村级权力组织之间的内部紧张。而由此产生的基层治理改革问题,却无法简单通过基层的改革来解决,因为这牵扯到了中央政府的一些根本性的意识形态和执政体系建设思路的问题。①

德国全球与区域研究中心(German Institute of Global and Area Studies,GIGA)亚洲所的研究员倪宁灵(Nele Noesselt)女士认为,治理的核心问题包括如何治理日益多元化、碎片化的世界;在日益全球化的世界中国家的作用;如何使政治统治以及国家与社会关系合法化等。而在研究中,人们通常将治理与西方的民主制联系在一起,很少被用来分析中国问题。她在研究中试图去理解在多元民主制以及在一党制中政治理论与政治实践的变迁的同时,分析互联网以及新媒体对国家与社会关系的影响。她指出互联网已经成为国家与社会博弈、互动的新的领域,认为回应性、透明性、问责制是现代治理的主要特征,而当代中国的领导体制改革以及精简政府机构正是朝着这一方向努力。②

三、特点与趋势

1. 从研究阶段来看,中国现实问题研究整体上处于补课阶段

近年来,随着经济快速发展,中国国内的政治、文化和社会等方面都发生了深刻的变化。同时,德国社会对中国的认识却存在一定的滞后性、局限性和片面性,表现出某种程度的刻板的脸谱化认知特点,这与快速发展和变迁中的当代中国现实存在一定的距离——这正是德国学术界对当代中国的研究领域相对薄弱的最直接的社会反映,面对快速发展和不断变化的当代中国,以研究中国古代历史与文化为重要学术传统的德国汉学出现

---

① Björn Alpermann,"Village Governance Reforms in China:Paradigm Shift or Muddling Through?", Eric Florence and Pierre Defraigne (Hrsg.), *Towards a New Development Paradigm in Twenty-First Century China:Economy,Society and Politics*, London and New York:Routledge,2013,S. 147 – 164.

② Noesselt,Nele,"Microblogs and the Adaptation of the Chinese Party-State's Governance Strategy", *Governance:An International Journal of Policy*, Administration and Institutions.

了一定程度的学术研究缺位以及解释能力不足的问题。

由于中国对外部世界的影响逐渐加强，中国发展模式和由此带来的政治、经济和社会变化不再是一个独立的实践，而是直接猛烈全方位地影响世界的一股潮流。因此，近年来德国政府和各大财团意识到中国研究的学术和现实意义后，加大了对这个领域扶持的力度。可以说，从资金支持的角度上来说，德国的中国研究领域正拥有越来越充足的支持。但是，推动研究进步的其他关键环节上出现了一些短期内还无法解决的瓶颈——除了个别很早就有预见性，并且在条件相对简单的时代就坚持对中国进行现实问题跨学科研究的学者以外，整个德国学术界出现了中国研究（汉学）科班出身、具有一定语言能力、可以直接使用一手资料的专家在许多现实问题领域缺乏专业知识与学术能力的情况。他们中间很多原本就是传统汉学家，在自己专业领域也有很多工作，没有更多的精力兼顾其他领域研究；政治、经济等现实需求最大的领域里的专家学者们自身很少具备直接了解和使用一手资料的能力，往往是从做一些外围研究工作开始，包括"对外影响""双边关系"这一类的题目。当然，这并不是说德国没有这样全面的学者，而是数量相对来说比较少，以至于部分具备这样能力的学者往往要身兼数职，既是政府直属机构的专家顾问，同时还要兼顾各个研究机构和项目的运行。随着时间的推移，德国相关政策的调整，相信这一现象也会慢慢随之改变。

2. 从研究者身份上看，非中国问题专家的比例较高，交叉型跨学科人才数量逐步增加

德国中国研究最多的还是集中于"中国对外影响和中德关系"这样的方向。这体现了一定的现实需要，同时也说明了德国的中国研究的大部分力量还在其研究客体的外围驻足。但也要看到，德国学术界具有跨学科研究能力的一批学者已经在很多专业的中国现实问题领域展开了大量的研究，包括政治体制改革、基层治理等专业性非常强的领域。同时，新生代德国中国学学者群体开始出现。伴随着德国中国研究的发展，具有丰富的中国人文知识并且兼具中英文多语言能力以及熟悉现代社会科学研究方法的德国中青年学者不断进入中国学研究领域，成为新生代的德国中国学学

者，推动着德国中国学学者在专业背景、知识结构、研究领域、学术视角等方面的多元化发展。①

由于中国现实问题研究本身受到越来越多来自各方的资助，教职与研究岗位不断增加，这个领域的学术界和传统汉学界的情况已经完全不同。传统汉学领域在过去的很长时间里，作为一个就业出口来说，有岗位数量少、发展空间小等明显的劣势。这一情况，在目前的中国研究领域里，逐步趋向岗位数量增多、发展空间变大的局面。仅从学术就业这一点上讲，它的吸引力就大大增强了，自然而然地可以吸收更多的优秀人才进入这一学术领域，这种学科边际效应的扩大也必然会让这个学科的新生代力量充满希望。

3. 从学术合作的角度看，跨学科跨地区研究合作稳步增加

由于德国的中国研究专业（汉学）在全德各个大学的分布比较分散，单个地区研究人员力量比较薄弱。对传统汉学来说，学术研究主要源于汉学家个体的学术兴趣和行为，这种分布并不会造成决定性研究障碍。但现代德国中国学的研究则更多地要求信息沟通、组织化的互动，那么就需要有跨学校跨地区跨专业的联合研究机构和组织的协调。所以类似德国全球与区域研究中心的亚洲所、中国社会科学研究学会（Arbeitskreis der sozialwissenschaftlichen Chinaforschung，ASC）以及"中国治理"专题研究网络等各种学术联合体近年来在中国研究领域产生了巨大而积极的作用。这些机构、团体比较活跃，一般会通过年会、课题等不同方式将各个学科的学者集聚在一起，共同讨论和研究相关命题。通过这些合作，德国中国学学者开始在学术研究上由个体化向较高的组织化程度发展，顺应了现代学术研究团队化的发展趋势。目前德国中国学研究在研究方向、整体研究能力、学者团体结构等方面慢慢地发生变化，跨学科研究当代中国现实问题已经成为了普遍的未来发展方向，同时在研究题目的多样性上也会更加平衡。

（张国华　中央编译局海外理论信息研究中心助理研究员）

---

① 江树革、安晓波：《德国中国学研究的当代转型和未来发展趋向》，载《国外社会科学》2012年第2期。

俄罗斯

俄罗斯对中国的研究至今已有 300 多年的历史，最早开始研究中国的是当时被派往清朝的俄国使团，他们之中既有商人，也有传教士。早在 17 世纪中期，沙俄政府就曾派遣第一支商队访问中国，委托他们对中国的政治、经济、军事、商业、物产和民风等进行全面细致的考察。1689 年《尼布楚条约》签订之后，中俄之间的贸易往来更加频繁，全面了解中国成为必需之举，加之西欧各国对中国的关注度越来越高，于是在 18 世纪俄国也刮起了"中国风"。当时被沙俄政府派往中国的东正教传教士们对研究中国作出了巨大贡献，他们在传教的同时充分了解清廷统治下的中国，并及时向沙俄政府反馈自己的所见所闻。1724 年，圣彼得堡皇家科学院创立，极大地推动了俄国对东方文化和中国的研究，也逐渐培养出了俄国的第一批汉学家。他们翻译中国典籍、译介中国哲学思想，并将西方有关中国题材的著作翻译出版，为俄国中国学（汉学）的创立和发展奠定了基础。

之后，俄罗斯的中国学经历了 19 世纪的飞速发展时期和 20 世纪的繁荣时期，到 20 世纪 90 年代发生了较为明显的变化。个中原因不言而喻，苏联解体和经济遭受重创使俄罗斯的中国学研究陷入了空前危机，学者们无法继续静心于科研工作。步入 21 世纪之后，中俄关系恢复正常并迅速升温，俄罗斯的汉学家们得以专心投入到自己所关注的中国问题中来，不仅打开了研究思路、丰富了研究方法，而且拓宽了研究领域和视野，迎来了俄罗斯汉学的"春天"。尤其是近几年来，随着中俄关系步入史上最好阶段及两国政府对中俄战略协作伙伴关系的全面推动，俄罗斯的中国学也借着这股东风迅速崛起，涌现出越来越多的新一代中国问题研究者和研究机构。据《人民日报》2013年最新报道显示，俄罗斯目前约有汉学家6000人，研究中国的各类学术机构也多达50多家，中国学研究进入堪称俄罗斯的"史上最强"时期。

俄罗斯汉学的传统研究方向是历史、文化、哲学、语言等领域，而现如今汉学家们除了继续关注这些传统问题之外，更加侧重的是当代中国政治、经济、金融、环境等领域的现实状况，即当代中国研究。需要说明的是，本报告将重点探讨俄罗斯汉学界近年来对于当代中国问题的研究状况。

一、研究概况

1. 总体研究状况

从研究人员的构成上来看，当代俄罗斯的汉学家队伍中除了一批知名的"中国通"（如：齐赫文斯基、季塔连科、欧福钦、嵇辽拉等人）之外，如今也增添了不少少壮派研究人员。他们有的是专职研究员，有的是高校教师，还有的是媒体记者；其中大部分人精通汉语，可以自己阅读中文报刊书籍，其他人则通过英文资料或翻译出来的俄文资料了解中国，并进行研究。另外，俄罗斯汉学界还有一个特点，大多数老一代的汉学家依然致力于自己熟悉的中国历史、文化、语言领域，一少部分人转而研究当代中国问题，与新生代中国问题研究者一起构成了当代中国学研究队伍的主力。

目前在俄罗斯运行的中国学研究机构主要是两大类：一类是专业的科研部门，主要是俄罗斯科学院下属的7家研究所，即远东所、东方所、东方所圣彼得堡分所、社科学术信息研究所等。它们都是研究中国的权威机构，但是各自从事研究工作的分工和侧重点略有不同，比如：东方所下属的中国问题研究室主要是从事中国历史、文学、语言、宗教等文化遗产的研究，同时也注重对当代中国政治、经济、社会问题的研究；东方所圣彼得堡分所则更侧重于古代中国学的研究；而对当代中国研究最多的则是远东所，它主要是关注当代中国内政外交、经济发展和社会变化情况。此外，还有一些私人创立或地方政府主导的专项研究机构。另一类是高校内的科研中心，包括传统知名院校和新兴地方院校或专业院校，实力最强的是莫斯科国立大学亚非学院和圣彼得堡国立大学东方系，它们在中国学研究领域的历史非常悠久，尤其是圣彼得堡国立大学东方系，它曾是最早的俄国汉学研究中心。其次是诸如俄罗斯人民友谊大学的中国战略研究中心、高等经济学院的东方学部、莫斯科国际关系学院中文教研室，还有喀山国立大学东方学院、伊尔库茨克国立语言大学中国学系、新西伯利亚大学东方学系、远东国立大学东方学院中国学系、哈巴罗夫斯克国立大学等，另外还有一些私立高校。它们都依托自己的汉语教学部成立了东方学系或中国研究中心，致力于中国问题研究，充分发挥自己的语言优势进行学术研究。

基于上述科研实力，近年来俄罗斯的中国研究类学术成果类型丰富，数量可观。据笔者粗略统计，俄罗斯每年出版的关于中国的专著和论文集总量在50部左右，每年召开的各类学术会议、研讨会、圆桌会议近百次，而发表在各类期刊杂志上的学术论文数量则更加庞大。俄罗斯大全数据库[①]的资料显示，现阶段有关中国问题科研论文的年产总量基本保持在2000篇左右（表1 搜索范围：92种俄文期刊）。

年份	2007	2008	2009	2010	2011	2012	2013
输入"中国"一词搜索得出的文章数量（单位：篇）	2152	1986	1961	2148	2057	1958	1557

由于关注中国问题的研究机构数量众多，俄罗斯每年举办的相关学术会议的具体数字很难准确统计，但是以俄罗斯科学院下属的远东所和东方所为例，2011—2013年它们分别召开了36次和11次与中国有关的学术会

[①] "俄罗斯大全"（East View Universal Database）俄语数据库，是目前全球收录俄罗斯学术资源最大的数据库。笔者搜索范围涉及92种社会科学和人文科学领域的俄罗斯期刊，文章总量10万多篇。

议。在这些会议中，大多数是时效性极强的专题论坛，例如2013年初的"中共十八大背景下的中国经济发展问题与发展前景"会议，2013年4月的"中国与俄罗斯——金融关系的主要走向"研讨会，2013年底的"南太平洋地区的过去与现在——历史、经济、政治、文化"研讨会，2012年底的"国际交通走廊的自由经济区和产业区"会议……也有一些是已经形成定期机制的传统项目，例如东方所每年定期举行的"中国社会与国家"会议（自苏联时代就已开始，至今已召开了44届），远东所每年定期举行的"中国、中国文明与世界——历史、现实、前景"（至今已召开了20届）、"中国在地区化和全球化进程中的现实发展问题"（至今已召开了5届）……

不仅如此，俄罗斯的许多研究机构还跟中国的不少学术单位或高校建立了友好合作关系，定期进行学术交流和科研合作。例如，圣彼得堡国立大学社会学系下属的中俄社会、经济、政治比较研究中心就与中共中央编译局的俄罗斯研究中心建立了长期的交流合作关系。迄今为止，双方已合作举办学术研讨会共11次。2013年度的例会在圣彼得堡大学社会学系举行，主题是"中俄社会发展与生态文明"，除两家主办单位外，会议还邀请了来自上海交通大学、美国哥伦比亚大学等高校、研究机构的学者参加，中、俄、美三国学者共同探讨经济发展与生态文明的关系问题。类似这样的例子还有很多，这充分说明了中俄两国研究机构在中国学研究领域的学术交流和学术互动的频繁性。

此外，俄罗斯的中国问题研究者们还积极参加在中国举行的各类学术会议，中国各地举办的很多国际学术会议上都活跃着当代俄罗斯的中国学家们，他们以面对面的方式与中国学者们一起探讨当代中国问题，分析中俄关系的走向。例如，2013年8月在香港和澳门两地共同举行的"港澳与中俄关系论坛——2013"吸引了30多位来自国内外的学者参会，其中就包括来自俄罗斯科学院东方所、远东所、俄罗斯莫斯科大学国际政治研究所、莫斯科高等经济学院东方学部、远东联邦大学、圣彼得堡图书馆的7位俄罗斯学者。他们与来自中国内地、香港、澳门、台湾地区的中国学者们一起分析中俄关系，梳理历史和现实资料，探讨港澳地区为现阶段中俄关系发展所带来的新契机。

2. 代表性机构的研究状况

（1）从当代中国问题研究的视角来看，俄罗斯目前的学术研究机构中最具权威性的是隶属于俄罗斯科学院的远东研究所。

该所成立于1966年，现拥有一支高素质的中国学科研人员队伍，在职员工约200人。下设10个研究中心，其中有6个都是从事中国研究的（分别是中俄关系、东北亚和上合组织研究中心，中国经济与社会问题研究中心，中国政治研究中心，中国现代史研究中心，东北亚文明比较研究中心，学术信息与文献中心）。其现任所长是俄罗斯科学院院士、俄中友协主席、俄汉学家协会主席、俄罗斯著名汉学家 М. Л. 季塔连科。该所的研究范围除了当代中国政治、经济、社会问题外，还包括中俄关系、中日关系、中美关系等地缘政治和外交问题，以及中国传统文化、历史、宗教、语言等。值得一提的是，远东所在日本、朝鲜、越南研究方面的实力也十分雄厚，因此它在东南亚地区和亚太地区国家关系领域研究成果颇丰。①

远东所聚集了当代俄罗斯中国问题研究领域最雄厚的人才力量，而且其中不乏知名专家。比如：专注于中俄关系问题的 С. Г. 卢加宁、А. В. 罗曼诺夫、Г. В. 库利科娃，跟踪研究中俄经贸发展和中国经济改革问题的 А. В. 奥斯特洛夫斯基、П. Б. 卡缅诺夫，中俄移民和边境问题研究专家 А. Г. 拉林，关注上合组织和中国对外政策的 А. С. 达维多夫、А. Ф. 克里缅科……这些活跃在学术前沿的学者们通过发表学术论文、出版学术著作、参加各类学术会议、与国内外学者定期交流，为俄罗斯学术界贡献了大量学术成果，也为其他国家关注俄罗斯当代中国研究状况的学者们提供了丰富的研究素材。

远东所经常举办有关中国、远东地区和亚太地区的国际论坛和研讨会。进入21世纪以来每年都举办十余次此类学术会议，定期的内部圆桌研讨会议更是频繁举行，另外，它还经常与其他研究机构一起组织学术活动。据笔者统计，近三年来远东所举办的学术会议主题多数是关于中国的内政外交、经济发展状况的，也有一些是关于中国历史文化的研讨会。

---

① 参见俄罗斯科学院远东研究所网页：www.ifes-ras.ru。

远东所中国研究学术会议场次

关于中国的学术会议	2011 年	2012 年	2013 年	2014 年 1—4 月
政治、外交类	7	6	8	4
经济、金融类	1	2	2	0
文化、历史类	3	1	3	1
共计(单位:场)	11	9	16	5

远东所的传统年度学术会议"中国、中国文明和世界：历史、现状与前景"从 1994 年开始便发展成为一个国际性的论坛，每年的主题都是当代中国的热点问题。例如：2013 年度"中国、中国文明和世界：历史、现状与前景"研讨会的主题为"亚太地区全球问题背景下的中国"，于当年 10 月中旬在莫斯科举行，由俄罗斯科学院远东所与中国吉林大学合办，与会者超过 150 人，除了中俄两国的学者之外，还有来自乌克兰、波兰、比利时、葡萄牙等国的中国问题研究者参会。与会各国学者共提交了 120 多篇学术报告，开幕式的主题报告共 7 篇，分别是："中国与金砖国家的经济合作问题"、"中国人民币转变为亚洲地区通用货币的可能性与前景"、"中国复兴——世界维度"、"中国利益与针对东盟的外交战略"、"'中国梦'与新一代领导层的政策"、"当代中国为何能'傲立于世界东方'"、"和谐共生——中国与世界互动的新模式"。会议期间还举行了一次主题为"中俄两国在亚太地区的合作前景"的圆桌会议，分组讨论的议题也都是诸如"当今世界政治和经济中的中国"、"俄罗斯与中国——全球性与地区性协作"、"中国社会经济发展的经验"、"当代中国社会政治进程中的特点"、"中国、俄罗斯与亚太国家的历史进程"等关于当代中国发展状况或中国对外关系的热点问题。①

远东所出版发行的关于中国的学术期刊有：俄、英双语版的《远东问题》②（双月刊）、俄文版的《中华人民共和国：政治、经济、文化年鉴》（年刊），另外，每月出版的"通讯"、"快讯"、"资料"、"特刊"等也常

---

① 参见俄罗斯科学院远东研究所网页：www.ifesras.ru/events/4/780 – xx。
② 该杂志的英文名为 *Far Eastern Affairs*。

常包含大量与中国相关的信息。其中,创刊于1972年的《远东问题》杂志最为权威,是俄罗斯国内唯一一本专门介绍俄罗斯远东和亚太地区问题研究状况的杂志,由远东所和俄罗斯其他学术机构经验丰富的著名学者担任编辑,作者群不仅包括远东所的研究员,还有政府官员、外交官、教师和普通科研工作者。《远东问题》定期发表介绍东亚各国(中国、日本、韩国、朝鲜、越南等国)内政、外交、经济、社会情况的文章,特别是这些国家的经济改革、社会转型情况、与俄罗斯的关系、亚太地区的合作与安全问题等。其所刊登的文章中绝大多数都与中国有关。据笔者统计,近三年来《远东问题》上每年所刊登的文章中平均约有65%都是与中国相关的。

《远东问题》中国研究论文刊登情况

关于中国的文章	2011年	2012年	2013年
文章数量(单位:篇)	75	68	73
占论文总量的比例(单位:%)	56	72	66

从这些发表文章的内容上来看,关于中国内政、外交、国家关系的平均占40%左右,关于中国经济改革、金融货币、地区经济的平均占40%左右,其余都是关于中国历史、文化、宗教、哲学类的文章。这些文章所囊括的领域非常广泛,涉及当代中国政治、经济和社会发展的方方面面。例如,中国共产党的执政方针、中国精英的政治行为、中华民族复兴、中国的政治体制、发展模式、现代化政治意识、大部制改革、反腐措施、移民政策、城乡一体化、医疗改革、城市建设、经济调控、中小企业管理、证券市场、城市交通、新型工业化、能源政策、投资战略、经济特区、气候治理、打击毒品犯罪等,还有中国的对外贸易、跨国公司、自由贸易区、中国在金砖国家框架下的活动、在上合组织框架下的活动、与东盟国家的经济合作,以及中俄关系、中美关系、中日关系等。

(2)俄罗斯科学院下属的东方所也是当代中国研究的主要力量之一。

该所内部的中国问题研究室前身是中国历史研究室,自20世纪30年代成立之初便致力于中国历史和文化遗产的探索,而现如今也将当代中国现实状况作为自己的研究对象之一。中国问题研究室目前共有25位研究人员，现任负责人是哲学博士 А. И. 科布泽夫教授。他们主要关注当代中国的外交政策、意识形态、社会思潮、人口问题、经济发展情况，研究中国共产党的政治新战略、中国当代青年的世界观、中国航天工业的新成就等问题。东方所的定期出版物有：《东方》、《新东方评论》、《今日亚非》、《东方会议》、《东方档案》、《东南亚发展迫切问题》等，它们都会刊登与中国相关的学术论文。中国问题研究室每年定期举办的传统会议"中国社会与国家"迄今为止已是第44届，每次会后都会出版一套三卷本的论文集，刊登近百篇研究中国问题的论文。以2013年度的第43届会议为例，论文集共刊登了93篇学术论文，其中有40篇是研究当代中国问题的论文，内容涉及政治、经济、外交、社会、军事、政治人物等多个层面。诸如 И. Ю. 祖因科的"当今中国领导层对政治体制改革的态度"，Т. В. 科尔帕科娃的"中国社会管理体系的完善"，Г. Н. 罗曼诺娃的"世纪之交中国东北地区与俄罗斯远东地区的科技联系"，В. Я. 波尔佳科夫的"中国2002—2008年的对外政策"，М. Е. 拜达洛娃的"全球化时代定位系统中的中国"，И. В. 博洛特尼科夫的"中国银行体系的外商投资"，А. Г. 拉林的"切尔基佐沃、灰色清关与中国回应"等文章，均是针对现阶段中国发展过程中的热点问题展开讨论。①

值得一提的是，东方所内部还有一个新成立的台湾问题研究中心，建于2012年2月，现任中心主任是历史学博士 В. Ц. 戈洛瓦切夫教授。该中心的成立旨在提高俄罗斯科学院东方所在台湾问题研究方面的学术水平，使俄罗斯学术界的台湾问题研究水平与世界接轨，并吸收大量年轻学者加入到这个行列中来，从而培养出更多台湾问题研究领域的专家。其具体研究方向覆盖台湾的历史、民族、文化、语言、民主状况、党派斗争、经济发展、海峡两岸关系、与俄罗斯和苏联的关系等众多领域。台湾问题研究中心与东方所内部平行的中国问题研究室保持合作，共同致力于该领域的研究。目前中心已推出若干学术成果。另外，中心还代表东方所与台湾"国立中央图书馆"（"国立台湾图书馆"）签署了友好合作协议，从后者手中获取了众多宝贵的科研资料。中心计划在近期出版更多台湾问题研究

---

① 参见俄罗斯科学院东方研究所网页：www.ivran.ru。

方面的著作和论文集，召开学术研讨会，招收台湾问题研究方向的研究生并开设相关课程，强化与中国台湾地区研究机构和学者的联系，参与更多相关的国际性科研合作项目，加强对俄罗斯与中国台湾地区之间的关系、中国大陆与台湾地区之间的关系方面的研究。[1]

二、关注焦点

依据俄罗斯科学院远东所、东方所公开发表的刊物和俄罗斯大全数据库搜索到的期刊论文，我们经过分析发现，俄罗斯学界对当代中国研究的主要关注点分为如下几个方面：

1. 中国内政

中国与俄罗斯众所周知的历史渊源，决定了俄罗斯学者对中国社会各领域发展进程的特殊关注，尤其是通过对远东所和东方所近三年来关于中国问题研究的学术会议和学术论文的分析，我们发现其对中国国内政治的现状、变化和发展趋势研究颇多，尤其是在中共十八大召开以后，他们更加关注中国特色社会主义理论的丰富创新、政治改革方向及进程、政策的持续和更新等问题。仅《远东问题》杂志，就刊登了十几篇以"中共十八大之结论"为主题的学术论文。

中共十八大和中国共产党的执政方针。俄罗斯学者们一方面肯定了中国的发展模式，认为在马克思列宁主义的创新和发展基础上形成的中国特色社会主义理论符合中国实际、充满活力；另一方面也指出中国的发展同时面临极大的危险和挑战，主要是分配不公导致的贫富差距拉大，官员腐败问题导致社会矛盾尖锐，粗放型经济不能维持发展的可持续性等。要解决这些问题，就必须进行政治改革、完善社会管理体系、坚持科学发展。

俄罗斯科学院远东所所长、著名汉学家季塔连科院士在《论中国特色社会主义之现象（对中国社会主义之辩论以及中共十八大总结的思考）》一文中，分析了对中国特色社会主义的本质、特点和前景的各种认识；肯

---

[1] 参见俄罗斯科学院东方研究所网页：www.ivran.ru/institute‐structure/scientific‐canters/481‐taiwan‐center。

定了中国特色社会主义的不断发展和对这一理论的不断丰富既符合中国文化和文明的特点,也符合中国的社会经济和政治制度特点;深刻剖析了科学发展观的内涵和实践;阐述了中国特色社会主义理论和实践对中华民族复兴以及实现人民幸福生活这一美好理想的重要意义。季塔连科院士认为,中国国家领导人与政治理论家在对社会主义尝试和创新方面做了大量工作,特别是吸取了苏联的教训,结合中国实际,为丰富社会主义理论注入许多新的、独创性的内容。他强调,中国共产党与苏联共产党的一个不同之处就在于,它结合中国在社会、经济、人口、历史文化、民族心理等方面的实际特点,实现了马克思列宁主义的中国化,并借鉴其他国家的经验进行国内发展;同时他也认为,这也是中共将科学发展作为方法论基础制定发展战略的一个重要内容,是中国在各个领域建设中取得巨大成就的前提。他指出,中国特色社会主义理论客观上是对一个半世纪以来的社会主义发展尝试的反思,是将社会主义思想、社会主义现象同科学和社会实践结合到一起的新阶段。在全球化浪潮下,在资本主义和自由主义思想体系出现危机的形势下,中国的新模式将充分发挥自己的潜力。

俄罗斯科学院远东所研究员 Я. М. 贝尔盖尔博士认为,对当代中国来说消除社会不公势在必行,要做到这一点不仅要调整收入分配制度,还要促进社会结构转型。其中最迫切的就是收入分配制度的改革,因为它已经造成了中国社会严重的两极分化,如不改革,将会给现行政权带来政治和道义上的损害。同时他认为,真正的城镇化、城乡居民社会权利的均等化以及他们的共同发展将会促进社会结构的转型。①

此外,还有一些俄罗斯学者也注意到,顺利完成"十二五"规划是到2020年全面建成小康社会的关键,而中国只要能够解决三个方面的问题,就能完成这一宏伟目标,那就是人口问题、能源问题和环境问题。比如,俄罗斯学者 Л. Н. 斯米尔诺夫主要关注中国的人口问题,他指出,由于逐渐进入老龄化社会等原因,中国已经逼近"刘易斯拐点",即将进入劳动力缺乏和随之而来的工人工资上涨时期,因此中国也不得不改变主要依靠廉价劳动力的经济发展模式。② 远东所副研究员 И. В. 乌沙科夫博士更为关

---

① 《中共十八大之结论——政策继承与创新》,载《远东问题》2013 年第 1 期。
② 《中共十八大决策对解决腐败问题的战略》,载《远东问题》2013 年第 4 期。

注生态环境问题，他在自己的文章中详细总结了中国近十年来环境的恶化，并分析了造成中国生态困境的多层原因。同时他也强调中共十八大报告中已将"生态文明"和"环境治理"问题提到了首要地位，这表明中国政府在改善生态环境方面的信心和决心。①

2. 中国外交

当代中国研究的一大主题是中国的对外政策，此类学术成果层出不穷。仅2013年就有数篇以此为主题的期刊论文，比如В.Я.波尔佳科夫的"2012年中国对外关系的若干层面"和"2000—2013年中国的对俄政策及国际关系发展的主要方向"；С.克里沃希日的"中国的公共外交：防守还是进攻？"；М.Е.拜达洛娃的"全球化时代定位系统中的中国"等。除了这些综合考察中国对外政策的理论研究之外，更多的是针对两国或三国之间国家关系的具体研究。其中主要是中俄关系问题，另外还有中美关系、中日关系、中印俄关系等。

中俄关系。目前俄罗斯学者在看待中俄关系的问题上可分为三个派别：左派阵营以远东所所长季塔连科等人为代表，他们是"冷战"的拥护者，视美国为主要对手，认为至今仍存在两大阵营的敌对，而中国是俄罗斯抵制西方的忠实伙伴，所以他们不刻意丑化中国，保持了苏联解体前对中国邻居的友好情感；右派阵营以莫斯科卡内基中心主任Е.特列宁和世界经济与国际关系研究所副所长В.米赫耶夫院士为代表，他们崇尚国际合作，认为中国的"悄然扩张"威胁到了俄罗斯，故主张与西方修好；中间派则看重世界多极化的理念，提出为制约美国必须要加强同中国的紧密合作，代表人物是俄罗斯外交部下属的外交学院校长Е.巴扎诺夫和副校长А.卢金教授。卢金教授在2013年编写的文集《俄罗斯与中国——四个世纪的相互协作》一书中详细阐述了自己主张中间立场的原因：首先，不能走任何极端，所以普京总统采用的实用主义路线最好。其次，鉴于三角形的稳定原理，若能保持俄—中—美之间的平衡，那么无论亚太地区的力量对比如何变化，俄罗斯都能保持灵活机动的外交手段。第三，如今中国日

---

① 《中共十八大和中国的环境需求》，载《远东问题》2013年第2期。

益强大,所以应该防止在东亚地区出现中国一国独大的局面,但也不要过于亲近其他亚洲国家,以免伤害与中国邻居的感情。卢金教授赞同俄罗斯驻华大使安德烈·杰尼索夫的观点——"中俄两国目前在很多国际事务上有着共同的国家利益,中俄关系正不断走向更好的阶段",但同时他也认为,中国的日渐强大和积极势态正在打破各世界大国之间的安全平衡,俄罗斯也有可能因此而受到影响。他支持俄罗斯将外交工作重心转向亚洲的做法,肯定俄罗斯的未来更多地取决于亚太地区,但同时指出俄罗斯应该做西方价值观的传播者,重视民主和人权的宣传。他强调,既不应夸大中国的强大和"威胁",也不该总是从与美国对抗的视角来看待中国,目前中俄两国在维护多极世界格局的道路上志同道合,应寻求多角度多方面的合作。然而,即使是这样一位中间派学者,也表现出对中国日益强大的担忧。他特别提到了2013年中国国家主席习近平阐述的"中国梦"新理念,他认为这种理念若成为中国政府的官方思想,那就必然会对邻国产生极大的威胁,因此为了制衡中国,俄罗斯也要深化同日本、韩国、东盟、印度及其他对中国崛起感到担忧的国家之间的关系。

中—美—俄关系。除了中俄关系,中美关系自然也是俄罗斯学者们关注的焦点。不少研究者注意到了中国新任国家主席习近平上任后中美关系呈现出的新面貌。例如:研究中国国家关系问题的专家 K. B. 安季波夫博士[①]指出,中美之间在经济和信息技术上存在互补关系,谁也离不开谁,所以矛盾冲突只会造成互相伤害。中共十八大和十二届人大一次会议之后,中国的新一届领导班子高度重视与美国之间的关系,发出了与美国重启对话的信号,而中国国家主席习近平2013年6月的美国之行便是很好的例证,习近平访美期间与奥巴马举行的非正式会晤表现出双方缓和冲突的共同意愿。

然而相比而言,横向研究中、美、俄三国关系的成果远远多于单纯的中美关系研究。尤其是在2012年底至2013年初这个特殊的时期,适逢中、美、俄三个世界大国的领导层均发生重大变化之际:中国和俄罗斯都顺利完成了国家领导人的选举和换届,美国也在奥巴马总统连任的情况下重组

---

① 《中美关系中的矛盾与对话》,载《远东问题》2013年第6期。

了内阁,尤其是新的国务卿约翰·克里上任,也给美国的外交政策带来新的气息。远东所副研究员A.C.达维多夫博士[①]就最新的大国动向和国家关系进行了分析和预测。他认为,现阶段中、美、俄三国之间的关系依然保持相互依赖、紧密相联的状态,任何一方的动作都能改变世界格局。在达维多夫看来,中、美、俄三国的战略发展目标存在着较大的差别:美国的目标是保持自身的世界主导地位,中国的目标是树立和巩固自己的全球大国地位,而俄罗斯的目标则是充分发挥自己的外交主动性,担负起"欧亚桥梁"的作用。中美之间尽管都把与对方的双边关系放在重要位置上,但却饱含矛盾和冲突,无论是美元和人民币汇率问题牵动着两国贸易的所有细节,意识形态上的分歧导致美国对中国的民主化、人权等问题始终存在争论,还是两国在地缘政治博弈中的较量、在台湾问题上的暗斗、在联合国及相关国际事务中的观点相悖……无一不让中美关系变得错综复杂。然而,由于两国在经贸、科技、证券市场等领域具有大量的共同利益和发展目标,中美之间绝对不会发生军事冲突,除非两国发生政局突变或国际局势出现大的波动。中美双方各种形式的对话和互访活动保障了双边关系的平稳发展,习近平在当选国家主席前夕便通过美国之行发出了这样的信号,因而从中国的角度来说,在未来十年会努力与美国保持友好的竞争与合作关系。而俄罗斯在解决自己国内经济困境的同时,也要努力保持良好的国际地位和地缘政治话语权。对俄罗斯来说,最重要的是既要保持与美国的伙伴关系,又要发展与中国的战略协作关系,尤其是在亚太地区问题上。达维多夫指出,美俄之间的合作目前还非常有限,去年的美俄贸易额还不到中俄贸易额的一半,更不及中美贸易额的十分之一。尽管美国副总统拜登承认"没有我们两个国家的同意,任何一项国际事务都不可能完成",但是美国只是在销毁核武器、反恐等有限的领域内把今天的俄罗斯当成伙伴,而且从地缘政治上通过北约东扩、独联体国家颜色革命等方式一步一步包围了俄罗斯。正因如此,中—美—俄的三角模式对于俄罗斯来说就越发重要。尽管与美国和中国相比,俄罗斯目前还是较弱的一方,但是在两个强者面前,俄罗斯也有自己的优势可以充分利用。所以达维多夫

---

① 《中—美—俄:权力交接是否意味着政权改变?》,载《远东问题》2013年第2期。

赞同那种"让莫斯科与北京和华盛顿的关系好于北京和华盛顿之间的关系"的说法，换句话说，就是要大力推动中俄关系的发展。不过他也承认，中俄之间的接近是有限的，双方在一些重要的国际问题上并不排除存在分歧，比如战略互信的缺失、地区利益的不一致、能源价格的僵化、越南因素的影响……但无论如何，中、美、俄三国在现阶段的利益是不可分割的，所以要让这个"三角"联盟保持和谐稳定，同时加强双边对话。

亚太地区的国家关系。亚太地区的国家关系也一直是当代俄罗斯学界关注的热点问题。近两年来这一领域最热点的问题莫过于南中国海问题，因此各类学术期刊上发表了不少针对这一话题的文章。莫斯科国际关系学院东亚与上合组织研究中心研究员 В. Я. 沃罗比约夫[①]认为，南中国海地区近年来争端频现，始终不太平，这不只是中国领土争端的问题，还涉及东南亚国家、东盟成员国家甚至是美国和俄罗斯等国的利益，因此南中国海问题早已超出了地区矛盾的范畴。南中国海问题背后牵扯的利益错综复杂，目前还不可能找到一把万能钥匙立即打开所有困扰的枷锁。目前最好的办法就是完善和补充东盟国家与中国在 2002 年签署的共同宣言，使其成为一个更加严密和公平的多边协议，令多年来保持克制的东盟与中国之间的关系继续安定下去。只有这样才能缓和南中国海地区的矛盾，创造出融洽的地区氛围，保证各国船只在此地区的自由航行。尽管俄罗斯离南中国海地区距离遥远，但作为横跨欧洲和亚太地区的大国，俄罗斯不会允许南中国海地区的局势演变成军事冲突。俄罗斯与东南亚地区的所有国家都是平等、正常的合作伙伴，也重视发展同东盟国家之间的关系，尤其是与中国互为全面战略协作伙伴关系，因此俄罗斯不希望南中国海地区矛盾升级、破坏和平局势、威胁航海自由，俄罗斯将会基于自身经验，通过友好建议的方式，从各方发展前景和利益出发，为解决本地区矛盾冲突发挥实质性的协调作用。

---

① 《南中国海——中国与其他国家》，载《远东问题》2013 年第 2 期。

3. 中国的经济发展

在对当代中国问题的研究中，经济领域的研究尤其受到重视。这无疑与中国经济的发展和取得的成绩紧密相关，换句话说，是中国自身高速发展的经济现状和在国际舞台上不断提升的经济地位迫使中国学研究者们不得不关注中国的经济政策，探究中国的经济发展模式。总的来说，俄罗斯研究者对中国经济的关注可谓面面俱到，既研究宏观层面上的国家战略、政府调控、外贸合作……也关注微观层面上的地区经济发展、城乡一体化、私营企业、外商投资、货币市场……既有十年前便开始探索的中国经济改革问题，也有不久前才开始关注的经济与环境和谐发展问题。

经济发展模式。在众多与中国经济相关的具体问题中，涉及最多的是对中国经济发展模式的评价。大多数俄罗斯学者一致认为，中国的经济改革是非常成功的，正是由于采取了渐进式的改革方式和国家持续进行宏观调控的模式，才保证了中国经济的稳定增长，走出了一条有中国特色的经济发展道路。例如：经济学博士 В.И. 达希切夫教授强调，中国从1978年开始的经济改革是一件"具有世界意义的大事"[1]，强有力的国家调控保障了改革的顺利进行和国民经济的发展，而政治和社会的稳定则为改革扫除了障碍。在 О.Т. 博格莫洛夫院士看来，中国的经济模式创造出一种"以国家调控为基础，把文明的市场关系与社会公平的原则结合在一起的社会主义和谐社会"[2]。尤其是2008年全球金融危机之后，中国在后危机时期的良好表现使俄罗斯学者对中国的经济模式和增长速度更加持肯定态度。经济学博士 Г.Н. 纳格洛夫教授指出[3]，中国之所以能比其他国家更好地度过危机，首先就是因为中国没有完全抛弃计划经济的理念，是从单纯的计划经济向一种混合的经济趋同模式转变。次贷危机使西方多数国家遭受重创，至今仍未恢复到危机前的状态；而中国经济却在严重的金融危机面前保持了基本稳定，并很快克服了危机的不良后果，重新回到快速增长的轨道上来。因此不少俄罗斯学者都对中国经济充满信心，并对中国经济的发

---

[1] 《全球经济与新时期的生活安定》，莫斯科安吉尔出版社2012年版。
[2] 《全球经济与新时期的生活安定》，莫斯科安吉尔出版社2012年版。
[3] 《危机与现代化》，莫斯科经济出版社2010年版。

展前景作出了积极的预测。经济学博士 Э. П. 皮沃瓦洛娃研究员赞同上述观点,认为这些年来中国经济状况的改善和人民生活水平的提高恰恰得益于这种计划与市场相结合的经济模式,她预测,中国经济将会继续保持稳定增长。① 而 М. А. 波塔波夫博士的预测则更加具体,他认为"到2020年,中国的人均 GDP 将比2000年的水平翻四番,到2030年,中国的 GDP 总额将会位居世界第一"②。而莫斯科大学的 Е. Н. 桑布洛娃博士通过分析中国1978年改革开放以来历年的各项经济指标得出结论:得益于廉价的劳动力和广阔的国内市场,中国采取扩大出口、拉动内需、发展科技、加强创新等有效措施发展自己的品牌、努力提高产品质量、增加产品的高附加值,中国在现阶段将会继续保持强大的经济竞争力。③ 季塔连科院士将中国的经济发展归功于中国共产党的正确领导,他说:"中国改革开放30年间在经济改革方面所积累的经验,使中国共产党领导层能够找到一种新的经济、政治、社会、文化多层面的趋同结构,同时借鉴资本主义的科学技术和管理成就,最终把中国建设成为一个公正、和谐的小康社会。"④

中俄贸易。鉴于中俄两国近年来对双边贸易的重视以及中俄贸易取得的巨大进步,俄罗斯的中国学家们也开始重视该领域的研究,并发表了不少成果。例如:Л. В. 诺沃肖洛娃的《中俄投资合作的现状与前景》;Т. 古鲁列娃的《中俄合作背景下的边境地区品牌制造(以外贝加尔地区为例)》等。

之前俄罗斯学者更多地研究中俄贸易之间的发展状况、不足之处、贸易额增长速度以及提升空间等问题,而2013年9月习近平主席在出访哈萨克斯坦期间提出的共建"新丝绸之路经济带"理念在俄罗斯学界引起了很大反响,迅速成为研究和关注的焦点,涌现出不少相关论文和学术研讨会。总的来说,俄罗斯学者在看待"新丝绸之路经济带"的问题上基本分为两派:较为悲观的一派认为习主席的倡议实际上是中国在中亚地区进行经济一体化的一种新型政策,这与俄罗斯在中亚地区的经济利益恰好冲

---

① 《为何今天的中国傲立于世界东方》,载《远东问题》2013年第6期。
② 《世界金融危机阶段的中国经济稳定问题》,载《远东问题》2013年第3期。
③ 《中国能否保持经济竞争优势?》,载《今日亚非》2013年第9期。
④ 《论中国社会主义》,载《远东问题》2013年第2期。

突,因此他们从俄罗斯的经济利益出发对中国在中亚地区的这种"经济扩张"表示担忧。比如俄罗斯科学院经济研究所的叶莲娜·库兹明娜博士指出:"近两年来吉尔吉斯斯坦和塔吉克斯坦两国的最大贸易伙伴已经不是俄罗斯,而是中国了"①,如果建成了新的丝绸之路经济带,今后这些独联体兄弟国家将会"离俄罗斯越来越远"。但同时他们也承认,中国这些年在中亚地区大力修建铁路和公路等基础设施,因此这条新的经济带基本成为既定事实,中国在中亚地区的经济地位已经逐步提升。然而,也有不少俄罗斯学者对此持乐观态度,比如莫斯科国际关系学院的弗拉基米尔·科尔孙博士认为,中亚五国现阶段"无论是经济上还是政治上都还离不开俄罗斯,尤其是哈萨克斯坦和乌兹别克斯坦这两个国家,它们的主要贸易伙伴都是俄罗斯"②。"新丝绸之路经济带"的建立对俄罗斯来说也许是一个新的契机,因为中国的"经济扩张"目前在中亚地区最先受到挑战的是西方企业,而非俄罗斯公司,所以他们呼吁俄中应该在中亚地区有更多的经贸合作,主要是在燃料能源综合体、基础设施建设和成品贸易等方面,这样一来,俄罗斯也许能让吉尔吉斯和塔吉克斯坦重新回到后苏联空间经济一体化的轨道上来。当然,中俄之间在上合组织框架内也充满了竞争和较量,中国目前主要试图通过自己的金融影响力来树立在上合组织的主导地位,提出要建立上合组织开发银行等想法,但是仅靠投资和资金支持也未必能拉拢这些中亚兄弟,所以独联体国家研究所中亚部主任安德烈·格罗津认为,虽然俄中两国在中亚地区有着共同的利益,但两国的目标和其实现方式并不相同,"俄罗斯还应该从政治上加大对中亚五国的影响"③。

---

① 《中俄在中亚地区的经济并存是否可能?》,载《远东问题》2013 年第 5 期。
② 《中国在亚洲铺设新的丝绸之路》,BBC Russian,2013 – 10 – 22。
③ CANS – Analysis and Commentaries of Central Asian News,2013 – 3 – 22. http://site. securities. com/doc. html? pc = CB&docJd = 399064444.

三、特点与趋势

通过大量阅读和分析，我们发现俄罗斯的当代中国研究具有如下特点：

（1）从研究内容上来说，俄罗斯的当代中国研究重视对中国现实问题的关注，但同样也不乏对传统问题的研究。俄罗斯的当代中国学界主要分成两支队伍，一支是实用主义者，他们长期注视中国国内情况的变化，积极跟踪中国的社会热点问题，及时从俄罗斯的视角对中国现状进行介绍和评论；而另一支是喜欢追根溯源的汉学家，他们的研究视角一直放在中国历史问题上，透过对历史的研究来思考当代中国的现实问题。正是这两支队伍的共同努力塑造了完整的俄罗斯当代中国学。具体到研究主题上来说，相比而言，政治类和经济类的成果数量最多，代表了对现实问题的迫切关注，如前所述也证实了这一点；其次是社会问题，这里面有不少是给中国造成负面影响的问题，比如，毒品、犯罪、腐败等；与此同时，历史文化类的研究成果总量并不少，尤其是对中国历史人物的研究，其中也不乏政治精英，比如，孙中山、宋庆龄、蒋介石……但是，这类研究并不是当代中国研究的主题。

（2）从研究方式上来看，俄罗斯的当代中国研究既有单纯的俄式思维，也有中俄结合的混合式思维。虽然多数中国学研究者主要是独立研究当代中国问题，但也有一部分俄罗斯学者一直保持跟中国伙伴的交流合作，他们或一起承担科研项目，或利用学术研讨会进行深入交流，常常共同创造研究成果。另外，从学术研讨会的举办上也可以看出这一特点，俄罗斯每年举办的大量研讨会中有不少都是与中国专门研究机构或高校合作进行的。

（3）从研究机构上来看，俄罗斯当代中国研究的"领头羊"仍然是俄罗斯科学院下属的远东所和东方所，但是高校科研机构所发挥的作用越来越大。远东所与东方所的地位较为特殊，它们在与中国社科院等官方科研机构合作方面有着独一无二的优势，资料来源权威且广泛；另外，它们的人员构成也颇为庞大，而且其成员均为取得了博士或副博士学位的专业科研人员，这些都造就了其强大的研究实力。近些年来，俄罗斯的许多高校都出现了不少致力于中国问题研究的学者，除了资历较老的莫斯科大学亚非学院等传统强校之外，新西伯利亚大学、伊尔库茨克大学、远东联邦大学等远东地区的高校具有得天独厚的优势，它们毗邻中国，交通方便，交往频繁，纷纷建立了自己的中国研究中心，加入到当代中国学的研究行列中来。

（4）从研究立场上来看，俄罗斯的当代中国研究者对中国邻居的态度并不一致，既有友好、和善、希望加强合作的一方，也有惧怕、疏远、高呼防御的一方；既有视中国为"朋友"和"伙伴"的亲华派，赞赏中国、宣传中国，也有抨击中国"扩张"和"侵略"的反华派，丑化中国、攻击中国。当然，也有不偏不倚、具体问题具体分析、走中间路线的实用主义者。从数量上来看，持中间态度的研究者占绝大多数。那些对中国格外友善的研究者多数都是懂汉语，曾在中国留学或工作，了解中国文化，具有中国情结的汉学家们。少数反华派的存在，究其原因还是由于中国近年来的日渐强大让俄罗斯人感到了危机，尤其是中国经济的腾飞让困境重重的俄罗斯倍感压力，虽然多数人深知全球化和经济一体化对世界各国的联动影响越来越强，但是在俄罗斯扎根已久的"中国威胁论"却一直滋生抬头，且有存在的土壤。但不管是持哪一种态度的研究者，他们的根本出发点都是从俄罗斯的国家利益出发，都是从俄罗斯的视角来看待今天的中国。

综上所述，俄罗斯的当代中国研究创造出了大量的学术成果，为俄罗斯政府作出决策提供了充分的参考资料，同时也为中俄两国的学术交流作出了巨大贡献。

（孙芳　对外经济贸易大学外语学院俄语系副教授
肖德强　中央编译局文献翻译部副译审）

日 本

日本作为中国的重要邻邦,就地缘政治、历史渊源与文化背景而言,与中国具有许多共通之处,因而是对中国政治经济等问题研究最为广泛、理解最为透彻的国家之一。2013年无论对于日本还是中国,都是风起云涌的一年。在政治经济和中日两国关系等各方面,这一年中发生了诸多大事,较之从前发生了不小的变化。

首先,就政治层面而言,2012年12月16日的众议院选举中,自民党在480个议席中取得过半数的294席,加上盟友公明党的31席,议席总数达到325席,超过三分之二,自民党总裁安倍晋三再度成为日本首相。2013年7月22日,日本参议院选举投票揭晓,自民党大获全胜。这使得安倍巩固了长期执政的基础。

其次,从经济角度来看,首相安倍在2013年10月1日宣布,来年起将消费税从5%提高到8%,以保证资金来源,支持日本公共财政。另一方面,第二次安倍内阁自2012年底组阁以来,加速推出以"大胆的金融政策、灵活的货币政策、有力的经济增长战略"为三大支柱的所谓"安倍经济学"。这个名词迅速窜红,引起广泛关注。

2013年是《中日和平友好条约》缔结35周年,中日政府都没有举办纪念仪式。由2012年9月日方"购岛"事件所引发的一系列问题使得中日关系持续恶化。此时,中日关系再度陷入冰河期。12月17日,国家安全保障会议和日本政府内阁会议正式通过战后首份《国家安全保障战略》

以及新的《防卫计划大纲》和《中期防卫力量整备计划》,文件中不少内容直接视中国为威胁。同时,12月26日,安倍在执政一周年之际参拜靖国神社,再一次引起包括中国在内的周边国家的强烈不满和抗议。

在中日关系可谓"政冷经凉"的2013年里,日本国内的专家学者和研究机构依旧持续关注中国政治、经济、环境、军事、外交战略等广泛领域中出现的问题。"国之大事,死生之地,存亡之道,不可不察也。"因此,我们也需要知对方所知,想对方所想,如此一来,才能在这风云变幻的国际形势中从容处之。

一、学术成果、刊物和活动

1. 学术成果

从日本国立国会图书馆的主页检索中可以发现①,2013年日本有关中国的著作和论文中,具有以下特点:(1)有关中日关系,尤其是钓鱼岛的研究呈现陡然增多的趋势,在中日关系陷入低潮之际,日本的学者尤其是中国研究专家积极为两国关系的修复出谋划策。由于受到钓鱼岛问题的影响,中日经济交流也受到重创,本年度有关两国经济关系的研究也很多。(2)日本的对华研究呈现很强的连续性和持续性。从这些著作的内容上来看,年度性的研究报告很多,而且有些报告连续出版数十年,可见其连续性之久。尤其是有关中国的国情方面的内容,如金融政策、贸易政策、法律、人口、各种统计等方面的研究多年未中断。(3)大型跨国企业、经济组织、科研机构的对华研究在日本的中国研究中具有重要的作用。从对华研究的成果来看,经团联、科学技术振兴机构、富士通综研、野村证券、日本贸易振兴机构等对中国的研究丝毫不亚于日本各大学的中国研究专家们,这些机构的对华研究往往政策性更强,具有直接为日本跨国企业和政府服务的特点。在有关的政策动向、法律法规、经济统计资料、贸易、经济发展方向等方面的研究比较深入。

---

① 尽管依据国立国会图书馆的检索有些粗略,并不能准确了解日本对中国研究的真实情况,但从中仍能发现相关的趋势。

2. 学术刊物

日本关于中国方面的研究杂志主要有《东亚》、《中国研究月报》和《亚洲经济》等。

《东亚》杂志，1978年由日本霞山会创办，是对东亚，主要是中国进行研究的专业性刊物。其杂志主页关于宗旨一栏介绍道："从全球化的客观视角出发，对世界范围内中国和亚洲地区进行微观和宏观分析。其中的内容并不是纸上谈兵，而是经过现实考察之后及时提供的重要信息，可信度极高。除了传达事实以外，还作出细致分析并对未来趋势进行预测。"该杂志拥有一流的笔杆阵营，汇集众多活跃于中国和亚洲地区的研究者、记者、企业家，从多视角切入，呈现最新情报。一本杂志中网罗政治、经济、安全、国际关系、认识动向等多个方面，无论对一般民众还是专业研究学者来说，都是了解中国和亚洲地区当代信息的优秀刊物。

《中国研究月报》杂志，前身为《中国资料月报》。《中国资料月报》于1946年11月由中国研究所创办，1947年3月年更名为《中国研究所所报》，1949年10月又改回《中国资料月报》，1960年5月更名为《中国研究月报》。该杂志主要刊登中国研究学者们在近现代中国的社会、政治、经济、文学等相关领域的研究成果。2004年创设"太田胜洪纪念中国学术研究赏"，每年举行一次，奖励优秀的研究成果。

《亚洲经济》杂志，1960年由日本贸易振兴机构所属的亚洲经济研究所创办，是以亚洲国家经济内容为主要对象的专业性杂志，其中刊载的内容包括论文、研究报告、资料、书评等几个部分。50多年来一直以月刊的形式出版，2012年后改为一年发行四次的季刊。

除了这些影响较大的刊物外，有关中国研究的大量成果还被刊载在《中央公论》、《世界》、《国际政治》以及各大学和研究机构有关中国的不定期论文集、论丛、专辑中。例如，日本现代中国学会的年刊《现代中国》、东洋文库近代中国研究会的《近代中国研究汇报》等。

3. 学术活动

在日本，每年有关中国各种学术研讨会难以计数，规模不等，少则几人，多则超过百人。主题除了涉及中国的历史、文学、艺术、哲学、宗教、民族等方方面面，而且几乎涉及当今中国发展的所有问题。既有政治发展中的人大与政协制度、党内民主、反腐败，也有经济改革中的金融政策、国企的民营化、中小企业的融资等，还有社会领域的房地产过热、群体性事件、新疆维族分裂势力的暴恐、贫富差距等。规模较大的如下：

（1）日本现代中国学会第63届年会

2013年10月26—27日，日本现代中国学会第63届年会在福冈大学举行。本届年会分文学艺术、政治、经济、农业、文化思想、环境资源、历史社会等九个专场，共32场专题报告。本届年会的主题为"中国的环境：现状与未来"。除了每年一度的大会外，现代中国学会的四个地方分会，如关东分会、关西分会、东海分会和西日本分会也分别召开了各分会的大会，一些分会还举行了若干次的小型研究会，并为在学的硕博士生提供专门的发表论文的机会。

（2）财务省2013年度中国研究会

财务省财务综合政策研究所主办的中国研究会从1993年开始每年举行四次。主要目的是对中国的政治、经济、社会和外交等变化进行跟踪研究，服务于日本的对华决策和对华经济交流。该研究会邀请的人数不多，但均为日本的中国政治、经济、外交和社会问题的著名专家。2013年度四次研讨会的主题分别是"中国的政治外交问题"、"中国的地方经济问题"、"中国的社会问题"、"日资企业在中国的经营战略与问题"。主要关注点有十八大后中国面临的现状与问题、十八大对经济发展的意义、中国的地方财政问题、从土地与户籍制度改革看中国的政治与经济、环境污染、新领导体制对中日关系的影响等。

（3）庆应义塾大学东亚研究所2013年度国际学术研讨会

由庆应义塾大学东亚研究所在2013年主办或者是参与合办的国际学术研讨会有四次，于9月14日、11月11日、12月14日和12月21—22日召开了主题分别为"新的大国关系与东亚国际秩序"、"2015年以后日本与东盟的关系——民主、和平和繁荣的地区"、"中国的海洋扩张与周边国家的对应"、"中国特色社会主义的去向和理论问题"。可见，有三次研讨会与中国直接相关，关注中国的海洋发展战略，尤其是与日本和周边国家的关系,以及中国特色社会主义的理论问题;另一次会议讨论的是日本与东盟的关系。可见,在因钓鱼岛归属问题中日两国关系出现严重困难的情况下,日本学术界在关注日本与东盟的关系的强化,这也是日本政界在中日关系危机的情况下强调要加强与东盟国家关系而从战略上包围中国的一个反映。

(4) 京都大学"中国的社会变化与今后的中日关系"国际研讨会

2013年9月17日,由京都大学公共政策合作研究部、经营管理研究部、法学研究科和经济学研究科四家单位共同主办的主题为"中国社会变化与中日关系的未来"的国际研讨会在京都大学召开,本次研讨会的目的在于探讨1978年《中日和平友好条约》签订后,中日两国相互信赖,但发展到今天相互指责、缺乏互信的原因。来自美国的著名中国问题专家傅高义作了题为"中日关系——从邓小平时代到今天"的主题演讲,日本著名的中日关系问题专家田中明彦与会,主要讨论了今后中日关系的构筑等问题。

(5) 日本科学技术振兴机构"习近平政府的政策与问题"研讨会

2013年2月6日,由日本科学技术振兴机构中国综合研究中心主办的题为"习近平政府的政策与问题"的研讨会在东京的日本科学技术振兴机构总部举行。中日关系问题专家、东京大学副教授川岛真、津上俊哉和旅日华人学者、早稻田大学教授刘杰和富士通综研经济研究所研究员柯隆与会。本次研讨会主要讨论了中国新一届政府面临的国内问题、社会转型和新政策理念的问题。

事实上,日本国内学术机构、政府机关和研究院所关于中国问题的各种研讨会有很多,上述只是其中的一部分,由于篇幅所限不能一一陈述。从这些研讨会可以看出本年度学术活动的关注度,新政府的政策理念、中日关系的未来等是其中的重点。

二、关注焦点

综合上述关于中国的学术研究成果和有关的学术活动,2013年度日本的中国研究关注焦点主要集中在以下几个方面:

1. 钓鱼岛问题及中日关系

2012年9月日本政府宣布钓鱼岛国有化后，引起中日关系的轩然大波，此后两国关系直线下降，陷入到1972年两国邦交正常化以来的最困难时期。在这种背景下，日本的中国研究学者在过去的一年中对中日关系的研究骤然增多，尤其是对钓鱼岛问题的研究增多。关于钓鱼岛问题归属的研究中，许多日本学者纷纷撰文从历史上、法理上指出日本对钓鱼岛所有权的正当化，但也有一种声音和他们的研究值得关注。一些日本学者利用翔实的资料分析了日本对钓鱼岛主权的主张也存在大量令人质疑的地方。爱知大学政治经济学部的羽根次郎指出："关于中国政府在'尖阁（钓鱼岛）归属问题'中所持的立场，日本媒体的主流说法是'原本对尖阁（钓鱼岛）诸岛领有权并不关心的中国一方，在20世纪70年代有人提出那里可能存在着大规模的天然气田后，突然提出了对尖阁（钓鱼岛）诸岛的领有权主张'。照此看来，中方的这种主张是基于资源民族主义的，是别有用心而非'纯粹'的，然而，日本对于领有权的主张就不是别有用心，真那么'纯粹'吗？"[①] 在提出这样的疑问后，作者挖掘了日本和中国的相关文献，指出曾经想放弃钓鱼岛的是日本，而且日本一直对清政府反对日本吞并冲绳地区的事实避而不谈，日本在钓鱼岛的归属上并非具有其所称的"一贯的法理性"。

对于中日关系面临的困境，日本的一些中日关系专家表示了忧虑与担心，东京大学的中日关系专家川岛真指出，当前中国国内面临着后改革开放时代如何突破发展的瓶颈、如何维持国家和社会的平衡、民族主义的高涨、军事力量的进一步强大等问题，这样的国内现实反映到外交政策中，就面临是重视发展还是重视安全与主权的摇摆局面。就中日关系而言，中日两国已经进入了对历史问题均难以克制的时代，没有良好的制度保障两国在历史问题上的沟通。此外，台湾问题和日美同盟问题、钓鱼岛问题还成为影响两国关系的长期症结所在，中日两国此前建立的战略互惠关系岌岌可危。

[①] 羽根次郎：《"尖阁问题"内在的法理矛盾——旨在驳斥"固有领土"论》，载《抗日战争研究》2013年第2期。

在中日关系研究上，日本的一些中国问题专家从中日关系友好的角度，提出了很多有利于两国关系恢复的对策建议。但是也有一些人主张对华强硬，这些人对日本政府和日本国民的对华决策和认识中的影响不可小觑，甚至近些年这种声音日益成为主流。在日本的书店中随处可见类似的著作，"中国威胁论"、"中国崩溃论"、"中国霸权论"方面的著作很多，这些著作对于中日关系的发展产生了很不利的影响，深刻影响了日本政府的对华决策。

例如，曾留学北京大学的日本拓殖大学教授富坂聪在《错误百出的对华战略：只有日本人不知道的中国的弱点》一书中指出，对于中国的崛起，日本应该联合东盟、印度来对抗中国，要努力去改善西藏和新疆维族地区的状况，在国际上不要屈服中国的压力，要和中国进行宣传对抗，进行宣传战。① 这些研究，还过多夸大中国的国内问题，向日本国内宣传中国似乎病入膏肓、不可救药、即将崩溃的状态，对日本国民的对华意识形态产生了极其不好的影响。对于这种情况，难能可贵的是仍有一些中国问题专家表示应加强与中国的合作，早稻田大学教授天儿慧指出："在日本普遍有中国威胁论的说法，也有不少说法认为类似大气污染也属于中国威胁，但首先还需要冷静地分析威胁论。对我们来说，难以解决的威胁论包括安全威胁和对外战略、外交威胁的问题。其次是经济威胁，随后是环境污染威胁、食品威胁。关于这些威胁我认为是日中合作才能解决的问题。因此，威胁论之中包含需双方合作解决的威胁，和必须从零和角度思考的威胁，我认为我们有必要认识以上两方面的问题，从而接近中国。"②

2. 新一届政府的执政理念

作为中国的近邻，日本对于中国的政治发展，尤其是新一届领导集体执政理念的变化尤为关注。对于十八大后新一届中央集体的执政理念的解读，主要是围绕对十八届三中全会的召开及其《决定》而进行的，另外，

---

① 富坂聰：『間違いだらけの対中国戦略　日本人だけが知らない中国の弱点』，中経出版，2013年。

② 天児慧：「日朝関係の前途——習近平政権対外戦略から見る」，『東亜』，2014年4月，第12頁。

对于"中国梦"也比较关注。具体而言,对于《决定》日本各界的解读主要有五个视角:

(1) 就十八届三中全会的意义而言,日本普遍将其作为观察新一届领导层政策理念的重要契机,与十一届三中全会以来历次党代会的三中全会进行了对比。一些日本的中国问题专家将十八届三中全会作为改革开放以来中国社会发展脉络,尤其是经济发展的重要阶段来认识。日本瑞穗银行综合研究所亚洲调查部中国室的报告中指出,十八届三中全会是中国改革开放以来推进市场经济发展的重要会议,其意义与十一届三中全会制定的改革开放路线、十四届三中全会制定的建立社会主义市场经济体制的意义相同,将进一步推动中国市场经济的发展。内藤证券的报告指出,从中共十一大到十七大,历次三中全会的决定都对中国经济发展产生了重要的影响,像十一届三中全会决定了改革开放的路线、十二届三中全会制定了加快城市经济体制改革的步伐、十六届三中全会的科学发展观一样,本次会议也将会对未来中国发展产生深远影响。

(2) 就十八届三中全会决定的背景而言,主要认为是腐败问题、收入分配不均和行政干预阻碍了经济发展,政府的公共服务功能不强,在与国民生活密切相关的食品安全和环境领域监管不力,从而引起人们的日益不满。瑞穗银行综合研究所的研究指出,政府行政许可过于复杂导致了腐败的加剧,国民对于收入差距日益扩大的不满越来越高涨,而且政府对于食品安全领域和日益严重的环境污染监管不力,甚至是失败,成为十八届三中全会《决定》的主要因素。三菱东京银行的研究指出,改革开放35年来,中国所积聚的收入分配问题不断扩大、政府腐败日益严重、环境不断恶化、房地产价格高涨、地方政府债务不断增加等问题堆积如山,引起了普通民众对政府日益不满。这些问题的解决都需要对制度性的问题进行根本改革,十八届三中全会的《决定》就是在这种背景下诞生的。日本第一生命株式会社经济调查部的西滨彻指出,《决定》深刻反映了中国目前所面临的困境:国有企业改革面临重重利益集团的阻碍,社会贫富差距扩大,城市与农村的发展不平衡,社会不满情绪高涨等。

(3) 就《决定》的内容来看,认为十八届三中全会体现了新一届中央集体处理政府与市场关系的执政理念,关于"使市场起决定性作用和更好发挥政府作用"的阐述，实质是为了放松各种管制，调整政府和市场的关系，建立"小政府"。日本媒体和学者纷纷对《决定》中"使市场起决定性作用和更好发挥政府作用"的提法进行了反复报道和解读，并将这种提法解读为新一届领导集体的目标是放松一些领域的政府管制，建立"小政府"。三井物产战略研究所亚洲室的研究指出，十一届三中全会以来，中国共产党一直强调要发挥市场在经济发展中的基础性作用，本次会议将其表述为"决定性"作用，充分体现了新一届领导集体减少政府在配置资源中的直接作用，而将市场的作用扩大化，建立消除阻碍土地、资本和劳动力等生产要素领域灵活运转的制度，提高生产率，进而保持经济的持续增长。该研究所佐藤淳野认为，为了建立公平的竞争环境，除了在食品和环保领域继续保持政府的现有严格管理外，在计划生育政策方面已经放松了约束，在金融、税制以及微观的经济领域等方面均大幅度放松了各种政府管制和许可权，这些都体现了习近平的执政风格。瑞穗银行的伊藤信悟、三浦祐介和玉井芳野共同撰文指出，从《决定》中可以看出，新领导集体将转变政府的职能和作用作为重要的理念，即要调整政府和市场的关系，在政府过多干预的领域要减少政府的管制，发挥市场的调节作用；同时继续加强政府应该重点管理领域的功能，但要更加注重效率和效果，三中全会只是将这一理念具体化和实践化而已。日本综合研究所的报告指出，三中全会强调除了在安全和环境等少数领域外，包括土地制度、财政金融制度、计划生育制度等一系列领域，均要放松政府管制，减少政府的审批和对企业与个人微观经济活动的干涉，这充分体现了新的领导集体"小政府"的改革理念。

（4）就十八届三中全会《决定》的可实现性以及相关政治领域的改革而言，日本一些研究表示了忧虑。中国问题研究专家高桥博指出，在阅读完《决定》后，总体感觉三中全会不只是为了打破国有企业的垄断地位、解决司法独立和土地制度等具体问题，而是对这些问题产生的制度进行修正和完善，以此加强中国共产党的统治地位。《东洋经济》杂志社的西村豪太指出，十八届三中全会的《决定》中关于国有企业的改革、地方财政改革等方面只是提出了一个方向，但是要具体落实这些改革仍面临较大的困难，具体能够达到什么样的效果仍有待观察。另有研究认为，此次三中全会将经济改革作为中国今后社会发展的重点,但是经过35年的经济发展,中国的社会结构已经发生了巨大的变化,尤其是在意识形态领域。随着人们权利意识的提高,对于社会的不满日益积聚,然而官方却陷入依靠警察和治安力量维稳的恶性循环中,没有将注意力转移到解决导致社会不满的根本问题上,即普通民众民主参与权利的缺失将导致更多的不满这一最终原因上。日本全球化研究中心的研究认为,目前中国国民对于政府的信任感正在下降,三中全会的改革力图恢复民众对中国共产党政府的信任,稳定政权,在国企、税制、地方债务、土地、户籍、环境等许多领域进行改革,但在政治领域仅仅是在司法独立性和反腐败方面表示要进行改革,对于扩大人们的选举权等内容未置一词。

(5)从对日本的影响角度看,多认为十八届三中全会的改革方针将对日本带来发展机遇。日本市场调查研究中心的报告指出,三中全会强调中国政府要加大对环境保护,诸如大气污染治理和污水处理等的投资力度,可以预见中国在这方面的基础设施建设和技术研发将大大加强,这不仅将成为推动中国经济发展的重要支柱之一,而且对于日本与环保领域密切相关的海外企业将是重要的商机。还有分析指出,三中全会后伴随中国经济的进一步发展,中国国内的消费者将对品质和服务的质量有更进一步的要求,尤其是在大城市,而日本可以凭借在社会服务领域的先进经验和技术扩大与中国的交流。日本贸易振兴机构主办的《通商弘报》指出,尽管三中全会的《决定》没有提出各领域改革的具体措施,但是可以肯定的是中国经济将进一步向纵深发展。对日本经济而言,这将是重要的机遇,在能源节约技术、环保领域、老人的看护、食品安全、高附加值服务业等方面,日本都具有先进的经验和技术,应克服目前中日关系的困境,加强与中国的经济合作。

对于"中国梦"的提出,日本媒体和中国问题观察家进行了多角度解读:(1)从中国共产党意识形态发展的角度,认为"中国梦"是新领导集体新意识形态的登场。(2)从中国国内发展中面临的问题角度,认为"中国梦"的提出显示了中国共产党化解国内矛盾和追求向心力的表现。(3)从对外关系的角度,认为"中国梦"的提出将不利于僵持中的中日关系缓和,不利于钓鱼岛问题的解决,并将会引起周边国家的担心。

(4)从军事的角度,认为"中国梦"将加速中国走向军事强国的道路。具体分析,后文详述,在此不再赘述。

3. 关注中国的对外政策和战略

作为中国的近邻和战略对手,中国的对外战略一直是日本关注的重点之一。2013年9月7日,习近平主席访问哈萨克斯坦时提出了"新丝绸之路经济带"的构想后,引起了日本的中国问题专家的关注,主要是对提出这一战略构想的意图、影响以及面临的困难等方面进行了广泛讨论。关于中国提出这一战略构想的原因,一些研究认为是出于缓解国内能源需求、促进经济发展的需要。日本大和综合研究所的后藤明美认为,中国提出新丝绸之路经济带构想的重要原因是为缓解国内日益严重的能源短缺。近些年,中国国内的能源公司加速在国外获取能源的步伐,而中亚国家以及俄罗斯的石油、天然气和铁矿石资源储备巨大,加上上海合作组织的合作框架,中国是想利用新的经济合作战略获得这些国家的能源。也有学者认为是出于促进国内经济,尤其是促进西部经济发展,维护新疆稳定的需要。日本中国问题专家、筑波大学名誉教授远藤誉指出,中国提出新丝绸之路经济带的构想是出于维护新疆稳定的需要,经济越发展,极端民族势力将越会得到抑制,中国意图通过加强与中亚各国的经济关系在打击新疆分裂势力方面获得这些国家更多的配合。对于这一战略的影响,有日本学者持一种警惕的心态,认为将会对日本、韩国、美国、欧盟,尤其是俄罗斯的利益形成挑战。

对于中国在南海与越南和菲律宾的领土争端,日本普遍从中国海洋扩张的角度,从安全保障和经济发展所需能源的角度进行解释。中国军事问题专家茅原郁生认为,中国向海洋发展的主要原因有:(1)从经济安全的角度,保障支持中国经济发展的沿海经济大城市;(2)为了不放弃对武力解放台湾的合围,有必要在西太平洋地区确立领先地位;(3)确保经济发展所需要的海洋资源。①

---

① 茅原郁生:「対外拡張を支える中国の軍事動向」,『東亜』,2013年6月号,第10—11頁。

三、特点与趋势

综上所述，并结合以往的研究，可以发现日本的中国研究具有以下特点与趋势：

第一，日本的中国研究在其国内的区域研究中占有极其重要的地位，范围广泛、内容深刻、成果丰硕，是其他国家所不能比肩的。

从世界范围来看，就一个国家对另一个国家的研究而言，日本对中国研究的历史之悠久、范围之广泛、内容之深刻、成果之丰硕或许是绝无仅有的。日本对中国的研究与其他国家比较而言，具有历史交流、地理位置和文化共同性三大优势。日本的中国研究历史由来已久，在古代，中国的文明发展一直领先于日本，日本对中国一直抱有仰慕的心理，对中国以学习为目的进行研究，历史上曾有持续数百年的遣隋使和遣唐使被派往中国来学习和进行研究，此后虽然没有这样大规模的交往，但日本对中国的研究一直在不断深入。尤其是近代以来，为了适应日本的大陆扩张政策，对中国的研究可以说达到了极致，不仅在学术界出现了内藤湖南这样的大家，军队中出现了土肥原贤二这样的知华派，而且像南满洲铁道株式会社调查部、东亚同文书院、兴亚院等具有军方背景的机构，对中国的调查研究则更为详细，令人震惊。

与其他国家比较而言，日本中国研究的显著特点是全面性和深入性。研究的精密和细致程度令人惊叹，涉及中国的地理、政治、经济、外交、社会、文化、艺术、法律、民族、宗教、历史、哲学、思想、教育、语言等方方面面，内容广泛，研究的广度与深度在某些领域甚至超出了中国的同行。

第二，日益重视对中国研究的理论与方法的探讨。

日本的中国研究不仅在内容上广泛而深入，而且较重视对中国研究的理论与方法的探讨。早稻田大学名誉教授毛里和子是日本当前中国政治问题著名专家，曾多次呼吁要重视对中国研究的理论和方法问题，她在这方面作出了重要贡献。毛里和子教授曾引用美国的中国研究专家奥克森伯格的美国关于中国政治研究的六种方法，认为虽然日本的中国研究在方法论方面比美国落后，但日本也有同样的倾向，这些方法也适合日本的情况。这六种方法是：（1）历史学研究方法。这一研究方法的出发点是："中国就是中国，不是中国以外的任何存在。"这一方法把现代中国与传统中国的继承与断裂作为分析的坐标轴，认为在传统中国的官僚机构、皇帝的权力、乡绅等传统知识分子的支配和现代中国的官僚制度、"干部"的作用之间能够找出很多共同点。（2）现代化论研究方法。这一研究方法的出发点是现代中国的基本特征是正在进行现代化、工业化的发展中国家（中国就是印度，中国就是尼日利亚）。这一研究方法采用把中国与其他发展中国家进行比较的方法。军队的抬头、政治化的军队、人口向城市集中、为了国家或国民整合而神化领导人等，这些在很多发展中国家发生的现象在中国也经常可见。（3）官僚机构模式。这一研究方法的出发点是："中国的统治机构的核心是一个巨大的官僚体制。"认为中国的权力斗争和政府所面临的很多问题及其解决方法是与其他任何国家都存在的官僚制度共通的。在很多情况下，这一研究方法运用官僚机构模式对信息的传播、围绕预算和人事的权力抗争、机构内部的上下关系、围绕资源的分配和再分配的组织间的抗争等问题进行分析。（4）全体主义模式。这一研究方法对中国最明显的特征即政治体系渗透到几乎整个社会、与斯大林时代的苏联在很多点上具有共同之处、垄断着权力的政党的作用、思想统制、警察组织等特别关心。这一研究方法对分析具有唯一的意识形态、排他性政党垄断政治体系、国家控制社会等特点的斯大林时代的苏联和毛泽东时代的中国有一定的有效性。（5）比较共产主义研究方法。这一研究方法认为中国政治的本质特征是社会主义（共产主义），"中国就是苏联"，以所有社会主义国家具有一系列共同的问题和同样的发展样式这一假说为研究的出发点。（6）革命社会研究方法。这一研究方法认为现代中国是仍然处在革命之中的社会的一个例子。暴力、对旧制度的破坏性变更、新的精英的抬头等处于革命期的社会的特征在20世纪50年代以后的中国也能看到。"中国就是1789年以后的法国，1959年以后的古巴。"由此看来，把这一研究方法应用于研究毛泽东时代是有效的。

毛里和子教授丰富了上述研究方法，她指出，20世纪80年代以后，随着中国的改革开放，外部学者的研究方法也越来越丰富。至少可以指出以下两种新的研究方法，即对民主化进行比较研究的比较政治学的方法和关注国家与社会关系的政治社会学的方法。其一，政治社会学及政治经济学研究方法。国家与社会的关系、国家与经济的关系、市民社会、草根民主主义等是其研究的重点。其二，比较体制论、走向民主制度的体制过渡论研究方法。这是最近出现的新研究方法，是由中国自身的改观带来的新研究。从20世纪70年代到90年代，拉丁美洲和东亚地区的许多国家从各种各样的一党制体制过渡到了民主体制。比较政治的研究成果也被运用到东亚地区民主政治过渡的研究中，从一党制的比较研究、民主化及巩固民主主义的比较研究中分析中国的政治体制。

此外，其他一些中国研究学者也提出了要转换中国研究的传统方法和视角。毛里和子教授在《转换现代中国研究的范式》一文中指出，无论是传统的资本主义与社会主义、90年代的激进主义还是渐进主义等二元论已经不适合现代的中国，日本中国经济专家加藤弘之即持有同样的观点。他指出用盎格鲁－萨克逊模式或者东南亚模式都无法解释"具有中国特色的市场经济体系"这条道路。为此他强调中国研究需要以地区和地方政府特有的经济功能，即"体现于经济体系上的地方分权特征"这一中国固有的特性为出发点。同时，也有一些中国历史和思想史学者重视中国历史发展的独特性，强调将中国的历史演变和发展的独特性作为一种方法论来观察整个世界。已故日本中国思想史著名专家沟口雄三先生在《作为方法的中国》一书中，强调提出要从亚洲出发思考，确立一个和欧洲不一样的、甚至可以作为欧洲的"他者"，可以作为和欧洲对比单位的亚洲，打破传统学术中世界就等于西方的潜意识，而中国研究本身正可以作为这样一种方法论。[1]

第三，日益重视对中国战略和军事的研究。

"二战"后随着世界格局的变化，日中两国分别进入以美国为首的资本主义阵营和以苏联为首的社会主义阵营，中日两国从"二战"前的军事对抗阶段转入战略对立的冷战时代。日本作为美国对抗中国和苏联的远东地区桥头堡，一直非常重视对中国军事和对外战略的研究。1972年中日邦

---

[1] 沟口雄三著：『方法としての中国』，東京大学出版会，1989年。

交正常化后，虽然中日关系开始升温，日本将对中国的研究重点转向了经济领域，但是，随着冷战的结束、中日摩擦不断和中国经济实力的日益增强，日本对中国的警惕心也在增加。日本对中国研究的心理从古代的尊敬到近代的轻视变为今天的担心和警惕。世界银行公布的数据显示，2010年中国的GDP总量为58786.29亿美元，超过了同年日本的54978.13亿美元。这个数据无论是对日本的政界还是学术界都产生了重要的影响。甲午战争清朝战败后，近代以来一直被日本轻视的中国经过106年的发展，首次在经济总量上赶超日本。此外，由于日美同盟的存在和美国重返亚太战略，日本越来越重视对中国军事和对外战略的研究，在日本的书店里不断有许多关于中国崛起和"中国威胁论"的新书。媒体也不断报道中国的军事活动，特别关注辽宁舰的军事训练。作为"二战"期间侵略中国的加害者角色的日本，非常担心作为受害者的中国来自历史上的对日本的遗恨。尤其是在2012年日本宣布钓鱼岛"国有化"而引起两国关系陷入僵局后，日本对中国的军事战略的研究更加重视，表现之一就是著名的中国政治问题专家、庆应义塾大学东亚研究所所长国分良成教授出任日本防卫大学校长。

第四，容易受到中日关系的强烈影响。

任何一个国家对另一个国家的研究均容易受到双边关系的影响，这是很自然的事情，但是，就世界各国对中国的研究而言，或许没有一个国家的中国研究如此容易受到中日关系的影响。尽管人们经常用"一衣带水、同文同种"来形容中日关系的密切，但是由于甲午战争到"二战"结束的约50年间，日本多次侵略中国，而造成"二战"后两国27年没有正式建立外交关系。1972年中日邦交正常化后中日关系发展较快，各种交流日益频繁，但受到与日本侵华相关的历史教科书问题、慰安妇问题、参拜靖国神社以及钓鱼岛争端和经贸关系等问题的影响，中日关系看似密切，却很脆弱，几度陷入低谷，如今中日两国因为日本宣布钓鱼岛"国有化"而陷入邦交正常化以来最困难时期。每当中日两国因为上述问题出现重大波折的时候，中日两国的学术界都会产生对影响两国关系的问题的集中性的研究成果。当1985年8月15日中曾根康弘首次在战后以首相身份参拜靖国神社而引起中国强烈抗议后，有关靖国神社和中日关系的研究升温。1987

年因为"光华寮"事件再次引起中日关系波折时,围绕该事件的相关研究陡然增多。在2012年"钓鱼岛事件"再次导致两国关系恶化的时候,不仅中国关于钓鱼岛的研究再次增加,而且日本国内的相关研究也成为该年度的热点。例如,在日本国立国会图书馆的主页中,可以检索到历年与"尖阁"有关的论文共计1422篇,仅2013年就有234篇。

综上所述,过去一年在中日两国关系陷入低谷的情况下,政治交流和经贸关系出现"政冷经冷"的背景下,日本的中国研究并没有过多受到中日关系不良影响,两国间的学术交流相对正常,有关经贸、钓鱼岛和中日关系的研究反而因为两国关系的恶化而不断深入,许多研究为中日紧张关系的缓解提出了真知灼见,发挥了重要作用,值得我们进一步深入观察研究。

(张利军　中央编译局海外理论信息研究中心副研究员

王琪　中央编译局理论中国网编辑)

澳大利亚

一、前　言

　　澳大利亚位于南太平洋和印度洋之间，由澳大利亚大陆和塔斯马尼亚岛等岛屿和海外领土组成。它东临太平洋的珊瑚海和塔斯曼海，西、北、南三面临印度洋及其边缘海，是世界上唯一一个独占一个大陆的国家。从澳大利亚1788年建国，到1901年澳各殖民区改为州，六个殖民区统一成为联邦，成立澳大利亚联邦，迄今只有200多年的历史。由于直到1986年才正式脱离英国成为独立国家，其政治、经济和文化等制度均依照英国传统；相应的，澳大利亚的中国学的兴起并不是本国学术研究发展的结果，而主要是受英国影响，传承自英国的中国学，逐渐再到通过聘请欧美或者华裔的学者发展起来的。因此，澳大利亚中国学的产生比欧美国家要晚得多。

　　澳大利亚早期对中国的认识和了解，主要是从奔赴澳洲的华人劳工开始的。1840年，英国政府决定不再向澳大利亚运送囚犯，之后澳大利亚开始从世界各地引进劳工；1848年，第一批华人劳工抵达澳大利亚；随着1850年澳大利亚发现金矿，更多的华人劳工来到澳大利亚，从而在就业等问题上对澳大利亚白人的生活构成了强大的竞争和压力。由于澳洲在文化认同上是倾向于英国或西方，对中国或东方采取排拒与歧视的态度，因此白澳思想开始盛行，白澳思想倡导人种不平等和白人种族优越论。华人最先受到种族歧视，被视为"黄祸"。①"黄祸论"代表人物查尔斯·皮尔逊于1893年出版了《民族生活与民族性：一个预测》一书，该书大力宣扬中国移民入澳对澳大利亚和世界所构成的威胁论，集中反映了澳大利亚以白人种族主义为基础的亚洲观。②"黄祸论"作为早期澳洲人对中国人的认识，是一种"恐惧和扭曲"的中国观，澳大利亚联邦成立前后，无论普通民众还是政府官员、知识分子大都持这样的中国观。这在当时的历史背景下不可避免地影响到其传统汉学的发展。即使到了今天，近些年澳大利亚的多次辱华和歧视华人的事件也证明了白澳思想至今仍旧留有余毒。

第一次世界大战后，由于亚洲尤其是日本的崛起，澳大利亚与日本的贸易巨增，澳大利亚开始重视远东形势。1918年，悉尼大学首先在澳大利亚开办东方学研究系，设立日语和东方史两门课程，着重进行日本研究。1947年，曾经主攻中国古代文学的莱德奥任系主任后，将东方史课改为中国文化史课程，虽然莱德奥两年后即离开悉尼大学，中国文化史课程也就此停止，但这是澳大利亚最高学府出现中国相关课程的开始。可以看出，澳大利亚中国学的兴起和发展，有着非常浓重的个人色彩，以个人带动整体研究发展是澳大利亚中国学研究起步的主要特点，这里面要着重提到的人物是澳洲传统汉学研究奠基者、著名汉学家费子智。费子智生于英国伦敦，在华生活20余年，所著《中国文化简史》奠定了其在西方汉学界的学术地位，成为西方世界了解中国文化的重要文献。随着费子智于1950年移居澳大利亚，其汉学研究成果也传至澳洲。在这个时期，威廉·亨利·唐纳德和乔治·厄内斯特·莫理循关于中国的新闻报导和研究也占有相当重要的地位。总的来说，澳大利亚建国早期直至19世纪上半叶，从经济、政治、文化、地域等各个方面相比欧美都极不发达，缺乏研究中国的客观条件和主观需求，主要以欧洲尤其是英国对亚洲和中国的研究成果作为其各项政策的依据。

---

① 甘振军：《澳大利亚中国学研究的历史进程及其反思》，载《华北水利水电学院学报（社科版）》2012年第6期，第41—42页。

② 胡再德：《澳大利亚中国学研究——借鉴·引进·本土化》，华东师范大学博士论文，2005年。

中华人民共和国的成立，促使澳大利亚中国学研究从起步转入发展阶段。1949 年之后，西方学术机构意识到开展当代中国研究的迫切性和必要性，大量澳大利亚学者也开始对中国政治、经济、军事、文化、历史、民族和风俗等领域展开研究。悉尼大学于 1955 年下半年恢复东方研究系，聘请英国人戴维斯为系主任，戴维斯也因此成为非常有代表性的中国学家，主要从事中国传统文学的研究。同一时期，就职于悉尼大学国际政治系的泰维斯也是国际知名的中国学家，专长中国、美国和苏联的比较政府研究，其代表作《从毛泽东到邓小平》得到了西方学者的高度评价。泰维斯的研究受美国史学思想的影响较大，他把美国学术思想和研究方法引进到了澳大利亚。费子智加盟澳大利亚国立大学后也带动了中国学研究的发展，1952 年费子智《中国革命》一书的出版，标志着澳大利亚中国学开始在世界中国学研究领域中占有一席之地，在澳大利亚中国研究历史上有着举足轻重的意义。另外，费子智的《中国人对他们在世界上所处位置的看法》一书提出了轰动西方中国学界的"中国中心观"，反对站在西方人的角度立场进行中国研究，同样具有划时代的意义。[①] 在这个阶段，悉尼大学和澳大利亚国立大学成为重要的中国学研究中心。

1972 年中澳建交以来，澳大利亚的中国学研究不断发展和完善。在中文教育不断普及的前提下，澳大利亚政府于 1985 年成立了亚洲研究委员会，不断推动亚洲研究的发展。除悉尼大学亚洲研究院和国立大学当代中国研究中心之外，默多克大学亚洲研究中心、格里菲斯大学亚洲语言和亚洲问题研究中心以及麦考瑞大学中国政治经济研究中心等机构相继成立。以悉尼大学和澳大利亚国立大学为主体的中国研究带动了澳大利亚整体的中国学研究，全国性的澳大利亚亚洲研究协会和中国研究协会也相继于 1975 年和 1989 年成立。这一阶段，悉尼科技大学国际研究学院院长古德曼教授以当代中国政策和现实问题研究获得世界关注，1994 年，古德曼出版的《邓小平政治评传》一书广受赞誉。国立大学当代中国研究中心主任乔纳森·安格教授与妻子陈佩华也是当代中国研究专家，其著作《中国、组合主义与东亚模式》在当代中国问题研究领域备受瞩目。拉筹伯大学亚

---

① 胡再德：《澳大利亚中国学研究——借鉴·引进·本土化》，华东师范大学博士论文，2005 年。

洲系主任费约翰教授通过专著《唤醒中国：国民革命中的政治、文化和阶级》和论文《历史学的范围：20世纪中国的政治和文化》在世界范围内获得巨大反响。另外，尼克·奈特等人的毛泽东研究也使得澳大利亚成为海外毛泽东研究的中心之一。

二、研究概况

澳大利亚中国学的发展时间并不长，由于其受英国殖民历史的影响，澳大利亚在文化上受到英美影响极大。澳大利亚中国研究最早继承自英国的中国学研究，主要是汉学研究，而澳大利亚真正的当代中国研究，要从澳大利亚国立大学于20世纪70年代设立中国研究中心开始。"二战"后澳大利亚离英亲美的国际形势使澳大利亚的中国研究与两国地缘政治及经贸关系发展密切相连，渐渐走出不同于之前依赖西方的中国研究道路。近些年，为应对中国的崛起，澳大利亚不断通过吸收引进世界范围内的研究学者特别是来自中国的学者加强对中国问题的研究，研究领域也从文学、历史、政治扩展到跨学科的性别、环境、地域和教育等多个方面。

澳大利亚政府一直有意识地通过澳中文化交流、投资兴建具有国际水准的中国研究中心和制定中国问题研究国家战略来不断促进中国研究的发展，澳政府对中国研究的重视是很多国家无法比拟的。20世纪70年代，澳大利亚对中国的了解非常有限，而如今关于中国发展的研究几乎深入到每一个知识领域，涉及从环境问题到全球治理等诸多方面。正如澳政府2012年发布的白皮书《亚洲世纪中的澳大利亚》所言，决策制定者必须"通晓亚洲"，尤其"通晓中国"。虽然如此，在对政府制定政策的推动方面，澳大利亚相较欧美仍有较大差距。在美国，学术界与政策制定者的分歧较小，智库发挥着明确而稳健的作用；在欧洲，学术界与政策制定者之间的分歧则更小一点，因为欧洲重视在学者与政府、公司及非政府组织的决策制定者之间搭建对话平台；而在澳大利亚，学者与政策制定者依然有较大分歧，要弥合这一分歧需要更大的努力。① 从研究领域和侧重点上来

---

① 姜红：《中国学渐成主流》，载《中国社会科学报》2013年9月6日。

看，随着中国经济的腾飞，澳大利亚各级政府都认识到了中国的重要性，尤其是中国元素已经深入到了政治、外交、贸易、旅游、留学、移民等澳大利亚社会的方方面面，加上澳大利亚的历史、政治和经济等方面的原因，澳大利亚的当代中国问题研究的侧重点多集中于现实问题，以对事实的描述和经验性的分析为主，较少进行关于意识形态等方面的研究，也缺少对中国各领域现象的逻辑解释和对未来的预测。

区别于其他国家，澳大利亚中国研究的主要力量是大学，虽然澳政府一直以国家政策的形式推进澳大利亚中国研究，但依托于各个大学的中国研究中心无疑是中国学研究的主力军。这其中，悉尼大学和澳大利亚国立大学是澳最早也是迄今为止最具影响的两个中国学研究中心，它们为澳大利亚中国学培养了大批专家人才。如今，澳大利亚的大学几乎都有中国问题研究的分支。这其中，澳大利亚国立大学拥有当代中国研究中心和中华全球研究中心两个重量级的中国研究中心，还专门开设了中国研究专业。当代中国研究中心汇集了大量高水平的中国研究学者，是当今世界上最高水平的当代中国研究中心之一。曾任哈佛大学东亚研究中心主任的傅高义教授在评价该校时说："澳大利亚国立大学是世界上少数几个最好的现代中国中心之一，欧洲没有任何国家能与之媲美。"另外，澳大利亚国立大学的中华全球研究中心于2010年4月由时任澳大利亚总理陆克文宣布澳联邦政府出资5300万澳元成立，并在国立大学校内建造专属研究大楼；在成立仪式上陆克文表示，研究中国当遵循后汉学原则，即是对澳洲过去中国研究进行反思后所提出的研究思维，有别于过往出于经济利益、战略考量的中国研究。除此之外，该中心每年的莫理循讲座也是澳大利亚中国研究界的重要活动，是年度澳大利亚中国研究的风向标。

悉尼大学是澳洲中国研究的另一个重要阵地，悉尼大学认为对中国的研究在澳大利亚高等教育中至关重要，除了显而易见的中国经济增长对澳大利亚人生活方式上的直接影响外，悉尼八分之一的人口为华人。因此对于当代学者来说，把中国作为研究对象，纳入自己的知识系统不仅是很大的挑战，同时也将获取丰硕的成果。悉尼大学中国研究中心现有的150多名学术成员来自悉尼大学的各学术领域，现有16个学术小组正在进行与中国有关的广泛的跨学科研究。凯利·布朗是现任中心主任，而著名的中国问题研究专家古德曼教授则担任中国研究中心的学术主任。

2013年4月3日，墨尔本大学成立当代中国研究中心，意味着澳大利亚老牌大学全部建立了中国研究中心。除此之外，马奎尔大学的中国政治经济研究中心、悉尼科技大学的中国研究中心和澳中关系研究中心、拉筹伯大学的中国研究中心、新南威尔士大学和悉尼科技大学合办的中国省份研究中心（已关停）等，均是以"中国"为名的一些研究机构。实际上，澳洲几乎各大学中均设立了包括中国研究在内的亚洲研究系或者中心，而从事亚洲研究的学者中有相当大的一部分在专门从事中国问题研究。澳大利亚现有56个亚洲研究中心或机构（包括中国研究中心）分布在其39所高等院校当中；另外，在澳大利亚39所大学当中，有19所大学设置了"中国问题研究"相关专业，为澳大利亚中国研究积累了大量人才。

对中国政治进行研究的澳大利亚著名学者包括悉尼大学的弗雷德·泰维斯教授、戴维·古德曼教授、伏林德斯大学的比尔·布鲁格（1941—1999年）教授。在中国经济研究方面，以阿德莱德大学的安德鲁·沃森教授为代表，汉斯·亨德里克博士所在的马奎尔大学中国政治经济研究中心主要潜心于中国经济发展方面的研究。在少数民族研究方面，以澳大利亚国立大学的斯蒂芬·沃姆教授为代表。[1]

在出版物方面，除了澳洲学者出版的大量专著之外，1970年，澳大利亚国立大学远东历史系创办了《远东历史论丛》，1991年更名为《东亚史》。澳大利亚对1949年中华人民共和国成立前历史的研究成果主要反映在《东亚史》中，自2008年起该刊停止印刷纸质版本，改为数字线上版本，澳洲著名中国研究专家白杰明曾17年担任该刊的主编。1979年，澳大利亚第一份研究中国问题的刊物《澳大利亚中国事务杂志》由澳大利亚国立大学当代中国研究中心创办，后更名为《中国研究》。《中国研究》被认为是"关于当代中国的最好的专业学术杂志"、"当代中国研究领域中最活跃的期刊"，该刊每年出版两期。另外，当代中国研究中心自1970年开始出版"当代中国丛书"，该系列丛书从各个角度反映了中心对当代中国

---

[1] 《澳大利亚当代中国研究》，中华人民共和国国史网。

研究的成果。

悉尼大学中国研究中心的出版物类型多样，甚至还拥有新浪微博的官方账号。首先，自2012年起，中国研究中心将其研究成果汇总出版，形成"中国纵览"丛书。中心主办的在线杂志《中国快报》每年出版3期（2013年暂停1年），主要文章来自于中心研究人员的研究成果。中心主办的在线博客"今日中国、明日中国"汇集世界学者对中国的观点和认知，帮助人们更好地了解中国的内政外交。研究中心每年还编撰该中心的《年度报告》，全面展示中心全年的研究工作、会议活动和观点看法。同时，该中心每年会出版数份《政策系列报告》，该报告重在研究中国在当今世界各种重要领域中的角色和作用。另外，中国研究中心还协同中澳青年联合会出版《中澳青年联合会中澳关系学报》，该刊为悉尼大学中国研究中心同行评议期刊，全刊中英双语出版，每年出刊一期，旨在为学生、青年专业人士和研究学者提供一个可以就中澳关系相关问题发表深度学术论文、原创观点文章和创意作品的平台。

澳大利亚有两个与中国研究有关的全国性协会，即澳大利亚中国研究协会和澳大利亚亚洲研究协会。澳大利亚亚洲研究协会于1975年成立，中国研究一直是该协会的重要组成部分，该协会每年颁发一次李文森奖给该年度最佳的中国研究论文或者出版物，这个奖项分为两个部分，分别是1900年之前的中国研究和1900年之后的中国研究。李文森奖是西方研究体系下中国研究领域内最受瞩目的奖项之一。澳大利亚中国研究协会于1989年正式成立，是澳大利亚全国性的中国研究组织，会员大多是澳洲各大学从事中国研究的学者，该协会每年出版两期报告，介绍中国研究的发展状况以及相关的研究计划和学术活动。这两个协会都是每两年举行一次学术会议，邀集澳大利亚和世界各国中国研究专家展开研讨。澳大利亚中国研究协会第13届双年会于2013年7月9—11日在塔斯马尼亚大学召开，大会的主题为"探寻之旅"，悉尼大学中国研究中心主任凯利·布朗作了以"领导阶层的关系网络：中国新一代领导人的由来"为题的大会主题发言。大会从文化、法治、城镇化、教育、内政、台湾问题、政治宣传、工人、人权、政治变迁等多个方面展开小组讨论，大会共推出69篇研究中国问题的论文。

三、关注热点

从2013年澳大利亚中国研究的书籍、文章、会议和讲座中，可以发现澳大利亚关于中国的研究成果偏重于和澳大利亚政策相关的现实问题。主要有以下几个方面：

1. 中国内政

2013年度中国领导人集体换届，引起澳大利亚学者的高度关注，中国的内政变化、新政策的出台以及中国的发展前景都是澳大利亚中国研究学者关注的重点领域。

在中国领导人集体换届之后，有的澳大利亚学者希望通过对中央政治局常委的人生历程的分析，得出中国未来可能的发展方向。有些学者认为，中国新一届最高领导层的诞生标志着中共再一次按照自己的模式实现权力的平稳过渡，标志着中国获得了未来十年甚至更长时间内较为稳定和连贯的发展机会，虽然这一届中央政治局常委的选择表面上看是保守的选择，但事实上却充满智慧，是未来中国稳定持续发展的重要保证。有些学者认为中国新一届领导集体还需要经受考验，如悉尼大学中国研究中心主任凯利·布朗认为，新一届中央政治局常委不仅承载着巨大的政治意义，也承载着巨大的精神意义，因为他们不仅要引领中国，更是要代表中国的价值和存在，因为中国是一个依靠中央政治局常委的人格和理想以及他们身边的少数人来统治的体制。在凯利·布朗的另一篇名为"向习近平领导下的中国投资：中国新领导层可能改革的七个层面以及世界该如何进行帮助"的文章中，他认为习近平提出的"中国梦"的概念，指出了中国本质和发展方向的愿景，而这些愿景的达成，整个世界尤其是欧洲和美国，都是利益相关者。因为当今中国在贸易往来、全球供应链、环境保护、能源和资源以及地缘政治等领域，已经成为一个不容忽视的世界性力量；不管西方国家是否情愿，在中国的发展正在进入一个关键时期的阶段，它们都必须与中国的领导阶层建立友好的联系，积累资本。他还认为，在中国现有的政治体制下，不可能会从国家层面进行政治体制或政策性的革新和改变,但中国的发展经验已经将渐进式的、增量式的、谨慎的改革方式融入到这种体制的基因当中。① 在一篇谈到中国梦的文章中,凯利·布朗认为,自中国的新一代领导集体就任以来,就在不断弘扬以"中国梦"为主题的指导思想,致力于深入理解并发挥中国人民的远大抱负。中国梦包括实现中国人民生活水平同发达国家持平的夙愿,以及通过教育、创新和相互理解实现快速并可持续增长的目标,而要实现这些目标,同海外各国及协作方建立合作关系至关重要,而对很多西方人来说,"中国梦"和一个扩张主义的噩梦惊人类似。然而对中国国内的人来说,中国梦不过是享受上和伦敦、纽约或者悉尼的人们同样的生活方式,具体就是拥有汽车、一个好的房子、美食和可以到海外旅游,从这个意义上看,中国梦其实和美国梦很类似。凯利·布朗还认为,人们常忽略习近平的"中国梦"也暗指中国要复兴已经被西方工业化和现代化浪潮淹没或者侵蚀的中国文化传统和身份。从这个意义上来说,中国梦意在恢复几百年前曾享有的辉煌,而大多数西方人因为对中国的历史不了解而误解了"中国梦",从另一个角度来说,要让西方的孩子们了解唐宋元明清同样也是很难的。② 悉尼大学中国研究中心学术主任戴维·古德曼教授在论文《中产阶级中国:梦想与抱负》中考察了中国中产阶级的现状和发展,认为尽管中国梦的重要内容之一是"把舒适的中产阶级生活方式进行推广",但问题是当今中国的中产阶级与其说是"社会结构",不如说是"一种话语";与其说是"一种社会建构",不如说是"一种文化建构",所以中国的"中产阶级社会,与其说是一个深思熟虑的想法,不如说是一种抱负"③。悉尼大学中国研究中心访问学者薄智跃认为,以习近平为总书记的中国第五届领导集体实现了真正意义上的独立领导权,十八届三中全会成立全面深化改革领导小组和国家安全委员会意义重大,但到目前为止,尤其是深化改革小组提出的更多

---

① Kerry Brown, "Investing in the Xi Leadership in China: Seven Ways in which the New Leadership of China Might Reform, and How the Rest of the World Can Help", 2013, http://sydney.edu.au/china_studies_centre/en/policy-papers/2013/Seven-ways-Chinese-Leaders-policy-paper-final.shtml.

② Kerry Brown, "In Many Ways, the 'China dream' Is not Different from the American One", *The Guardian*, 31 January 2014.

③ D. Goodman, "Middle Class China: Dreams and Aspirations", *Journal of Chinese Political Science*, 19(1), 2014, pp.49–67.

是口号而非明确的改革措施,而习近平提出的中国梦表达了中国在2020年前达到小康社会和维护主权领土的坚定决心,但这个中国梦却没有向人民提供任何关于解决贫富差距、腐败严重和环境污染这些问题的方案,因此,中国新的领导人会把中国带向何方还是未知数。马奎尔大学的学者、悉尼洛伊国际政策研究所的瓦拉尔在她的文章中认为,当代中国最根本的制度性问题,是中国人对国家的感情远超出对共产党的感情。他们对国家所代表的中国文化、文明和精神象征有着强烈的感情,对和他们的生活息息相关的作为功能性实体的国家也有着较强的感情,可是对于共产党,他们的感情却是相对较少的,这种现象在年轻人当中尤其明显。瓦拉尔指出,中国新一代的领导人显然已经意识到这种情况会对中国这样的政党国家造成威胁,习近平虽然已经作出了密切联系群众的回应,但中国共产党在这方面还有许多需要解决的问题。也有澳大利亚学者认为,虽然中国共产党的共产主义意识形态正在衰退,但共产党在中国的作用和影响力却有增无减,中国共产党正在试着让自己成为一个集文化、社会和意识形态于一身的实体,弱化自己代表某种利益或目标的职能。①

也有许多澳大利亚中国研究学者对中国新一代领导人的上任和新的政策在2013年中以观望姿态为主,并未过多探讨政治体制和国家制度问题,他们承认改革开放以来中国取得了惊人的进步,认为中国在深刻吸取了苏联失败教训的同时,学习了西方国家的发展经验,加上对自身历史和传统的融合,因此取得巨大的成功是必然的。但由于深受英美学者意识形态思维的影响,他们也在怀疑中国在不讨论民主问题的基础上继续发展、实现深度改革的能力。

2. 中国外交

由于地理位置使然,中国与其他国家和地区尤其是亚太地区的关系一直是澳大利亚中国研究学者关注的重点。2013年中国新一代领导人的外交能力和外交政策、中国崛起对亚洲的影响、在美国重回亚洲战略影响下的

---

① Merriden Varrall,"Chinese Diplomacy-The People as the State", http://sydney.edu.au/china_studies_centre/images/content/policy - papers/2013/Varrall - Chinese - Diplomac - Final - Edition. pdf, 2013.4.

澳中关系何去何从、2013年中国与日本及东南亚邻国的紧张关系等问题成为澳大利亚中国研究学者的关注热点。

2013年中国领导集体换届，关于新一代的领导人将会采用何种外交政策，悉尼大学中国研究中心主任凯利·布朗认为，中国新一代领导集体均欠缺处理国际外交事务的经验，这甚至可能影响到他们在中国的执政能力。新一代的中国政治局常委中，除了张德江20世纪70年代在朝鲜留学之外，其他人并无任何在国外学习、工作和生活的经历，也很少有处理外交事务的经验，因此，除了他们在讲话中关于外交的少数礼节性的言语，很难知道他们的外交能力，更无法知晓他们是否会在面临国际危机、国内困境时采取民族主义情绪的外交政策。也许整个世界现在必须要面对的现实是，世界第二大经济体、这个时代最具影响力的国家之一，中国，将被欠缺外交经验的、尚未在国际舞台上证明自己的人所领导。有些澳大利亚学者认为，中国新一代领导人在2013年面对中日危机和东南亚问题时采取的强硬态度，表明了中国新的外交政策的方向，上一届中国领导人未能将中国经济发展的奇迹转化为外交事务上的优势，这种情况显然正在改变。

澳中关系包括澳中美关系一直是澳大利亚学者研究的重点，中国现在已经成为澳大利亚最大的贸易伙伴，对澳大利亚的经济发展产生巨大的影响力，但在双边外交上，却出现了与经济合作严重不对等的情况。澳大利亚驻华首任大使、澳大利亚中国研究代表人物费思棻在澳中建交40周年纪念活动上名为"舒展的想象力——澳大利亚与中国已届40年"的主题演讲中，提到"澳中经济关系和政治关系之间的明显落差，让澳大利亚政府对建立同中国广阔的战略关系的必要性更加无视。今天的澳大利亚人已经基本适应这样一种现实：对华关系的本质是商业，而对华政策也应更加向经济倾斜"。费思棻还谈到，"澳中两国关系发展到今天，也没有达至足够的政治互信，只能说是我们的失误。正是因此，当政府在前不久向中国建议建立总理、外交部长、财政部长层级对话机制的时候，人们感到欢欣鼓舞。这种机制自从1996年提出，却直到现在才得以实现，一件并不复杂的事情被拖延了如此之久，令人匪夷所思，而时日的拖延又必定导致实施难度的增加。而且，澳大利亚选择在中国领导人正在新旧交替的时候实施这一方案，时机也远非最佳。现在中美之间正在太平洋上展开针锋相对的竞赛,这对澳大利亚而言并不是好事。这不是我们的竞赛,美国的国家利益也不是我们的国家利益,加入美国一方对于强化我们同美国的关系并非必要。这不是说我们不应当与美国保持很亲密的关系,也不是说我们应当和中国站在一起,或者抛弃与美国的关系、仅仅保留同中国的关系。我们所需要的是和这两个国家都建立亲密的关系,而这种关系并非客户关系。"费思棻还认为:"和中国政府打交道,有时很困难,中国政府时不时地会给我们出些难题。由于缺乏透明度,党和政府的界限模糊,有时候让我们很难知道真正的决策者是谁。森严的等级观念,往往让外国人在和中国政府打交道时不得不接受不对等的现实;从高层到基层,你几乎不可能和一个中国政治家或高级官员在他平时工作的办公室里会面,更不用说那些令非中国血统外国人一头雾水的所谓'关系'。对中国而言,澳大利亚远远没有美国以及另外几个国家重要。澳大利亚或许不是中共中央政治局每次都要讨论的重要议题,但起码还算得上是让中国对建立双边战略伙伴关系感兴趣的国家,这一点已经得到了证明。"费思棻希望澳大利亚尽快制定中国战略,在政治、社会、经济、教育、科学、环境、公民、军事,以及其他维度上对中国进行深入的评估,真正加强同中国的双边联系。[①] 澳大利亚格里菲斯大学国际商业与亚洲事务学院马克林教授认为,中澳强劲的经济关系是两国关系良好发展的基石,并认为不论澳大利亚哪个政党上台,中澳关系大局将保持不变。两国的贸易和投资关系非常好,中国是澳大利亚最大的贸易伙伴,中国对铁矿石等资源的需求构成了澳大利亚经济发展的深层动力。在2013年的国防白皮书中,澳大利亚总理吉拉德表示,"中国不再是一个威胁,澳大利亚欢迎中国的崛起",这与2009年有了巨大变化。澳大利亚认识到,对澳而言,历史上第一次出现了澳最重要的经贸伙伴与安全、战略伙伴不重合的现象,中国的崛起正在改变所处地区的战略秩序。澳大利亚应为未来该地区的权力转移先做准备,但同时避免在美国盟友和中国伙伴之间选边。

在中日关系方面,澳大利亚中国研究学者则普遍持应和平解决争执的态度。悉尼大学中国研究中心学者吴瑞利在他的文章《中日关系的循环》

---

① Stephen Fitz Gerald, "A Chinese Stretch of the Imagination", http://www.thechinastory.org/2012/12/a-chinese-stretch-of-the-imagination,2012.12.28.

中阐述，中国在东亚的权力之争，加上国内反日民族主义情绪的助长，往往使得中国政府会采取对日的强硬姿态，之后便会发展成为两国的临战状态，但因为美日军事同盟的威慑，加上自身经济发展的迫切需要以及对国内产生社会动荡的担忧，每次都把中国从可能发生的代价昂贵的战争边缘拉回，之后中国便会想办法平息外交紧张局势，并为中日找到新的合作增长点，但当两国关系再次趋于稳定时，新的冲突又会再次浮现，两国关系就在这样的模式下不停循环往复。吴瑞利认为，中日双方领导人应在继续鼓励加强双边贸易联系的同时，寻求争议地区的经济一体化；另外，中日应加强建设对争议地区危机的处理机制，也应尽快建立中日军事热线，同时对争议地区的渔船的行为作出统一规范，而美国应当鼓励中日双方进行此类讨论和合作。①

3. 中国经济和发展

由于中国已经成为澳大利亚最大的经贸伙伴，在中国经济不断腾飞的过程中，澳大利亚的经济越来越依赖中国，因此，澳大利亚学界对中国经济和发展的关注度一直颇高。2013年中国领导人集体换届、事关经济发展大局的十八届三中全会召开、中国的经济和发展何去何从……澳大利亚中国研究学者们运用现代经济增长理论的最新成果，考察了中国人口结构的变化、中国储蓄情况、工业和农业的发展情况、中国的绿色增长前景、中国的能源需求增长和能源政策三难环境、中国信息通信技术产品的出口决定因素等，从各个角度展开了深入的研究。许多澳洲学者都认为，中国经济正朝着"新常态"转型，增长速度放缓但更具可持续性，要素市场尤其是劳动力市场的变化是推动增长模式转变的主要驱动力。目前中国有2.6亿农民工，可绝大多数只有初中学历，他们能否在未来高附加值产业岗位中谋得一席之地，将是中国能否跨越"中等收入陷阱"的关键检验。因此，通过教育和培训提高劳动力质量应是未来10年、20年政策上优先考虑的任务。澳大利亚国立大学克劳福德公共政策学院资深研究员宋立刚认为，相对于中国的人均收入水平而言，中国的工业化程度过高，城市化程

---

① J. Reilly,"China and Japan in Myanmar: Aid, Natural Resources and Influence", *Asian Studies Review*,37(2),2013,pp. 141 – 157.

度过低。他强调,中国向现代经济转型过程中应当减少过度工业化,优化城市结构,并通过拉动内需来减少对外需的依赖。澳大利亚国立大学资深教授郜若素认为,相较于其他同样经历急速转型的发展中国家,中国的成功之处在于看到了本土制度、文化习俗和价值体系的重要性,因而没有生搬硬套其他国家的发展道路,而是依靠中国经济学界的理解和经验探索出自己的发展方案,也因此避免了其他转型国家遭遇的经济、社会断裂问题,而最大的功臣就是本土经济学学科的建立和人才的培养,中国才得以对改革政策展开经济学分析和应用,在遇到问题时可以即时叫停,用渐进平稳而非"大跃进"的方式获得发展。郜若素教授认为,中国虽然通过凯恩斯主义扩张经济增长效果显著,但是也不可避免地导致了经济发展的不平衡和政治上的紧张,造成新世纪以来收入和财富分配不平等的扩大、消费增长被忽视以及日益严峻的国内环境问题等。在中国的增长对世界贸易和全球环境的影响问题上,郜若素教授认为改革开放以来,中国的对外贸易增长一直快于产出增长,这推动了全球经济的发展。中国这一大型贸易伙伴的出现有助于各国在自己具有比较优势的产业上进一步专业化,贸易所得增加;但收益在各国的分配并不平衡,和中国具有相似资源禀赋的国家获益少,贸易条件恶化。反之,与中国的比较优势显著不同的国家则获益颇丰。在出口方面也是如此,同样出口劳动密集型产品的发展中国家饱受同中国竞争之苦。在新的增长模式下,中国的对外贸易仍然快速增长,但是进出口产品的专业化方向发生转变。支出的投资份额降低而消费比重上升将会减少中国对能源和重金属产品的需求,世界能源出口国的贸易条件将不断变差。同时,中国对高价值消费品和服务的进口需求将大幅增加,将改善相应产品提供国的贸易条件。中国出口方向的转变将导致简单劳动力密集型制造业产品相对价格走高,促进低收入亚洲发展中国家的贸易发展。[①] 悉尼大学中国研究中心主任凯利·布朗认为,中国当前面临的挑战在于如何通过可持续发展的方式,到 2020 年使国内生产总值(GDP)翻一番,同时在经济层面上处理好一些问题。目前看来,行之有效的途径是通过提高效率和提升劳动与资本生产率,以及税务改革等方式实现 GDP

---

① Ross Garnaut, Cai Fang, and Ligang Song, *China: A New Model For Growth And Development*, Australian National University Epress, copublished with the Social Sciences Academic Press, 2013.

的高质量增长。同时,政府还应更好地平衡国有和非国有企业之间的关系,拥有大量资本的国有企业需通过深化改革提升效率。对于各国经济学家热议的中国地方债务问题,墨尔本大学当代中国研究中心主任黄佩华教授认为,当前中央与地方的分税制决定了地方政府自行征税的空间有限,地方政府往往面临着基础设施等投资的巨大压力而没有足够的收入,因而过多、过滥使用出让土地和地方融资平台获取收入,随着中央对楼市进行调控,地方政府筹资渠道受限,负债累累的地方债务无法偿还,变成坏账。黄佩华教授提出,解决这一问题要对分税制度作出一些根本性的调整。①

四、特点与趋势

1. 从研究内容上看,澳大利亚的中国研究更为关注现实问题,或者说更具功利性。从澳大利亚中国学的发展进程上来看,澳洲中国学的发展是和澳大利亚政府对中国的外交态度息息相关的。相比于欧美国家,发展较晚的澳大利亚中国学之所以能得到快速发展,得益于澳大利亚政府对中国较为亲和的政策,尤其是1972年澳劳工党执政之后,抛弃自由党曾经的孤立的世界观,立足本国实际,向亚洲靠拢,不断从国家层面推动中国研究的发展。澳大利亚中国研究主要是为其政府决策服务,特别是和本国的政治经济发展相关的领域是澳大利亚中国研究的重点,尤其是近年来,中国成为世界第二大经济体,并成为澳大利亚最大的经贸对象。澳大利亚近年经济繁荣,主要得益于铁矿石、煤炭等对中国的旺盛出口,2013年,澳大利亚对华出口占其出口总额的31%。澳大利亚实际上是经济最依赖中国的国家之一,澳大利亚关注中国与澳洲的经济效益相关的议题,以及澳大利亚能够与中国合作互利的程度,这是澳大利亚中国学更加关注中国现实问题的重要原因。因此,尽管现在澳大利亚几乎所有大学都开设了和中国相关的课程,但无论政界还是学界,都更关注改革开放之后的中国,尤其是2008年世界金融危机之后,这种偏向于纯粹应用型的现实研究风气更加明显。

---

① 李卫国、方腾:《中国学者眼中的澳大利亚经济和澳大利亚学者眼中的中国债务问题》,www.radioaustralia.net.au/chinese/2013-07-15。

2. 从研究人员上看，澳大利亚是一个移民国家，反映在研究中国问题的学者上，澳大利亚中国学的兴起便是从引入英美学者开始。自澳大利亚废除白澳政策和推行多元文化政策以来，越来越多的世界各国的移民进入澳大利亚，尤其是来自中国的移民，这当中包括了相当多的中国研究学者，外来学者成为澳大利亚中国研究的一大特点。澳洲社会对移民相对友善，在学术上给予学者的自由空间很大，从事学术研究时所受限制较小；另外，相比较欧美国家数量相对饱和的中国问题研究岗位，澳大利亚政府一直力促推动中国研究的发展并继续吸纳中国研究学者，这些都成为澳大利亚吸引世界各国中国研究学者的优势。改革开放之后，一批中国大陆学者赴澳大利亚定居工作，这些学者大大充实了澳大利亚的中国学研究。澳大利亚中国研究中，对于语言与文化的要求是很大的特色，几乎每个在澳大利亚的中国研究学者都有在中国居住的经验，且大多能使用中文；很多澳大利亚的中国学者在中国的大学受过教育，并维系着与中国互动的人际网络；许多学者甚至担任中国的大学教授，这也反映出澳大利亚中国研究的趋势，是与中国更多的实际接触，从而使得澳大利亚中国研究学者更容易站在同情与理解的角度看待中国。另外值得一提的是，相比较欧美国家，因为澳大利亚对中国的态度较为友善，因此移居澳大利亚的中国学者也无须因其华裔的身份而感到价值冲突，这和在欧美的华裔学者的境遇有较大不同，后者常常会受到来自于价值体系上的双重标准的制约。

3. 从研究机构上来看，澳大利亚的中国研究主要集中在大学，这是和欧美国家极为不同的一点。虽然澳大利亚自20世纪70年代以来就从国家层面上大力推动中国学的发展，并于1992年制定了"中国问题研究国家战略"，但澳大利亚却缺乏国家级或公立的中国研究机构，也少有欧美国家的各类中国研究智库机构。澳大利亚的中国研究重镇都是依托于大学而存在的。这种情况的出现，一方面是由于澳大利亚在地缘和经济上的发展需要。澳大利亚政府一直希望将中国研究普及化，致力于让澳洲学生有机会学习汉语世界的各个方面，包括其语言、历史、政治、经济、文化、地理和艺术等，因此将中国研究中心放在大学之中有利于跨学科教育和研究的开展。另一方面是由于澳洲的中国研究学者对政府的政策导向性和推动性还远不如欧美国家特别是欧洲国家，中国研究学者和澳大利亚政策制定者之间的认识还存在较大差异，这种现实情况使得中国研究智库的存在有些尴尬，这也是澳大利亚多年来以国家层面大力发展中国研究过程中需要解决的问题。另外，由于澳大利亚研究中国的学者中土生土长的澳洲人很少，大部分来自于世界各地或者是二代移民，很难将他们整合起来以统一的澳洲身份和立场进行中国问题研究，加上澳大利亚多元文化带来的宽松的研究氛围，中国研究学者呈现出个体分散的状态，研究领域完全根据个人意愿，这种情况也使得这些学者更愿意待在大学环境当中。

综上所述，2013年澳大利亚的中国研究由于中国的持续崛起而继续升温，在对中国的内政、外交和经济发展方面都进行了现实层面的深入分析，墨尔本大学成立中国研究中心也进一步充实了澳大利亚中国研究的力量，各个大学大量吸收中国学者也进一步扩大了中国研究的深度和广度。

（刘强　中央编译局海外理论信息研究中心副研究馆员）

新加坡

中国经济实力的逐步崛起和国际地位的持续提升,吸引了全世界全方位的关注。在东南亚,新加坡是开展中国研究最为火热的国家。新加坡学者关注和研究中国既有历史渊源,也是现实使然。改革开放以来,中国在许多方面以新加坡为师,中新两国维持良好的关系,新加坡自由的氛围和包容的文化,都为新加坡学者研究中国提供了各种可能和便利。他们关于中国研究领域的广度、研究的深度在东南亚首屈一指,在亚洲乃至世界学术界都占有一席之地。

近年来,特别是2008年全球金融危机和2012年中共十八大上党的最高领导人实现新老交替之后,中国政治、经济、社会等方面的新变化和未来发展趋势引起了新加坡学者浓厚的关注兴趣。本文重点关注新加坡学者关于中国政治、经济、社会等较为宏观方面的研究,不包括关于中国的历史、文化以及微观的或某一学科方面的内容。下面是2013年度新加坡中国研究的主要机构、学术成果和载体、研究热点等方面的基本情况。

一、基本概况

1. 主要研究机构

新加坡研究中国的机构集中在新加坡国立大学和南洋理工大学,也有一些学者分布在新加坡管理大学和新加坡公共服务学院。此外,诸如新加坡最古老的智库——新加坡国际事务研究所等独立机构、新加坡国际郑和学会等民间组织也有少数学者关注和研究中国。

新加坡研究中国的主要机构:

机构名称	隶属关系	成立时间
东亚研究所	新加坡国立大学	1997 年
亚洲研究所	新加坡国立大学	2001 年
李光耀公共政策学院	新加坡国立大学	2004 年
拉惹勒南国际关系学院	南洋理工大学	2006 年
连氏中国企业研究中心	南洋理工大学	2006 年
新加坡国际事务研究所	独立智库	1961 年

(注:李光耀公共政策学院和拉惹勒南国际关系学院不是专门研究中国的机构,但两所学院内设有研究中国问题的重要研究组织。)

这些研究机构因历史积淀和研究取向不同,各有侧重和优势,其中的研究重镇是东亚研究所。东亚研究所虽冠以东亚之名,实则关注和研究的重点倾向于中国(包括香港和台湾地区),是新加坡研究中国人员实力最强、研究成果最多的机构。亚洲研究所、李光耀公共政策学院、拉惹勒南国际关系学院也是研究中国问题人员和成果比较集中的机构。

2. 学术出版情况

(1) 学术论文。依据 EBSCO 数据库、新加坡国家图书馆数据库等数据资源平台,以及各个研究机构网站发布的学术成果信息,检索统计显示

2013年新加坡学者研究中国的学术成果中，学术文献有400余篇，文献来源包括 China Journal, Journal of Contemporary China, China Quarterly, Journal of Chinese Political Science, Journal of Asian Studies, Pacific Affairs 等。新加坡国家图书馆中的文献分为 EAI Background Brief, China: the Emerging Superpower, China Policy Series, China International Relations Series 等多种系列。这些文献的主题涉及中国政治、经济、社会、政策、治理、国际关系等。

（2）著作。过去的一年，新加坡学者出版了一些中国研究的专著。根据研究机构公布的信息以及数据库检索结果统计，2013年新加坡学者新出版有关中国问题的著作12部。一些学者十分关注"中国梦"，并从各个方面进行了描绘和预测。在经济领域，有一些学者关注中国的复兴、中国改革前景、香港发展前景等，如《复兴：中国与新世界史》、《中国的未来：过渡还是转变？》、《中国治下的香港：经济一体化与政治僵局》；在政治领域，有学者关注中央地方关系和边疆治理，如《中国的"行为联邦制"：中央—地方关系的变革与动力》、《21世纪的中国边疆治理与发展》等；中日关系、中国对外关系以及人口和家庭问题等也是新加坡学者关注较多的问题。

3. 学术期刊

这些研究机构出版的学术期刊和文献资料比较丰富，有些期刊影响力比较大。

东亚研究所主办的期刊主要有《国际中国研究》（China: An International Journal）和《东亚政策》（East Asian Policy）。《国际中国研究》，创刊于2003年，现任主编郑永年教授，每年3月、8月出版，2012年开始改为每年4月、8月、12月出版，年度内容为一卷，至2013年已出版11卷。内容涵盖研究前沿、政策评论文章、政治、经济、社会、地理、法律、文化、国际关系等领域的研究札记，中国与东盟十国外交关系的大事记等，以多元的、国际的视角，为读者理解当今中国提供参考。2013年该刊3期共刊载论文34篇，除常规栏目和内容外，该刊2013年8月出版的第2期重点关注了中国少数民族地区宗教问题。《东亚政策》每年1月、4月、7月、10月出版，主要评估东亚当前的政治、经济、社会、法律、文化及外交政策动向，并以中国为重点关注对象。刊物第一部分为"特别专题"，第二部分为学术论文，2013年出版4期共刊载文章42篇，2013年"特别专题"重点关注中国新一届领导集体、中国外交政策以及过去一年中日民族主义冲突。

亚洲研究所主办的学术期刊主要有《亚洲人口研究》（Asian Population Studies），2005年创刊，每年出版3期，是唯一一家研究亚洲人口问题的世界性期刊。研究的主题涵盖亚洲人口趋势、发展与人口变化的关系、婚姻与家庭、老龄化问题、人口政策与环境、城市化等16个方面。

李光耀公共政策学院主办的学术期刊主要有《政策与社会》（Policy and Society Journal）、《亚洲公共事务》（Asian Journal of Public Affairs）、《全球化的亚洲》（Global-Is-Asian）。《政策与社会》每年设立4个主要议题，每一个议题通常致力于研究一个政策主题，并以一个特定的或跨学科的社会科学的视角开展研究讨论。每期通常以介绍性评论文章开篇，后续由5—8篇文章构成。该刊是SSCI来源期刊，SJR期刊公共管理类排名第九。《亚洲公共事务》是一份包括中东、中亚、南亚和亚太地区在内的广大亚洲范围的同行评议性学术期刊，最初由该院研究生发起，每年分别在夏季和秋季出版两次，旨在通过跨学科的视角分析和影响政策制定，研究内容包括但不局限于公共政策、公共管理、国际关系、国际政治经济和经济状况等。《全球化的亚洲》是李光耀公共政策学院的旗帜性期刊，重点是该院进行的公共政策研究，特别是当代政策争议，每季度出版一期，2009年创刊至今，已出版19期。

过去一年，新加坡学者关注中国的议题仍然相当广泛，研究成果也相当可观。从学者的研究成果和学术期刊中可看出，他们既关注一些传统的研究领域，诸如经济发展、地方治理、民族宗教、外交政策、军力增长等，也更加关注中国政情、民情的新变化，特别是2012年中国共产党十八大以来一系列的新变化。从2012年中共十八大到2013年11月中共十八届三中全会，中国新一届国家领导集体内政外交领域的新行动、经济政治体制改革的新动向是学者们关注和研究兴趣的重点所在。

4. 研究人员概况

在新加坡各研究机构中，长期关注中国并较为活跃的研究人员大约 50 余人（根据机构网站公布的人员名单统计得来，不包括分布在新加坡几所大学中以及其他机构中、偶尔撰写文章涉及中国问题和主题较为微观的学者和教职人员）。这些学者的分布也有一些特点：一是东亚研究所为学者最集中的机构，首先是因为东亚研究所的"主业"是研究中国，其次是由于东亚研究所历史积淀的聚集效应；二是这些学者中有十余位来自中国，占核心研究人员的近 30%。这些来自中国的学者都在中国顶尖大学如北京大学、复旦大学、中国人民大学、浙江大学等完成高等教育，继而在美国、英国、新加坡、中国香港等国家和地区的大学获得更高学位。这样的经历可能会给他们的研究带来优势。

5. 学术活动

根据研究机构网站的公开信息，2013 年新加坡的学者举办了多种形式的研讨会和学术会议。其中，东亚研究所举办了 3 次学术活动，亚洲研究所举办的 70 多场学术活动中有 10 次活动的主题与中国有关。

东亚研究所主办的有："2013 东亚展望——东亚研究所论坛"，"中国调低经济增速：中国和区域的挑战"研讨会，"中国的城市化：挑战与前景"国际学术会议。亚洲研究所主办有："中国梦：未来的二十个愿景"研讨会，亚洲圆桌会议——"中国宗教与发展：创新和意义"，"中国特色精神鸦片：当代中国社会主义与未来的宗教"研讨会等学术活动。

二、关注焦点

1. 主要研究机构的研究重点

东亚研究所分设 4 个研究讨论组，区分不同研究领域。政治讨论组（Political Discussion Group）探讨研究的焦点是中国共产党、中国精英政治、中央—地方关系、中国人民解放军、地区发展、气候变化与环境保护、能源问题、媒体问题、两岸关系、中国香港和澳门地区的政治发展以及中国和平崛起等。经济讨论组（Economic Discussion Group）的主要任务是开展关于当代中国和东亚地区学术和政策导向的研究，特别是中国大陆改革开放以来的经济发展，同时也关注香港、澳门、台湾地区以及与中国经济相关的日本、韩国的经济发展。社会讨论组（Social Discussion Group）关注的焦点是社会政策、社会发展与变革、社会问题等。东亚讨论组（East Asia Discussion Group）探讨研究主题是日本、韩国、台湾地区的政治、经济、社会发展以及它们与中国大陆、东南亚国家的关系，关注焦点是中日关系、两岸关系、东亚民族主义与社会运动、东亚国内政策、东亚和东南亚地区主义与融合、东亚能源与环境问题和合作，以及其他与东亚发展相关的问题。

亚洲研究所的研究从地域看重心在东南亚，同时根据不同的研究领域又划分为 7 个研究集群（research clusters）。人口流动、人口老龄化、跨国婚姻、城市化历程及差异、代际关系、剩男（女）生活方式、宗教与发展、科学技术与社会等是该所学者关注的焦点。

李光耀公共政策学院学者群体广泛关注冷战结束以来，全球一体化进程中亚洲各国正在发生的转变，其内设的 4 个研究机构有 2 个对中国研究略有侧重。亚洲竞争力研究所关注的焦点是中国、印度、印度尼西亚、缅甸和东盟的竞争力比较。亚洲与全球化研究所重点关注中国与亚洲各国的关系，特别是中印关系。

拉惹勒南国际关系学院下设 4 个研究院（所），研究领域分别为亚太安全、冲突与非传统安全、国际政治经济、国家和地区研究。研究项目设定对象侧重于那些国内发展和外交政策可以影响地区安全和稳定的国家。其中，中国研究项目（China Programme）主要任务有三项：分析中国的战略思想和行为，深入了解中国的外交和安全政策，培养研究中国国际关系的专业人才。近年来，这些研究项目重点关注中国在国际机构中的参与、中国在国际治理中的角色、中国的软实力战略、中国崛起对邻国的影响、中国与东亚的战略格局、中国—东盟次区域合作、军民关系、军事现代化与国防工业、外交政策制定的国内环境以及中国和东亚的海上安全。

2. 2013 年研究热点

(1) 中国领导层权力交接及改革部署。对中国最高领导层以及领导人个人的持续关注是新加坡学者的重要学术兴趣点之一。2012 年 10 月,中国共产党召开了第十八次全国代表大会,作为执政党的中国共产党选出了新的最高领导人,并组建了新一届领导集体。外媒和学者们广泛给予新任领导集体以积极和正面评价,总体上他们对新领导集体持积极态度并抱有很大期待。东亚研究所郑永年教授和黎良福研究员评价说"习近平是邓小平之后中国最强势的领导人"。2013 年 3 月"两会"之后,国家权力机关的执行机关人事布局和机构改革逐步落实,特别是十八届三中全会一系列改革方略引起了学者们极大关注。十八届三中全会决定加大市场化的经济改革,让市场在资源配置中起决定性作用。郑永年认为,"市场化的改革除了要用法律形式,来规定政府和市场的边界之外,还需要其他经济制度的支持,包括财政税收、金融制度、现代企业制度等方面,都需要找到体制改革的突破口,提升制度水平"[1]。黄朝翰教授评价"习的改革议程是 30 年前邓小平开始的经济改革以来最大胆的","在改革的进程中,中国的政治、经济、社会结构都将发生变化"[2]。

在关注十八届三中全会政治、经济、社会领域改革措施的同时,也有学者对中国最高领导人同时兼任新成立的两个机构——国家安全委员会和中央全面深化改革领导小组——的主要职务表达忧虑。东亚研究所陈刚认为,单个领导人无所不能的权力会挑战中国共产党集体领导机制[3]。

(2) 中国外交政策以及中日关系。2013 年中国新领导人的外交活动引起了学者们极大的兴趣。郑永年教授认为"习近平开始在中国外交政策上打上自己的符号",并评价"习是自邓小平之后最强势的领导人"[4]。

---

[1] 郑永年:《中国市场化的经济改革需要制度突破》,载《联合早报》,2013 年 11 月 26 日。
[2] 黄朝翰:《2013 中国经济与 2014 展望:稳定增长继续改革》,载《东亚研究所背景摘要》,第 822 期。
[3] 陈刚:《中国的三中全会:习巩固权力与经济社会改革计划》,载《东亚研究所背景摘要》,第 871 期。
[4] 郑永年、黎良福:《2013 中国外交政策:追求更积极的外交政策维护国家利益》,载《东亚研究所背景摘要》,第 877 期。

中日关系是过去一年新加坡学者关注的热点话题之一。日本宣布"国有化"钓鱼岛以来中日关系日趋紧张，中国宣布东海防空识别区后中日关系跌入低点。有学者注意到中国民众陡然增长并以各种不理性的形式表现出来的反日情绪。《东亚政策》2013年第4期"特别专题"重点探讨了中日民族主义。东亚研究所副所长黎良福认为，"关于钓鱼岛的领土争端只是中国反日情绪的主要因素之一，长期的历史积怨和领土争端在中国民间表现为激烈的反日情绪"[1]。杨丽君博士对中日民族主义产生的原因和差异进行了分析。在共同点上，她认为"中日民族主义都旨在重建各自的国家认同——中国共产党强调战争经历而确立政治合法性，日本政客则对这段历史进行'美化'和'说教'"，但无论如何，"中日民族主义冲突对中日关系各方面都有重大影响，并且对整个亚太地区的安全和繁荣都有不利影响"[2]。单伟在研究中发现"中国人对日本的印象是负面的，然而年轻的、受过较好教育的以及较为富裕的人则积极对待日本，这个群体中超过80%的人认为和平谈判是解决冲突的最优路径"[3]。

（3）中国企业。近年来，特别是2008年经济危机以来，中国企业海外运作不断，更多的中国企业到全球各地寻求发展空间。这些企业日益受到一些研究者和商人的关注。新加坡还成立了以中国企业为研究对象的专门机构——连氏中国企业研究中心。该中心以研究作为发展基石，借助与中国企业界和政府部门的广泛联系，利用南洋理工大学的优势以及从事中国相关研究和教育的专长，为新加坡公司提供支援和咨询，以更好地与中国企业进行贸易往来。

（4）高等教育、就业等社会问题。学者们对中国高等教育的关注实质上是对中国经济社会发展的关注。中国高等教育取得巨大发展是经济实力增长的当然结果，诚然，中国高等教育在取得成就的同时也存在很多问题。诸如教育不均衡问题、大学生就业问题等都是困扰政府的重大议题。

---

[1] 黎良福、吴丹：《中国日益增长的反日民族主义情绪》，载《东亚政策》2013年第5卷第4期。

[2] 杨丽君：《21世纪中日民族主义冲突》，载《东亚政策》2013年第5卷第4期。

[3] 单伟：《中国的民族主义：民族自豪与对外态度》，载《东亚政策》2013年第5卷第4期。

亚洲研究所杨伟君教授依据中国社会综合调查（The Chinese General Social Survey）数据分析1999年高校扩招以来家庭背景和性别对个人享受高等教育影响程度的变化。她发现，虽然"扩招政策让更多人有机会进入大学，性别差异已经消失甚至出现逆转，但是拥有经济社会优势的青年拥有享受更多更高质量高等教育的机会"[1]。东亚研究所黄彦杰关注了当前中国大学生不充分就业问题，他认为这是"高等教育缺失和经济结构问题的双重结果，解决问题既需要改革高等教育也需要调整经济结构"[2]。

从宏观趋势看，作为世界第二大经济体并且影响力不断提升的大国，中国改革发展的各个方面都将继续吸引新加坡学者的关注。同时，处于发展转型时期的新加坡也在不断深化与中国深层次多领域的合作，搭乘中国发展的这列快车。可以预见的是，基于当前的国际现实和中新两国合作基础，新加坡学者关于中国的研究必将向更广泛的领域和更深入的方向进行。从研究重点看，中国经济、政治、社会、外交等方面是未来研究热点领域。"中国梦"、中国经济改革措施及前景、政治体制改革、中国社会变革、对外政策、中美"新型大国关系"、中日关系、中国军事变革等将是新加坡学者追踪的热点问题。

（柳宁　中央编译局海外理论信息研究中心助理研究员）

---

[1] 杨伟君：《中国高等教育扩张与社会分层》，学术论文系列第199号。
[2] 黄彦杰：《中国大学生不充分就业》，载《东亚政策》2013年第5卷第2期。

新西兰

新西兰的中国问题研究起步较晚，研究领域相对狭窄，多集中在文学、语言、艺术、宗教及传统文化等领域，但是，随着中国政治经济国际影响力的扩大，新西兰对中国现当代问题的研究不断深入。2008年4月《中华人民共和国政府与新西兰政府自由贸易协定》的正式签署，将中国—新西兰关系推向了一个新的高度。2009年新西兰当代中国研究中心的成立和2012年《向中国敞开大门——新西兰2015年目标》的出台，将中国现实问题的研究上升到国家战略的高度，客观上极大推动了新西兰中国现当代问题的研究。

一、研究概况

新西兰中国问题研究力量相对薄弱，领域较为分散，研究资金多来自企业以及民间组织，政府部门仅仅是资助个别项目。目前，新西兰的研究机构有十个，均设置在大学内，研究领域多为语言、文学、历史、地理、宗教和哲学等方面。研究中国当代政治经济和社会问题的机构主要有两个，一个是1974年成立的新西兰亚洲研究学会，另一个是2009年成立的新西兰当代中国研究中心。目前，研究中国问题的人员大约有30—60人的规模，大部分是兼职人员，主要来源于大学教授以及留学生。在中国问题研究领域，华裔学者起到了积极而重要的作用，并占有较大比重，在这些中国问题研究人员中，除去研究语言、文学、宗教等领域的专家，研究中国现当代问题的知名专家几乎全是华裔的研究人员，比如新西兰当代研究中心的黄晓明、奥克兰大学的陈智宏、维多利亚大学的高宏志、奥克兰大学的杨健等。从2009年开始，新西兰关注或研究中国问题的文章（书籍）数量出现了较大幅度的增长，仅2009年就有多达300多部（篇）与中国相关的书籍或文章。据不完全统计，2009—2013年，新西兰关于中国问题的书籍文章已经有超过1500多部（篇）。

二、热点问题梳理

1. 国际关系和对外战略

2008年《中国—新西兰自由贸易协定》的签订，使新西兰的官方、企业和学术界加大了对中国国际关系和战略问题的关注。新西兰学界认为，中国在全球框架中起着非常关键的作用，对世界尤其对世界经济的发展举足轻重。随着中国经济总量的快速增长，他们认为中国的目标是成为世界强国，但是对于崛起的方式还不能确定，言之尚早。新西兰中国问题专家黄晓明在《中国与国际体系：成为世界强国》、《中国的大转型》中认为，中国具备实力挑战国际体系并成为世界级的强国，并会对国际体系产生深远的影响，所以中国海外战略会对世界产生巨大影响。当代中国研究中心的迈克尔和伯尔斯在《中国崛起太平洋之我见》中提出，中国的国际影响不会仅仅局限于地区，会对整个太平洋的政治经济体系形成强有力的影响。除此之外，个别学者还对国际关系中的外交和民族问题提出了建议，米拉丝在《中国民族和外交政策的变化：和平崛起的建议》中对中国的民族外交政策的变化提出了建议，认为中国能够以和平崛起的方式处理好民族和外交政策。

2. 体制建设和社会民生

在关注国际关系和海外战略问题的同时，新西兰学界对中国国内问题的关注度持续增长，一些专家学者将视野转向了中国国内，对中国的体制建设、社会民生以及一些社会现实问题提出了自己的观点和看法。比如黄晓明一直关注中国机构效能建设和体制转型问题，在《关于高效机构和中国大转型的框架研究》中对中国体制战略转型和效能建设进行了深入的研究探讨，并提出推动战略转型的意见建议。布雷迪和安妮则从市场营销的独特视角分析了当代中国企业的宣传思想工作。王菲玲和杰森·杨从中国户籍制度出发，分析了影响中国体制发展的障碍——户籍制度的变迁和改革趋势，并提出中国户籍制度改革的方向。而西蒙斯和克雷格则在《发展的中国》中分析了影响中国发展的因素，认为中国会克服体制机制、资源、地缘等不利的影响，并可能会持续发展。

3. 中国新西兰经贸关系

中国新西兰经贸关系是新西兰政府和企业界最为关注的方面，中国经济政策和发展状况对新西兰的企业尤其是农贸企业影响比较大，较多的学者将视线转移到了中国新西兰经贸关系方面，如2013年发生的新西兰奶制品问题事件，让新西兰的农贸企业印象深刻，对新西兰的出口影响巨大。在政府层面上，新西兰财政部每年都会联合一些研究机构出版《中国市场报告》，对中国市场的政策、发展状况和趋向进行分析，为本土企业的战略和发展提供咨询，客观上也推动了中国新西兰经贸关系的学术研究。就个体而言，康威和帕特里克在《中国的经济增长和对新西兰出口的影响前景》中提出了中国对新西兰出口的巨大影响，指出中国作为新西兰重要的出口市场，对新西兰的经济结构调整和发展意义深远。杰森·杨在《中国—新西兰经济一体化过程的投资》中充分肯定了中国新西兰经济一体化中中国投资的巨大推动作用，认为投资会推动新西兰经济的持续发展。但也有专家对中国投资的作用提出了质疑，认为中国对新西兰的投资领域比较单一，对新西兰的经济结构发展意义不会太大，汤姆森和保罗在《一个不确定的机会：中国对新西兰的投资》中就表达了这样的担忧。

4. 其他

新西兰学术界对中国的关注逐步深入各个领域，涉及较多热点，比如朝鲜半岛局势、中国女性、中印关系等等。辛克莱和保罗在《朝鲜半岛局势对新西兰影响》中，从朝鲜半岛紧张局势中，分析了半岛紧张局势对新西兰的影响，专门提到了中国的重要作用。哈伯从中国女性的视角出发，对中国女性的地位等问题进行了探讨。还有专家从中印对比的角度，分析了中国经济和政治的领导作用。

三、特点与趋势

1. 研究力量薄弱，领域相对集中

新西兰对中国问题的研究起步较晚，研究力量比较薄弱，研究多是在语言、文学、历史、文化、哲学、宗教等领域，比如邓肯·坎贝尔、纪保宁、叶曼英、齐娜、倪来恩、白莉民等主要研究中国语言、文学、历史、宗教和传统文化等。从20世纪90年代中期开始，新西兰的中国研究专家开始了政治学、国际关系、经济金融、中国现当代问题等领域的研究，包括部分实证研究。关注的主要是中国政治生态、中国的对外战略、新西兰和中国的关系、中国与经济全球化等方面，主要是针对这些领域的问题进行研究，并提出各自的见解。

从新西兰国家图书馆的参考数据来看，2009—2013年，新西兰关于中国的各类书籍、报刊、新闻等多达3276本（条），除去关注中国文化、语言、传统、宗教、地理等方面，真正关注或研究中国现当代问题的数量不足300，占比不到1/10；但这种趋势正在发生改变，新西兰2012—2013年出版的各类关于中国问题的刊物或文章的数量已经超过了2008年以前五年的数量之和。研究关注的角度开始转移，尤其是2008年，随着《中国—新西兰自由贸易协定》的签署，越来越多的新西兰专家学者开始关注中国的政治经济、对外战略、中国与新西兰的经济关系等方面，研究的领域也深入到了中国的国内政治方面。目前，研究的焦点比较突出，主要集中在中国经济发展、对外战略和国内政治方面，形成了一批研究成果，比如《中国的海外角色和全球战略政策》、《中国的经济增长和对新西兰出口的影响前景》、《中国发展的体制障碍：户籍制度及其变革》、《中国崛起和新西兰的利益——展望2030年》、《关于高效机构和中国大转型的框架研究》

等。根据新西兰亚洲研究会的中国问题专家列表来看,除专业从事中国政治和战略问题研究的专家学者以外,为数不少的中国问题专家的研究领域,开始涉猎或逐步转向中国的战略和政治问题。

2. 官方大力推动,交流趋向活跃

当前,新西兰中国问题研究机构、专家无论从规模数量上,还是从研究广度和深度上都无法与美国、日本等国家相比较;但是,随着中国新西兰关系的进一步深入,新西兰官方鼓励学术机构和研究人员加强与中国的交流,已经从政府层面资助一些研究机构、项目和人员。2009年,新西兰政府完全出资设立了新西兰中国当代问题研究中心,同时政府还设立了一些研究中国问题的项目,比如其外贸部每年出台的中国新西兰贸易发展报告,给予参与报告撰写的专家学者一定的经费支持,就是官方推动的重要表现。目前,新西兰的各类中国问题研究学术活动和交流日渐增多,新西兰一些高校如维多利亚大学、奥克兰大学的一些专家教授开始在中国的高校兼职。2012年新西兰学术界在北京召开了中国新西兰建交40周年研讨会;2013年,邀请中国社科院等单位的专家参加新西兰本土的学术研讨会;新西兰的一些专家如陈智宏、安琳、杰森·杨都到中国作过学术报告。2008年以来,新西兰学术界召开的学术研讨会或培训会等大幅增多,仅新西兰当代中国研究中心一家2012年就举办研讨会议、讲座和圆桌会议9次。

(孙召鹏 中央编译局海外理论信息研究中心助理研究员)

热　点　篇

中国梦

海外对中国梦的解读

"中国梦"的概念提出以后,国际社会给予了极大的关注,从各个角度对中国梦的提出进行分析解读,不同国家和地区的解读角度既有相同之处,也有一些差异。

一、英语世界

许多评论(如《经济学人》2013年5月4日的《习近平与中国梦》和《追求中国梦:习近平的愿景》、美国有线新闻网(CNN)2013年7月13日的专题节目"习近平的'中国梦'是幻想吗?"等)认为,政治口号在中国的国家治理中具有重要的意义,政治口号往往凝炼了领导人及其代表的领导集体的治国目标和方略,正因为是高度凝炼的词句,所以往往晦涩难懂,与普通人有一定的距离感。中国梦的实质内涵和外延虽然也不简单,但是这个概念用的是普通人的词汇,简明易懂,很能抓住民众的心,具有鲜明的特点。

绝大多数的评论关注四个问题:中国梦的内涵是什么?提出的背景是什么?中国梦的实现途径如何?中国梦的实现对世界各国有哪些影响?

1. 中国梦的内涵是评论的焦点,也是最大的争论点

一些评论认为中国梦的内涵是民族复兴,具有强烈的民族主义色彩。

这些评论强调中国梦首次提出的场景，是中国国家博物馆的"复兴之路"展览，习近平总书记与其他政治局常委一起参观了这个展览，提出要实现"民族复兴"的"中国梦"，因此认为中国梦具有强烈的民族主义内涵。《经济学人》2013年5月4日的《追求中国梦：习近平的愿景》、英国广播公司（BBC）2013年6月11日的评论《"中国梦"的政治棱角》、印度《经济与政治周刊》2013年9月21日曼诺朗简·莫汉梯（Manoranjan Li Mohanty）的文章《习近平与"中国梦"》等都强调了这一点。《经济学人》2013年5月4日的另一篇评论《习近平与中国梦》认为，中国梦带有强烈感情的诉求，不同于一般冰冷理性的政治口号，这种强烈的感情就是民族主义。《华尔街杂志（东方版）》2013年3月13日发表题为"对习来说，'中国梦'是军事强国"的文章，文章引用习近平总书记在海口视察海军舰队时的讲话，"中国梦就是强国梦，对于军队来说，就是强军梦"，因此认为中国梦带有军事色彩的民族主义。

但是更多的评论认为中国梦并不只是民族复兴、国家强盛的集体主义梦，中国梦也包含了中国人幸福生活的个人梦想。如《纽约时报》2013年5月6日发表克拉丽莎·塞巴格-蒙蒂菲奥里（Clarissa Sebag-Montefiore）的评论《中国梦与美国梦不是一回事》，引用习近平总书记的话，中国梦"要实现国家富强、民族复兴、人民幸福"。《他改变了中国：江泽民传》的作者、著名国际投资人罗伯特·劳伦斯·库恩（Robert Lawrence Kuhn），于2013年6月6日在《纽约时报》发表《习近平的中国梦》，文章认为，中国梦就是要完成"两个一百年"的目标，即在中国共产党成立100年的2020年前后完成在中国建成"小康社会"的物质目标，以及到新中国成立100年的2049年前后完成使中国成为全面发达国家的现代化目标。这两个目标都包含每个中国人生活水平大幅度提高的内容。英国《金融时报》下属www.danwei.com网站2013年6月28日发表了哈佛大学商学院研究员孟睿思（Christopher Marquis）和杨一婧（Zoe Yang）的《中国梦？美国梦？》，文章认为，虽然美国梦的个人主义成分多一些，中国梦的集体主义成分多一些，但是中国梦和美国梦都包含集体主义和个人主义的成分。

另一些评论则认为中国梦的内涵不是清楚明确的，不同人群会有不一样的解读。美国《国家》杂志网站2013年8月1日发表苏特希查伊·尤恩（Suthichai Yoon）的文章《中国梦：究竟是什么意思》就持这种观点，该文认为，对于官员来说，中国梦更多的意味着国家富强和民族复兴；对于普通民众来说，中国梦更多的意味着更好的教育、医疗、环境美好、安全的食品、清廉的政府、个人权益受到更好的保障等。《追求中国梦：习近平的愿景》认为，"中国梦"的口号有一定的模糊空间，使得中国人能够思考他们自己的梦想，自从中国梦提出以来，官方媒体和互联网发表了大量的文章讨论中国梦，可以说，中国公众正在塑造中国梦。

还有评论认为中国梦的内涵不是静态的，中国梦的内涵可能随国际国内形势的变化而发生这样那样的调整。《华盛顿邮报》2013年6月3日发表弗雷德·海尔特（Fred Hiatt）的评论《习近平的"中国梦"会包括法治吗?》，文章认为中国梦的内涵取决于领导人的选择和意志，但是领导人的选择是由包括国内因素与国际观感和反应在内的许多因素所形塑的。文章认为，如果中国梦的目标是使中国得到世界各国的尊敬，那么仅仅有经济发展的成就还不够，中国梦还将包含法治的因素。

2. 关于为什么提出中国梦的问题，英语世界的评论主要认为有三个原因：一是为了增强凝聚力，二是为了鼓舞士气，三是为了推动改革

认为中国梦可以增强中国社会凝聚力的评论人士一般认为，中国梦的主要内涵是民族主义，他们把中国梦当做民族主义的代名词，并认为民族主义是现阶段能够凝聚中国社会各阶层的主要思想。库恩在《纽约时报》的文章《习近平的中国梦》中认为，中国面临诸多内部压力，特别是在一代人的时间里出现了两极分化的人口。另外，一个日趋复杂的社会可能会从多处出现裂痕，污染、腐败、医疗卫生、住房、农民工、收入、犬儒主义、价值观的改变等严重问题都可能使社会分裂。只有民族主义能够从本质上引起整个中国社会的强烈共鸣，能够带来足够有力的社会凝聚力。罗素·雷格·莫西斯（Russell Leigh Moses）于2013年4月3日在《华尔街日报》网站"中国实时报"栏目发表《如今更加尖锐，习近平的"中国梦"意味着与过去不同》一文也表达了类似的观点，文章认为，中国梦的社论强调中国受到外国强权的羞辱，过去虽然也有文章暗示受害情结，但是没有如今这样直接和强烈。强调民族主义和爱国主义是为了弥合分歧，动员党和社会的力量，齐心协力支持领导阶层的改革新动议。《星期日每

日电讯报》2013年3月17日发表了记者摩尔（Malcolm Moore）的文章《习近平提出"中国梦"》，认为随着中国的中产阶级不断壮大，公众的要求也不断上升，促使共产党开始重新编写一个能继续将13亿人团结在一起的"新故事"。彼得·福特（Peter Ford）于2013年7月26日在《基督教科学箴言报》发表评论《解码习近平的"中国梦"》，认为提出中国梦是为了激励人民，给人民希望，从而增强党的威信和领导。

英国广播公司记者琳达于2013年7月8日发表《"中国梦"是否像60年代的美国梦》，文章认为，20世纪60年代"美国梦"的概念盛极一时，然而中产阶级在经历了被喻为"黄金时代"的高增长十年后，正面对一个看上去不甚美好的未来。对中国而言，现在也是一个转折点。21世纪头一个十年见证了中国经济的强劲增长，这一增长将中国人均收入提高到中等水平，继而面临可能出现"中等收入国家陷阱"的问题，为了解决这个问题，需要鼓励年轻一代追求更好的生活，并通过不断"推陈出新"来实现。换言之，要鼓励他们追求"中国梦"。

《金融时报》亚洲版主编戴维·皮林（David Pilling）于2013年4月24日发表了题为"习近平要表明他能实现中国梦"一文，文章认为，中国必将实施深度经济改革，因为这是形势的要求。过去可以在现有经济模式下向前发展，但是如今，无论是中国国内还是国外，几乎所有人都认同，中国经济必须实施根本性的改革。库恩在《习近平的中国梦》中认为，中国的新领导人既是改革者也是民族主义者，因为只有成为民族主义者，才能成为一名改革者。他提醒美国的政策制定者，必须理解中国新领导人的民族主义，这样在这个处于统治地位的超级大国与那个崛起的超级大国相会时，双方才都会受益。

3. 海外的评论对实现中国梦的可能性没有疑问，但是对实现中国梦的途径有许多讨论

《习近平的"中国梦"是幻想吗?》认为，要实现中国梦，需要解决许多问题，如推动经济持续发展，这需要改变整个增长模式。中国要从出口的经济体转变成消费者的经济体，仅仅依赖投资，建更多的基础设施、工厂、不动产已经不行，要真正转变为服务驱动的经济。中国到处都有潜力巨大的消费者，但他们需要对未来感到安全，才能放心花钱，这些转变都

非常不容易。反腐败是另一个巨大的挑战,随着物质生活水平的提高,中国人对幸福的定义会有所改变,他们将要求廉洁的政府,将要求得到法院公正的裁决,将要求破坏环境的厂商不能得到腐败官员的庇护,政治上的这些要求如何满足将是执政党的巨大挑战。因此,中国梦的实现需要中国进行重大的改革。

英国广播公司2013年4月12日发表了汉斯·斯泰恩米勒(Hans Steinmueller)等人的《"中国梦"是拼搏还是赌博?》评论,文章认为,由于存在腐败、政企不分等问题,中国缺乏公平的环境,人们追求生活更美好的梦想难以通过正常合法的拼搏来实现,只有通过投资于"关系"、投资于腐败的赌博才能实现。在这样的条件下,中国梦将被严重扭曲,只有实行制度改革,中国梦才能真正实现。

香港中美焦点网2013年8月15日发表文章认为,美国梦的内涵在过去的一个世纪经历了几次变化,从20世纪初意味着每个人都可以通过努力工作改善个人境遇,演变到20世纪50年代意味着汽车、房子等具体物质标准,再演变到后来的强调社会向上流动性——平民黑人出身的奥巴马经过奋斗成为美国总统,是美国社会向上流动性的表现。社会向上流动性也将会是中国梦的一个组成部分,但是最近几年,似乎出现了一种中国正在失去社会向上流动性的担心。因此,要实现中国梦,还需要有提升社会向上流动性的重大体制改革。

4. 国际社会除了关心中国梦对中国内部经济政治发展的影响,也十分关注中国梦的实现对各国经济政治发展的影响。一个显著的特点是,由于各自利益不同,不同国家和地区关注中国梦对其影响的角度也不一样,所作评论的取向区别很大

路透社2013年3月20日发表了对政治风险顾问公司欧亚集团(Eurasia Group)总裁伊安·布雷默(Ian Bremmer)的采访《习梦想中国崛起》,文章认为,中国梦与美国梦一样,都是去除孤立主义的爱国主义。如果中国想要成为世界上最大最强的国家,那么中国必须抛弃外交事务的孤立主义态度。中国官员在过去的十年总是说中国太穷,中国还在发展,中国不能干预。但是随着金融危机导致西方的停滞和衰退,而中国有一天将超过美国,中国将不能再待在边缘做个旁观者,中国必将承担更多的国际责任和义务。

《澳大利亚人报》2013年6月13日发表了罗文·卡里克（Rowan Callick）的《使出你的力量驾驭中国梦》，文章认为，澳大利亚从中国的经济快速增长中获得了很大的利益，但是澳大利亚人起初并没有准确预计到中国的增长能够如此之快，对澳大利亚商品的需求如此之高，因此澳大利亚与中国的关系发展是缺乏规划的。澳大利亚要继续从中国的发展中获得更大的利益，就要了解中国的需求和走向；要了解中国的需求和走向，就要从理解"中国梦"开始。澳大利亚必须瞄准那些被中国认为有比较优势的领域，包括高质量的食品、教育、旅游、机械、商业服务等，惟其如此，澳大利亚才能获得比仅仅盯住矿产导向模式大得多的利益。文章呼吁澳大利亚人从中国梦中获得深度的信息和准确的判断。

南非斯坦陵布什大学中国研究中心主任斯文·格林姆（Sven Grimm）于2013年8月12日发表机构评论《中国梦——你为何不能爱得太急》，对中国梦向非洲的推广提出了四个方面的疑问。文章认为中国梦对和平的强调与历史上和当今各国并无区别，看不出与漂亮的言辞有何不同；中国梦强调的是发展中国家的梦想，但是中国市场对发展中国家有附加值产品的开放速度非常缓慢；中国梦强调将给非洲带来发展，但是非洲发展的内因是非洲自己，而不是中国，中国对于非洲既是机遇也是风险，究竟是机遇还是风险在很大程度上取决于非洲国家的发展战略；中国梦强调中国的发展合作带来了更多的实际成果，但事实上中国对非洲的援助与经合组织成员国相比少得多，中国的援助和投资虽然带有较少的政治条件，但是却带有明确的经济条件，如项目必须由中国公司承建等。因此，要让非洲信服中国梦，中国还有许多工作要做。

总之，英语世界对中国梦的解读复杂多元，由于视角不同，有些解读对我们有一定的启发和提醒作用，有些解读与我们的本意和初衷可能不完全一致，但不一定是故意曲解，而更可能是出于对自身置于未来不明朗前景的忧虑。因此，在对外传播中国梦的过程中，还需要把自己的事情做好，同时在宣传上释疑解惑。

二、法语世界

1. 对"中国梦"涵义的解读

关于"中国梦"涵义的理解,许多评论都将其与民族复兴、爱国主义、军事强盛等内容联系在一起,用于强调"中国梦"所透露出的民族主义倾向,有些分析甚至以此作为渲染"中国威胁论"这一陈词滥调的新例证。

法国《世界报》记者布里塞·佩德罗莱迪在其《"中国梦"的缔造者习近平当选为中华人民共和国新任主席》的文章中表示,习近平在观看"复兴之路"展览、纪念宪法施行30周年大会、考察海军"海口舰"等若干重要场合所阐释的"中国梦",归纳起来就是要追求经济繁荣、司法公正和军事强大。

法国作家、中国问题专家、法国《十字报》"亚洲"版负责人多里安·马洛维奇在其《习近平的"中国梦"》的文章中指出,中国新任国家主席未来十年的施政纲领是建立在爱国主义、国家繁荣和国家主权这三大要素基础之上的,这也是"中国梦"的主要内容。他认为习近平特别强调了必须坚持中国特色社会主义以实现中华民族复兴的中国梦,因为只有加强民族统一才能应对中国所面临的挑战,而爱国主义将有利于加强民族统一。习近平还坚称建立一支强大的军队是非常迫切且必要的,只有这样才能捍卫国家主权,保护人民安全。在整整一个世纪中,中国人先后遭受西方人和日本人的统治和压迫,中国力求重新成为一个受尊重的强国,这是"中国梦"所释放的主要信号。

2013年8月3日的法国《快报》刊登文章,认为"中国梦"包含经济繁荣和军事强盛这两方面的内容。经济繁荣主要是对中产阶级作出的承诺,习近平明确提出到2021年中国共产党建党100周年之际实现全面建成小康社会的目标,届时中国将超过美国成为全球第一大经济体。习近平还提出到2049年新中国成立100周年之际实现建成富强民主文明和谐的社会主义现代化国家的目标,届时中国在军事领域同美国之间的差距将得以填补。解放军的现代化速度之快也超出了美国的想象，中国的强国之梦在西方人眼中有不适感，对中国与有领土争议的邻国的关系感到担忧。"中国梦"的提出对他们而言是一次民族主义的号召。

法国战略研究基金会亚洲区负责人瓦莱丽·尼凯在《世界报》上发表的关于中日关系的文章指出，中国的新领导集体所提出的"中国梦"，其实质就是要实现"中华民族的伟大复兴"，这表明北京已经选择宣誓其在亚洲地区的领导权。

《世界报》资深记者阿兰·弗拉尚在其撰写的《巴拉克·奥巴马与神秘的习近平》一文中提到，"中国梦"的全部内涵尚不明确，但根据对习近平讲话的理解，"中国梦"应该包括经济繁荣和军事强盛两层意思。在经济繁荣方面，预计中国将推动深层次经济改革；在军事强盛方面，民族主义色彩鲜明，主张维护北京在南海的领土诉求。不过，与在太平洋地区所表现出的尚武态度不同，北京在国际舞台上则温和内敛。中国虽然目前已然成为强国，但从不逞强出头，奉行不结盟原则，很少有同盟伙伴。尽管中国常常发表民族主义言论，但是从没有表现出要在政治上位居主导地位的意愿，这与其经济实力所具有的地位并不相称。

2. 对"中国梦"意义的解读

针对中国领导人提出"中国梦"这一概念的意义，多数评论认为中国新任领导提出的新概念，反映出新领导集体执政理念的新动向，将会影响中国未来的发展方向。

法国《世界报》记者、亚洲事务专员弗朗索瓦·布贡在其个人博客中撰写了题为"在美国梦的国家，习与他的'中国梦'"的文章，指出"中国梦"的表述将被纳入对新领导人的形象塑造。中共不仅大力宣传这一提法本身的内容，而且每个人都被号召关注中国梦，从而加强党内的和谐团结。

"亚洲21"研究机构的成员、中国问题专家米歇尔·让在2013年6月23日的法国《费加罗报》上发表文章称，民族主义的加强将提升意识形态在人民群众中的感染力。以"中国梦"和"民族复兴"的承诺为基础，中国必须让自己的良好意愿具有说服力，使自己能与西方相抗衡的模式更可靠。继续推进经济增长仍然是头等要务，军事实力也将继续抬升，这可能引发邻国的不安。中国近几年来一直通过在外交和商贸领域施加压力作为对外交往的重要战略，未来也将如此，而且这种战略在工业化国家难以达成战略一致的情况下仍会奏效。

布里塞·佩德罗莱迪在其载《世界报》的另一篇文章《中国的执政新搭档增加承诺》中称，十二届全国人大一次会议上，中国的新领导搭档正式任职，习近平在会议闭幕式上的讲话进一步充实了"中国梦"的概念，李克强在记者会上的表现也展现出一种言简意赅的专家形象。他们的讲话透露出新的施政理念：经济领域，在经过一系列的政策调整，特别是对金融放松管制取得一定成效之后，新领导搭档还必须对商界的期待进行回应，因为商界近年来对"国进民退"的意见越来越大；社会领域，除了继续推进城市化进程之外，新领导搭档还许诺将在任期内帮助城市数以千万的移民家庭脱离贫困；反腐败问题是新领导搭档的考虑重点，他们表示将推出有效机制促使领导干部不敢也不能腐败，特别提到一些细节，比如对兴建楼堂馆所、接待费用、出国考察和公车使用等花费高昂的行为进行限制和禁止，并声称已经做好接受全社会和媒体舆论监督的准备。"中国梦"是对各阶层群众提出的整体计划，继续走"中国特色社会主义"道路就是要整合一切能够促使中国增长发展的力量。

3. "中国梦"与"美国梦"的比较

许多评论还对"中国梦"和"美国梦"进行对比，有些评论由此延伸到对中美模式的比较以及对中美关系的分析，足见法语国家对全球两大经济体的关注热度。

瑞士记者弗雷德里克·科勒在2013年3月22日的瑞士《时报》上发表题为"中国梦"的文章，对"中国梦"和"美国梦"进行了一番比较。他认为，中国梦是一个民族的梦想，一个国家的梦想，也是一种文明的梦想。从中共领导人的阐释来看，这个梦想主要是致力于国家发展之梦。自"中国梦"提出以来，这一提法时常会被拿来与"美国梦"作比较，中美这全球两大经济体的竞争也体现在梦想上，一个服务于人民的梦想是可以跨越实际国界并产生吸引力的。美国梦可以概括为"在尊重个体自由和多样性的基础上实现机会平等",所有的社会和权力组织都源自这一原则。这一梦想每年都吸引着成千上万的移民涌入美国,也正是这些移民保证了美国的活力和优势。中国梦是要建立一个和谐、幸福和团结的社会,国家富裕和军队强大将成为中华文明复兴的保障。为实现这一梦想必须继续走国家之路(中国特色社会主义道路),推动传播爱国主义精神,团结中国的所有力量。事实上,中国梦并不是横空出世的新提法,它借鉴了一个半世纪前中国致力于现代化的先辈所倡导的思潮:借鉴外国的先进知识实现经济赶超,同时保留符合本土特色的文化和社会组织。可以确定的是,"中国梦"将会与"美国梦"产生越来越强有力的竞争,特别是在太平洋地区。

《费加罗报》2013年4月22日刊登经济版副主编勒加莱·亚纳的评论文章,其中介绍了罗兰贝格管理咨询有限公司全球董事会成员、亚洲区总裁查尔斯·爱德华·布埃的新书《中国如何改变世界》中的一些观点,特别是对由"中国梦"和"美国梦"所折射出的中美模式的不同以及这些模式如何在中国发挥作用等问题进行了分析。文章指出,中国重新成为吸引全世界的中心,这是一个千真万确的事实。问题是,西方如何适应中国这种角色的变化,同时,中国如何充分利用这种超级大国的新身份。即便是在今天,在批评西方国家的一些做法时,鸦片战争这段插曲仍然经常被用于中国媒体和政治领导人的讲话中,这是因为中国不仅想要获取全球工厂和实验室之争的胜利,还想获得思想领域战争的胜利。在美国梦面前,中国领导人敢于提出中国梦。儒家学说的回归可能会成为中国人利用另一套价值观体系对抗资本主义模式的有效方式,这最终会将美国模式远远甩在身后。

阿兰·弗拉尚在《巴拉克·奥巴马与神秘的习近平》一文中还提到,"中国梦"是受到"美国梦"的启发而提出的。对中国而言,维护内部稳定比起在外逞强出头更加重要,因此习近平的首要任务是在政治和经济领域内进行广泛而必要的改革。美国总统面临的局面与之相似,他对于对外冒险持谨慎态度,对他而言,首要任务也是内部改革。奥巴马和习近平都必须证明,发展中大国的实力上升不一定必然导致与已有大国的交锋。

三、俄语世界

1. 俄语国家和地区的评论人士十分关注"中国梦"的内涵

俄通社—塔斯社记者 2013 年 3 月 20 日发回莫斯科的报道称,习近平提出的"中国梦"将成为团结中华民族的主旋律。俄罗斯特命全权大使、中国问题专家、上海合作组织事务原总统特别代表维塔利·沃罗比约夫接受媒体采访时称,中国新领导层阐明了鲜明的治国纲领,"中国梦"让人联想到"美国梦"。"美国梦"这一提法已经有 80 多年了,目标是让普通人过上自由的和有保障的生活。"中国梦"继承了改革开放以来的治国思想,植根于中国应当彻底摆脱落后挨打、任人宰割局面的思想,目标是不仅要成为世界平等的一员,而且要成为出色的大国。在"中国梦"里,每一个中国人都有自己的梦想,但是中国梦的最主要目标是建设伟大的国家,个人的权利和自由很重要,但是首要的还是共同富裕,从而建成强盛的国家。

俄罗斯国家杜马原议员、中国政治专家弗拉基米尔·雷日科夫接受媒体采访时称,不要期待中国会马上发生翻天覆地的变化,中国人做事小心谨慎、反复权衡、不紧不慢。提出新口号是传统,每一个新领导都会提出一些新口号,代表着新领导的治国方针。但是这一方针具有延续性,实际上中国在继续邓小平当年提出的和平发展战略——主抓经济、解决社会问题和实行谨慎的外交政策。

学习了 40 年汉语并在中国生活了 20 多年的俄塔社北京分社社长、中国问题专家基里洛夫谈到"中国梦"时表示,中国人怀有梦想,渴望民族复兴,渴望过上更好的生活。在成功进行改革开放 30 多年后,中国梦成为整个国家的梦想。不仅如此,当前全世界都对中国各个时期思想家的言论表现出极大的兴趣,中国梦将超越单纯的中国边界,在全球化时代成为人类希望的一部分。同时,中国梦也是多维的,包含了个人的梦想,国家的梦想将由众多个人愿望结合而成,只要他们的愿望与民族复兴的总体目标一致。

2. 许多评论人士由"中国梦"的话题引出了中国与俄罗斯发展道路的比较,赞赏中国取得的成就,鞭策俄罗斯推进改革

俄罗斯《论据与事实报》2013年3月27日发表关于"中国梦"的评论称,中国是俄罗斯的头号伙伴,莫斯科非常关注中国新领导层以及最高领导人习近平的治国方针。习近平主席履新后,提出了"中华民族的伟大复兴"、实现"中国梦",反对铺张浪费,打击贪污腐败;提出到建党100周年(2021年),建成小康社会,到建国100周年(2049年),建成"富强民主的社会主义国家"。近些年,俄罗斯和中国经常被放到一起比较,认为两国有许多共同之处,如有特色的"主权"民主、垂直的权力体系和打击贪污腐败等。但是中国没有丰富的资源,却连续多年实现经济增长速度接近10%,与美国的国民生产总值差距不断缩小,而俄罗斯却很难达到这样的发展速度。

俄罗斯作家、时事评论员尤莉娅·拉特妮娜认为,"中国梦"的提出恰如其分地反映了中国目前的发展现状和人民对未来的愿望。对比中俄,两国的发展成果很不相同。俄罗斯的商务环境似乎还不太友好,而中国则鼓励人们大力发展。中国的权力没有集中在一个人身上,领导人每十年换一届,俄罗斯没有定下类似的规矩。中国的有益教训是,集中力量进行经济改革,而不是搞政治。俄罗斯不能复制中国的经济飞跃,因为中国的发展源于丰富而廉价的劳动力,而俄罗斯则人口负增长、老龄化,即使那些有劳动能力的人,吃苦精神也比不上中国人。在打击贪污腐败方面,俄罗斯的腐败程度比中国严重得多。中国的内部监察机构可以调查所有高官甚至政治局委员,而俄罗斯没有这样的机构,成千上万掌握权力的人受到的监督很不够。在对外经济关系方面,中国创建了非常适宜的投资环境,给投资者减免税收,吸引了大量外资,而俄罗斯不仅吸引外资数量少,就是本国的资金也外流不少。俄罗斯只有调整政策,才有可能利用民众受教育程度高、市场广阔的传统优势。

3. 许多评论也非常关注"中国梦"的提出对国际关系的影响,特别是对中国与俄语国家和地区关系的影响

"俄罗斯之声"电台网站2013年7月18日报道称,对习近平主席的

"中国梦"的广泛讨论推动了中国和世界对中国命运和历史作用的讨论。该报道认为,"中国梦"包括的范围很广,从个人的发展致富到民族的复兴乃至中国主导世界这一集体诉求都可以涵盖在内。该报道也提醒说,中国需要注意的是,国外对"中国梦"有许许多多不同解读,有些解读并不完全有利于中国正在努力塑造的正面形象。"中国梦"与"美国梦"有一定的关系。世界还不完全理解"中国梦",而"美国梦"是人所共知的,它是个人的,首先是物质的梦想,追求富裕和个人主义。"中国梦"将在一段时间内承载着自己的意识形态和价值观,它将是中国发展道路的象征之一。西方的说法之一是,"中国梦"是军事版的梦想或民族主义的梦想,或两者的共同体,中国在实现"中国梦"的过程中,很可能与西方发生碰撞。

哈萨克斯坦驻华大使努·叶尔梅克巴耶夫 2013 年 6 月 19 日在"哈萨克斯坦'2050 战略'及中哈关系"圆桌会议、8 月 29 日在人民网"强国论坛"与中国网友在线交流时都表示,哈萨克斯坦"2050 战略"与中国的"中国梦"是一致的和互补的,都是旨在提高人民的生活水平和国家的实力。

吉尔吉斯斯坦总统阿坦巴耶夫在习近平主席 2013 年 9 月访问吉尔吉斯斯坦并出席上合组织峰会之前接受媒体采访时表示,习近平主席提出的治国方略"中国梦"也包括中国同周边国家,如中亚国家和吉尔吉斯斯坦发展睦邻友好关系。

哈萨克斯坦著名学者杜·马西姆哈努雷 2013 年 9 月 4 日在哈萨克斯坦《埃格蒙报》(Егемен Қазақстан)上发文称,中国在每一个历史阶段都有自己的梦想和目标。中国新领导人提出的"中国梦"的崇高目标是,让中华民族华丽地屹立于世界舞台。全世界的政治家们都在注视北京的行动。整个世界都在关注中国的每一个政策变化。新的领导集体上任以来,中国出现了许多新的变化:政策更亲民,深化改革,提高人民的生活水平,提高产品质量,提升国防力量,加强军队纪律,反对浪费等,这是实现"中国梦"的基本条件。"中国梦"是让中国成为发达的和强大的国家,实现中华民族的繁荣。这是一个强大国家的梦想,也是世界的梦想。毫无疑问,中国将实现"中国梦"。"中国梦"也注重与他国的关系,与他国一道发展,是一个带动全人类发展的规划。

四、德　国

1. 德国媒体对"中国梦"的内涵展开了讨论，解读视角丰富

多数德语媒体把中国梦表述为中华民族的复兴之梦，但是不同媒体对"复兴"的解读各有不同。有的将其解读为"更新、革新"（Erneuerung），强调改革的含义；有的解读为"重新崛起"（Wiederaufstieg）或"复苏"（Wiederbelebung），强调中国在国际竞争中地位的提升，推测中国将扩张军力；有的解读为"文化复兴"（Renaissance），强调文化方面的繁荣。

德国《星周刊》（2013年3月14日安德里亚斯·兰德威尔的《习近平与"中国梦"》）、《汉堡晚报》（2013年3月18日约翰尼·埃尔林的《中国梦》）对中国梦的报道强调改革的解读，主要关注了以反腐败为主的政治改革，以及社会和环境方面的改革。推测中国将大力发展军事力量的报道也很多。德国《世界报》2013年6月6日发表约翰尼·埃尔林的《中国国家主席习近平为人民确定了一个梦》，文章将中国梦解读为中国将摆脱发展中国家状态，在经济、政治和军事上超过美国，成为世界大国。德国对外经济研究所认为，中国在谋求世界大国的道路上前进，将打破美国老大哥的地位。文化复兴观的代表是德国《法兰克福汇报》2013年3月18日发表的马克·西蒙斯的《习近平的文化政策：睡梦中的中国醒来了》一文，文章认为中国梦是一种文化政策，是为了赢得软实力。习近平在表述中国复兴时，提出要传播"中国精神"。此外，该报还认为中国梦的实质虽然是爱国主义，但中国在其历史上的伟大时代是一种文明实体而不是近代意义上的民族实体，因而，中国的复兴应该是一种文明的复兴，而不是狭义民族主义的复兴。

2. 由于历史上有过"美国梦"这样的提法，"中国梦"的提出也引起了德语国家对两者的比较

德国亚洲基金会主办的"中国之声"网2013年8月6日发表梅勒尼·亚当米茨的《中国梦——新瓶装旧酒？》，文章认为，中国梦的提法借鉴了美国梦的提法，并认为美国梦更强调个人在社会中取得自己的成就，

国家和社会为个人提供同等的机会，更具有个人色彩；相比之下，中国梦强调集体主义、爱国主义和万众一心，更具有集体主义色彩。《世界报》文章也持有同样的观点，认为中国梦虽然被表述为"中华民族和每个中国人的梦"，但总书记在对大学生的一次讲话中，"却要求他们把个人幸福的愿望置于中国的复兴之下"，两种表述之间存在着矛盾。

上文还认为，中国梦与美国梦这种对应其实是中美之间若干年理论争辩的延续。柏林自由大学的中国研究专家艾伯哈特·桑德施耐德认为，这是一场"围绕模式的斗争"。这种斗争也反映在西方和中国在非洲的不同发展策略上。维也纳大学汉学教授赫尔穆特·欧普雷教授认为，对西方模式而言，"中国模式"已经形成了挑战。《世界报》认为，中国领导人强调理论自信、道路自信和制度自信，表明中国要与西方发展道路划清界限。

然而，与这种"斗争观"相反，也有人认为中美应当互相学习。《世界报》特别报道了美国前国务卿亨利·基辛格的观点，强调了中美必须学会如何用合作而非对立的方法来解决问题。这不是说要两国避免争论，而是说要两国解决问题时着眼于将来，否则"全世界的人们将被迫选择这种或那种模式，而这是一种不幸"。

也有人认为中国梦应该超越美国梦。比如，《德国经济周刊》2013年8月31日发表海克·布赫特等人的《中国梦更多的是"集体梦"》，文章说，美国的社会流动甚至比僵化的欧洲还差，只有8%的人能从最低收入阶层跻身收入最高的前五分之一阶层，而丹麦的这个比例则高达14%。大概一代人的时间以前，美国多数人的收入增长就陷入了停滞。美国的占领运动更是证实了美国梦的虚幻。

3. 德国媒体还探讨和分析了"中国梦"提出的背景和意图

中国梦的提出时间也是中国党政领导人换届期间，德语国家多将其看做新领导人的施政思想。瑞士新闻网的文章回顾了"三个代表"重要思想、和谐社会和科学发展观等改革开放以来的重要理论成果，认为总书记提出中国梦是为了提振民族士气，也是为了给党的执政提供一个新的理论支持。新的领导层希望以新的口号把因为经济改革以及随之而来的社会剧变而有所分化的社会整合起来。因此，中国梦是新一届政府重塑主流价值观的一个尝试。德国西南广播电台 2013 年 3 月 18 日发表鲁特·基尔希纳的评论《中国梦》，也认为中国梦是为了增进人民与党的感情，使人民增强对党的信任。

4. 德国媒体对"中国梦"的影响和效果，特别是对国际关系的可能影响，进行了讨论和预测

《萨克森报》2013 年 3 月 17 日发表报道《什么是"中国梦"》的评论，文章指出，中国梦的提法影响了国际上一些话语的变化，美国国务卿约翰·克里在其访问北京之后不久提出了"太平洋梦"，甚至瑞士联邦主席于利·毛雷尔也提出了"瑞士梦"。这表明"梦"话语有积极效果。这一话语表现的不是抽象的政治意识或概念，而是一种与普通人的日常生活息息相关的经历。

德国东亚研究所 2013 年 3 月 36 日发表约翰尼·埃尔林的《中国梦》，文章认为，中国梦就是"竭尽全力使 1949 年建立的人民共和国到 2050 年成为一个富强的帝国"。为此，中国将"对全世界进行对外投资，建立一支能在所有世界性海域航行的海军"。《明镜周刊》2013 年 3 月 17 日的综合评论文章《党的领袖习近平提出"中国梦"》特别强调了政府工作报告中关于军事的部分。几乎大部分持有这种看法的文章都对中国与周边国家的未来关系发展表示担忧。赫尔穆特·欧普雷认为问题不再是中国是否会崛起为与美国、欧洲和日本并立的世界强国，而是什么时候和以什么样的方式成为这样的世界强国。

五、日　本

多数日本学者认为，中国梦继承了邓小平时代的"改革开放、一部分人先富起来的先富论"，江泽民时代的"三个代表论"，胡锦涛时代的"和谐社会论"的传统，是历代最高国家领导人执政宣言的延续。近些年较活跃的中国问题学者加藤嘉一指出，"中国梦虽然让人觉得具有抽象性和理想性，但它是近似于胡锦涛时代讴歌的和谐社会论的一种延续"。日本贸易投资研究所的江原规由指出："中国新的领导集体最具有代表性的关键词即是中国梦，中国梦将与三个代表、科学发展观具有同等重要的地位。"

2013年7月18日的《产经新闻》刊载了东京大学教授平川祐弘的评论,他认为中国梦的提出,"意味着中华民族的伟大复兴,它象征着习近平治下的中国体制。一方面,中国梦是习近平在未来十年间为了领导中国这一大国,强烈主张以社会公正、民生为核心进行社会体制改革的重要思想和指导原理。另一方面,中国梦乃民族梦,它以弘扬中国精神的爱国主义为核心,意味着实现中国全民一心"。

一些日本学者和媒体从中国国内社会发展面临的问题出发,认为中国梦提倡的爱国主义,在国内层面是中国共产党争取人民持续支持的一种表达方式。日本贸易振兴会亚洲经济研究所的佐佐木智弘认为,中国梦关系到中国共产党执政的长期性问题,中国梦的提出是要将中华民族团结起来,是共产党致力于增强向心力的一种体现。2013年3月18日的《东京朝刊》指出:"习近平主席的演说显示出新的领导集体对贪污腐败、地区经济发展差异、环境恶化等现状的担忧,力图用强调爱国主义和国民团结的方式来凝聚人们对新领导集体的向心力。"4月23日,日本放送协会电视台组织的"从中国梦看中国社会的深层问题"专题讨论中指出:"中国梦提出的爱国主义,是中国共产党面对问题时要求向心力的表现方式。这几年中国虽然自信,但另一方面老龄化、计划生育引起的人口问题、经济发展差距、环境污染、三农问题为代表的贫困、长期的贪污腐败、经济泡沫等问题都成为中国面临的主要问题。为解决这些问题,共产党需要重新构筑向心力,中国梦于是应运而生。"

一些日本学者从对外关系的角度解读中国梦,东京大学中国外交政策专家川岛真认为,中国梦的提出显示了中国领导人对实现民族伟大复兴的向往,同时,从历史的角度显示了对过去所失去领土的怀念。伴随中国梦的提出,韬光养晦的外交方针可能不再受到重视,中国将谋求国际舞台上更多的利益。中国将力图扩大在东海和南海的权益,可能加剧与一些周边国家的摩擦。他同时指出,周边国家对中国梦的理解可能与中国国内的理解不完全一致,周边国家可能有自己的担心。时事评论员田原直树指出,中国现在一直在强化国家海洋局,围绕海洋权益的行动也逐渐升级,不能排除造成冲突的可能。日本电视台指出:"中国梦背景下的海洋强国战略将会使中国对日本和周边国家采取强硬姿态,中日关系的发展还要摸索很长的时间。"日本贸易振兴会亚洲经济研究所的佐佐木智弘从军事的角度解读指出:"中国梦的目标之一是提高在国际上的地位,伴随而来的外交和军事强硬姿态是必然的。"对中国梦这些的解读体现了日本长期以来对中国政治、经济和社会发展的惯性认识思维,包括对中国梦以及对中国崛起的忧虑和困惑。这是我们在观察日本的解读时应该加以注意的。

(中央编译局海外理论信息研究中心)

中国梦、美国梦与世界梦[*]

[英] 威廉·A.卡拉汉

2012年12月，我完成了本书的写作，在几周前，习近平首次论述了他的"中国梦"。因而，本书集中讨论的是"中国梦"在成为官方口号之前围绕着它的各种辩论。在某种意义上，习近平选择"中国梦"作为他的标志性口号，证实了本书的两个主要观点：（1）考察公民知识分子对未来的思考具有重要意义；（2）"思想趋势"正在从"和谐世界"这样的一般思想转向对"中国模式"、"中国道路"和"中国梦"更具体的民族主义表述。作为新写的一章，本章没有包含在本书的英文版中，讨论了在习近平担任领导人的第一年里官方对"中国梦"的看法是如何形成的。

一、中国的民族梦

根据中国国家语言文字工作委员会发布的报告，"中国梦"是2012年的"热词"之一，是仅次于"钓鱼岛"——中日之间的军事和外交燃点——的第二大热词。① "中国梦"之所以如此流行，是因为2012年11月29日习近平宣布他的"中国梦"是"中华民族的伟大复兴"。在接下来的

---

* 本文系作者为《中国梦：20个未来愿景》一书中文版专门撰写的一章，该书即将由中央编译出版社出版。威廉·A.卡拉汉为英国曼彻斯特大学政治系教授。

① 马海燕：《教育部发语言生活状况报告，中国梦钓鱼岛等成热词》，中国新闻网，2013年6月5日，http://www.chinanews.com/edu/2013/06-05/4897083.shtml。

几个月中，习近平在许多讲话中多次重复"中国梦"的提法。2013年3月，在以国家主席的身份第一次在全国人民代表大会会议上发表的讲话中，习近平指出，"实现中华民族伟大复兴的中国梦，就是要实现国家富强、民族振兴、人民幸福"。

在十二届全国人大一次会议后，中宣部启动了一场多媒体宣传运动，指导公众正确地理解"中国梦"。大量关于"中国梦"的书籍出版：《中国梦——阐释中国梦文章选编》、《中国梦：党员干部读本》、《中国梦：学习辅导百问》、《中国梦，我们的梦》和《托起中国梦》。[1]

这些书籍是"深化中国梦学习教育活动"的一部分。它们都摆在北京图书大厦这家书店专门展区的突出位置，旨在提供"正能量"，让"党员齐心协力共筑中国梦"。正如弗兰克·派克（Frank Pieke）所解释的那样，我们需要认真对待共产党的教育活动，因为这些教育活动影响了中国精英们的追求。[2]

2013年12月，为了纪念"中国梦"提出一周年，中国共产党出版了《习近平关于实现中华民族伟大复兴的中国梦论述摘编》一书，"收入146段论述，摘自习近平同志2012年11月15日至2013年11月2日期间的讲话、演讲、谈话、书信、批示等50多篇重要文献。其中部分论述是第一次公开发表"。编者解释说，这本书的目的是"帮助广大干部群众学习、理解和掌握习近平同志关于中国梦的重要论述"。[3]

《习近平关于实现中华民族伟大复兴的中国梦论述摘编》（以下简称《习近平关于中国梦》）和中宣部学习辅导书籍的主旨是"中国梦"，就是

---

[1] 中共中央宣传部理论局编：《中国梦——阐释中国梦文章选编》，学习出版社2013年版；王英梅、王晋京：《中国梦：党员干部读本》，研究出版社2013年版；徐辉：《中国梦：学习辅导百问》，研究出版社2013年版；中共中央宣传部理论局编：《中国梦，我们的梦》，学习出版社2013年版；《托起中国梦》，新华出版社2013年版。

[2] Frank N. Pieke, *The Good Communist: Elite Training and State Building in Today's China*, Cambridge, UK: Cambridge University Press, 2009.

[3] 中共中央文献研究室编：《习近平关于实现中华民族伟大复兴的中国梦论述摘编》出版说明，中央文献出版社2013年版。

"中国特色社会主义"①。在这个邓小平时代的口号基础上,习近平的创新在于宣布实现两个百年奋斗目标,就会实现"中国梦"。第一个百年奋斗目标是到 2021 年中国共产党成立一百周年时中国"全面建成小康社会",包括 GDP、人均收入比 2010 年翻一番。第二个百年奋斗目标是到 2049 年中华人民共和国成立一百周年时将中国建成"富强、民主、文明、和谐的现代化国家"。② 正如阎学通所解释的那样,自孙中山以来的每一位中国领导人都谈论过民族复兴;习近平之所以不同,是因为他说过"我们这一代人有可能实现民族复兴"③。

尽管许多西方人(和一些中国人)期望习近平能开创那些使中国政治开放的改革,但是"中国梦"的论述诉诸了两种非自由主义的选择:社会主义和中华文明。尽管社会主义与中华文明似乎彼此矛盾,但是习近平对中国未来的构想既是非常现代的和平等的,又是非常传统的,在这种对未来的构想中,社会主义与中华文明被定位为平行的话语。

在政治局集体学习以及会见领导干部、劳动模范代表、共青团积极分子和工会干部时的一系列讲话中,习近平强调了"中国梦"的社会主义方面,这并不令人感到惊讶。④ 因而,习近平的"中国梦"不仅是西方的中国替代,而且是自由资本主义现代化的社会主义替代。⑤ 除了关于未来社会主义世界的计划外,中华文明的荣耀和价值观也得到了突出的讨论。习近平称赞中国五千多年的文明历史,号召中国人民传承和发扬"中华民族的优秀文化传统",为世界文明作出贡献。⑥ 2013 年夏,城市张贴了大量宣传"中国梦"的海报,这些海报"赞美像孝顺和节俭这样的各种民族美

---

① 关于详细的概况,参见张定鑫:"中国梦研究:现状与展望——兼论中国梦的内涵",载《探索》,2013 年第 4 期。
② 《习近平关于实现中华民族伟大复兴的中国梦论述摘编》,第 7 页。也可参见张广昭、陈振凯:《习近平:内政外交新思路》,载《人民日报》2013 年 4 月 5 日。
③ 2013 年在清华大学对阎学通的访谈。
④ 《习近平关于实现中华民族伟大复兴的中国梦论述摘编》;对阎学通的访谈。
⑤ 《习近平关于实现中华民族伟大复兴的中国梦论述摘编》,第 6 页。
⑥ 《习近平关于实现中华民族伟大复兴的中国梦论述摘编》第 33、5、13、34 页;也可参见 Chris Buckley, "Xi Pays Homage to Confucious, a Figure Back in Favor," Sinosphere Blog, *New York Times*, November 26, 2013.

德"①，以此展示传统。

除了摘编、辅导书籍和海报外，宣传部门还制定了一项计划，要运用电影、流行歌曲歌唱比赛乃至夏令营等方式来宣传"中国梦"。② 2013 年 5—8 月，上海东方卫视播放了中国偶像歌唱比赛，很可能就是上海市类似宣传政策的结果：在中文中，该节目的名称是"中国梦之声"。虽然"中国梦"的话语通常是社会主义和中国传统的结合，但是歌唱比赛表明了宣传系统自身的创新，这些创新运用商业娱乐节目来宣扬爱国团结的传统列宁主义观点。③

然而，"中国梦之声"凸显了宣传运动官方主旨中的一个重要张力："中国梦"是个人梦还是民族梦？歌唱比赛表明它是个人梦。美国偶像/中国偶像类型的电视节目再现了美国梦的叙事：只要有一点运气和天赋，付出大量努力，你就能获得惊人的成功。④ 2013 年春，许多中国人都在谈论自己的个人梦：像"创业梦"和"美好生活梦"一样，实现你的"梦幻住宅"的中国梦是流行的话题。⑤ 北京的一位社会学家告诉我，对她们"70 后"这一代人来说，"中国梦"更低调："安稳的生活，而不是迷人的生活。与自己爱的人一起安稳地过日子，做自己喜欢的工作。"⑥

习近平的一些论述支持个人梦、集体梦和民族梦这种自下而上的交织。在 2012 年 11 月提出"中国梦"的时候，习近平实际上认为："每个人都有理想和追求，都有自己的梦想。现在，大家都在讨论中国梦。"⑦ 在 2013 年 3 月全国人民代表大会会议上的讲话中，习近平解释说："中国梦"

---

① Ian Johnson, "Old Dream for a New China", *New York Review of Books* blog, October 15, 2013.

② 《中共北京市委关于开展"中国梦"学习宣传教育工作的实施意见》，载《北京日报》，2013 年 4 月 6 日第 1 版，http://bjrb.bjd.com.cn/html/2013-04/06/content_61925.htm；也可参见 "'Chinese dream' Education Campaign Debuts", Xinhua, July 9, 2013.

③ 参见 Anne-Marie Brady, *Marketing Dictatorship: Propaganda and Thought Work in Contemporary China*, New York: Rowman & Littlefield Publishers, 2008。

④ 参见 Jim Cullen, *The American Dream: A Short History of an Idea that Shaped a Nation*, New York: Oxford University Press, 2003。

⑤ 任仲平：《筑就民族复兴的"中国梦"》，载《人民日报》2013 年 4 月 1 日第 1 版；《中国梦，世界梦》，载《房地产周刊》2013 年第 5 期。

⑥ 2013 年 5 月 28 日在北京的访谈。

⑦ 《习近平关于实现中华民族伟大复兴的中国梦论述摘编》，第 3 页。

是"人民的梦，必须紧紧依靠人民来实现，必须不断为人民造福"①。他继续解释说："中国梦是民族的梦，也是每个中国人的梦。"② 我们应当记住，习近平在讲话最后宣布"实现中华民族伟大复兴的中国梦，就是要实现国家富强、民族振兴、人民幸福"。确实，《习近平关于实现中华民族伟大复兴的中国梦论述摘编》第二章的标题是"中国梦归根到底是人民的梦"。③ 2013年3月，"中国梦"的官方英文翻译从"China Dream"改变为"Chinese Dream"，就强调了"中国梦"的人民性和参与性。④

可是，集体与个人的交织并不是像它一开始表现的那样灵活。我们最好把官方的"中国梦"话语理解为党和国家对自下而上的各种中国梦观念的反应，"中国梦"是个人梦的集合，在2012年11月"中国梦"成为官方论述之前，这些个人梦就已经流行于公众之中。在参观"复兴之路"展览时，习近平强调了国家和民族为何必须优先："历史告诉我们，每个人的前途命运都与国家和民族的前途命运紧密相连。国家好，民族好，大家才会好。"⑤ 他后来对一群青年大学生说，他们必须"思考中国梦与自己的关系、自己为实现中国梦应尽的责任"⑥。换句话说，个人梦是第二位的，只有它们支持民族梦时才可以接受。

因此，"中国梦"是民族认同工程的一部分。不过，它是在推进哪一种认同呢？在政治局常委参观国家历史博物馆"复兴之路"展览结束时，习近平第一次讨论了"中国梦"。在《求是》杂志上，一位著名的官方评论员问道："中国梦为什么会热？中国梦为什么会如此打动人心？为什么会引起如此强烈的共鸣？"他的回答是："这是因为中国梦唤醒了人们深沉

---

① 《习近平关于实现中华民族伟大复兴的中国梦论述摘编》，第14页。
② 《习近平关于实现中华民族伟大复兴的中国梦论述摘编》，第48页。
③ 《习近平关于实现中华民族伟大复兴的中国梦论述摘编》，第11页。
④ 参见"Chasing the Chinese Dream", *The Economist*, May 4, 2013。尽管"Chinese dream"作为含糊的译法是可以接受的，但是"China Dream"是更准确的翻译，因为"中国"指的是国家和政府。如果"Chinese dream"是首选的含义，那么它在汉语中应该是"中华梦"，但汉语的形式继续是"中国梦"。
⑤ 《习近平关于实现中华民族伟大复兴的中国梦论述摘编》，第3—4页；也可参见任仲平：《筑就民族复兴的"中国梦"》。
⑥ 《习近平关于实现中华民族伟大复兴的中国梦论述摘编》，第6页。

的历史记忆。"① 在这里，历史不仅包括中国五千多年的灿烂文明史，而且还包括一百七十多年的国耻史——"资本主义的帝国主义列强侵略和剥削了中国"，在1840年鸦片战争后把"不平等条约"强加给中国。② 值得注意的是，习近平之所以在"复兴之路"展览上把"中国梦"作为他的标志性口号，是因为它是中国的受害者意识——国耻是国家认同——的引爆点。

在这里，"中国梦"的乐观主义依赖民族耻辱噩梦的悲观主义。因而，习近平不仅仅要振兴中华民族；"中国梦"的话语还要振兴所谓的"悲喜主义的民族主义"（pessoptimistic nationalism）③。因此，"中国梦"不仅是民族追求的积极表现，同时也是一种消极记忆，这种记忆培养了反西方和反日形式的中国认同。

习近平同时也多次倡导强军梦版本的"中国梦"。在2012年12月视察广州军区时，习近平解释说，他的"中国梦"是"强国梦，对军队来说，也是强军梦。我们要实现中华民族伟大复兴，必须坚持富国和强军相统一，努力建设巩固国防和强大军队"④。习近平对中国的航天员说，"航天梦是强国梦的重要组成部分"，"载人航天事业的成就，充分展示了伟大的中国道路、中国精神、中国力量"，所有这些都是"中国梦"的重要方面。⑤ 军事大国同样被构想为"中国梦"的组成部分；2013年中期的一张照片显示，水兵们在中国新航空母舰的飞行甲板上排列出"中国梦，强军梦"的字样。⑥ 2013年9月，中国发行了一套4枚"中国梦"邮票，主题是中国的辽宁号航空母舰、神舟飞船与天宫一号交会对接和蛟龙号载人潜水器。

在这里，民族主义首先是一种对个人和民族成功的广泛追求，随后变

---

① 秋石：《中国梦汇聚磅礴正能量》，载《求是》，2013年第7期。
② 《习近平关于实现中华民族伟大复兴的中国梦论述摘编》，第6页；也可参见任仲平：《筑就民族复兴的"中国梦"》。
③ 参见 William A. Callahan, *China: The Pessoptimist Nation*, Oxford: Oxford University Press, 2010。
④ 《习近平关于实现中华民族伟大复兴的中国梦论述摘编》，第4、50页。
⑤ 《习近平关于实现中华民族伟大复兴的中国梦论述摘编》，第8、40页。
⑥ 《辽宁舰官兵甲板上排字"中国梦、强军梦"》，中央电视台，http://english.cntv.cn/20131120/103819.shtml。

成一种更狭隘的、要求报复的、受害者形式的民族主义,最终变成了一种强国民族主义。

二、"美国梦"与"中国梦"

中国国内对"中国梦"的许多讨论实际上都是从"美国梦"开始的①,这不应令人感到奇怪,因为"美国梦"是一种全球性话语。有一位学者甚至说,只有像中国和美国这样的大国才"敢有民族梦"。②

但是,"中国梦"通常是作为"美国梦"的挑战来讨论的。例如,在2013年6月习近平前往美国会见奥巴马之前,《人民日报》从中国的国家富强梦与美国人的个人自由幸福梦的角度说明了"'中国梦'区别于'美国梦'的七大特征"③。中国在这里被定义为由对全球大国的正当追求所统一起来的国家,而美国则被描绘为自私自利的个人的集合体。2013年5月,《人民日报》开设了名为"无德无信美国人"的网络专栏,清楚地说明了"中国梦"的道德。④ 该专栏邀请读者分享他们在美国的糟糕经历,提醒人们注意美国存在的严重问题。因此,官方的评论员能够得出结论说,整个"美国梦"是一个"失败",因为不是每个美国人都能实现他们的个人梦。⑤

由此,"中国梦"的政策主旨不仅是告诉人民能够梦想什么,而且更重要的是他们不能梦想什么:个人梦、宪政梦和美国梦。⑥ 尽管习近平没

---

① 周天勇:《中国梦与中国道路》,社会科学文献出版社2011年版,第2页;刘亚洲:《中国梦,美国梦:比翼翱翔》,见刘明福:《中国梦》,第1页序;赵汀阳:《美国梦、欧洲梦与中国梦》,载《跨文化对话》,第18辑;Brady, *Marketing Dictatorship*, p.5;王义桅:《中国梦的三重内涵》,载《环球时报》,2013年1月29日;石毓智:《中国梦区别于美国梦的七大特征》,人民论坛,2013年5月27日,http://comments.caijing.com.cn/2013-05-27/112830491.html。
② 石毓智:《中国梦区别于美国梦的七大特征》。
③ 石毓智:《中国梦区别于美国梦的七大特征》;也可参见张定鑫:《中国梦研究:现状与展望——兼论中国梦的内涵》。
④ "'无德无信美国人'专栏",人民网,2013年5月26日,http://www.china.com.cn/info/2013-05/26/content_28935012.htm。
⑤ 徐辉:《中国梦:学习辅导百问》,第127页。
⑥ 王义桅:《外界对"中国梦"十大误解》,载《环球时报》,2013年4月16日。

有直接针对"美国梦",但是他在接受"金砖国家"记者采访时表示,中国"不会照抄照搬任何国家的发展模式"①。有一位学者在《环球时报》上撰文阐释了这一观点:"我们不做其他国家的梦,尤其不做美国梦。美国模式危害甚大,不可持续,决非中国效仿对象。"②

这里的目标是使人们相信中国的价值观非但不同于美国的价值观,反而与之相反:中国的价值观是良善的,而美国的价值观则是邪恶的。③许多评论者,包括一些中国学者在内,都认为中国和美国卷入了"美国梦"对"中国梦"的冷战式竞赛。军人们对此表示同意:"较量无声"(中国国防大学推出的一部纪录片片名),把美国的价值观视为中国的主要生存威胁。④

实际上,正如我们在本书第六章和第七章中所看到的那样,中国和美国存在"中国梦"和"美国梦"相通的许多事例。正如"中国梦之声"歌唱比赛所展示的那样,中国拥有许多个人成功梦。美国也有许多集体自由和平等梦:最著名的人物是马丁·路德·金博士,他的演讲"我有一个梦"勾画了美国的种族和阶级平等梦。确实,"中国梦"和"美国梦"都能够并且已经被用做批判地评估社会的工具。⑤

三、"中国梦"与"世界梦"

中国梦的论述主要集中在国内问题上,但对中国梦的全球影响的讨论也在逐渐增多。比如,《习近平关于实现中华民族伟大复兴的中国梦论述摘编》的第七章就致力于为世界阐述中国梦的含义。2013年12月,中国主要的对外宣传机构——国务院新闻办公室举办了一场名为"中国梦的世

---

① 《习近平关于实现中华民族伟大复兴的中国梦论述摘编》,第27页。
② 王义桅:《中国梦的三重内涵》。
③ 田文林:《"中国梦"也是"世界梦"》,央视网评,2013年9月26日,http://opinion.cntv.cn/2013/09/26/ARTI1380197528891824.shtml。
④ 《较量无声》,国防大学,2013年。也可参见Jane Perez,"Strident Video by Chinese Military Casts U. S. as Menace",*New York Times*,October 31,2013。
⑤ 我曾讨论过"中国梦"与"美国梦"如何能够被用做批判的工具,参见William A. Callahan,"The China Dream and the American Dream",*Economic and Political Studies* 1:1 (2014)。

界对话"的国际会议。① 中国外交部部长王毅同样将"中国梦"阐述为习近平在外交领域上的核心概念创新,也将其视为中国外交在2013年取得成功的原因。②

为了理解中国梦的全球目标,比较"崛起"和"复兴"还是有所裨益的。中国崛起是一种地缘经济和地缘政治的描述,考量的是对国家实力的实体性评估:如 GDP 增长、航母、月球探测器等。而中国复兴则是一种道德描述,寻求去纠正历史上的不公正,即一个世纪来的国家耻辱,恢复中国在世界上的正当地位,即世界的中心。按照这种道德描述来说,美国治下的世界是暴力而又不公正的,中国的复兴将会为世界带来和平与繁荣。中国的官方新闻媒体新华社报道称,中国正处在"重新获得失去的伟大,回到世界公正位置的国家任务中",公正的位置即是中国再次回到世界的中心。③ 因此,中国可以在当下的国际体系中崛起,但其复兴通常来说就会挑战这一体系。

许多评论者从"中国梦"和"世界梦"的角度去探讨全球复兴。正如前中国驻英国大使马振岗提出的,"中国梦就是世界梦"④。习近平将中国梦解释为中国梦"不仅造福中国人民,而且造福世界人民"⑤。他还告诉众多国外听众,中国的世界梦不是"霸权主义","中国梦是和平、发展、合作、共赢的梦"⑥。

就这一点而言,中国梦和世界梦彼此之间相互支持:为了实现中国的中国梦,中国人民需要去实现中国的世界梦,反之亦然。⑦ 公共知识分子发展了这一思想,提出了中国梦/世界梦的后西方版本,即中国引领南方

---

① 《习近平关于实现中华民族伟大复兴的中国梦论述摘编》,第63—74页;《中国梦正在发挥巨大感召力:'中国梦的世界对话'国际研讨会发言摘编》,载《人民日报》2013年12月12日。

② 王毅:《变革世界,梦想中国:2013年新一届党中央外交成功开局》,载《求是》2014年1月第1期。

③ 新华网,2013年3月12日。

④ 马振岗:《中国梦给世界带来机遇》,载《光明日报》,2013年6月26日;任仲平:《筑就民族复兴》;《中国梦,世界梦》(社论),载《房地产导刊》2013年第5期。

⑤ 《习近平关于实现中华民族伟大复兴的中国梦论述摘编》,第70、71页。

⑥ 《习近平关于实现中华民族伟大复兴的中国梦论述摘编》,第63、65、67、68页。

⑦ 张广昭、陈振凯:"习近平:内政外交新思路"。

国家崛起，对抗西方国家。① 诚如第三章所述，事实上，经济学家胡鞍钢在习近平执政之前就开始了对这一思想的探讨。2011年，胡鞍钢提出，到2030年，中国将"有能力引领世界的大变革"。② 中国将在实力"大逆转"中"飞跃式"地超过美国，由南方国家控制的大同世界将会取代"美国霸权"。③ 胡鞍钢还总结道："'大同世界'不仅是'中国梦'，而且是'世界梦'。"④

尽管习近平没有明确地表示，但值得注意的是，他主要是向南方国家传达他的国际中国梦信息。《习近平关于实现中华民族伟大复兴的中国梦论述摘编》一书的最优秀的外国读者都是来自金砖国家、拉丁美洲、印度尼西亚、马来西亚、墨西哥的记者以及俄罗斯、非洲和亚洲国家的精英阶层。在坦桑尼亚，他指出，"中国的发展离不开世界、离不开非洲"，中国和非洲需要同心协力实现中国梦、非洲梦和世界的共同繁荣。⑤ 在回答拉丁美洲记者提问时，习近平解释道："实现中国梦给世界带来的是和平，不是动荡；是机遇，不是威胁。"⑥

欧洲和日本则完全被排除在这一论述摘编之外，美国也只是因为习近平在2013年5月会见奥巴马而被纳入其中。这期间，习近平也提出，中国梦"包括美国梦"⑦。颠覆西方主导的政治、经济和文化秩序的信息诚然受到亚洲、非洲和拉丁美洲众多读者的欢迎。的确，一位学者笃定地告诉我们中国梦不会伤害、事实上是会"帮助其他国家，特别是南方国家，实现

---

① Chang Ming,《博鳌亚洲论坛：中国能否托起'亚洲梦'？》,载《财讯》,2013年4月7日 http://international.caixun.com/changming/20130407-CX03ba4n-all.html。

② 胡鞍钢：《中国2030年有能力引领世界大变革》,凤凰网,2011年11月4日 http://finance.ifeng.com/opinion/xuejie/20111104/4991559.shtml。

③ 胡鞍钢、鄢一龙：《中国：走向2015》,浙江人民出版社2010年版,第2页；Hu Angang, *China in 2020: A New Kind of Superpower*. Washington, DC: Brookings Institution Press, 2011; 胡鞍钢、鄢一龙、魏星：《2030中国：迈向富裕》,中国人民大学出版社2011年版。

④ 胡鞍钢、鄢一龙、魏星：《2030中国：迈向富裕》,中国人民大学出版社2011年版,第188页。

⑤ 《习近平关于实现中华民族伟大复兴的中国梦论述摘编》,第68—69页。

⑥ 《习近平关于实现中华民族伟大复兴的中国梦论述摘编》,第71页。

⑦ 《习近平关于实现中华民族伟大复兴的中国梦论述摘编》,第71页。

他们的梦",从而最终走向"共同繁荣的世界梦"。① 因此,"世界需要中国梦,因为中国梦是这个时代的必然要求"。②

自 2012 年中国梦成为官方言论以来,胡鞍钢在发表在《人民日报》的文章中进一步完善了他的理论。③ 近日,他为主题为"中国梦的世界对话"会议写下《世界大同的"中国梦"》一文。④ 他再次呼吁世界秩序的"大逆转"。"未来 20 年,世界将迎来南方国家的集体崛起,结束了过去两个世纪北方国家主导世界的局面。"除了呼吁社会主义国际化的未来以外,胡鞍钢还从中国传统的乌托邦理想角度定义了 21 世纪的中国梦和世界梦,即太平天下、天下为公和世界大同的大和平。胡鞍钢的目的旨在"融合传统与现代因素",实现 21 世纪世界大同的中国梦,这"不仅是中国人民的梦,也是世界各国人民的梦"。

在此,胡鞍钢再次融入了当代社会主义、中国传统和中华人民共和国的政策目标:习近平第一个百年目标是到 2021 年实现小康社会。按照传统中国哲学来说,小康社会是实现大同的必经之路,这也是胡鞍钢在后美国大同世界所秉持的观点。

同胡锦涛在国内和国际构建和谐社会的标志性政策一样,习近平的中国梦/世界梦口号也包含了国内和国际政治的解读。⑤ 论点就在于凡是有益于中国的就是有益于世界的,反之亦然。的确,2008 年北京奥运会的官方口号是"同一个世界,同一个梦想"。

一些中国梦/世界梦的支持者否认中国的世界梦包含重现中国盛世这一帝国世界秩序的计划。⑥ 比如一位学者提出,"帝国概念"源自美国政治

---

① 王义桅:《外界对"中国梦"十大误解》。
② 王义桅:《中国梦的三重内涵》。
③ 参见胡鞍钢:《中国人有着怎样的"世界梦"》,载《人民日报》2013 年 4 月 6 日, http://www.qstheory.cn/ztck/2013nd/xjpzgm/zgmysj/201304/t20130406_221235.htm。
④ 胡鞍钢:《世界大同的"中国梦"》,中国网,2013 年 12 月 11 日,http://news.china.com.cn/txt/2013-12/07/content_30828515.htm。
⑤ 参见张广昭、陈振凯:《习近平:内政外交新思路》;张定鑫:《中国梦研究:现状与展望——兼论中国梦的内涵》,载《探索》2013 年第 4 期。
⑥ 张定鑫:《中国梦研究:现状与展望——兼论中国梦的内涵》;王义桅:《外界对"中国梦"》。

文化,而"天下概念"才源自中国传统的政治文化。① 但是,中国式国际关系理论的发展非常赞同中国帝国文化概念的复兴,这其中包括等级制社会秩序的观念。诚如我们在第二章指出,哲学家赵汀阳认为,中国的天下体系是21世纪"可接受的帝国",因为其仁慈的治理体系是"合理且值得赞誉的"。② 战略学家阎学通认为,"国家复兴指的是中国富强的那些时期,比如汉代、唐代以及清早期……这是帝国体系。但是,这却并不意味着这一体系恶贯满盈,我们无法从中学到什么。对于当代社会来说,我们可以对其进行调整,学习其精华,发展当代国际体系"。③ 这种中国式国际关系理论,即关注以中国为主导的世界秩序在学术界和政界非常流行。④

四、"中国梦"与"亚洲梦"

中国式的国际关系理论同样帮助我们去解释亚洲如何融入中国梦和世界梦。简单地说,中国要实现世界梦,先要实现亚洲梦。2013年9月,习近平在印度尼西亚国会的演讲中提到,中国和东盟国家有着"共同的命运。"⑤ 之后的10月,习近平在北京召开的外交工作座谈会上指出,地区外交的目标是实现中国梦,"中国梦同周边国家人民的梦想是相通的,很多周边国家领导人积极呼应。要加强宣介,重点把中国梦同周边各国人民过上美好生活的愿望、同地区发展前景对接起来,让命运共同体意识在周边国家落地生根"。⑥

走向亚洲共同命运的中国梦论述并不只是一种语言修饰,而是中期外交政策的基础。习近平在外交工作座谈会上的讲话证明,中国寻求区域领导力,之后或许寻求全球领导力。习近平的计划是首先要与东盟国家共同

---

① 江宁康:《天下与帝国:中美民族主体性比较研究》,南京大学出版社2010年版。
② Zhao Tingyang,"Rethinking Empire from a Chinese Concept 'All-under-Heaven'(Tian-xia)", *Social Identities* 12:1 (2006):29 – 41. 在其他场合,赵汀阳否认他的天下体系是帝国,参见赵汀阳:《天下体系:世界制度哲学导论》,中国人民出版社2011年版;还可参见韩毓海:《天下:包纳四夷的中国》,九州出版社2011年版。
③ 阎学通接受采访。
④ 参见陈冠中:《盛世:中国,2013年》,牛津大学出版社2009年版。
⑤ 《习近平关于实现中华民族伟大复兴的中国梦论述摘编》,第73页。
⑥ 《习近平关于实现中华民族伟大复兴的中国梦论述摘编》,第73页。

发展更为紧密的经济和安全纽带。但是工作座谈会强调了北京通过发展共同信念与规范，支持中国主导地区秩序的"共同命运"。①

这些共同的信念为中国外交政策的学者所熟知：相互尊重、相互信任、互惠互利、平等合作。但是，这些信念同样包含中国传统中以中国为主导的等级周边体系思想：周边外交最好解读为"外围外交"，从而强调北京如何看待中国所处的新地区秩序的中心位置。中国对东盟国家的援助也令人感觉是一种家长式的作风：北京希望能够换来忠诚，"国际友谊"通常意味着其他国家不能批评中国。一位学者一语中的，谈到周边外交需要胡萝卜和大棒的混合方式：既要"友善地对待好邻居"，又要"强硬地对待坏邻居"。②

有一种学术评论更为清晰地将中国梦、亚洲梦和世界梦联系起来。第一步是要实现中国的中国梦，要遵循中国特色社会主义道路，实现"世界社会主义梦"。第二步是中国的亚洲梦，这需要摒弃西方影响，包括摒弃威斯特伐利亚体系。第三步是中国的世界梦，"这首先要求中国建成现代文明国家，并在此过程中展示中华传统价值、中国模式的普世性"。③ 中国的这种"包容梦"似乎意味着它可以不断扩大，涵盖亚洲和世界。

五、结 论

中国梦/世界梦的活力能够在多大程度上取得成功呢？尽管现在下结论还为时过早，但北京当然认为中国梦/世界梦的概念在海外取得了成功。习近平强调，中国梦不仅与其他国家所共享，而且还受到全世界人民的欢迎。中国国务院新闻办公室主任蔡名照在"中国梦的世界对话"国际研讨会的开幕式上就指出，"中国梦正在发挥巨大感召力"④。《人民日报》引用了前法国总理让-皮埃尔·拉法兰阐述"世界对中国梦的主流观点"的

---

① 参见 Timothy Heath, "Diplomacy Work Forum: Xi Steps Up Efforts to Shape a China-Centered Regional Order", *China Brief* 13:22, November 7, 2013。
② Chen Xiangyang 引自 Heath, "Diplomacy Work Forum."
③ 王义桅:《中国梦的三重内涵》。
④ 蔡名照:《中国梦正在发挥巨大感召力》，中国网，2013年12月7日，http://news.china.com.cn/txt/2013-12/07/content_30828033.htm。

话,即"和谐、和平和发展的梦。"①"中国梦"不仅成为2012年中华人民共和国的热词,而且也成为2013年度国际舞台上的"外交热词"。②

北京使用这个新的"话语权",设定讨论议题,从而积极地塑造区域秩序。③ 比如,2013年6月,韩国总统朴槿惠在北京用中文发表演讲,引经据典,阐述中国梦和韩国梦如何共同打造和平的东亚梦,令其众多听众为之着迷。④ 4月,国际货币基金组织总裁克里斯蒂娜·拉加德在亚洲博鳌论坛上,便使用"亚洲梦"一词定位她的演讲。美国国务卿约翰·克里提出"太平洋梦"以调和美国梦和中国梦。⑤

但是中国的新话语权有多大的效用?人们真的会秉承北京对待世界的视角吗?或是他们只是跟中国说中国想听到的话语,但却仍对其怀有戒心?拉加德只是在她的研究开始和结尾部分使用了中国思想,但其余通篇仍在使用国际货币基金组织的主流话语。

中国梦是美国梦的话语同胞,因此,难道中国梦不是对美国软实力的再次肯定吗?事实上,中国梦主要的宣传活动之一就是详细论述美国的价值观。当然,由于美国衰退的原因,在此呈现出的美国梦是一种负面的讯号。但是,如今,2014年,美国正在经历复苏——3%的GDP增长以及采用水力压裂技术后实现的能源独立,因此,美国的价值观可以在此呈现出一种更为积极的讯号。更重要的一点是,有一句非常有名的广告语告诉我们:"新闻无对错。"

(冯瑾翻译 中央编译局海外理论信息研究中心馆员)

---

① 钟声:《中国梦,同样属于世界》,载《人民日报》2013年5月17日。
② 《让我们共同的世界更加美好——以习近平同志为总书记的党中央开创外交新局述评》,新华网,2014年1月25日。
③ 参见刘笑盈:《关于构建中国话语体系的思考》,载《对外传播》2013年第6期。
④ Yang Jingjie, "Park Turns on Charm in Chinese during Tsinghua Speech", *Global Times*, June 29, 2013.
⑤ "Chasing the China Dream", *The Economist*, May 4, 2013.

阐释中国梦：一项政治解释学的实践*

[美] 约瑟夫·格里高利·巴奥尼

引 言

本文把习近平主席的"中国梦"作为一种话语或叙事进行考察，部分地采取一种解释学方法作为指导。于是，我们将把"中国梦"作为一种本身位于更广泛的叙事环境中的话语进行考察。为了理解某个文本的意义，我们必须理解它与其他文本的关系。总体而言，除了使用从德里达、利奥塔和其他人那里借用的概念外，我们还运用一种伽达默尔式的解释性路径，但我们将尽力避免过多地谈论这些批评的方法，以便更直接地集中讨论让读者感兴趣的主题。

我们运用了伽达默尔尤其他的主要著作《真理与方法》中的一些洞见。《真理与方法》首先认为，解释是一种艺术，而且任何方法都不可能准确地产生真理，至少在决定的意义上是如此。相反，伽达默尔促使我们发现某个文本的更广阔的视界，发现它的更广泛的语境，关注帮助它产生的历史建构的叙事。于是，在此我们的目标是通过回顾和分析它的各种前身来理解习近平的"中国梦"，在此过程中，通过揭示文本间的情境性来"扩大解释的循环"，从而揭示一个被更清楚地概念化的"解释学循环"，

---

* 本文选自《中国政治学刊》（*Journal of Chinese Political Science*）2014年第1期，作者为美国大峡谷州立大学教授。

这样一来，我们可能把部分——"中国梦"更忠实地解读为在整体中的一种表现。因此，应该清楚的是，这种方法在基础的、阐释的和分析的意义上是合适的。在更深层的意义上，它是特别合适的，因为"中国梦"的叙事仍然是尝试表达和极大地推进——即使不是"完成"——如下"循环"：党的雄心勃勃的愿景和实现这些愿景的决心，因而应该理解为那个试图同时再现整体的整体的一部分。

同时，我们将会认识到，"中国梦"是建立或重新建立利奥塔所说的"元叙事"或"宏大叙事"的一个新尝试。对随意的观察家来说，这样一种断言可能已经是比较清楚的，但是我们的目标是让一种坚实的观点展示出明晰性，讨论那些在创建和维护这样一些话语时通常伴随的问题。在这里，我们从德里达的全部著作尤其是他的《法的力量》和《马克思的幽灵》中汲取了教益。在《马克思的幽灵》中，我们知道，资本主义叙事和马克思主义的竞争性叙事都没能终结另一方的叙事，也没能创造自己所承诺的乌托邦，这主要是因为它们都诉诸权威性的、逻各斯中心的元叙事——这些元叙事容易被其他的叙事解构，导致一种话语的、经济的、政治的和文化的堵塞，就像詹姆逊、齐泽克、哈维等人所描述的那样。

确实，我们之所以会讨论这些问题，是因为反对元叙事的各种力量和问题恰恰是那类抵制和解构像今天的中国所发现的那样的体系和叙事的力量和问题。我们将会论证，理解这一点不仅是理解"中国梦"的话语所面临的挑战的关键，更重要的是，也有助于我们理解"中国梦"应该解释为对这样一些力量的抵制。我们将会界定和讨论这样一些力量，例如腐败、后现代或晚期资本主义的文化、与政治转型相关的问题、政治经济改革的迫切需要等，然后我们更直接地讨论"中国梦"及其相连的文本和政策。

腐　败

腐败是一件复杂的事情，不仅在缺乏真正制衡的国家更加复杂，而且在缺乏竞争精神的"社会主义市场经济"中也更加复杂。在改革开放初期，一定数量的腐败是无法避免的。在成立经济特区时，不同地区也发生了类似的事情，带来不同的利益相关者和增长机会，海南在成为独立的省份时成为最受关注的地方，给决策者提供了机会，使他们能够研究如何在一个省的范围内推进改革，同时把试验在某种程度上限制在一个海岛内，一旦试验失败，海南可以整个地回归广东省管辖。尽管如此，其他的经济特区也有自己的边界，尤其是深圳和珠海，需要特殊的通行文件和许可。这部分地加速和深化了香港和澳门在回归前与中国大陆之间的联系，进而防止过多的移民涌入这些经济特区，同时增加移民进入香港和澳门的难度。不过，我们在此特别指出，这帮助限制了经济特区所需要的"腐败"的对外扩散，在这些经济特区中，遵守规则几乎是不可能的，因为游戏正在不断地改变，新的规则仍然需要制定出来。当然，加速的市场化带来现存体制难以抵制的诱惑。许多不同来源——包括更难以控制的外资——的巨额资金，加上大规模的国家项目，不发达的或不存在的制度控制以及不确定的社会和政治风气，导致腐败达到了相当严重的程度。

一旦注意到在透明国际的排名中中国的腐败程度处于金砖国家的中等水平，有人可能认为，中国的腐败事实上不是那么严重。这样的看法可能是错误的。腐败有许多方面，包括政治方面、社会方面、经济方面、文化方面，等等。因此，尽管有某种证据表明中国的腐败水平对于处在这一阶段的市场经济来说是正常的，但是也有证据表明，腐败正在恶化，正在拖累一个不再能够承受腐败的经济，人们也对腐败日益敏感。中国官方认为，腐败攸关党的生死存亡。这种看法既不是最新的，也不是不合乎道理的，但是仍然需要付诸有效的控制才能遏制腐败。

经济放缓

除了腐败和急需的改革外，至少还有三股其他的力量导致中国经济增长的放缓。第一，始于2008年的全球经济危机削弱了全球对中国产品的需求，暴露了经济高速增长时更容易掩盖和忽视的金融脆弱性和问题。第二，随着中国不断发展，维持历史上的高增长率在长期内将会证明是不可持续的。工资将会上涨，大规模发展和快速致富的图式将会以这种或那种方式失去作用。第三，中国缺乏并且继续缺乏充足的创新基础来推动经济摆脱对外部的依赖，事实上也继续失去从那些与十分依赖外国技术来源相关的费用和成本中获得的重要收益。尽管中国已经努力缩小技术创新差距，但却尚未做到这一点，至少在保证经济增长——更不用说维持经济增长——所需要的水平上是如此，尤其是当前与其他的消极力量共同作用时更是如此。

后现代的或晚期资本主义的文化

我们对于使用"后现代"一词有点犹豫，因为它引发了许多似乎过时或者完全陈旧的讨论。但是，其他的术语同样存在问题。例如，我们可以简单地使用官方的术语"社会主义初级阶段"，但是这实际上可以描述不同的时期。在这里，我们可不想迷失在这样一种争论中，毋宁说，我们更愿意回到许多批判性的理论概念，这些概念来源于对后现代性的批判或赞扬，至于对后现代性是批判还是颂扬取决于如何看待这样一种发展。

在"9·11"之前，许多人相信——有些时髦地——我们已经进入了许多"后"和"多元"的状况，包括后现代、后民族主义、后殖民主义、后共产主义、后人道主义与多元文化主义、多样性，等等。在这里，这些是否是对时代的正确解读不是我们关心的问题，虽然我们确实相信所有这些术语表明詹姆逊和其他人所描述的时期普遍存在的各种目标，例如詹姆逊所说的"晚期资本主义"，或者至少像希法亭所说的那样和像詹姆逊可能建议的那样，"最新的资本主义"可能是一个更好的描述，尤其是如果拒绝马克思主义的历史主义的话。无论如何，我们确实知道，全球资本主义和竞争性的民族—国家体系仍然占据主导地位，不管它们表现得是或者证明是不可持续的。在这里，关键是尽管美国可能处于或不处于衰落之中，尽管资本主义可能处于或不处于衰落之中，全球资本主义和竞争性的民族—国家体系都继续塑造我们时代的政治、经济和文化逻辑，因而是最大的、最强大的、正在运作的元叙事。可是，这里有一个我们必须予以解释的重要纽结。

不同的话语在资本主义的条件下增殖，反过来又帮助解构了资本主义实践的阻碍，促进了碎片化。它们的部分目标是创造全球资本主义的总体性，从而确保福山和其他人所说的"历史的终结"——这个概念不可归结为资产阶级民主、共产主义或者一切仍然把最后的人的乌托邦想象为永远的乌托邦的思想的某种全球化幻想。事实上，我们最好把"历史的终结"称为人类的基本欲望，即结束辩证法，维护现状。变化已经穷尽，当你的文化、国家和制度达到顶峰时，谁还想要变化呢？马克思本人清楚这种保存自己的地位和抵制否定之否定的欲望，清楚那种可能把我们扔入历史的垃圾箱或者充其量是让我们光荣退出的可怕丑行。甚至黑格尔在晚年也可能会屈从这样一种妄想，当处在马克思的时代的时候，恰恰是因为相同的理由而可能拒绝黑格尔。

这与我们的讨论有何关系呢？从宽泛的意义上来看，我们想要论证，改革开放使党的元叙事嗜好受制于连续的新循环、互联网、社会网络以及各种通过大众媒介进行的文化和信息入侵。这些是市场作用的结果，使社会和政治碎片化，就像它们在个人消费和大众消费的伪装下通过看似无穷无尽的新产品和机会所生产和诱惑的那样。中国开始进入富人和穷人的新时代。许多人认为，从1978年到1992年的改革初期，包括最底层在内的许多中国人都获得了难以置信的好处。但是，自1992年以来，我们看到了富人和穷人之间、男女之间、城乡之间等日益扩大的差距。由于随之产生的各种紧张和差异，越来越难以阐明单一的元叙事、单一的未来想象，或者一种包罗一切的正义概念。与此同时，就像包括本文在内的许多文章所指出的那样，日益加剧的腐败与日益加深的市场化存在重要的关联。

或许，关键在于认识到资本主义也是一种元叙事，一种也能被解构，并在某种程度上解构自我的元叙事。就像德里达所理解的那样，资本主义是一种解构性的力量，但这不可能从它自身中拯救它。它释放出解构它自身的各种力量、走向后民族主义、后殖民主义的趋势，这些"后主义"帮助撕碎了对资本主义自身崛起非常重要的各种元叙事。在一段时期内，这对资本主义来说是可以接受的，因为它帮助创造了新的经济机会。在日益增加的各种差异中，他者的微观叙事暂时是令人满意的，因为任何形式的承认都可能代表一种积极的发展。但是，随着时间的推移，诸多的微观叙事与某个支配一切的元叙事之间的差异使得后者变成更加明显和事实上的解构对象。换句话说，资本主义是最终导致自我解构的元叙事。当然，这种分析在许多方面主要归功于马克思，尤其是《共产党宣言》。尽管德里达不是马克思主义者,但是他的著作《马克思的幽灵》证明上文所描述的对资本主义的这种理解。

再者,为什么在这里谈论这一点呢?关键在于注意到创造和维持一种阈限性的话语具有难以想象的困难,这种话语既接受又拒绝资本主义,既歌颂又试图超越当下的时代,既促进又中断社会正义,既主张民族例外论又追求全球一体化,或许从未首先把自身理解为一个民族——就像白鲁恂(Lucian Pye)和汪晖所认为的那样。这些是改革开放期间这种话语创造所面临的一些巨大挑战。然而,仅仅因为这样一些阈限性条件实际上存在,仅仅因为人们能够同时看到当前政策和体制的优势和劣势,就可以否定这些话语曾有所帮助吗?

进入"中国梦"

一些人会想起,随着2012年底习近平多次使用"中国梦","中国梦"一词进入了官方的词典,最初它的英文翻译是"China Dream"。可是,这种译法引起了官方译者们的争论,他们对他们所认为的"中式英语"感到不满。其他人建议应该围绕着下列问题进行讨论:"中国梦"应该翻译为"China Dream"、"Chinese Dream"还是"China and Chinese Dream"?这是民族的梦还是人民的梦?它们是相同的梦吗?"中国梦"是所有人或大多数人都共有的单一思想吗?或者,我们能够谈论个人和集体的差异吗?难道"中国梦"不会让人与"美国梦"进行复杂的比较吗?

这些讨论可以说掩盖了"中国梦"作为一种元叙事的真正目的,我们在下文对此将会进一步讨论。这里简要地描述相同的部分:在某种程度上,"中国梦"是一个包罗一切的、话语—框架的、"肯定的"元叙事,同时也伴随着其他的、有时"否定的"努力,限制和纠正它在改革路上针对的人和事。至少,实质上它的目标是重建一个强大的核心,不论这个核心是习近平、政治局常委会还是更宽泛意义上的党。但是,我们说"加倍掩盖",就在说明这一点。这些话语并不纠结于准确的含义、语言和语义。捕蝇纸并不关心能否粘到飞蛾,但是如果它能的话,你会很开心,当它确实粘到飞蛾的时候,你仍然叫它捕蝇纸。在某种意义上,你可以说飞蛾是苍蝇的一种，捕蝇纸的目的是粘到会飞的昆虫，因而，捕蝇纸是一个恰当的术语。但是，你谈论捕蝇纸，分析它，讨论它，在某种意义上，它也粘住了你。

不过，它来自何方呢？这是另一个与话语的现实目的和意义基本无关的问题。在博尔赫斯的意义上，术语的出现是不可避免的，随着中国在地位上更加接近美国，尤其是随着它创造出一个中产阶级而不断前进，就更是如此。这可能促使人们与美国梦进行各种令人不快的比较，但是，正如习近平本人所指出的那样，"中国梦"与"美国梦"相通，虽然中国领导人中的流行观念是美国对中国采取了一种两手战略，一手热情相握，一手准备斗争，中国应该"以我们的两手对付他们的两手"。

有人认为，"中国梦"的思想来源于海伦·王的《中国梦：世界最大的中产阶级的崛起》一书。这本书或许影响了一个非政府组织在上海举办的一次晚宴，或者与之巧合。这次晚宴致力于宣传"可持续发展是'中国梦'"，《纽约时报》很有影响的专栏作家托马斯·弗里德曼出席了晚宴，接下来，他写了一篇题为"中国需要自己的梦"的广为传播的文章。弗里德曼对于这个术语乃至随后的宣传运动只有部分的发明权。事实上，中国媒体多次曾经提出了"中国梦"，但是，事实上并不是那么简单，因为其他人也提了出来。例如，一部广泛引用的著作是刘明福的《中国梦》，这本书强调建设和维持一支能与美国抗衡的强大军队的重要性。中国的学者看到了这本书，对它的各种联系作出了许多讨论，尤其是在习近平第一次出国访问俄罗斯之后。在某种意义上，这次访问的目标是与俄罗斯的国有石油公司达成高达300亿美元的协议，为购买先进武器——包括苏-35远程战斗机和大量潜艇——提供资金。中国确实采取了两手政策。"中国梦"提到了中产阶级和那些想成为中产阶级的人、可持续发展、军事、美国和推进党的计划吗？事实上，它的意图是谈论上述的一切。在这里，我们希望提出的是，许多代表不同利益相关者——对于中国的领导层而言非常重要——的不同的人们已经讨论了"中国梦"这个术语。这样一来，"中国梦"是一个很好的标签，一个或许为用它来描述的宣传运动提供了完美外套的标签。

什么是"中国梦"?

根据《求是》杂志上的许多文章,"中国梦"是"中国特色社会主义"的新表述,与"美国梦"存在一些相似之处,但在其他方面又存在根本不同。无论把"中国梦"视为"美国梦"的反文本或者相反都是错误的,尽管如此,党的领导人显然认为"中国梦"拥有一种非常不同的政治本体论和政治构想,对"中国梦"的许多描述都强调它的马克思列宁主义的起源。毫无疑问,党仍然是列宁主义的政党,它最近的许多活动显示,它正在进行一种加强其列宁主义性质的整风运动,下文将进一步讨论这一点。此外,至少从官方上,党继续论证说,它抵制了完全的资本主义,但仍然深化经济自由化和市场化。不过,在政治上,我们从未被告知"中国梦"与以前的政治主张有何明显的差别,许多方面表明几乎没有什么差别。然而,这不意味着"中国梦"对可能的政治改革和限制不会产生政治影响。

到目前为止,让我们来思考一下官方对"中国梦"的描述。从习近平和其他官员的各种讲话中,"中国梦"描述了一种国家复兴、繁荣富强、更高级的社会主义和强大军队的计划。在 2013 年 6 月与奥巴马的会谈中,习近平本人表示:"中国梦要实现国家富强、民族复兴、人民幸福,是和平、发展、合作、共赢的梦,与包括美国梦在内的世界各国人民的美好梦想相通。"

按照官方国际新闻周刊《北京周报》网上的专题报道,"中国梦"包括各种各样的计划、成就和抱负、过去和现在。例如,除了目前的科技和社会发展外,它还列出了经济增长、港澳回归、上海世博会、北京奥运会、莫言获得诺贝尔奖、入世十年、中国的第一艘航空母舰以及其他个人和集体的成就。作为补充报道,这个专题提供了知名撰稿人——包括著名官员、学者、名人和商业领袖——支持"中国梦"的各种亲政府的评论。我们之所以指出这个专题,部分是因为我们相信它有助于揭示"中国梦"如何充当一种有些模糊的元叙事。因而,人们能把任何积极的发展都纳入其中,同时忽视其他的发展。

相关的文本、政策和需要

在我们到目前为止的讨论中，我们已经表明，解释"中国梦"需要充实它处于其中的解释学循环。我们专注于各项历史发展，尤其是改革开放时期的历史发展，并且直接讨论了这一概念。然而，这种路径也要求我们在其他同时出现的政策和文本的语境中讨论"中国梦"。这些包括党的整风运动、重大的反腐败行动以及各种平息批评者的异议同时为可以接受的政治讨论和活动形式提供指针的努力。

例如，上文已经指出，2013年，对于腐败造成的问题，习近平发动了一场轰轰烈烈的反腐败运动。这场运动已经打下了许多党内和政府内的"老虎和苍蝇"，针对中央委员的案件创立了历史记录。与此同时，习近平发动了一场改变领导干部作风和特权的重大运动。豪华汽车是禁忌，摆满茅台酒的奢侈晚宴也是如此。新闻媒体上的许多文章强调了这对中国的白酒业、餐饮业和礼品行业的冲击，尤其是当公款吃喝急剧减少而公务餐坚持四菜一汤时更是如此。

与此同时，党内正在进行一场重大的整风运动。诚然，这一努力包括起诉腐败干部，但远不止如此，还包括一场以毛泽东群众路线思想为中心的大规模学习运动。全国下发了大量学习文件，县级以上领导干部启动了为期三个月的学习活动。选择群众路线作为学习运动的角度让一些人感到惊讶，但从其他方面来看却完全合乎情理。毫无疑问，解决薄熙来问题是整风运动的重要一步。在这种情况下，"中国梦"是一种与党的列宁主义理想相一致的团结和纪律的叙事。在狭义上，整风一般都在党内进行。然而，其他众所周知的努力同时在媒体、学者和更广泛的群众中进行。同时，新的指导方针指出他们能够宣扬什么和不能批评什么。

同时，我们已经看到了以"中国梦"、群众路线和其他方面的研究资助为形式的一般国家基金，鼓励教授和学生，尤其是非党员的教授和学生写作和发表关于这些主题的文章。

结论:解释"中国梦"

就上述每一种解释学理论而言,我们首先必须努力收集各种各样的文本以及那些与所分析的特定文本共存的语境。尽管不可能收集全部的各类文本,但是我们相信我们已经成功地收集了许多——即使不是大多数——直接相关的故事情节,使解释学循环——解读和解释整体中的部分的过程或许相反的过程——得以可能。因此,我们相信我们为总结性评论做好了更充分的准备。

我们首先应该指出的是,"中国梦"在一般理论的意义上是其他人所说的一种框架话语。这样的话,"中国梦"提供了一种开放的、肯定的框架性叙事,旨在规划其他的叙事或把它们纳入语境。此外,它的情节和相关内容让人想起安妮-玛丽·布拉迪(Anne-Marie Brady)关于党正在进行她所说的"思想管理"的著作。

不过,这一定是一件坏事吗?一方面,"中国梦"的许多相关内容表明了党到目前为止所取得的积极发展和成就,而且随着党努力实现"两个一百年"目标将会展示出更多的发展和成就。另一方面,话语是一种框架性话语,并且试图塑造和限制公共舆论,这些事实表明了党为了维护它的执政地位和未来愿景而加以控制的意愿。尽管我们理解这样一种运动所带来的消极影响,但是我们可以合乎情理得出如下结论:党或许还有中国本身在这个发展阶段没有其他任何选择。

记住上述的讨论,这是别无选择的原因:过去十多年里,党一直不能有效地推进重大的政治或经济改革,也未能遏制腐败,部分是因为党作为列宁主义政党不能实现自我团结和规训。因此,必须先整风,而后才能改革。必须遏制派系,清除伪君子,遏制腐败,这一切必须加快进行,因为经济改革刻不容缓,将不可避免地影响政治发展。一旦党打扫好屋子,它将能够更好地制定和实施那些直接影响今天许多利益相关者的政策。

然而，矛盾无处不在，一如我们必须承认，只有像中国这样的社会和政治文化，只有像中国这样自商代以来就深爱辩证法的社会，才有可能聚集和承受各种压力和紧张，这些压力和紧张即使不会撕裂整个社会，也有可能撕碎其他的政治制度。在当今时代，似乎不可能改革和支撑一个强大的中央，同时又创造一个更强大的整体——这在许多方面都与时代的趋势和碎片化力量背道而驰。能够骑快马而不会马死人伤吗？当这样的事情正在发生时，我们还能谈论那匹马？党正在尝试这样做，把"中国梦"的元叙事用做一种凝聚点，这并不令人惊讶。不过，这样做能够成功吗？当然，现在回答这个问题为时尚早。然而，党及其所领导和代表的国家过去已经向世界展示了可以说更大的政治和经济奇迹。

不过，我们不应忽视一个更深层的问题。最近的报道表明，中央党校所讨论的一个重大主题是党的长期执政问题。这类讨论并不是全新的讨论，也不必然表明党或者国家已经到达了超越以前阶段的危机阶段。尽管许多人——包括党自身在内——将会关注党的生存，但是更大的关切是列宁主义的政党制度对未来而言是否是最好的政党制度。这些问题通常都迷失于简单的事实：它是合适的制度，实现了许多积极的结果，而且是在竞争性的经济和民族国家体系中实现了许多积极的结果的，有时那种体系给中国带来了深刻的生存危机。

在许多方面，一些因素迫使中国采取列宁主义制度，作为在20世纪生存并缩小与竞争者差距的一种手段。当我们更全面地解释这些因素时，我们能够理解，其他的力量必定被当做"邪恶的孪生恶魔"。我们认为，"邪恶的孪生恶魔"就是我们已经指出的东西：全球资本主义体系和竞争性的民族主义，尽管有人可能补充上帝国主义、霸权等。记住这些方面，我们再来看罗莎·卢森堡在布尔什维克革命后对列宁主义的批评：对列宁主义的运用可能是一种追求正义的不可避免的重要策略，但是它绝不应该被错误地当做美德本身。

在这样的一个体系中，与他者的靠近、同化、缩小差距乃至超越它是危险的。这不是新问题。"中国梦"的叙事似乎请求更多的时间，以实现早就提出的那些目标。

我们在此重申上文所说的比喻：能够骑快马而不马死人伤吗？"中国梦"的关键问题是它追求的梦是强国梦。中国著名学者汪晖曾经指出，事实上，这不是真正的中国梦，进而言之，无论资本主义具有什么样的优点，这些优点都没有反映出更深层的中华文化价值观。你所鄙视的和长期努力反对的是更复杂形式的腐败。

（李冬梅编译　渤海大学商学院讲师）

中外关系

新领导集体下的中国对外政策[*]

[法] 杜懋之

在执掌党、国家和中国人民解放军不到一年的时间里,习近平已赋予中国外交一种崭新的风格。习近平自信松弛,享有无可争议的权力。所以,习能够更加自由地去体现中国外交,在中国外交中加入了他的个人色彩。除了他自身的风格和由第一夫人彭丽媛带来的新式魅力外交外,这种个人色彩如今还表现为强烈的国家主义和一种公开追寻强国之路的巧妙修辞。他用"中国梦"取代了"和谐世界"。

但是除了中国在国内和国际舞台上表现出的从容无拘的形象,习近平已经改变了中国外交政策的实质了吗?一些基本的可供分析的要素暗示习有选择性地抓住了北京工作的优先要务:中美关系和东亚的安全问题——朝鲜半岛、同日本及在南海的领土争端。我们注意到,和他的前任们一样,习近平面对美国时的困扰:每项行动、每次讲话都包含针对美国的信息。在中国,尽管有着中央集权的传统,外交政策的制定却是被分割的,因为这涉及众多的参与者(Jakobson et Knox,2010)。然而,在习近平时代,我们发现一种权力再集中现象,甚至是一种外交政策优先问题的调整,这种调整围绕着一个明确的战略目标:追求中美在东亚地区的战略平等。习近平表明要寻求一种"新型大国关系",这不仅回应了奥巴马政府

---

[*] 本文选自《希洛多德》(Hérodote) 2013 年第 150 期,作者为斯德哥尔摩国际和平研究所 (SIPRI) 中国项目的负责人。

"重返亚太"①的战略，还为中国的国际发展确定了前景。2021年，在他的第二个任期内，中国将庆祝中国共产党成立一百周年。到那个时候，根据一些评估，中国可能已经是世界第一大经济体了。

本文分析的是十八大（2012年11月）以后中国外交政策最初的调整，也描述了中国外交政策新的优先方向的整合，比如海外华侨的安全，对棘手的网络安全问题的管理和为了回应利比亚战争，确立一种反对西方干涉中东地区的思想。

寻求同美国的战略平等

通过立即在党的用语中引入"新型大国关系"和"中国梦"，习近平表现了他在党和军队中的权力。2013年第一季度，整个中国的宣传工具都被动员起来为"中国梦"服务，当习近平在同年6月访问加利福尼亚时，又服务于"新型大国关系"。这个概念在2012年2月被习提出，当时他正对美国进行访问，还只是国家副主席，官方媒体、外交家和专家们就不停地重复它。这个概念还衍生出了一个军事版本，因为中国人民解放军从此以后也寻求构建中美"新型军事关系"。

中国共产党这位新领导人通过意识形态保证了他对党和政府的威信。他制定了一条"路线"，这条路线具体体现为一个口号，是中国外交政策的真正的指导方针，因为它确立了一种前景。对外政策中包含政府机关，这些机关中的党支部在传播党的高层的战略思想方面扮演了关键角色。它们的长期工作是为了鉴别新的口号是否已经融入具体日常工作中。他们以学术文章的形式在政府机构的专业期刊上发表报告是他们工作的一个指标。所以，在胡锦涛时代，大量关于"科学发展观"影响解放军现代化进

---

① "重返亚太"战略，奥巴马政府亚洲政策的真正的标志，首先是由希拉里·克林顿（时任美国国务卿）在其2011年10月载于《外交政策》杂志上的一篇文章中提到的。在美国面临财政困难和撤出阿富汗、伊拉克的时期，"重返"是准备通过巩固它的军事存在，同时强化其经济、外交和文化活动，以加强美国对亚太地区活动的参与。这种"重返"回应了一些国家地区的焦虑，因为它们正面临着中国的崛起。参考贾斯汀·瓦伊斯（Justin Vaisse）在《希洛多德》（*Hérodote*）第149期的采访——《奥巴马领导下的美国》。

程的文章在军事科学院的期刊上发表,影响中国重大战略的文章则在外交部的杂志上发表。①

但是这不仅仅是对共产党新任总书记的支持,也是为了研究中美在东亚地区的新的平衡。近些年来,中美在安全问题上的左右为难日益明显——在两个强国的军事政策互相针对的情况下,怎样避免一个停滞衰落的强国和一个新兴并不断修正的强国之间的战争呢?对习近平来说,在平衡和强弱转换时充满了战争的历史,并不能提供什么教训。在他看来,"新型大国关系"是"前无古人、后启来者"。②

"中国梦"以不同的方式涉及的也是同一个难题。它似乎是"富强"——富足而强盛——这个概念在21世纪的延伸,"富强"在19世纪末期由中国现代化道路探索者提出,当时中国国力衰弱,沦为半殖民地社会。"中国梦"首先是对内的,它意味着新的领导集体优先谋求解决关系中国老百姓的具体问题,比如收入和住房的不平等、大气污染和食品安全危机。然而,它对外交政策方向的影响一点也不少。这个概念代表着追求强大和民族复兴,一个对于习近平来说非常重要的主题,他在十八大之后第一次出行就是去往国家博物馆参观"复兴之路"展览。"中国梦"也是追寻国家军事现代化之梦,中国官方国防预算(1143亿美元)在2012年已经位列世界第二。③ 2012年12月,在"海口"舰船舷边,习近平提出了"强军"梦。在海南强调军事力量而不是和平传递出了双重讯息:解放军听到了对他们雄心壮志的财政支持;亚洲邻居们,尤其是那些与中国有领土纷争的国家,听到的则是力量的示威和坚定的决心。

在中国,鹰派主导着对国际事务的公共话语权。爱国动员和军事用辞可以预示着中国外交政策在收复失地方面强硬起来,但是也可以是自相矛盾地准备寻求妥协。2005年3月,中央政治局针对台湾问题通过了《反分裂国家法》。该法明确了关于台湾问题使用武力的条件,但其主要目的则是为了通过设定海峡两岸和平共处的新框架化解一部分军人进攻的意图。

---

① 例如参考《国际问题研究》或者《军事科学》。
② 《习近平在中美元首会晤后离开加利福尼亚州回国》,新华社,2013年6月9日。
③ 斯德哥尔摩国际和平研究所(SIPRI)评估的中国军费开支在2012年达到1661亿美元(2011年1576亿美元)。美国国防部对中国2011年军费开支评估值在1200亿—1800亿美元之间。

总之，2012年这两个新的概念的出现似乎淡化了"韬光养晦"这个指导思想，而后者自邓小平提出以来一直指导着中国外交政策。在将近五年的时间里，中国战略界围绕邓的方案的合理性和恰当性进行讨论，该方案如下：积累物质力量，巩固自己的地位和与新的合作伙伴的关系，避免地区公开冲突，管理争端，防止其损害国家对外关系的其他方面。在过去十年，中国外交政策在逐渐艰难地脱离这个束缚，而现在则选择清晰地斩断羁绊。

外交政策的制定和协调

1. 新班子

通过十八大和之后的全国人民代表大会，关于外交政策的重要的职位全部被更新了。习近平处于这个复杂等级机构的顶端，机构包括党、军队和国家行政机关。他可以自由地为外交政策重定方向，将行动集中到战略重点和安全事务上。国家总理则保留经贸外交的权限。

这种二元格局以国家官僚机构为依靠，在这个机构里关键职位的任命强调以美国和东亚安全事务为优先。关于外交政策的制定和操作在礼宾排位上最高职位是国务委员。这一职位属于政府成员，根据中国法律，在级别上高于部长。自2013年3月起，这个职位由杨洁篪担任，他接替了戴秉国。杨的大部分职业生涯在中国驻美国大使馆度过。他从1983年开始担任二秘，到2001年被任命为大使，期间只在北京总部任职过一次。在担任国务委员之前，杨洁篪任外交部长（2008—2013年）。这个职位的继任者是王毅，他在2008年至2013年领导国务院台湾事务办公室前曾任中国驻日本大使（2004—2007年）。

2. 分散和集中

在整个毛泽东时代和改革的主要时期，外交政策的制定和操作是很集中的。自中华人民共和国成立到20世纪末，毛泽东和邓小平为所有中国外交政策的重大决定烙下了烙印。不知疲倦的周恩来一直为中国外交事业奋斗，直到他 1976 年离世。但同时，国家机构的衰弱造成了外交政策的严重个人化。在江泽民和胡锦涛时期，权力分散了，国家的崛起伴随着既得利益的全球化。政府机构的国际活动增加。大型国企，尤其是能源领域企业，成为重要的国际参与者。这种趋势在胡锦涛时代发展到成熟，以致外交政策的协调出现问题。

中国在 2009—2013 年的海上安全政策反映出了分散和集中之间的矛盾。全球导航卫星系统委员会出具的一份报告指出了中国南海政策强硬同政府机构的竞争之间的联系（ICG，2012）。除了海军，中国还有五个主要机构拥有海上安全的权限，另外还有一些配备枪炮的舰艇，这和其他国家的海岸警卫队类似。两个最重要的机构是中国海监总队——隶属于国家海洋局，和中国渔政指挥中心——隶属于农业部。自 2009 年起，这两个机构增加了在南海争议区域的巡逻。当然，并没有公开资料能够表明这些机构利用巡逻来促进自己行业的利益，即获得更多的职责和分得国家预算更大一块蛋糕。中国海上政策的分散是东亚战略的一个不稳定因素吗？很难搜集一些证据来确认这种推测，直到中国政府的一个决定给我们提供了一个可以证实它的理由。2013 年 3 月，在全国人代会召开期间，中国宣布将海事机构合并，受国家海洋局和公安部联合管辖。中国海监总队获得了中国主要海上军事化资源综合指挥权，重组以建立中国相应的中国海警局（Li et Zhang，2013）。另外，一些消息提到了一个小型的领导集体负责协调中国自 2012 年中开始实施的海上安全政策（Jakobson，2013）。

在中国，关于外交政策机构的思考已经有十几年了。在江泽民时代和之后的胡锦涛时期，思考的重点主要是关于建立美国式的国家安全委员会的时机，或者是通过政治局书记处去协调外交政策的操作（Cabestan，2009）。近年来又涌现出其他一些想法，比如在政治局常委会中为元首设立一个关于外交政策的职位。

中美对抗和东亚安全

习近平在2012—2013年这个转折点临危受命，这个时期地区环境不稳，大部分亚洲国家对中国政策的不信任都是可以察觉的。2012年底，中国和日本围绕钓鱼岛的主权问题面临1972年建交以来最严重的危机。该岛实际由日方管辖但中方要求收回。自从2012年4月，中国海监总队和中国海军占领南海一块有争议的区域后，中国同菲律宾的关系严重恶化。随后，朝鲜半岛的紧张局势因为2013年2月朝鲜进行第三次核试验而达到井喷的状态，对此中国曾试图阻止但是无济于事。

中国的分析员普遍认为东亚地区安全局势恶化是奥巴马政府"重返亚太"的结果。但是相反，该地区大多数国家和美国却认为原因是中国地区政策的强硬化（自信）。这种对地区动态解读的根本性分歧是由于中美之间严重的战略互不信任，这种不信任加剧了双方在安全上的进退维谷（Lieberthal et Wang，2012）。总之，东亚地区的安全动荡是面对中国崛起而进行地区秩序调整的结果。动荡带来突发事件的重大风险，最坏的情况下可能会引起一次军事危机。

1. 朝鲜半岛

在新时期，中国的对朝政策有了一些变化。朝鲜是中国在世界上唯一的一个军事同盟国家。[①] 2011年12月在其父亲去世后，年轻的金正恩接班，朝鲜继续了招致联合国制裁的核威胁战略计划。2013年1月，朝鲜以发射卫星的名义测试了一颗洲际弹道导弹。朝鲜声称其有权和平利用太空，但是联合国安理会决议禁止它测试弹道导弹技术。2013年2月12日，朝鲜进行了第三次核爆炸试验。安理会鉴于以上行动通过了新的制裁决议，这项新决议得到了中国的支持，扩大了制裁范围。

朝鲜前两次核试验（2006年10月和2009年5月）之后，中国虽然支

[①] 《中朝友好合作互助同盟条约》(1961年) 第二条明确了缔约双方一旦一方受到进攻，缔约另一方应给予军事援助。一些专家认为该条约已不再有效，因为朝鲜进行核试验违反了第四条规定。第四条规定缔约双方将继续对"两国共同利益有关的一切重大国际问题"进行协商。

持制裁，但是仍被批评在之前磋商时限制制裁范围，然后又仅仅是有所保留地执行了制裁。但是，2013年第一季度，中国政府增加了对来往朝鲜的过境物资的检查，迅速冻结了朝鲜主要外汇银行的账户，明确地加强了对联合国制裁的执行力度。同时，在中国有大量声音要求在战略上放弃朝鲜，在2009年朝鲜进行第二次核试验后已经可以听到这种声音，但是现在数量上更多了。

中国政策的细微调整可能会造成与美国之间的更好的协调，但是超出这些进行大的改变是不可能的。在中美关系中朝鲜依然有它的位置，中国至少力图拒绝美国的战略：防止美国推翻朝鲜政权或者促进朝鲜半岛统一在韩国制度下，成为美国人的盟友。中方继续推进六方会谈，但是在美方和韩方看来，这是一个失败。在中短期内美国和中国的唯一共同利益是冻结朝鲜的导弹和军用核项目。在这一点上，通过加强制裁，尝试以暂停铀浓缩实验和活动作为向朝鲜提供经济援助的条件，中国可能在一定程度上与美方靠近，但是这在目前还没被明确表达，中国仍认为朝鲜核问题是与美国建立"新型大国关系"的潜在筹码。

2. 海上领土争议

自2009年起，南海和东海争议领土问题成为了中国的优先任务。直接原因似乎是2009年5月马来西亚和越南向联合国联合提交了它们在中国南海专属经济区外200海里"外大陆架划界案"①。作为回应，中国收回领土的政策更加强硬。中国海军在争议区域多次进行军事演习。军事化机构增加巡逻以驱逐东南亚渔民，保护中国渔船。中国强硬最突出的一个表现是收复黄岩岛，该岛距离菲律宾的吕宋岛124海里。2012年4月，菲律宾试图逮捕靠近该岛礁的8艘中国渔船的渔民，在这之后，中国派出海军和海监总队的舰艇永久驻扎在该岛的入口处，禁止菲律宾渔民进入。

但是，围绕中日都主张主权的钓鱼岛问题形成了最令人担忧的海上事件风险。2012年9月，日本政府从一个所谓的"私人所有者"手中"购买"了三座争议岛屿。给出的理由是为了避免这些岛屿被东京都知事买

---

① 大陆架界限委员会曾规定2009年5月作为每个国家申请专属经济区外大陆架划界的最后期限。该委员会由联合国建立用于促进国际海洋法的执行。

走，后者是反对党的民族主义者，日本政府怀疑其试图为不稳定行动提供便利，比如向钓鱼岛派出极右势力团体，这种个人登岛行为后来被中方认为实际上是一种挑衅。但是中方认为购岛意味着事态升级，是日本将争议岛屿"国有化"。中方对此的回应包括中国海监总队在钓鱼岛海域实现了常态化巡航，否认日本实际控制该岛。在中国，自此之后，大家认为危机创造了一个"共同管理"的局面（ICG，2013）。与此同时，与海上安全相关的所有通信渠道都被切断了。

最近四年，海洋主权问题史无前例地占据了中国公众的视野。每次摩擦都伴随着前所未有的媒体报道，无论是同日本、菲律宾的摩擦，还是同越南的摩擦。评论中最经常接受的态度是开战，保守的声音几乎不敢在公众面前发声，因为害怕被批评为缺乏爱国精神。在新时期，确立南海和东海争议岛屿的主权，和定义这些水域中国专属经济区的范围继续是中国的首要任务。

然而，旨在加强亚洲海上安全的文件在现在发挥不了一点积极的作用。国际海洋法一些关键的部分被中国质疑。菲律宾将黄岩岛争议问题告上了位于汉堡的国际海洋法法庭，但是中国作为其中一个仲裁员，拒绝承认它划定两国专属经济区的合法性。中国和日本拒绝将钓鱼岛问题提交国际法庭审理。预防性外交也作用乏力，没有什么信任措施能减少事故的风险。所以，只要菲律宾坚持国际法的道路，中国就不会进入与东盟的多边会谈去通过南海行为准则。在这种情况下，地区的稳定要依靠各方的克制。回归到更加合作的方式（合作的基础是应对共同的威胁，比如海上违禁运输或环境保护问题），或者是共同开发能源，却似乎是不可能的，因为现在正处于中国外交政策以"必胜主义"为特点的时代（Shi，2013）。中国政府似乎坚决要在避免公开冲突的同时，加强中国在争议水域的地位，以逐渐取得控制权。

中国外交政策加入新的优先点

然而，中国的外交政策不能完全概括为地区安全。党的总书记在十八大上作的关于第十七届中央委员会（2007—2012年）完成的工作的报告中，外交政策的三个新的重点被纳入其中（Swaine，2013）：海外华侨安全、网络安全和反对西方推销它们的自由主义价值观。这强调了中国面对已经发生的三个领域的重大变化而调整的必要性，这三个变化包括：中国经济利益的全球化，成功的真正代价；信息技术的进步及其对军备控制的影响；"阿拉伯之春"，对于中国来说这属于地缘政治，是一次西方国家利益的推销，但是披着普世主义的外衣。

1. 海外华侨的安全

海外华侨安全问题包括使领馆保护、撤侨行动和由国家或者公司发起的预防性政策。根据中国外交部数据，海外华侨在2012年达到了8200万，而在1982年只有28万。2012年，教育部统计的海外留学生有40万名，商务部统计有640万华人在海外已经被中国公司雇用签订中期或短期合同。2013年国企或私企的雇员人数并不确定，但是中国最新的估计有超过500万人。

在很多国家，这些侨民遭受着绑架、武装抢劫、谋杀或一直是恐怖主义袭击的受害者。2004年5月和6月，在巴基斯坦和阿富汗的两次袭击中，有14名中国工人成为了受害者。这两次袭击扮演了启动器的角色。从那时起，保护海外华侨成为中国外交工作的一个重点。中国政府加强外交部的领事保护能力和进行大规模的撤侨工作，得到明显的民意支持和媒体的赞扬，通过阅读互联网论坛上的评论可以得到验证。对国有企业来说，它们开始发展自己管理风险的能力并在它们遭遇最多问题的国家依靠私人公司来保障它们利益的安全，这些国家包括南苏丹、刚果民主共和国、尼日利亚、安哥拉和巴基斯坦。

中国企业的全球化要求中国外交政策进行相应调整。从共产党思想史的角度来看，对侨民的保护是重新定义其与社会的关系。在毛泽东时代，党需要的是服从，从改革开始，党在寻求为人民服务的合法性。对于侨民保护，中国的机构和企业应该发展在国外行动的新模式，这就意味着需要体制转型。中国外交部只有6000名外交官（法国外交部有16000名），其中不到 200 人在北京负责领事事务，海外有超过 600 人。从外交部部长助理乐玉成口中，我们得知每个中国领事官员必须保护 10 万侨民，而在日本，这个比例是一个外交官对 12000 名侨民。十八大工作报告中包含这一问题，强调了党加强外交部领事能力的决心。

但是，对于大多数外交政策问题，外交部不是唯一的参与者。尽管领事保护属于它的权限，有些时候在侨民安全的其他方面它是被遗忘的。在这种情况下，地方和省级政府就提供保护服务，其中包括信息传播和回国援助。广东、福建省或者温州、宁波市就是这种情况，这些省份或城市以移居国外人员众多而闻名。公有或者私有的企业，是这种变化的重要参与者。黑水公司创始人艾瑞克·普林斯（Erik Prince）在阿布扎比成立了边境资源集团（Frontiers Resource Group），并明确表明其目标市场是在非洲的中国企业。一些大型企业在出现危机时不需要国家的帮助也可以撤出员工。所以，利比亚危机时，中国北方工业公司在中国撤离 36000 人几天前，已经自行安排了撤离行动。利比亚大规模撤侨行动也开始了军队在外交政策方面新的作用。除了在规划中的关键作用，它还提供了设备，因为从地中海国家租用的包机和渡轮数量不够，不足以撤回所有中国侨民。因此，空军派出了四架伊尔-76 运输机到利比亚南部撤离之前未能撤走的滞留公民。

外交部之外，另一个负责海外公民安全的机构就是公安部。公安部负责国内安全，在胡锦涛时期，超出警察之间简单的协调交流，发展出了对外的部分职能。这种作用的增长在东南亚地区是很明显的。在 2011 年 10 月中国船员湄公河被杀案之后，公安部同缅甸、老挝和泰国达成共识，在该流域进行联合巡航。它将惨案元凶缅甸大毒枭糯康及其几名同伙从老挝引渡。糯康于 2012 年 11 月在云南昆明被判决死刑。不久后，公安部称，曾计划派出无人机对罪犯进行斩首行动，但经商议后，决定谈判逮捕他在中国受审。在党的第十七届中央委员会政治局常委中有公安部的代表，所以它在外交政策中的作用得到了促进。在新领导班子里，常委中不再有公安的一席之地，这可能会削弱它的仲裁权。

在习近平时代，随着海外移民和旅游人数的不断增长，中国外交政策在这方面的发展将继续下去。除了制度建设和不同参与者之间的明确分工之外，国际合作的问题可能使中国在一定程度上同西方国家更加接近。利比亚撤侨事件中，中国依靠了同希腊和意大利的合作。在未来，当从拥有数万名中国侨民的国家撤侨时，中国可能会为促进大规模撤侨，在与其他国家协调时同它们产生合作利益，比如美国或者欧洲的某些国家。

2. 网络安全

在习近平执政的第一年，网络安全问题成为了美国针对中国的一个重点。通过公开宣称其政府机构和企业是中国网络攻击的受害者，美国官员和评论员迫使中国新的领导集体认识到了这个问题的严重性。所以美国和中国似乎正走向协商调整各自在网络世界的行动。在这件事情上，多边协商的做法可能能够保护其他被网络攻击甚至被窃取智力资源的受害国的利益，于是这件事情发展成了中美双边磋商的问题。

然而在理论上，中国认为网络安全问题是控制军备的一个多边方式。2011年9月，中国同俄罗斯、塔吉克斯坦和乌兹别克斯坦一道联名致函联合国大会，呼吁就信息安全国际行为准则展开讨论。它们强调因为网络时代的各种可能对国际安全提出了新的挑战，中俄建议在联合国框架内进行国际讨论。比起联合国大会，中国专家更偏爱在日内瓦裁军谈判会议框架内进行协商。但是中俄这种方式令美国和欧盟很难接受，因为它们认为这掩盖了中俄的企图，即试图让国际社会接受一个网络主权的概念。

以上问题就像中美关系的毒瘤，问题的严重性促使中国改变了策略。2013年第一季度，美国麦迪安（Mandiant）网络安全公司发布的一篇报告，分析了中国解放军针对美国战略利益进行的141次网络攻击，其中还包括一张位于上海浦东新区发动攻击的总部照片。中国政府继续否认攻击，但是自此之后转而强调中国是美国攻击的受害者。中美之间的双边行为准则谈判是接下来要进行的事情，习近平在2013年6月将这一行为准则描述为两国之间可能"合作"的领域。这方面取得的进步可能成为制定多边军控方案的标杆，这个方案将有益于第三方国家，比如一些欧洲大国、俄罗斯和日本。

3. 与西方新干涉主义的斗争

"同西方新干涉主义作斗争"这个提法的出现是利比亚战争和"阿拉伯之春"的直接结果。这是国际上"反和平演变"的延伸,"反和平演变"是中国共产主义制度在改革时代的一个重要概念,意味着中国共产党要反对一切美国或者西方国家试图利用中国改革开放进行的颠覆活动,防止它们将中国"民主化",造成不稳定或者是将一些地区分裂出去。

在这个意义上,美国和欧洲对"阿拉伯之春"的支持对中国来说是一个威胁,因为这表明它们的战略民主化行动愈演愈烈,在中国看来,它们对人民的解放不是让人民获得自由,而是为了创造制度上的盟友的一种手段。中国对联合国安理会第 1973 号决议投了弃权票,这使得北约支持的法英干涉利比亚得以实现,这项决议准备在利比亚设立禁飞区以防止卡扎菲使用空军打击民众。但是中方认为欧盟和美国欺骗了全世界以掩盖其真实打算:改变制度。另外,很多中国人认为西方利用了军事手段,在利比亚的经济战略领域(包括能源和建筑领域)排挤竞争对手,比如中国。所以中国最初的对于"保护责任"概念的支持由于地缘政治的考量在利比亚遭到了拒绝,这就能够解释中国代表团为什么会在随后安理会制裁叙利亚的问题上行使了三次否决权。中国自 2011 年 10 月至 2012 年 7 月三次行使了否决权,而它自 1971 年入常以来总共行使过九次否决权。

结　论

中国国内的评论员经常批评中国的外交政策,说它为了避免公开冲突而不能够维护国家自身的利益,却鲜少提及中国在亚洲形象即软实力的损失,这种硬伤是近四年来中国面对南海争端的政策造成的。通过维护自身利益和确立实力,中国试图强迫美国在东亚作出让步。目前,这还未取得预期效果,因为美国加强了在这个地区的参与,包括同日本、菲律宾和澳大利亚进行防务合作。"新型大国关系"的提出正是为了终结美国的这种趋势，但是也必须看到中国首先是在找寻美国的相对退出以发展它在这个地区的影响力。

中国的外交政策在这个全球化的世界表现为保持住经济利益和国家安全。保护海外侨民成为了外交工作的一个重点。通过这项工作，中国确立了它的大国地位，也同时审视了它的海外行动方式。

（闫肃翻译　中央编译局文献翻译部二级翻译）

中日关系的前景——从习近平政府的对外政策出发*

［日］天儿慧

安倍政府与习近平政府自诞生之日起已经历时一年之久，然而日中首脑会谈却未曾举行一次，有关钓鱼岛，中国又设立防空识别圈，不见关系缓和之象。如今的日中关系，并不单纯是两国之间的对立，同时也是重大的国际问题。日中两国应当如何推进关系的改善呢？

观察日中关系时，看不到中国外交的整体战略或是整体目标，就很难弄清中国行动的本质。中国批判参拜靖国神社或是设立防空识别圈，如果仅将其认定为临时采取的行动，就无法看透整体情况。我们应该采取何种态度，现在仍然不明确。我认为还是应该仔细研究中国外交。

众所周知，日中关系恶化至此，其中的重大起因是钓鱼岛问题。我们应该探讨如何从现在的关系恶化走向未来的关系改善。

以"伟大复兴"为目标的中国的对外政策

从大国层面出发，是以十八大的政府工作报告为基础，并围绕大会结束后习近平总书记的就任讲话之中提到的"中国梦"这个词语。

将这个词在中国进一步具体拓展并再次提起，是去年 6 月习近平同奥巴马进行会见时，在 21 世纪新型大国关系的形成这一论述中他本人提到

---

* 本文选自《东亚》2014 年第 4 期，作者为日本早稻田大学教授、中日关系问题专家。

的，2012年12月前后开始在内部使用。新型大国关系仅适用于中美关系，包含日中在内的其他国家关系并不适用于这个词语。

另外，日本应该也倾向于认为中国在世界范围内发展强硬外交，当然也可能并非如此。主张国际协调路线的两个典型事例分别是去年博鳌亚洲论坛上习近平的演说，以及10月举行的周边外交工作会议上的演说。

博鳌论坛上比较令人担心的问题是发展地球村的理念。相对于强调中国独特性的中国模式、北京共识以及中国特色发展模式等，地球村这个理念是"普遍性"的，两者稍嫌不协调。

另外，在周边外交工作会议中有意思的是，会议引用了出自《大学》和《中庸》的中国传统词句并讲述了同周边国家的关系。我们在看待中国的状态时，常常将其等同于中华王朝这种传统体制，这是如今的日本切身体会到的感受，因此不再赘述。今天的《朝日新闻》中报道，在南京举行的会议上，台湾"大陆委员会"主任王郁琦认为，中华民族的伟大复兴给人以增强军事强权的印象，应当以王道精神促进同周边的和平关系。

中华民族的伟大复兴这一说法，是中国领导人从很久以前就拥有的想法。之后大范围提及是在2002年，与亚洲积极讨论东亚共同体论在同一时期。我认为在此同一时机正面提出中华民族的伟大复兴这一说法，包含了重要意义。另外，也有说法认为这其中体现出某种强权色彩。

多方面的中国威胁感

另外，中国主张海洋强国的同时，会导致中国警惕论、中国威胁论等言论不断增加。在日本，中国威胁论的说法普遍存在，也有不少说法认为大气污染等问题也属中国威胁，但首先还需要冷静地分析威胁论。对我们来说，难以解决的威胁论包括安全威胁和对外战略、外交威胁的问题。

其次是经济威胁，随后是环境污染威胁、食品威胁。关于这些威胁我认为是日中合作才能解决的问题。因此，威胁论之中包含需双方合作解决的威胁，和必须从零和角度思考的威胁，我认为我们有必要认识以上两方面的问题，从而接近中国。

大国主义外交的特长

如何理论性地整理中国外交，关于我的想法，在今年夏秋季节，作为团体研究成果由东京大学出版会出版。而整理最近的中国外交理论时，我认为必须思考中国外交的行为问题。考虑中国人的行为时，应当整理为"型"和"利"两个方面，就非常简单明了。只是，利益恐怕是全世界共通的行为基准，无需遮掩。因此，对于"型"来说，我想在欧美世界大概体现为价值吧。比如，宗教价值和意识形态价值。

中国的"型"，是清晰意识到自身的定位，根据定位决定同对方的关系。日本人几乎没有关心过自己的站位。其实日本人并非完全不关心，原文化厅长官、现任国立美术馆馆长的青木保认为，若用一个词来概括日本社会，就是超级平面（super flat）社会。这从某种意义上来说，是非常重视"型"的，但这却与中国的"型"完全不同，总之是与规范论有关的框架、体系，或相关程序等问题。

关于"利"的部分，中国人不能完全说是自私，却是带有利己主义色彩的，也就是以自身利益的多少为中心出发的。然而，日本人虽不是博爱性的利他主义，却带有利他主义的色彩。日本人通常考虑对方，然后思考自身的利益，如此在对方或整体空间之中谋求自己的利益。实现利己主义的利益，不能依靠制度体系或规则性，需要重视关系来实现利益。我认为从与权威相结合的行为出发进行研究更加合理。

从中国的历代领导人身上也可以看到这种想法。比如，毛泽东在20世纪50年代，走学习苏联的路线时，曾称苏联为老大哥，而中国则自居为其后。这次讲话清晰地体现了其自身的站位。另外，20世纪70年代，他提出三个理论，在此也称"我们站在发展中国家的立场上，带领发展中国家打败美苏等霸权主义大国"。如此明确自身站位，从而开展外交。

从中国重视站位的角度出发，就可以了解其仅以利益为基础的外交活动所不能说明的行为。

从钓鱼岛问题观察中国的对日战略

接下来我想谈谈钓鱼岛问题,如何研究从钓鱼岛问题看到的中国对日战略,我认为还应考虑中国国内差距,民众对体制的不满,以及伴随大国化而来的民族主义膨胀等相当重要的因素。

对于2010年的渔船冲突事件,我的分析认为主要原因在于海底资源的共同开发。有关于此,中国政府曾与福田首相达成一致,但在具体推进的过程之中,发生了这起事件,由此可以明显看出共同开发和单独开发两方之间的对立。

困境之中的中国现实

我的解释是,如今的中国陷入困境之中。主要是解决经济增长主义与不平等社会形成的困境。令人担心的是,中国推进经济增长路线,是否能够解决政策方针之中的差距问题和歧视问题,或环境污染问题呢?

此外,还有大国主义和国际合作的困境,即在开头部分提到的外交的二重性。如何看待中国特殊论与普遍主义的关系,最终如何思考中国共产党的一党制与多元化社会,这些困境是当今中国所面临的重大问题。

中国以两个百年为目标前进着。一个百年是2021年共产党成立一百周年,另一个是2049年中华人民共和国建国一百周年。我认为这个发展历程的中心,就是经济增长和军事强化两大支柱。

那么,这两个百年要实现什么?大概是牺牲一切也要赶超美国。因此,我认为中国有可能推迟各种问题在根本上的解决,仍在困境之中继续前进。

中日关系的突破与向亚洲太平洋海域发展

"韬光养晦"这个词语是邓小平有名的24字指示的中心内容,而现在这种状况则被打破了。

同日本的关系，中国领导层曾经也采取"韬光养晦"路线。日本人看到，中国如此爽快地开展善意的外交，比如在历史问题上中国突然收兵，到底是为什么呢？是不是为了谋求日元贷款呢？20世纪80年代末到90年代曾经多次探讨过这个问题。但我认为当时的中国的确在充分实践"韬光养晦"路线。

现在中国开始公开声称比日本强大。比如《朝日新闻》（2012年12月12日）的采访消息中报道，清华大学当代国际关系研究院院长阎学通公开谈到日本比中国弱："美国比中国强大，日本比中国弱小。日本要认识到这种状况，不要再将中国视为竞争对手。"在钓鱼岛，中国确实开展了自由航行，也采取手段突破了日本的钓鱼岛领海论。这种所谓正常的双边关系，部分领域为重要双边关系的说法即日中关系的突破。

另一大突破即向亚太海域的势力扩张。这种来源于大国主义路线的主张，背景在于近代史之前中国的光荣史，和近代逐渐衰落、饱受侵略的屈辱史。与日本不同，中国一直以来执着于历史，无论是光荣史还是屈辱史，思考的问题重点的跨度非常大。关于对历史的理解方式，中日之间存在着非常显著的差异。

大中华圈这个词语中国政府并未使用，但大中华这个词语在专业书中出现。这个大中华的说法是指以中国为中心的某种共同体，最近常称之为命运共同体，这的确是作为大中华的一个框架。东亚共同体这个词语采用另一种表达方式，就显得非常平和、对等。东亚共同体也是以国家为单位而存在的，但大中华圈这个说法就必然会产生裂纹。

日本非常努力地推动亚洲共同体，最初的东盟10＋3并未察觉到出现什么问题。然而，伴随中国崛起，其存在感不断增强，出于对此状况的担忧，东盟10＋3＋3的说法也开始被提及。然而此计划在2005年吉隆坡举行的第一次东亚峰会上流产。中国坚持东盟10＋3，而日本坚持东盟10＋6。双方的讨论一直持续到现在。有了作为东盟扩大首脑会议的东盟10＋3，另外的东亚峰会就不再以创建共同体为目标，而只是单纯的峰会而已。

对中国来说当下的日本

中国究竟是如何看待现在的日本呢？

我想安倍政府诞生一年之久恐怕并未让步，中方也不会主动接近，双方都持观望态度。然而日本既不属于新型的大国，也不属于大中华，而且不如说日本正在成为大中华圈形成的重要阻碍因素。去年10月，前首相麻生曾出席"第九届东京—北京论坛"，各方也曾期待能够由此稍微改善日中关系。会议上，前外交部长唐家璇直言日本是要跟着欧美还是跟着亚洲。这种说法让人想起孙中山，我想也可以理解为，是要加入大中华，还是作为欧美的一员同中国对决。

另外，我还有一个想法就是要通过事实来认识日中关系的逆转。特别是中国开展战略孤立安倍政权。争取韩国的同时，在历史问题上谋求与美国联合，力图在国际社会中孤立安倍政权。

今年1月16日的《人民日报（海外版）》利用整整一版刊登了题为"日本是美国的'资产'还是'包袱'？"的评论，呼吁美国作为第二次世界大战战胜国一同加强联合。赴俄罗斯参加索契奥运会开幕式的习近平在同普京会面时也提到了以上内容。因此，中国很明显在利用"二战"的战后秩序企图孤立日本。

日本应如何看待目前状况

关于如何看待日中关系本身的问题，我们必须深刻认识到，两国关系是紧密相连无法斩断的。也有人将其形容为搬也搬不走的邻国关系，我认为这样形容不够充分。因为两国不仅仅在地理位置上相邻，现实之中的往来和交流也很多。

另外，双方还是应该秉承共同的方向性，而不是互为竞争对手。我认为更加合理的做法是，日中双方应该分担责任或利用协同作用，形成对等的伙伴关系。

而且，日本在泡沫经济崩溃之后失落的20年中不断摸索，逐步在日本民众之中凝聚出共同的目标，即努力实现成熟的社会。日本人，或者说日本的目标非常明确，无意GDP竞争，也不会实行扩军的富国强兵之策，而是更加重视丰富的自然环境，在老龄化、少子化社会中建设能够使人感到更加安心、安定、安全、和睦的社会，更多人开始将注意力转移到这个方面。今后的中国存在的问题，日本应该已经遇到过，实践过了。因此，双方也可以分担责任和利用协同作用成为对等的伙伴关系，若中日两国互相认识到这一点，合作的可能性便也产生出来。

隐含战争可能性的对立一旦长期化，会给双方都带来重大损失。双方必须认识到这同样会给国际社会带来重大的影响。在日本，大多数人都认为不会发生战争。按理说不会发生战争，可是古往今来基本没有按照常理发生的战争，战争都是在不合常理的动机中发生的。比如突发事件的升级也会成为其中一种可能。

最近，我接受了香港报纸《明报》的采访，《明报》用两页刊登了这次采访。其中一个问题即是否会发生战争。对于这个问题，我表示战争论是非常可怕的，日中战争也是非常可怕的。我也声明战争百分之百不可能由日方挑起。《明报》基本刊载了全部内容，只有反驳钓鱼岛为中国固有领土的说法被截掉了。网络报道也全文刊载出采访内容，连香港都考虑到了战争论，中方《环球时报》的论调中也充斥着这样的说法。我认为酿成这样的气氛是非常可怕的。

因此，对于战争论不能一笑了之，而必须彻底否定。也必须拿出否定的根据。我可以清楚声明，即便是安倍首相，由日本发动战争的可能性也为零，但若不努力用可信的说法反驳，可能真的会由于某些原因发生战争。

敌对是互损，合作是共赢

我想谈谈防止当今中日关系恶化的战略。

首先，在国内问题日益严重之时，许多中国人感觉到更加需要日本的支援。去年，以日本经团联为首的财界访华团赴华时，中方也特别提出在环境改善方面希望同日本合作。以上合作在实际当中一步步推进，是非常重要的。

第二，即在热点争端方面，不知是真是假，在钓鱼岛国有化进行之际，应该是中国的军方相关人士，曾在宴席上称要同野田总理干杯。这些话是从中国的朋友那里听闻的，我怀疑真假，向其他人也询问得知的确听到过这个说法。

第三,我必须再次说明中国对日本敌视的不合理,以及这种敌视对中国本身并无好处,甚至带来损失。我想说的是,敌对关系必然是互损,合作关系则能共赢。因此,我认为应该进一步宣传上文中提到的想法,即,使日本和中国成为可以合作、也可以分担责任的两个大国。

第四,加强日美同盟。这一点是不容否定的。只是,认为单纯依靠于此就能解决问题是大错特错的。更重要的是应在加强日美同盟的基础上,谋求日中关系的改善。

关于何以改善日中关系的摸索

最后,我来谈谈关于改善日中关系的可能性。

从长远角度来看,什么是最重要的呢。从我开始谈到的"利"与"型"的论点出发,日本是否应该在不失"利"的前提下,在某种程度上认同中国的"型",或者说面子。比如说,中国的 GDP 已经达到日本的近两倍。2020 年左右规模将达到日本的三倍以上,对于在事实上承认这种问题大概今后是非常必要的。

我最近想起了"存小异,求大同"这句话。钓鱼岛问题已经成为大争议,但我觉得大概将其继续称为"小异"会更好。大概会有人怒斥主权问题怎么会是小问题,但钓鱼岛问题原本就是小异。因此,"周总理不是也说过吗",日方用周总理的话举例:"再次确认求同存异的原则,将钓鱼岛问题缩小,完全封存吧。"

其次,要把握日中关系改善的长期战略,如今的考虑便是微笑作战。总之,日本若只提中国的不足和问题所在,中国必然不会开心。因此,应该以事实为依据说明中国也在努力。比如,中国在全球的 PKO 派遣非常积极,诸如此类的问题。

如今我所担心的是,意见的直接交换和相互理解的场合非常少。无论如何都要将这条道路打开。关于知识分子交流,我们也应该承担一些工作。另外,也很期待年轻人之间的交流。新的一代从无关政治的领域开始做起,我想他们的力量就是今后的日中关系的力量。

接下来，是需要耐心处理的问题。要选择一个追求新型日中关系的领导人来代替安倍首相，是不大可能马上就实现的。在日本国内，支持安倍首相政策的基础也具有相当势力，因此，现政府是要暂时维持的。只能先实行谷内曾说过的"战略性忍耐"了。

这样看来，能做的事情还是在从开始就反复说明的经济技术、环境污染的改善以及城市化等方面。在不断推进的城市化问题中，以环境保护和节能为基础的城市化设计或技术支援、完善基础设施等问题上，日本可以提供一些帮助。

历史问题的重新认识

关于钓鱼岛问题，的确有人提出在维持日方"利"的前提下提出关系改善的新道路，曾经有过共同主权论的说法。如今并未使用共同主权这个说法，则需围绕钓鱼岛问题寻求崭新的想法。

我曾同前首相中曾根康弘争论过领土问题这个概念，中曾根前首相认为主权是包含排他性概念的，排他性概念之中就不能包含"共同"这样的词语。但是，是否能以战略论来考虑呢，在战略论的角度上也不是不能这样想。这一点的确非常难，但却很重要。与俄罗斯的北方四岛问题也是这样，不妥协就无法解决。如果这里可以妥协，那么接下来的钓鱼岛问题和竹岛问题也都可以逐步考虑。因此，要领教安倍首相的手腕，了解他在外交上有多大的能力，还要看他在顾全俄罗斯面子的同时能做到多大程度的妥协。

其次，关于历史认识的问题只能再认认真真地考虑一次。不知从何时起，越来越多的人认为战前的人们牺牲宝贵生命成就了如今的繁荣。也就是重新讨论1945年被置于何种位置。我认为1945年是新日本的开端，即1945年将和平、发展、国际合作等内容作为新的开端。这些问题应该再次被讨论。

接下来是参拜靖国神社的问题。设置国立追悼墓园的做法，客观上看来难以实现。小泉首相时期福田官房长官提出建立战死者追悼设施的想法，我非常赞同。只是，从如今的现实出发很难实现。但是，又不能放弃参拜靖国神社的问题。这时就出现了分祀案的说法。虽然靖国神社的合祀对象无法分祀，但不能否认分祀这种状态是存在的。既然分祀的对象可以合祀，为什么合祀的对象不能分祀呢。因此，形式性的东西以形式性处理更合理，若是分祀就没必要写上甲级战犯。若有需要就在靖国神社的某各个地方单独建立一个，想去参拜的人就去。这样的话我想天皇陛下也可以去靖国神社了。

最后我想提出的是，以多样化的对象研究构筑问题控制和解决框架，在日中关系中不单单盯着日中两国。中国常常提到战后秩序，将这个问题归于国际问题，因此日方也应从战后秩序的说法或国际社会的视角出发考虑日中问题。我希望在未来将太平洋共同体的讨论也纳入其中。

（王琪编译　中央编译局理论中国网编辑）

中国对非援助：发展之路还是冲突之路？*

[美] 塞缪尔·S.斯坦顿　戴尔·托马斯　约瑟夫·J.圣玛丽

2004年中国在非洲的投资达9亿美元，这一数字意味着中国对非年度投资额比1974年的0.2亿美元增加了8.8亿美元。中国对非洲的援助和投资自前国家主席江泽民1995年和1996年访问非洲之后急剧飙升。在这两次访非之旅中，江泽民承诺将建立一个50亿美元的投资基金，鼓励更多的中国企业到非洲投资，同时承诺中国对非州发展的援助资金将加倍。进入新千年后，中国对非投资和援助的增加对非洲大陆产生了巨大的影响。事实上，正如丹比萨·莫约2009年指出的，"在进入新千年后的10年里，没有任何一个国家比中国对非洲的政治、经济和社会产生的影响更大"。鉴于西方在1960年至2000年对非洲实施了大量援助和投资，这一说法很不寻常。莫约的观点是基于她对西方对非援助和投资未能对非洲社会经济发展产生深远影响的分析。在探寻西方援助为何失败的答案时，莫约注意到了"中国人是我们的朋友"这一说法。沈大伟呼应了莫约的看法，"非洲国家欢迎中国的参与，因为不断增加的贸易、援助、投资、教育、职业培训和债务减免都使这些国家受益。在非洲进行的民意调查显示，非洲的民众对中国持有最为积极的看法"。

中国的援助和投资对非洲有益吗？如果衡量援助成功与否的标准是社会经济发展，那么成功的援助应该能够提高一个国家、地区乃至整个非洲

---

* 本文发表于2013年8月28日—9月1日在芝加哥召开的美国政治学学会2013年年会，第一作者塞缪尔·S.斯坦顿为美国格罗夫城市学院副教授。

大陆人们的生活质量。所以，我们的问题是：中国对撒哈拉以南非洲的大量援助是否提高了那里人们的生活质量？我们要知道应如何理解中国的援助和投资对撒哈拉以南非洲少数民族政治行为的影响。莫约等人认为中国的援助和投资比西方（如美国）的援助和投资对撒哈拉以南非洲地区的发展发挥了更好的作用。如果一些援助或投资导致了消极的社会政治后果，那么这种援助或投资好吗？我们一开始的看法是，当经济发展对少数民族产生的负面影响被最小化时，社会和政治就能以健康的方式发展。基于此，我们提出以下问题：中国的援助或投资对少数民族产生的负面影响是否被最小化了？

撒哈拉以南的非洲地区是世界上少数民族人口最集中的一个地区。这个地区任何一个国家的少数民族都不止两个。许多研究都探讨了民族之间、少数民族和国家执政力量之间发生冲突的原因。大多数的现有研究关注了撒哈拉以南非洲地区少数民族的政治关系。在对少数民族政治行为的支持性研究成果中，有一些研究认为经济因素和政治行为之间存在因果关系。理解经济因素要考虑的一个重要方面是给予撒哈拉以南非洲地区的援助和直接投资的金额，以及这些援助对社会和政治发展的影响。事实上，研究援助所产生影响的一种方法是查看援助是否带有"附加条件"①。

人们最关注的是美国的援助或缺乏援助，以及这种援助或缺乏援助所产生的负面或正面影响。然而，越来越多的注意力开始集中在中国的援助和这种援助对撒哈拉以南非洲地区发展所产生的影响。② 虽然非洲民众显然认为"中国的援助更开明，比西方人的（援助）更有益"，但实际效果却可能不太理想。如果我们承认中国是当今全球最重要的新兴大国，中国的经济总量到 2025 年可能超过美国，那么关注中国的援助和投资就至关重

---

① 我们将接受援助和投资的任何前提条件都视为附加条件，只要这些前提条件与援助或投资商业没有直接关联性。例如，如果援助净水或管道工程要求政府出让对清洁水的所有权或管理权，那么这就是附加条件；然而，为了净水设施或管道而要求清理或购买土地则是商业开支，而非附加条件。

② 当然，中国援助或投资问题的另一面是为什么中国如此愿意在非洲投资，我们将在下文谈论这个问题。

要。我们已经到了一个关键的时间节点，了解中国如何影响世界比了解世界如何影响中国更为重要。

为回答上文提出的问题，本文将首先讨论少数民族和民族政治行为。然后，基于撒哈拉以南非洲的社会问题，我们提出了一个理论框架，解释了撒哈拉以南非洲不同民族群体间的差异，并进一步审视了中国的援助和投资是否有助于所有民族群体的社会经济增长。此后，我们就中国的援助和投资与少数民族政治行为的关系提出了几个有待验证的假说，最后根据验证假说过程中的发现得出结论。具体而言，本文将考察民族群体的权力地位和中国援助之间的关系，以及民族冲突事件与中国援助之间的关系。

理论：竞争或安全困境

鉴于民族群体间的竞争是政治冲突（非暴力冲突和暴力冲突）的起因，奥扎克提出了一个生态学理论。詹姆斯认为竞争是战争在道德上的等价物。在社会中，人们自童年起就开始参与竞争。作为人类意识中根深蒂固的一部分，竞争会影响个人的思维和行为。这个道理同样适用于人类群体，仅仅是个人之间的竞争变成了"我们与他们"的竞争，为了群体的荣耀、声誉和地位的竞争。

群体之间的竞争对一个国家的发展是有益的。然而，如果竞争偏向于一个群体或一组群体，而另一群体或一组群体被有意或无意地置于弱势地位，那么发生冲突的可能性就会增加。在不平等竞争中发生的社会经济变化，也可能增加冲突发生的可能性。这种看法与霍洛维茨对种族冲突的分层观点密切相关。如果一个社会制度对种族群体进行等级划分，那么冲突发生的可能性比没有对种族群体进行等级划分的社会体系更大。

实践证明，一直以来，种族群体等级划分更有利于政治和社会地位的竞争，同时也易于导致发生冲突。20世纪80年代末或90年代初，布隆迪的胡图族和图西族为社会政治地位进行的竞争就是典型的例子。不平等是布隆迪社会的一个普遍特征。图西族主导着布隆迪的权力结构。土地所有权和使用权仅限于本族群的成员，只有图西人被允许拥有土地，胡图族人的地位类似于农奴。在政府重组过程中，权力竞争非常激烈，而这对胡图族来说非常有必要，因为他们真的相信逃避社会歧视的唯一途径就是提升自身政治地位。竞争因种族界线变得异常激烈和残酷，后来当胡图族总统离奇死亡后，发生种族暴力冲突的条件就成熟了。

上述例子说明了等级分明的种族群体之间可能发生暴力竞争，等级划分也使种族行为变得更加易于推测。"上等种族群体与下等种族群体之间的关系通常能代表社会凝聚力和人们共同愿望的一些元素。"

竞争如此根深蒂固，无法从人们的行为模式中根除。正如詹姆斯指出的，祖先在我们的基因中刻下了竞争，"几千年的和平也不能将之消除"。对资源和地位的竞争变成了导致人类更大困境的主要驱动力。某一个群体获得的任何利益都会在社会上引起至少另一个群体的反应，从而降低社会稳定性，增加导致安全困境的可能性。

斯奈德和杰维斯证明了安全困境可能成为国内冲突的原因。安全困境可能导致社会精英对不同群体的掠夺行为。尤文在研究中讨论了卢旺达统治阶层精英的掠夺行为。

伍德沃德在发展波森所探讨的民族安全困境观点时，认为在特定的结构性条件下，安全困境确实能导致国内冲突。使安全困境导致冲突的三个主要结构因素是：缺乏多数民族（即没有任何一个族群是国家的大多数公民）、无政府状态和剥削。在这种结构下，政治领导人变得具有掠夺性，可能利用安全困境获取政治优势。群体身份和该身份具有的社会影响，可能对种族领导人相当有利。

但是，国家处于近乎无政府的状态是民族安全困境的必要条件吗？这个问题是波森和伍德沃德研究的主要限制性因素。然而，根据赛德曼的研究，无政府状态不是民族安全困境的必要条件。

我们看一下基本的假设：一个群体的行为让其他人感觉不安全，并最终使该群体采取更加不安全的行为，为什么需要出现接近无政府状态的局面来使这成为该族群的问题？米格代尔认为，一个国家可以强大也可以软弱，这取决于社会对国家所采取行动的反应。一个被外部力量控制的国家不一定软弱，因为仍掌握统治权力。一个必须向众多内部压力低头的国家一定是软弱的，也很难成为其他国家控制的目标，因为很显然，在这种情况下，国家政府只拥有名义上的控制权。事实上，在这种情况下，其他国家可能会通过多种方式赋予该国家的其他社会群体以力量，但不会摧毁国家的统治。因此，一个国家政权是否正在走向崩溃非常重要，但不是导致民族安全困境的必要条件。

表面现象对安全困境很重要。当一个群体决定采取可能降低自己安全的行动时，可能是由于其他群体或国家表面上看起来非常有优势，他们必须这样做。或者，决定采取行动的群体领导认为群体成员已准备好采取行动。不管怎样，表面现象是基于历史经验的一种评估。波森指出，"评估他人身份感的攻击性影响……他们使用的主要机制是历史：上次其他群体不受约束时他们的行为如何？"

撒哈拉以南非洲的历史有一个主要特点，即"强人"规则，这是族群主从关系的产物。当综合考虑竞争和安全困境时，我们认为理解"强人"规则很重要，这是理解人们之所以认为外国援助会深刻影响民族行为的基础。在阐述外国援助可能会或可能不会对民族群体产生负面的社会和政治影响时，"强人"问题很容易被纳入对竞争理论和民族安全困境的研究之中。

布拉顿认为，"腐败、保护主义和'强人'居住地主义——所有新世袭统治的表现——往往共生共存……事实上，这些行为在非洲的政治生活中如此根深蒂固，它们构成了真正的政治制度"。因此，任何对中国援助和投资影响的理论阐释都必须放在这个背景中进行。

新世袭主义是非洲社会政治格局的决定性特征。虽然有人对这个叫法持有异议，有人曾试图阐明其意义以增强其实用性（比如埃德曼和恩格尔2006年的著作），新世袭主义仍然是非洲政治话语的一个重要组成部分。新世袭主义的一个主要表现是个人的统治运行在"不需要对统治者的个人资质有任何信任、但却与物质激励和奖励有着千丝万缕联系的忠诚基础上"。埃德曼和恩格尔尝试回归到韦伯关于统治基本范畴的观点里，以区别新世袭主义与其他类型的统治。他们指出，世袭主义的"统治者与被统治者之间的政治关系、行政关系等所有权力关系都是个人关系；公私之间没有差异"，但在新世袭主义中，国家被认为是合法的，两者共生共荣，国家成为世袭关系的载体，谁控制着国家谁就控制着战利品。因此，非洲政治经常成为"强人"统治。

"强人"统治对个人行为有着明确的期望，忠诚于家庭、村庄、民族和宗教至关重要。"个人统治权"可能意味着必须这样做，而在新世袭主义下，国家成为这样做的一种表现。投票不看资质或业绩，只看是否属于同一个群体。正如卡马克指出的，"一个相对成功的竞选策略是把选民的注意力集中在对手的'外部出身'……"甚至在某种程度上，既然民主已经在新世袭主义社会中变得根深蒂固，选举也与善治没有关系。相反，人们关注的问题是候选人是否可以很好地将战利品分给他的支持者？一旦大权在握，领导者几乎毫无例外地将官职、媒体控制权、国家资源分配给自己的追随者，排斥来自其他族群的人，从而巩固自己对权力的掌控。然而，这样的行为不会招致人们的严厉谴责，反而是人们所期望的。掌权者的变化很少导致基本行为的变化。相反，真正的变化是哪个种群群体在物品分配中受益更大。不是官僚机构提供更好的管理，而是官僚国家变成了发放奖励的手段。有趣的是，卡马克特别指出，外国援助通过提供额外分发的奖励可以延续这一机制。

波斯纳和扬认为外国将非洲政治行为的变化作为提供援助的条件。与"强人"政治形成鲜明的对比，通过把外国援助与民主化、尊重法治相关联，捐助国帮助非洲走向现代政治民主。在证据方面，他们注意到2005年权力过渡时的变化以及宪法是否限制总统担任第三个任期。总而言之，波斯纳和扬找到了乐观的理由。然而，此后中国对非洲国家的援助急剧增加，但却没有附加西方要求的那些条件。这或许可以解释为何非洲的治理状况继续恶化。吉雷指出，"中国援助非洲那些不重视人权和民主的政府"，"在撒哈拉以南非洲的所有48个国家，专制、停滞、冲突都在不断上演"。"阿拉伯之春"似乎升起了改善状况的希望，然而非洲的混乱治理继续阻碍着形势的进一步改观。

理论假说

根据中国援助对撒哈拉以南非洲地区民族的社会政治发展产生的影响，我们提出了有待检验的理论假说。这些假说检验了民族群体与其他群体的地位竞争以及在现有的国家政治结构中的竞争，也检验了民族政治行为的安全困境评估，并允许我们思考种族群体的竞争和主从行为怎样受到中国援助的影响。

假说1：中国援助项目数量的增加将导致种族群体政治地位的降低

假说2：某年中国援助拨款金额的增加将导致种族群体的政治地位降低

我们认为中国援助项目和金额的增加将对种族群体产生负面影响，因为对经济影响力和资金的角逐将导致政府限制种族群体的政治力量。为检验这些假说，我们查看了前几年的援助项目和金额如何影响了当前的结果。这些假说是对竞争与主从关系的测试。

假说3：中国援助项目数量的增加将会提高种族冲突较早发生的机率

假说4：某年中国援助拨款金额的增加将会提高种族冲突较早发生的机率

我们认为检验假说3和假说4时，将会有支持或不支持民族安全困境的发现。如果安全困境成立，那么援助项目和金额的增加会导致没有权力的种族群体怀疑政府行为将导致自己地位的下降，这将威胁不在权力位置的种族群体的利益或生存。在这种情况下，一个种族群体可能认为除了发起冲突行为外，没有其他可行的替代方案。

数据和模型

该研究的基本数据来自苏黎世联邦理工学院①的 GROW^{up} 研究项目。数据基于 EPR—ETH 研究和数据收集。数据在文中以国家—群体—年份的方式呈现,这是基于 GROW^{up} 数据集的内容,"国家"默认为撒哈拉以南非洲地区的国家。数据仅限于 2000 年到 2009 年,这也取决于种族群体数据和中国援助数据的可靠性。中国的援助数据来自于 AidData 项目收集的数据,其中给出了某一指定年份的援助总金额,可以由此计算某一指定年份给予撒哈拉以南非洲某个国家的援助数额。② 综合这些不同来源的数据,编制一个数据集,其中包括 2000 年至 2009 年对 41 个国家 2460 条对撒哈拉以南非洲地区种族群体的看法。

我们选择用时间序列建模法来创建模型。我们充分认识到,使用时间序列模型存在一些问题,因为这局限于 10 个时间段。但我们认为,中国援助的纵向影响大于使用一小部分时间段面临的困难。

因变量

我们的第一个因变量是种族群体的权力地位排名。权力地位排名完全根据一个种族群体成员获取权力的绝对值。绝对值最小为 1 (歧视),即种族群体受到正式或非正式的歧视,无法获取权力;最大为 7 (垄断),即种族群体的精英垄断了政府行政部门的权力,使所有其他种族群体无法获取行政权力。该模式被称为"初级合伙人"模式,意味着一个群体的代表参与了政府,但相比主流群体处于次要地位。第二大的群体是没有任何权力的,这表明在 518 种情况中,群体的精英在地区或国家层面上没有任何权力,虽然该群体没有受到直接歧视。只有 403 种情况显示,在一个种族群

---

① 数据可通过以下链接获取:http://growup.ethz.ch/rfe,本文在报告和使用数据中若出现任何错误,本文作者负担所有的责任,与 GROW^{up} 项目无关。

② 中国的援助数据可从 AidData 获取:http://www.aiddata.org/content/index/Research/research-datasets。

体内部存在权力共享或行政垄断（高级合伙人、主导、垄断）。这个因变量使我们不仅检验社会政治的发展，也检验了制度发展，因为它考虑了系统层面的政治自由化，采用的是与"自由之家"衡量政治自由化一样的标准。

第二个因变量是特定年份记录的特定族群持续的武装冲突数量。理论上说，对数量的观察结果应该介于 0 和 n（其中 n 代表可数数字）。实际上，我们的数据在所有情况下都是 0 或 1，因此我们把这视做一个"是"或"否"的变量，测量某一年某一群体是否参与了一个持续的武装冲突。在特定的一年中，一般的群体都没有参与持续的武装冲突，只有 120 个测量中的情况显示，一个群体在特定年份中参与了持续的武装冲突。

表1 群体权力地位排名

地位	持该看法的数量
歧视	152
没有权力	518
自治①	62
初级合伙人	831
高级合伙人	326
主导	67
垄断	10
缺失	494

自变量

我们主要有两个自变量。第一个自变量测量了某一特定年份中国援助项目的数量，这些项目的某部分资金被分配到了我们分析组中的一个国家（国家—群组—年份）。某一特定年份援助项目的平均数量为 3.43，标准偏

---

① 某个自治群体可能是分裂主义者(被国家权力排除在外)或地区自治(亚国家自治状态但没有被国家排除在外)。

差为 3.13；在某一特定年份，我们数据的任何案例中，援助项目中没有中国援助项目的最大值为 15.412（17.84%），而只有 8 个案例（0.35%）获得了 15 个中国援助项目。除了 0 以外，在某一特定年份中，中国援助项目数量第二多的数值是 1（389 个案例，总数的 16.84%）。

第二个自变量是从所有中国援助项目中拿出的现金奖励，我们数据组中的某个国家能收到奖励的一部分。有一些援助项目同时面向多个国家，因此，如果单个援助项目面向多个国家，而现有数据没有指明受援国家收到的援助金额，我们在评估时就选择使用均等主义，假定一个特定援助项目的现金奖励被平均地分配给了所有受援国。在我们的案例之中，收到援助的平均金额为 4.43 亿美元。① 与给予援助项目的数量对应，有 412 个案例没有收到任何援助。凡实际收到援助的，援助金额从 13.7891 万美元至 89.6 亿美元不等。

对于每个独立变量，我们纳入了一年和两年的滞后性。我们在推理时纳入这些变量，主要是基于对物流和响应时间的考虑。由于我们没有精确到具体何时分配了多少援助金额的数据，也没有精确到具体何时进行了分配、分配了多少的数据，我们只能根据上述数据进行简化的测量。为了补偿，我们也考虑到前些年兑现的援助金额不可能分配一两年。我们也考虑了响应时间，即一个群体的精英响应前一段时间收到的援助并在国内分配这些援助所需的时间。

控制变量

我们用了几个变量来控制可能影响我们模型的方面。这些变量包括以下内容：

——GDP（国内生产总值），就其本身考虑或迭代计算的变化或人均国内生产总值，通常用来考虑人口的整体经济状况。与往常一样，我们也使用了这一衡量方式，但是我们非常忐忑，因为我们无法确定每一个案例中各个民族群体的国民生产总值。

---

① AidData 列出的金额没有使用美元单位，但 AidData 提供了援助给出当年的货币转换率，我们在此基础上进行了货币单位转换，如有错误，我们负全部责任。

——战争历史，衡量单个案件所发生年份以前的所有记录年份里，我们案例中的民族群体发生的武装冲突总数。

——种族规模，在既定观察年份中种族群体在该国的人口中所占的比重。

——相对人口，衡量民族群体与该国其他民族群体相比，在观察年份里的人口数量。

——分散性，二元衡量一个群体的人口是否在一个国家内比较分散（群体空间集聚、流动性不大，这被认为是冲突发生的条件）。斯阿娜认为，较高人口集聚程度使潜在冲突更容易变成现实冲突。

——下降的权力地位排名，我们实际上使用了两个二分变量，以确定在当前观察时间段以前的两年内哪个群体的权力地位排名下降了。

模 型

因为我们研究的数据存在于不同的时间段，我们采用了时间序列模型，使我们能够解释之前时间内的行为怎样影响后续时间内的行为。时间序列分析能更好地了解整个时间段内关键变量的相互作用。虽然我们认识到，数据中时间段的数量并不理想，但由于关系不以一个简单的跨区域快照模式出现，所以我们采用了时间序列剖面模型。

我们首先采用了面板修正标准差模型来测试自变量对种族群体权力地位排名的影响。这种模型能够说明时间序列剖面数据中出现的数学假象，特别是按二进制或时间顺序测量因变量时。贝克和卡茨指出，时间序列剖面数据的时间和空间问题导致使用普通最小二乘法存在问题。

贝克、卡茨和塔克提出了二元因变量的时间序列剖面分析修正方法。一个修正方法是在事件发生后使用虚拟变量测量时间或在采样时期开始后测量时间。另一种可能的修正方法是利用三次样条。然而，这些修正方法都没有利用时间顺序因变量。我们使用了滞后测量的因变量来解释以前发生的冲突，将之视为当年冲突发生的可能原因，这使我们能够解释时间和空间的问题，并充分考虑以前的行为是否是当前行为的原因。

使用该模式一定不能违背平行回归假设。平行回归假设假定因变量对于自变量来说,在大小、方向和意义各方面受到相同的影响。为验证平行回归假设,可以进行对数似然比(LR)检验或渥得检验(Wald test)。[①] 似然比检验被用来确定模型是否得到了正确的设定,方法是测量利用最初设定的模型创建嵌套模型的限制因素是否正确。[②]

我们的第二个模型检验了冲突事件与独立变量之间的关系。正如在讨论数据时指出的,这个变量是对涉及所研究种族群体的进行中的冲突事件在理论上的无限计量。然而,我们在数据中发现,只存在两个数值,即0——没有进行中的冲突事件,和1——只有1个进行中的冲突事件,因此我们选择把这个变量视为两分变量。我们还必须考虑到数据的时间框架,所以我们采用了一个简单的时间序列剖面逻辑模型。因为我们采用随机效应模型,所以我们进行了rho似然比检验,以及一般的对数似然比检验来进行模型设定。这些检验生成的值允许我们接受模型设定,并且假设随机效应被列入了模型。表2和表3表明了我们模型的发现。

---

① 渥得检验(Wald test)的目的是为了确定是否应结合自变量来避免违反平行回归假设。我发现结果表明没有任何自变量或控制变量存在同时等于零或相等的系数。有了这些结果,同时因为我没有理论原因相信应结合任何自变量,因此我采用对数似然比(LR)检验。这个检验以及使用这个检验的原因在J. 斯考特·隆的《分类和有限因变量的回归模型》中有详细阐述。

② 如果限制因素被发现是正确的,那么原始模型的一定不好,需要阐释并整合新的数据,或采取其他行动,才能使之成为一个真正有用的分析方法。对数似然比(LR)的数据是使用以下公式得来的:$G^2(Mc \mid Mu) = 2\ln(Mu) - 2\ln L(Mc)$。Mc是约束模型,Mu是无约束模型。$G^2$作为$X^2$渐进地分布,拥有与模型中的自约束(变量)数目相等的自由度。对数似然比(LR)数据可用于比较任何一对嵌套模型,在STATA™中,这是通过比较所有嵌套模型和所有的斜率系数都等于零的约束模型来实现的。该测试被称为似然比卡方。如果发现了统计显著的卡方值,那么就拒绝零假设。本试验中的零假设是回归因子的系数相等并同时等于零。

表2 权力地位排名依赖因素（时间序列、面板修正标准差）

变量	系数	标准差	可能性
每年项目	-.0056	-.0116	.629
授予援助数量	-.0000000003	-.0000000009	.752
每年项目,滞后1年	.0038	.0092	.682
每年项目,滞后2年	.0066	.01349	.627
授予援助数量,滞后1年	-.0000000001	-.0000000001	.323
授予援助数量,滞后2年	-.0000000004	-.0000000001	.797
国内生产总值	.00000000003	.000000000002	.000
战争史	-.4049	.0113	.000
群体规模	3.0943	.0657	.000
群体相关人口	-.4456	.0814	.000
群体分散程度	-.246	.0633	.000
过去1年地位下降程度	-.186	.5586	.739
过去2年地位下降程度	-.1625	.4689	.729
常量	3.4893	.0748	.000

N = 1537(WaldX^2 = 12725.59, Prob..000)(R^2 =.2402)

该模型没有显示出对我们的假说有任何支持。这一事实并没有让我们感到非常不安，因为我们使用了否定的语言来表述我们的假说。相反，我们试图确定认为中国援助对撒哈拉以南非洲是绝对有利的看法是否能在种族群体对援助影响的看法中找到支持。以国内生产总值为衡量指标，我们的确发现了对民族权力地位排名正增长的支持。像预期的一样，我们还发现了人口规模、相对人口规模和人口分散的支持，表明随着人口和相对人口的增加，权力地位排名将上升；随着一个群体的分散，其权力地位排名将下降。有趣的是，没有发现过去两年和当年权力地位下降的联系。也许我们的模型里所控制的项目中最有趣的发现是，一个群体战争史的增加会导致该群体权力地位排名的下降。本文的下一部分将详细讨论这些发现的意义。

表3 冲突事件依赖因素

变量	系数	标准差	可能性
每年项目	.0798	.0887	.368
授予援助数量	-.000000002	-.0000000004	.576
每年项目,滞后1年	.0933	.1009	.355
每年项目,滞后2年	.0900	.0902	.318
授予援助数量,滞后1年	.000000003	-.0000000006	.639
授予援助数量,滞后2年	-.000000002	-.0000000007	.030
国内生产总值	.00000000001	.00000000001	.266
战争史	2.1299	.4397	.000
群体规模	1.0682	2.7509	.698
群体相关人口	9.2118	4.6052	.045
群体分散程度	3.2422	1.4763	.028
权力地位排名	-1.4596	.3969	.000
过去1年地位下降程度	.6737	2.5018	.788
过去2年地位下降程度	.2582	2.1545	.905
常量	-11.9760	4.4058	.007

N = 1537 (LR = 140.558) (LR rho - 0; Xbar^2 = 132.97, Prob. = .000)

表3的结果并不支持我们的假说。统计学意义存在于当前观察年份两年前所授予的援助数量,但滞后两年的援助授予量暗示着随着援助数量的增加,一个正在进行中的冲突的可能性降低——这与我们假设的关系正好相反。表2的结果并不支持我们关于正在进行中的冲突的假说,对此我们并不感到震惊。国内生产总值与正在进行中的冲突事件不具有显著关联性,群体规模也是如此。有趣的是,分布较为分散的群体存在冲突的可能性反而更大。最后,不出所料,权力地位排名的上升意味着发生持续不断冲突的可能性将下降。

结　论

我们的研究结果并不支持我们的假说（见表 4 与假说相关的结果概要）。我们应记住我们的研究命题是中国对撒哈拉以南非洲地区的援助是否有利于该地区种族群体的社会政治地位。根据关于撒哈拉以南非洲地区种族群体政治行为的著名理论观点，我们选择在否定的框架下寻找这个问题的答案。我们没有找到支持这些假说或支持生成这些假说的理论框架，这表明中国的援助有利于非洲，在较小的程度上也有利于撒哈拉以南非洲地区种族群体的社会政治发展。我们将在以下段落探讨我们的研究结果详情。[1]

表 4　与所检验假说相关的研究发现

假说	研究发现
H1：中国援助项目数量的增加将导致种族群体政治地位的下降	没有发现支持与权力地位排名相关的表现
H2：某年中国援助的拨款数量增加将导致种族群体政治地位的下降	没有发现支持与持续冲突事件相关的表现
H3：中国援助项目数量的增加将导致冲突事件发生率的提高	没有发现支持与权力地位排名相关的表现
H4：某年中国援助的拨款数量增加将导致冲突事件发生率的提高	没有发现支持与持续冲突事件相关的表现[2]

我们在分析中没有发现支持中国对撒哈拉以南非洲地区的援助将导致种族群体政治地位下降的表现。我们也没有发现支持中国对撒哈拉以南非

---

[1]　在关注研究结果和作出结论之前，我们特声明一下本文研究的限制。首先，我们提醒读者，本文呈现的研究是第一次考察中国援助对撒哈拉以南非洲种族政治行为的影响。有限的数据（可供参考的年份、可纳入数据组的调查等）也限制了分析的质量。我们联系了撒哈拉以南非洲国家的政府，试图确定援助实际分配的时间和数量，但却没有结果。因此我们选择利用 GROW^{up} 数据，因为它最大限度地覆盖了不同种族群体，遗憾的是它对衡量种族社会政治行为存在局限性。此外，如能进行详细的实地考察和案例分析，也将进一步加强这方面研究的前景。

[2]　我们发现次级控制时具备统计学意义，但指向了与假说相反的方向。

洲地区的援助将提高涉及种族群体的持续冲突发生率的表现。这些研究结果似乎支持中国援助对非洲有益无害，但却不能绝对证明中国援助对非洲有益无害。由于我们的研究没有排除非中国的援助在被考察时间段内对社会政治行为的影响，我们不能说只有中国援助对种族政治行为没有影响。我们只能说，很显然，中国的援助没有任何影响，在考虑到援助对撒哈拉以南非洲地区种族群体的影响时，中国的援助不能减少。

我们的研究结果是否意味着中国的援助有利于撒哈拉以南非洲地区的种族群体？答案是否定的。在四个假说中，我们缺乏支持其中三个假说的统计意义。在第四个假说中，根据两年前授予的援助数量，我们发现了导致冲突发生率下降的次要支持。统计意义的缺失意味着没有实质性支持或否定我们假说的依据，并不是我们找到了实质上或统计意义上支持中国援助有利于种族政治行为这种观点的依据。

我们的研究结果也不允许我们声称中国的援助对非洲有益无害。莫约可能认为中国的援助有利于非洲。沈大伟的访谈可能找到了至少一位非洲的部长愿意声明中国的援助是好事，因为他们举行了一个会议，确定了援助的日期、数量并谈妥了所有条件。但是，我们没有发现能支持中国援助比非中国援助更好的表现。所以，存在一种可能性，即西方援助可能产生了与中国援助类似的或更好的结果，即使2006年的一项国际研究表明，美国的援助与其他西方国家的援助相比，更容易增加种族群体抗议和叛乱的可能性。

根据我们的研究结果和研究的局限性，我们可以认为，与其他国家的援助相比，中国的援助不会对撒哈拉以南的非洲产生真正不同的影响。我们据此建议撒哈拉以南的非洲国家，只要能够或者愿意，可以继续接受尽可能多的中国援助，因为中国援助似乎没有任何负面的种族政治后果。

（辛美庆编译　中国纪检监察学院）

人大与政协

现代中国民意机关的政治作用[*]

——代理者、谏言者和代表者及"合演"

[日] 加茂具树

与民主主义国家一样,一党制国家中也有政党,而且举行选举,并设有议会。那些关心一党制国家中民意机关活动的研究者,大多关注的是这些民意机关是否促进了一党制体制的民主化进程。而这一点,在先行研究中可以推导出这么一个结论,即在一党制国家中,几乎没有民意机关是为促进政治体制民主化而运作的,它们作为提高政治体制稳定性的一种机制而存在。甘地(Jenifer Gandhi)曾指出,一党制国家的领导者们通过议会和政党,将反对势力融入其体制内部,从而得以强化领导者(或领导政党)的权力。

近些年来,为何中国共产党领导的一党主导带来了社会稳定。这一问题在近些年来,成为中国问题研究者们研究的热点问题之一。这一期间,中国经济实现了飞跃发展。中国成为一个富裕的一党制国家,而这一体制给中国带来了20多年的和平稳定。为了回答这一问题,在先行的研究中,研究者们开始关注中国共产党与国家或社会主要角色之间的关系。他们认为,中国共产党为了适应社会的要求(或者压力),设计了各种各样的制度,这成为一党制度在中国如此强韧的原因。也许,中国共产党与以企业经营者、地方党和政府官僚为首的各种社会主要角色之间,构建了共同的利害关系。通过将他们融入到体制内部的方式,从而成功地提高了体制的

---

[*] 本文选自《亚州经济》2013年第4期,作者为日本庆应义塾大学综合政策学部副教授。

稳定性。本研究也与上述研究一样，对这一问题十分关心。本研究的目的是解析民意机关在中国共产党主导的一党制内所发挥的政治作用。

中华人民共和国宪法规定，人民代表大会既是国家的权力机关也是立法机关。因此，在本研究中，我将人民代表大会定义为民意机关的一种，并作为研究对象进行分析。在将中国人民政治协商会议也列为研究对象的时候，或许学界存在着不同的意见。确实，中国人民政治协商会议既不是权力机关，也不是立法机关，只不过是一个咨询机关。该会议的诞生还先于1949年10月中华人民共和国成立，并在中华人民共和国建国初至1954年设立全国人民代表大会的这一时期里，承担着国家权力机关的职能。随后，它主要成为中国共产党与党外政治团体沟通交流的协议机关（统一战线工作机关）而存在。如今，该会议的委员主要由中国共产党之外的其他八个民主党派及业界等代表担任。他们对有关国家机关的活动和国家政治的问题提出意见，并在该会议中以"提案"的形式提出。但这些最终也不过是对国家政治的参考意见。

在甘地看来，一党制体制下的议会和政党，不过是一种"表面上的民主制度"，而议会作为"正式具备立法权限的机关，并不具有其他权限"。连正式的立法权限都不具备的咨询机关，更加不能包含在这一"民主制度"之内。如果以此定义为基础，对现代中国民意机关的政治作用进行解析的话，那么中国人民政治协商会议确实不能作为本研究的对象。

但是，在本研究中，为了分析当今中国政治中民意机关的政治作用，将不仅仅以人民代表大会为研究对象，还包括中国人民政治协商会议。这是由于人民代表大会及中国人民政治协商会议两者都发挥着与现代中国地方政治完全不同的政治作用，同时，在其运作过程中，两者好像"合演"了某种角色。作为本研究对象的有江苏省扬州市人民代表大会和中国人民政治协商会议扬州市委员会，它们将对中国共产党扬州市委员会和扬州市人民政府所提出的政策，分别提出修改意见。在人民代表大会中提出的意见便代表着扬州市一部分地区的诉求，而在中国人民政治协商会议中提出的意见则代表了扬州市一部分团体的诉求。中国的这两个民意机关虽然宗旨相同，但代表了完全不同性质的两种意见。而作为决策者的中国共产党扬州市委员会和扬州市人民政府将从它们自身的角度对这些诉求重新审视,并在制定决策的过程中,顺应这两个民意机关所提出的要求。本研究将通过分析人民代表大会和中国人民政治协商会议对中国共产党扬州市委员会和扬州市人民政府的参政议政功能,从而反映出这一政治结构。

基于这种理解,本研究将通过分析作为现代中国民意机关的人民代表大会与中国人民政治协商会议的构成人员——人大代表及政协委员的行动特征,以此来说明两机构的政治作用及其在一党制内与中国共产党(和人民政府)之间的关系。

以下是本研究的主要结构。第一节通过整理中国民意机关的相关先行研究,明确本研究的意义。第二节将对作为江苏省扬州市民意机关的扬州市人民代表大会、中国人民政治协商会议扬州市委员会的组织结构以及扬州市的经济状况进行说明。第三节和第四节整理了分析所必需的相关知识,其中将集中分析扬州市民意机关的政治作用。在第三节中,通过解释扬州市人大代表提出议案的动机,从而分析扬州市人民代表大会的政治作用。第四节中将不仅仅分析扬州市的人民代表大会,同时也会关注中国人民政治协商会议扬州市委员会。其中需要注意的案例是,扬州市人大代表和政协委员是在事先接受中国共产党扬州市委员会评议后,对扬州市人民政府所发表的扬州市经济发展计划提出修改议案或提案的。本研究将通过解释这两种民意机关(构成人员)提出议案和提案的动机,从中国共产党扬州市委员会和扬州市人民政府的角度,说明扬州市民意机关的政治作用。最后,通过对本研究的分析,我们将对这种为维持中国共产党一党制为目的而运作的民意机关的政治作用进行综合性的评价。

一、先行研究及本研究的意义

1. 先行研究

在较长的一段时间里,在中国政治研究方面,关心人民代表大会的不是很多,这是因为大家对人民代表大会的政治作用评价不高。例如,在研究中国人民代表大会方面处于先驱地位的欧博文(Kevin O'Brien)就曾说过,1976年以前的中国议会几乎没有起到任何代议机关的功能。同时,加茂具树也曾讽刺过人民代表大会不过是个"橡皮图章",哪怕是和行政机关相比,它都无法发挥任何的政治影响力,更不用说与中国共产党相比了。

但是,在近些年对人民代表大会的研究中,开始出现一些推翻这种评价的倾向。在先行的研究中,地方人民代表大会积极地对国家机关活动进行监督,例如对有关人事的议案和国家机关的活动报告进行否决等。有报告指出,人民代表大会正开始从"橡皮图章"向"铁印章"转变。

例如,近年来,全国人民代表大会所制定的法律或者下达的决定、决议数量实现了飞跃性的增加。无论是在中央还是在地方,人民代表大会都开始加强对政府活动的监督。尤其在经济比较发达的中国南部广东省和广州市,当地的人民代表大会积极加强对政府机关活动的监督,而这一模式也被称为"广州模式"。这一进步之所以能够实现,正是得益于中国共产党对于人民代表大会制度化的推动。特别是在1990年之后,中国共产党开始着手制定有关加强人民代表大会立法、监督职能的法案。2003年通过了《中华人民共和国立法法》,2006年通过了《中华人民共和国各级人民代表大会常务委员会监督法》。

1990年以后,人民代表大会开始引起了学者们的注意,大家开始集中讨论中国共产党所推动的这一制度化对中国政治会产生怎样的影响。在分析中国共产党着手推动的人民代表大会制度化的政治意义以及制度化的人民代表大会的政治作用方面,最具有代表性的人物是欧博文。他认为,这一变化并不意味着人民代表大会作为国家权力机关开始发挥其政治作用,也并不代表着国家和社会之间的关系发生了变化,只不过是中国共产党改变了其统治方式而已。也就是说,根据欧博文的研究,人民代表大会的制度化并不能给中国政治带来自由,不过是中国共产党所推动的"统治合理化"和"社会性的归纳"。"统治合理化"是指完备有关统治的规则、实现政治权利的法制,并限制个别领导人的政治权威。"社会性的归纳",在欧博文看来,是指中国共产党建立与中国社会各界人士之间的共同利害关系,将他们吸收到体制内部,面对那些威胁中国共产党一党主导的挑战,率先出手,从而实现加强中国共产党一党主导的目的。另外,加茂具树指出,中国共产党通过人民代表大会积极进行"社会性的归纳",也是因为人民代表大会可以与那些代表特定集团利益的机关直接交换意见。

随后，欧博文对人大代表的行为进行了研究，对其政治作用进行了意义非凡的分析。根据他的研究，人大代表具有向其选区传达中国共产党意志和人民政府政策的作用。这便是所谓"代理者"的活动。同时，欧博文指出人大代表还扮演者"谏言者"的角色。作为对选区情况十分了解的人大代表，在中国共产党和政府在制定政策的过程中，提供必要的信息，同时指出政策的不公平或错误。对于这种作用，欧博文将其比做"建立起一座从领导人通向选民的桥梁"。通过地方人民代表大会，中国共产党可以对中国社会的分离和对立有所把握，而且还可以通过地方人民代表大会对各民主党派和无党派人士发挥一定的影响力。

确实，中国共产党所期望的人民代表大会的政治作用也如欧博文所说的那样。1990年以来，从中国共产党主要领导人的发言和政策中，我们可以发现，人民代表大会的这种"代理者"、"谏言者"的定位，意图"建立起一座从中国共产党和中国政府到中国社会的桥梁"，这正是中国领导人所期望的。通过人民代表大会制度，中国共产党可以对社会的要求有所掌握，其中甚至包括以抗议、暴动形式出现的，对中国共产党或人民政府的不满。为了让人民代表大会发挥这一政治作用，中国共产党全力促进它的制度化发展。

回顾中国共产党干部在公开场合的几次发言，例如在1990年3月召开的全国人民代表大会和中国人民政治协商会议全国委员会的会议中，中国重要领导人曾针对人大代表应发挥的政治作用，作出以下发言：通过人民代表大会，对社会主义建设过程中出现的矛盾和问题进行适当的处理，"集中大家正确的意见，并为中国共产党和国家制定政策提供宝贵意见"，人民代表大会是"维持社会安定"必不可少的"民主途径"。人大代表具有以下职能："建立与人民大众的联系"；"将人民大众的正确意见传达给上级"；"对于人民大众并不十分了解的意见，站在人民利益的立场上，耐心进行讲解"。

其后继者在2004年9月召开的某次重要会议上也发表过类似的讲话，讲话中阐述了人民代表大会职能改革的方针，同时，指出人民代表大会应发挥以下作用。

"人民代表大会是一个由各个领域代表组成的，具有广泛代表性的国家权力机关。所以，作为连接中国共产党、国家和人民大众之间关系的重要桥梁，人民代表大会是人民大众表达愿望，有秩序地参与政治的重要途径。全国所有280万的人大代表，应建立与民众紧密的联系，倾听人民的声音，深刻理解民情，充分反映民意，广泛地集中人民的智慧。"

但是，根据近些年来的研究成果，欧博文分析得出了人大代表的政治作用，并在此基础上发现，近些年来的人大代表发挥了所谓"代表者"的功能。人大代表不仅仅为中国共产党、人民政府收集社会信息，了解社会动向；同时，人大代表还发挥着将选区人民的要求反映给中国共产党、人民政府的职能。

2. 本研究的意义

本研究将在整理先行研究的基础上，对现代中国地方政治中民意机关的政治作用，进行再次分析和讨论。

本研究的意义，首先在于通过分析作为扬州市民意机关之一的人大代表行为（提案）的动机，来理解人民代表大会的政治作用。人民代表大会不仅仅是中国共产党、人民政府的"代理者"、"谏言者"，还是选区（地方社会）的"代表者"，本研究将对其进行详细展开。自欧博文通过分析人大代表行为得出人民代表大会这一中国民意机关的政治作用至今，已经过去20年了。欧博文的分析也仅仅是根据对中央和地方的人民代表大会干部及研究者共计36人进行的取证调查而得出的结论。与当时相比，从各个方面来说，今天的研究环境都发生了变化。本研究将尽可能地通过新途径获取到大量的资料，对人民代表大会的政治作用进行再次研究。

本研究的意义还在于对作为扬州市民意机关之一的中国人民政治协商会议扬州市委员会的政治作用进行了讨论。从最初改革开放时期开始，到目前为止，对中国人民政治协商会议的政治作用这一课题的研究几乎没有什么进展。而最新的研究是闫小骏以河北省为案例，对中国人民政治协商会议的政治作用进行的研究。本研究也将通过对中国人民政治协商会议扬州市委员会议员行为（提案）的动机进行分析，从而得出会议的政治作用。

本研究将关注中国人民政治协商会议与人民代表大会共同合作的这一

实际情况。而这种"共同合作"正是中国政治中民意机关的重要作用之所在。目前关注这两个民意机关活动之间联系的研究尚且没有。本研究将通过关注这两个中国民意机关的活动，分析得出现代中国政治安定的原因。通过本研究，将获得对中国民意机关政治作用的综合性的评价。

本研究调查的区域是江苏省扬州市。选择该市为调查对象是出于技术层面的考虑。在研究现代中国政治的时候，研究者在进行收集资料、取证调查等活动过程中，和以往一样，还是会遇到各种各样的障碍。近些年来，随着信息化的发展，尤其是中国国家机关官方网站信息公开质量实现了飞跃性的提高（当然，如果和日本、欧美社会相比，这些公共机关的官方网站所公布的信息量还是远远不足的），也正是得益于这一因素，我们能够跨越诸多障碍，进一步进行研究。而扬州市人民代表大会及政协官方网站所公开的信息，在全中国范围内，无论是质还是量上都是最好的。通过分析扬州市人民代表大会和政协的政治作用，要得出这两个机构所属代表或委员的行为特征（行为的动机），事先，我们必须了解的信息包括：两机构所属代表或委员的姓名、性别、生日、职业、民族、教育水平、所属政党，以及他们所提议案或提案的所有信息（议案或提案名称、提出者姓名、内容以及政府部门的回答）。在全国范围内，也只有扬州市人民代表大会及政协的官方网站公开了这些信息。

与过去相比，中国的政治研究环境更加自由了。这一趋势在今后应会进一步深化。今后，在进行中国政治研究的时候，所公开的研究资料范围也将越来越大，可利用的信息量会有一个飞跃式的增加。本研究也是看准了中国政治研究的这一发展前景，率先使用了大量的资料。

二、江苏省扬州市的民意机关

在分析现代中国民意机关的政治作用之前，首先应明确本研究对象的构成。

本研究的调查区域是在江苏省扬州市，该市的民意机关包括扬州市人民代表大会和政协。在这里，我们将对这两个民意机关的结构设置进行详细的说明。

1. 扬州市人民代表大会

20世纪90年代后半叶以来，地方人民代表大会开始建立官方网站，人大代表的个人资料（姓名、性别、出生年月、职业、民族、教育水平、所属党派），以及他们在人民代表大会上提出的议案或建议、批评、意见等相关资料都在该官方网站上公开。尤其是扬州市人民代表大会的官方网站所公开的资料，比其他地方人民代表大会都要丰富。其他地方人民代表大会所公开的不过是一些十分零碎的资料而已。作者分别于2007年8月、2010年3月以及2012年8月，对该市人民代表大会的相关人士进行了采访调查，确认了公开资料的真实性。

在扬州市人民代表大会的官方网站上，到目前为止公开的资料包括第四届扬州市人民代表大会的416位代表（任期从1998年2月到2003年2月），第五届扬州市人民代表大会的428位代表（任期从2003年2月到2008年2月）。第六届扬州市人民代表大会的426位代表（任期从2008年2月到2012年6月），以及第七届扬州市人民代表大会的427位代表（任期从2012年6月开始，为期五年）的所有个人信息。具体来说，公开的信息有每位代表的照片、姓名、性别、出生年月、单位名称及职务、民族、学历和所属政党。到现在（2013年6月）为止，已公开到第七届扬州市人民代表大会代表的资料。

根据这些资料可以发现，扬州市人民代表大会的代表主要有两部分组成，一部分是扬州市内七个行政区所选举出来的代表，另一部分是则代表着人民解放军。而扬州市人民代表大会代表并不是从居住在各行政区（即选区）的居民中产生的，而是在每个行政区设立选举人，扬州市人民代表大会代表是通过选举，从这些选举人中而产生的。

第四届扬州市人民代表大会的416名代表是从广陵区、郊区、邗江区、宝应县、仪征市（县级市）、高邮市（县级市）、江都市（县级市）和人民解放军共八个选区选举出来的。第五届扬州市人民代表大会，由于广陵区和郊区的行政规划发生变化，所以选区改为新成立的广陵区和维扬区，以及其他不变的邗江区、宝应县、仪征市、高邮市、江都市、人民解放军共八个选区，从中选出了428名人大代表。第六届也是从这八个选区中选出426名人大代表构成新的人民代表大会。随后，维扬区与邗江区合并为新的邗江区，江都市成为新的江都区，加之原先的广陵区、宝应县、仪征市、高邮市、人民解放军共七个选区，从中选出了427名人大代表构成第七届人民代表大会。

在大会开会期间，每个人大代表根据选区形成小组，称之为代表团。在人民代表大会会议期间，代表团便是人大代表活动的基本单位。各代表团的名称为"行政区名称+代表团"。人民解放军选举出的代表以"人民解放军代表团"为单位活动。现在（即第七届）的扬州市人民代表大会中设有七个代表团。而每个人大代表必属于某一个代表团。在人民代表大会的所有审议会中，除了由全体人大代表集体参加的会议外，代表团也会召开会议。实质上的审议其实是在代表团会议中举行的。

在人大代表的资料当中，除了高学历人大代表所占比例之外，在其他方面，扬州市人大代表的构成与其他同级的人大代表结构相差不大。在与扬州市同级的人大代表选举中，党员人大代表的比重分别为75.2%（1997—1998年）、74.8%（2002—2003年）、72.5%（2004—2008年）。另外，女性人大代表的比重分别为27.8%（1997—1999年）、22.4%（2006—2008年）。高学历人大代表所占比重分别为61.9%（1997—1998年）、69.8%（2002—2003年）。如果将这些数据进行比较的话，可以看出扬州市人民代表大会与普通地级市的人民代表大会相差不大。

扬州市人民代表大会官方网站上公开的信息还包括扬州市人大代表在每届市人民代表大会上所提出的所有提案和建议、批评、意见等相关资料（表1）。扬州市人民代表大会官方网站公开了各个议案和建议、批评、意见的标题、提出者姓名、内容以及相应国家机关的回应。到现在为止，2004年以前的资料都可以查询到标题。

表1 扬州市人民代表大会代表的议案及建议、批评、意见

	议案(条)	建议、批评、意见(条)
第四届第四次会议(2001年)	63	224
第四届第五次会议(2002年)	51	103
第五届第一次会议(2003年)	64	230
第五届第二次会议(2004年)	68	214
第五届第三次会议(2005年)	82	202
第五届第四次会议(2006年)	67	222
第五届第五次会议(2007年)	62	177
第六届第一次会议(2008年)	74	229
第六届第二次会议(2009年)	76	237
第六届第三次会议(2010年)	96	264
第六届第四次会议(2011年)	86	253
第六届第五次会议(2012年)	71	165

说明：此表由作者以扬州市人民代表大会官方网站公布的资料为基础整理得出。有些满足"议案"的条件并被提出之后，按照"建议、批评、意见"进行处理，对这一类并没有进行考虑。

那什么样的人才能成为扬州市人民代表大会的代表呢？表2归纳了第四届到第六届扬州市人民代表大会邗江区代表的职业。除了人民解放军代表团之外，人民代表大会代表团的构成基本没有太大差别。而邗江区代表团的人员构成也可以说是整个扬州市人民代表大会人员构成的一个缩影。为了进行比较，作者也整理了福建省泉州市鲤城区代表团的人员构成。

表2　扬州市人民代表大会邗江区代表团代表的就业单位

第4届	第5届	第6届
原中共江苏省顾问委员会委员	中共扬州市党委常务委员、政法委员会书记	中共扬州市委组织部副部长、人事局局长
中共扬州市委常务委员、组织部长	中共扬州市党委常务委员、副秘书长、中共扬州市党委办公室主任、中共扬州市党委研究室主任	原扬州市人大常委会副主任
中共扬州市委常务委员、政法委书记	中共扬州市党委常务委员(援藏)	扬州市人大常委会财政经济工作委员会主任
中共扬州市委常务委员	扬州市人大常务委员会副主任	扬州市人大常委会人事代表工作委员会主任
扬州市人大常务委员会副主任	扬州市人大常务委员财政经济工作委员会主任	扬州市人大常委会副主任、市工商联主席
扬州市人大常务委员、财政经济工作委员会主任		
扬州市人大常务委员、江苏三笑集团董事长、区工商联副主席	扬州市人民政府审计局局长、党组书记	扬州市人民政府秘书长、党组成员
扬州市人民政府副市长	扬州市人民政府副市长	扬州市人民政府副市长、市公安局局长兼党委书记
扬州市人民政府农业局局长	扬州市人民政府公安局邗江分局局长、党委书记	扬州市人民政府发展改革委员会主任
扬州市人民政府审计局局长	中共邗江区党委书记	扬州市人民政府国有资产监督管理委员会党委书记兼主任
扬州市交警支队支队长	中共邗江区党委常务委员、邗江区人民政府副区长	扬州市人民政府邮政局局长兼党委书记、江苏省集邮协会副会长
中共邗江区委员会常务委员、邗江区人民政府副区长	邗江区人大常务委员会主任	扬州市人民政府国税局党组成员兼局长
邗江区人大常务委员会主任	邗江区人民政府法制计划局局长	中国农业发展银行扬州市分行党委书记兼行长

（续表）

第4届	第5届	第6届
邗江区人民政府副区长	邗江区人民政府经济贸易局局长、党组书记	中共邗江区委书记、区人大常委会党组成员
邗江区人民政府经济委员会主任科员		
邗江区人民政府人事局局长	邗江区人民政府建设局局长、邗江区建设管理委员会副主任、建安总公司总经理、党委书记	中共邗江党委常委、组织部部长、党校校长、北洲功能区党工委书记
邗江区人民政府计生委主任	邗江区人民政府建设区管理委员会副主任、邗上街道党委工作委员会书记、邗上街道人大工作委员会主任	中共邗江区委常委、邗江区人民政府副区长兼党组副书记
邗江区人民政府多管局生技股股长	邗江区人民政府交通局副局长	邗江区人民政府党组成员、区长助理、邗江公安分局党委书记兼局长
邗江区人民政府计生委业务股副股长	邗江区人民政府烟草专卖局局长、邗江区烟草公司经理	邗江区人民政府法制改革委员会党组书记、主任
邗江区人民政府民政局局长	邗江区人民政府水利农机局工程管理股副股长	邗江区人民政府建设局党委书记兼局长、建管局局长、建安总公司总经理
邗江区人民政府烟草专卖局局长、区烟草公司经理	邗江区卫生防疫站消杀科科长	邗江区人民政府农业资源开发局副局长、民主建国会邗江区支部副书记
邗江区人民政府档案馆（局）保管利用股股长	邗江区人民政府农作物技术推广技术干部	邗江区人民政府水利农机工程管理科副科长
邗江区农业银行行长	中共杨朝镇党委书记	邗江区招商局四分局局长
邗江区工商联副会长、扬州市摩骑童装厂厂长	中共泰安镇党委书记、泰安镇人大主任	邗江区烟草专卖局党组书记兼局长、营销部经理
中共邗江区林场委副书记、扬大消防设备有限公司董事长兼总经理	中共方巷镇党委组织部干事、花城村党总支书记	扬州市邗江区疾控中心传染病防治科副科长

（续表）

第4届	第5届	第6届
中共蒋王镇何桥村党总支书记	中国工商银行扬州市文峰支行信贷科科长	邗江区文化馆副馆长、图书馆副馆长
中共大巷乡朱桥村党支部书记	江苏琼花集团董事长	中共邗江区杭集镇党委副书记、镇长
邗江区粮油食品总公司副总经理、江苏牧羊集团董事长兼总经理	江苏邗建集团万达市政工程有限公司经理	中共邗江区方巷镇党委副书记、镇长
江苏好运集团董事长兼总经理	江苏三笑集团有限公司董事长	中共邗江区上街道五里社区党总支书记
江苏三笑集团副总经理	江苏虎豹集团有限公司董事长兼总经理	中共邗江区李典镇党委副书记、镇长
邗江区房地产总公司副总经理	江苏牧羊集团有限公司董事长	中共邗江区蒋王街道党工委副书记、街道主任
扬州柴油机总厂三分厂厂长	扬州惠通万福化纤有限公司总经理	中共邗江区瓜州镇建华村党委书记(副科级)
扬州星光律师事务所律师	扬州新能源房屋开发有限责任公司董事长兼总裁	江苏牧羊集团有限公司总裁助理
邗江区晶体管厂总工程师	扬州市华阳太阳能热水器有限公司董事长兼总经理	江苏远洋东泽电缆集团董事长
扬州第二锻压机床厂厂长	扬州晶辉电子有限公司总工程师	江苏扬力集团有限公司党委书记、董事长、总经理
邗江区棉织厂工人	扬州金星光律师事务所副主任	江苏新能源置业集团有限公司董事长
邗江建筑设计院院长	邗江区文化馆文艺辅导员	江苏太平洋造船集团有限公司执行董事、副总裁,扬州大洋造船有限公司董事
邗江区中学校长	红桥镇银杏种植大户	江苏绿扬现代生态农业发展有限公司常务副总经理
	中共扬州大学党委书记	江苏邗建集团万达市政工程有限公司董事长、总经理

（续表）

第4届	第5届	第6届
	邗江中学校长、中共邗江中学党总支部书记	扬州劲松塑料制品有限公司董事长、总经理
	蒋王中学校长、党支部书记	江苏中兴化工设备有限公司董事长
		江苏华宇装饰工程有限公司副总经理、扬泰分公司经理
		江苏天诚线缆集团有限公司董事长
		扬州金星光律师事务所副主任
		扬州科技学院（筹）艺术学院院长
		扬州市邗江实验中学教科所副所长

说明：此表由作者以扬州市人民代表大会官方网站公布的资料为基础整理得出。"中共"是指中国共产党；"人大"是指人民代表大会；"顾问委"是指顾问委员会；"工委"是指工作委员会。

除了人民代表大会常务委员会主任及一部分常务委员之外，其他的代表都是兼任的。从表2可以看出，大多数人大代表都担任着中国共产党或国家机关、社会团体的重要职务。另外，国有或民营企业、教育机构的干部也不在少数。此外，法律专家和技术人员也包含在内。但国家机关和社会团体的一般职员、国有企业及民营企业的从业人员、农民以及工人非常少。

在表2中，属于各个代表团的人大代表，几乎都是中国共产党扬州市委员会、扬州市国家机关的干部。可以看出，人大代表与其说是从选区中选举出来的，不如说是从中国共产党党组织和国家机关、自治组织的干部中选举出来的。而这一结构在扬州市过去的十年间，基本没有发生变化。

从邗江区选举出来,作为人大代表参与会议的邗江区代表团主要包括:(1)中国共产党扬州市委员会及扬州市人民政府等机关干部;(2)中国共产党邗江区委员会及邗江区人民政府等机关干部;(3)邗江区下设的乡镇级党组织及国家机关、居民自治机关的干部。如果对他们所属的部门(就业单位)进行行政级别分类的话,扬州市人民代表大会的各个代表团结构大致可分为三个层次:(1)扬州市;(2)邗江区;(3)邗江区下设的行政单位。

一个代表团拥有多个"层次"构成,这对中国共产党、人民政府等决策者来说,具有重要意义。同时,对于选出代表的选区来说也具有重大意义。决策者通过代表团会议,将自己的意志(政策的意图)传达给人大代表。因为代表团是由多个"阶层"的人大代表所构成的,所以能够将决策者的意志细致地向选区传达。对此,欧博文将人大的这一作用定义为"代理者"。

另一方面,决策者可以通过各层人大代表,更加细致地把握地区社会的诉求。而这一作用,被欧博文定义为"谏言者"。所以,选区将不同阶层的诉求,以各层人大代表为媒介,具体地传达给决策者。这便是"代表者"所具有的功能。

2. 中国人民政治协商会议扬州市委员会

有关中国人民政治协商会议扬州市委员会的资料文件,来源于该委员会的官方网站。但是在该网站中,有关政协委员的详细资料(比如姓名、性别、出生年月、职业、民族、教育水平等)并没有公开。仅仅公开了选举出这些委员的组织(七大政党和团体、业界,在中国人民政治协商会议扬州市委员会中,并没有台湾民主自治同盟的代表)。目前公开的资料起始于1983年5月扬州市升级为地级市之后。该网站公开了政协委员提出议案的相关信息(提案人、内容、相关负责部门的回答)。这些资料远比其他同级的政协会议所公开的更丰富。作者在2012年8月曾对该会议的相关人员进行采访,并对公开资料的真实性进行了确认。

表3归纳了从1998年到现在(2013年3月)扬州市政协委员会委员的构成。这些年来,委员会(七大政党和团体、业界)的人员构成发生了

变化。中国共产党扬州市委员会，根据社会状况的变化，每届选举（本论文中包括第四、五、六届政协）都会对这些组织的名称、构成人数进行调整。例如，"农业领域的代表者"在第六届时变更为"农业和农村活动领域的代表者"。对此中国共产党扬州市委员会农业工作办公室的负责人这样解释道："这是为适应农业和农村问题的深化。"

表3　中国人民政治协商会议扬州市委员会构成

具有选举资格的组织 （团体和业界）	第四届 (1998—2003)	第五届 (2003—2008)	第六届 (2008—2012)	第七届 (2012—)
中国共产党扬州市委员会	38	26	29	28
中国国民革命委员会扬州市委员会	7	7	8	8
中国民主同盟扬州市委员会	11	11	12	12
中国民主建国会扬州市委员会	7	7	8	8
中国民主促进会扬州市委员会	9	9	9	10
中国农工民主党扬州市委员会	9	9	10	11
中国致公党扬州市委员会	5	5	6	6
九三学社扬州市委员会	10	9	10	10
无党派	-	9	15	13
扬州市工商联合会	15	14	20	19
中国共产主义青年团扬州市委员会	8	6	5	6
青年联合会扬州市委员会	8	7	9	10
扬州市总工会	7	8	8	8
扬州市妇女联合会	7	8	8	9
扬州市归国华侨联合会、扬州市台湾同胞联谊会	24	23	24	20

(续表)

具有选举资格的组织 （团体和业界）	第四届 （1998—2003）	第五届 （2003—2008）	第六届 （2008—2012）	第七届 （2012—）
文化艺术、新闻出版业界代表	24	23	20	26
科学技术领域代表	21	23	25	20
社会科学领域代表	14	13	18	18
扬州市科学技术协会	34	29	27	20
教育、体育领域代表	19	17	19	21
医药、卫生领域代表	45	53	50	38
经济领域代表	15	18	–	–
农业领域代表	–	–	19	19
农业、农村领域代表	–	–	16	17
社会福利、社会保障领域代表	6	6	6	6
少数民族领域代表	7	6	6	8
宗教领域代表	35	24	22	18
合计	349	372	400	389

说明：本表由作者以政协官方网站公布的资料为基础整理得出。

3. 扬州市的经济概况

在分析扬州市民意机关的政治作用之前，掌握这些民意机关成员所处活动的社会环境十分重要。因此，我们将对扬州市的经济状况进行概括。

扬州市是江苏省的一个地级市，2002年前，市下辖区共有广陵区、郊区、维扬区、邗江区，其他受其管辖的县级市有仪征市、高邮市和江都市，另外还有一个市辖县——宝应县。2002年，郊区与广陵区进行了行政区划改造，设立了新的广陵区和维扬区，且位于市中心。邗江区于2000年12月从县级升级为区级。随后，维扬区在2012年并入邗江区。表4和表5是2002年扬州市辖区内不同行政区域的人口、经济指标等信息一览表。

表4 扬州市辖区内各行政区人口和经济指标

	总人口（万人）	国内总生产（亿元）	人均国内总生产总值(元)	工人平均工资(元)	农民平均纯收入(元)	农业人口比率(%)
全市区域	452.22	558.93	12368	12006	3926	71.46
市区	110.76	256.72	23293	-	-	50.51
广陵区	30.25	20.28	-	10682	5250	-
维扬区	25.61	16.25	-	15861	5285	-
邗江区	54.89	83.28	-	9187	4375	-
宝应县	91.73	59.08	6435	9212	3712	81.09
仪征市	59.35	61.12	10264	13263	3649	67.57
高邮市	83.16	61.22	7362	8742	3726	81.30
江都市	107.22	120.93	11265	9395	4146	78.06

说明：本表由作者以扬州市统计局出版的《2003年扬州统计手册》（电子版）为基础整理得出。

表5 扬州市辖区内各行政区各产业国内生产额所占比率（%）

	全市	市区	广陵区	维扬区	邗江区	宝应县	仪征市	高邮市	江都市
第一产业	12.7	4.4	6.3	7.3	9.7	31.7	10.7	29.9	13.0
第二产业	48.8	53.0	31.6	60.8	54.3	35.4	58.6	35.5	48.4
第三产业	38.6	42.6	62.1	32.0	36.0	32.9	30.7	34.6	38.6

说明：作者以扬州市统计局出版的《2003年扬州统计手册》（电子版）为基础整理得出。

表4和表5的数据显示扬州市各行政区的经济实力具有一定差距，并且这一差距在随后的十年间并没有发生太大的变化。广陵、维扬、邗江三区是扬州市经济较发达的地区。一方面，位于扬州市京杭大运河和高邮湖东岸的宝应县、高邮市，其经济发展水平在扬州市内较为落后。以两地区国内生产总值为代表，工人的平均报酬和农民的平均收入差距明显。由于广陵区文昌阁附近有扬州市内首屈一指的商业区，所以其第三产业在国内

生产总值中所占比率在扬州市内是最高的。另一方面，宝应县和高邮市的农业人口较多，而且第一产业比重高于全市的平均值。另外，维扬区、仪征市和江都市的第二产业国内生产总值比重比较高。江都市内设有中长途公共汽车站，通往宝应县、高邮市周边乡镇的公共汽车路线很多，借此宝应县、高邮市（包含周边的淮安市、盐城市、兴化市）为扬州市工商业发展提供了充足的劳动力。而东西走向的沪陕高速与京沪高速、铁路横穿维扬区、邗江区、仪征市和江都市，这些交通线成为这一区域物流的动脉。2011 年，原县级市的江都市升为区级。而且近些年来，扬州市的市街区域也在不断东扩。

三、人大代表提案的动机

在本节中，为了理解中国民意机关的政治作用，将对民意机关的人员的行为动机进行分析。在中国，人民代表大会是最为重要的民意机关之一，由人大代表构成。

那如何才能明确人大代表行为的动机呢？人大代表的行为包括表决时的投票；提出议案和建议、批评、意见；视察选区等。分析有关投票的行为即是分析人大代表为什么投出赞成票或者反对票、弃权票。但是，现在，几乎所有的地方人民代表大会并不公开那些人大代表投票的相关信息。而且，对于有关人大代表投票的采访调查也并不容易。视察选区方面也很难明确人大代表行动的动机。视察选区有人民代表大会办公室组织的，也有人大代表自发进行的。前者的视察是为了动员民众，所以无法得出人大代表个人的动机；而后者的情况，由于很难对人大代表个人进行采访调查，所以也无法解读出视察行为的动机。所以本研究将集中关注人大代表提出议案和建议、批评、意见的行为。

本研究的焦点主要是其提出议案的行为，并对其动机进行分析。这是因为相比建议、批评、意见，提出议案的动机更加明显。人大代表提出建议、批评、意见的时候一个人就足以，而议案的提出则必须有 10 人以上的人大代表同意后才可以。分析提出建议、批评、意见的动机时，必须分析单个人大代表的资料；但是在分析提出议案的动机时，可以利用 10 人以上的资料。这使得与建议、批评、意见相比，议案更能"明确地"分析出行为的动机。

本研究将关注议案内容和人大代表背景（姓名、出生年月、职业、民族、教育水平、所属政党）之间的关联性，从而分析出人大代表提出这一议案的动机，并分析动机的特征。人大代表提出的议案大都在人民代表大会官方网站上公开，但公开的大都是部分信息。作为研究案例的扬州市人民代表大会，在其官方网站上公开了人大代表提出的所有议案。

1. 动机的分析

根据记录，扬州市人民代表大会代表通过提出的议案对扬州市人民政府提出了各式各样的诉求。诸如铺设道路和桥梁的要求；开设、整合港湾和空港的要求；优化经济开发区税制和许可设置的要求；请求上级行政部门让渡许可权等多种要求。如果对某个人大代表提出的某个议案内容进行分析的话，那就可以得出提出该议案的人大代表所属的代表团与议案要求之间究竟有着何种关联性。而这种"关联性"即议案的内容与提议案者所代表的选区（地域）或所代表的组织（就业单位）存在利害关系。几乎所有议案的目的，都是其提案者所代表的区或所属组织谋求经济利益，或推动行政等权限的再分配。

扬州市人民代表大会代表所提出的议案中七八成都是由同一个代表团的代表共同提出的。这有力地补充了之前分析的正确性。例如，在第五届扬州市人民代表大会第一次会议（2003年）提出的64件议案中，有56件都是由同一个选区出身的人大代表联合提出的。后来也出现过类似的情况。另一方面，扬州市人民代表大会所提出的议案中有两到三成是由不同选区的人大代表所共同提出的。但是，就此类议案而言，那些提出议案的不同选区之间也具有共同的利益关系。这反映了人大代表在提出议案的时候，最重要的是与提出者之间是否存在共同的利害关系。

人大代表将自己代表的选区和所属的组织的利害关系，以议案的形式表达出来。而中国共产党和人民政府等决策者通过议案的形式，对管辖区域内的要求进行了解。下面将通过事例对这种情况进行进一步解析。

2. 追求经济利益

第四届扬州市人民代表大会常务委员会的某位委员，同时也是扬州市某著名企业集团董事长和邗江区工商业联合会副会长，在第四届扬州市人民代表大会第四次会议中，与邗江区代表团的 9 名人大代表共同提出了名为"不要错失良机，建设杭集经济开发区"的议案。提出后，此议案被第四届扬州市人民代表大会第四次会议主席团列为第 12 号议案。

这一议案成为我们观察人大代表所代表的地区与议案之间经济利益关系的一个案例。

为了提高扬州市东部的经济活力，第 12 号议案提出，扬州市人民政府在扬州市邗江区杭集镇设立区域（经济开发区），对经济活动采取优惠政策（杭集镇在议案提出时的 2001 年时尚属邗江区，但 2012 年的行政区划变更中，划归广陵区）。

议案中针对杭集镇设立经济开发区的必要性，归纳了以下几点：（1）杭集镇距扬州市市内仅仅有 10 公里，而且借此地理优势发展起来了早期的市场；（2）该地区具有开展经济活动的初步基础；（3）杭集镇全年工业的经济规模有 30 亿元（当时），而且该地的经济发展潜力可达 100 亿元以上；（4）将江苏省 30 个重点集镇之一的杭集镇设立为经济开发区，对省东部地区的经济发展具有促进作用。

第 12 号议案的提出者，全部都是以邗江区为选区的邗江区代表团成员。在这 10 名提出者中，有邗江区人民政府经济委员会主任、政府工业局局长等邗江区人民政府主管经济发展的部门负责人等。该议案表达了邗江区人民政府对扬州市人民政府的要求，希望能够给予邗江区人民政府独立批准项目的权限，或者能够在税制等方面采取优惠措施以促进经济的发展。如果扬州市人民政府接受了这一议案的要求，那么邗江区人民政府主管经济发展的部门的行政权力必将扩大。而且如果因为杭集镇被划定为经济区而获得了经济发展的话，这些部门负责人又将获得"促进经济发展"的业绩。

接下来需要注意的是该议案的其他提出者——私营企业江苏某著名企业的集团董事长，以及共同提出议案的该集团副总经理。

如果该镇被划定为经济区并获得各种经济政策上的优惠，那么该集团也将会获得许多利益。而该人大代表同时还兼任着邗江区工商联会长，也代表着邗江区整体经济界的声音，杭集镇如果被划定为经济开发区的话，邗江区经济界也将获得许多利益。此外，应注意该集团在江苏省是一个纳税大户，总部就设立在杭集镇。杭集镇若成功成为经济区，该集团必将获得各种各样的便利，掌握更多快速发展的机会。同时，邗江区政府的财政税收也应会增加。通过这一议案，可以构成一个邗江区人民政府、该集团及邗江区经济界三方共同的利益关系。

3. 追求行政权限的再分配

让我们来关注一下在第四届扬州市人民代表大会第四次会议中郊区人民政府建设委员会主任所提出的议案。这一议案被列为第38号议案，而提出这一议案的代表全部都是由郊区所选举出来的人大代表。

扬州市人民政府在郊区人民政府辖区内征收了与建设和管理城市基础设施相适应的税收，但实际上，扬州市政府只将税收中的40%用以对郊区人民政府辖区进行公共投资，这就是该议案所关注的问题。同时议案中也提出要求，希望扬州市人民政府能够扩大投入，利用扬州市人民政府在该区征收的金额，用于该区域的城市基础设施建设和管理。

该书面议案的提交者为郊区人民政府建设委员会主任。此外，郊区人民代表大会常务委员会主任和郊区人民政府财政局局长也联名签署了该议案。郊区人民政府通过郊区选举出来的人大代表，在议案中，对扬州市人民政府提出要求。

与第38号议案相同，郊区建设委员会主任书面提出议案，并由郊区选出的代表联名在第四届扬州市人民代表大会第四次会议中提出的议案还有第40号议案、第41号议案。

第40号议案旨在关注郊区政府辖区内以道路为中心的城市基础设施建设中存在的滞后问题，提出要求希望得到改善。根据该议案，城市基础设施建设滞后的原因主要包括以下三点：（1）郊区政府中并没有负责管理公共交通和公共事业的行政部门；（2）扬州市人民政府用于投资的资金并不充足；（3）郊区人民政府没有为了建设辖区内基础设施而进行征税的权限，权力归扬州市人民政府所有。因此，该议案提出，希望扬州市政府能够将那些从郊区政府辖区内征收的土地转让费、征用费、基本建设关联费等相关费用作为建设该区的基础设施建设费来使用，其中道路建设是基础设施建设的中心。

第41号议案也在关注郊区政府辖区内的基础设施建设滞后问题，要求得到改善。本来，郊区人民政府作为行为主体应全力着手于该区内的基础设施建设和管理工作，但郊区人民政府辖区内制定建设计划的权限和基础建设的相关费用、土地转让费及基础设施完善修补费都是由扬州市人民政府所主管的。到目前为止，郊区人民政府并未设置交通局和公共事业局，在本次议案中提出要求扬州市人民政府能够在市级的事业计划中，增强以郊区道路改造为中心和重点的基础设施建设。

第38号议案、第40号议案和第41号议案，其实质都是郊区人民政府通过郊区人大代表，向扬州市人民政府提出行政权力再分配的要求。这一要求通过议案的形式表达出来后便非比寻常了。一旦郊区人民政府对扬州市人民政府的要求议案化，要求的主体在形式上就不再是郊区人民政府，人大代表是从郊区选举出来的，所以主体就成为郊区的全体居民。

4. 围绕经济发展战略的议论

与此相似，在第五届扬州市人民代表大会第二次会议中出现《有关制定扬州市〈四沿〉发展战略计划的议案》。

2001年夏天，中国共产党江苏省委员会与江苏省人民政府提出了"尽快开发江苏中部的沿江流域是新世纪促进江苏省经济发展的重大战略步骤"。在此指导下，中国共产党扬州市委员会和扬州市人民政府在2002年2月，发布《关于加快推进沿江开发的意见》。同年末，提出了《扬州市沿江开发总体规划纲要》。而在《关于统一制定扬州市"四沿"发展战略规划的议案》中，对这一纲要提出了修改意见。

该议案中，对《扬州市沿江开发总体规划纲要》提出了几点问题：（1）扬州市的经济发展应是由长江沿岸、贯通扬州市内的高速沿线、京杭大运河沿线、扬州市内主要湖泊沿岸共同组成的市内全区域一体化的发展。（2）《扬州市沿江开发总体规划纲要》只将"扬州市区（广陵、维扬、邗江三区）和仪征市、江都市及其周边29个乡镇"列入了计划范围，而"高邮市、宝应县、一部分江都市，以及仪征市的主要道路、河流、湖泊的沿线区域"都在计划之外。（3）所以扬州市人民政府应修改《扬州市沿江开发总体规划纲要》，将全扬州市列入计划范围之内。

这一议案比其他议案获得了更多人大代表的支持，这些代表联合署名共同提出该议案。该议案的书面提出者是来自高邮市代表团的扬州市人民代表大会常务委员会委员，与其他21位来自高邮市和宝应县的人大代表联名提出该议案。21位人大代表共同提案，这在本研究包含的2001—2011年十年间，并不多见。

在这一议案中，那些来自于没有被经济发展战略所包含的地区的人大代表，对扬州市人民政府所提出的经济发展战略提出了共同的问题。因此，这一议案的提出动机非常明确。在中国，人民代表大会既是立法机关又是权力机关，所以人民代表大会的地位在作为行政机关的人民政府之上。这样，由21位人大代表共同提出的议案，会对扬州市人民政府提出的《扬州市沿江开发总体规划纲要》起到非常有效的作用。议案成为选区向人民政府（甚至中国共产党）表达诉求的合理手段。

在第五届扬州市人民代表大会第二次会议（2004年）中，提出《关于统一制定扬州市"四沿"发展战略规划》（第1号议案）之后，扬州市人民政府开始着手修改《扬州市沿江开发总体规划纲要》。议案提出的第二个月，扬州市人民政府发展计划委员会向扬州市辖区内所有行政区（宝应县、高邮市、江都市、邗江区、广陵区、维扬区）的人民政府发展计划局发布了《关于初步调查研究沿路、沿运、沿湖的"三沿"地区发展综合计划的通知》。而且，扬州市人民政府发展计划委员会还发布了《初步调查研究沿路、沿运、沿湖的"三沿"地区发展综合计划的方法草案》。扬州市人民政府发展计划委员会在议案的基础上，指示全市各区、县、市人民政府发展计划局对扬州市的经济发展计划进行修改。

2004年6月，扬州市人民政府发展计划委员会向扬州市人民代表大会作了有关重新研究《扬州市沿江地区发展计划纲要》的官方回答。随后，扬州市人民政府发展计划委员会向扬州市人民政府提出了《扬州市沿河地区综合发展研究报告》，并发表了《扬州市沿河地区综合发展计划（初稿）》。

扬州市人民政府发展计划委员会进行的修改涉及多方面的内容，本研究所关注的是经济发展战略所涉及区域的变化。正如《扬州市沿河地区综合发展研究报告》和《扬州市沿河地区综合发展计划（初稿）》的标题一样，开发的区域由"沿江"变更为"沿河"。扬州市人民政府发展计划委员会所提出的新的经济发展计划区域从原来的"沿江"即长江沿岸，拓展到包含京杭大运河和高邮湖沿岸的"沿河"区域，也就是说，在实际上，这一区域扩大到扬州市全市范围。

随后第五届扬州市人民代表大会第三次会议在2005年2月召开，会议中，有20名人大代表联名提出了《有关紧急实施扬州市沿河地区综合发展战略的议案》（第3号议案）。这次议案的提出者大多是2004年3月的第五届扬州市人大第二次会议中提出《关于制定扬州市"四沿"发展战略规划的议案》（第1号议案）的代表。实际上议案的起草者与上次议案的书面议案提出者其实是同一个人，且本次议案的许多提议者大都来自高邮市和宝应县的人大代表。

议案对《扬州市沿河地区综合发展计划（初稿）》表示支持，并提出了新的问题。扬州市内每个区域经济发展水平存在差距，横跨多个事业领域，涉及多方面的课题，因此，议案中提出扬州市人民政府应担任推动这次开发计划的主体，负责组织协调工作。同时指出，扬州市沿河地区综合发展战略不能仅仅停留于口头上。议案的提出者来自于那些最初经济发展战略并不包括在内的宝应县和高邮市，所以他们提出议案的动机十分明确。他们要求扬州市人民政府将经济发展战略涵盖到自己的选区，而且为了方针不仅仅停留于形式，要求明确各自职责，保障组织制度。

扬州市人民政府在这些建议的基础上，在2006年11月发布的《扬州市沿河开发规划》中明确了领导小组。早在2003年扬州市人民政府就设立了扬州市沿江开发领导协调小组，发展计划委员会在其办公室的基础上设立了扬州市沿江、沿河开发领导协调小组（扬州市人民政府，2006）。

目前所观察到的扬州市人民代表大会代表提案的动机都十分明确。即表达自己选区的利益。这种行为，与其说是决策者的"谏言者"，不如说是地区社会的"代表者"更好一点。

四、人民代表大会和中国人民政治协商会议的"合演"

接下来的研究将关注 2004 年 2 月第五届扬州市人民代表大会第二次会议所提出的《关于制定扬州市"四沿"发展战略规划的议案》（第 1 号议案）和 2005 年 2 月第五届扬州市人民代表大会第三次会议所提出的《有关紧急实施扬州市沿河地区综合发展战略的议案》（第 3 号议案）。这是为了方便观察人大代表提案和政协委员提案的关联性。本节中所使用的关于政协的资料都是来源于该委员会的官方网站。

1. 重新修改《扬州市沿江开发总体规划纲要》

在扬州市人民代表大会代表提出上述两个议案之前，扬州市政协也讨论了《扬州市沿江开发总体规划纲要》，并对中国共产党扬州市委员会和扬州市人民政府提出议案。

2003 年 2 月召开的政协第五届第二次常务委员会，通过了《中国人民政治协商会议扬州市委员会关于扬州市沿河地区实施综合开发战略的建议》。这一建议的目的是向中国共产党扬州市委员会和扬州市人民政府就《扬州市沿江开发总体规划纲要》提出问题，并提交修改意见。

例如，有提案指出在制定开发计划的过程中需要考虑到扬州市经济的多样性，也有提案指出应改善开发时资金调度的方法。前者是由某位由中国共产党推选出来并担任中国人民政治协商会议扬州市委员会副主席和经济界推选出来的某位委员共同提出的，他们主张在开发过程中，应注意要与各地区经济发展状况相符合，要与各行业的发展状况相协调。而后者则是来自中国民主建国会扬州市委员会的某位委员和中国政治协商会议扬州市委员会常务委员会副秘书长共同提出的。扬州市人民政府在为经济增长而进行的调配资金的过程中，大都是采用的是以土地使用权作为担保的方式来实现的，而两位委员则指出这种建立在对政府信用基础上的调配是有问题的。这种方式调配资金，实际上是一种政府的负债，他们提出今后有必要改革这种资金调配的方法。此外，来自扬州市工商联的代表在就《扬州市沿江开发总体规划纲要》问题上，提出应加强扬州市造船业的发展，并采取相关政策。在这次中国人民政治协商会议扬州市委员会常务委员会召开之后，2003年6月召开了第五届扬州市人民代表大会常务委员会第二十三次会议。在该会议中再次审议了《扬州市沿江开发总体规划纲要》。

随后，在2003年8月下旬，中国共产党扬州市委员会书记指出，扬州市人民政府的有关部门应学习中国人民政治协商会议扬州市委员会第五届第二次会议通过的《中国人民政治协商会议扬州市委员会关于扬州市沿河地区实施综合开发战略的建议》。

实际上，《关于制定扬州市"四沿"发展战略规划的议案》，在2004年2月的扬州市人大会中作为第1号议案被提出之前，中国人民政治协商会议扬州市委员会对此就展开过讨论。这份《关于制定扬州市"四沿"发展战略计划的议案》的书面提案者是扬州市人民代表大会常务委员会委员。由于无法向他进行采访调查，所以无法确认，但是在该议案提出过程中，他利用其扬州市人大代表常委会委员的身份，应该可以了解到了中国人民政治协商会议常委会在讨论《扬州市沿江开发总体规划纲要》时的资料。可以说，中国人民政治协商会议扬州市委员会和扬州市人民代表大会之间的政治动向很容易把握。

随后，扬州市人民政府开始着手对《扬州市沿江开发总体规划纲要》进行修改，并于2004年12月，提出了《扬州市沿河地区综合发展研究报告》和《扬州市沿河地区综合发展计划（初稿）》。

2. 有关"地域间平衡"的议论

经济发展战略的名称从最初的《扬州市沿江地区发展计划纲要》（2002年12月）到《扬州市沿河地区综合发展计划（初稿）》（2004年12月），反映了扬州市人民政府在规划扬州市经济发展战略过程中方针的变化，其服务范围扩大了。随后，扬州市人民代表大会及扬州市政协议论的焦点转移至如何在推进战略中寻求（区域和领域的）平衡。

2005年2月召开的中国人民政治协商会议扬州市委员会第五届第三次会议中，提出了第1006号提案——《谋求区域间平衡，加快沿河地区科学开发的脚步》。这一提案是由中国民主建国会扬州市委员会提出的。

通过这一提案，在重审战略的过程中，中国民主建国会扬州市委员会提出了扬州市经济要全区域均衡发展的要求。随后，主管扬州市经济发展计划的扬州市人民政府发展和改革委员会于 2005 年 6 月，针对这一提案进行了回答（很遗憾，我们只能了解到这一回答的事实，却无法了解回答的具体内容）。

随后，中国民主建国会扬州市委员会，提出了与第 1006 号提案具有紧密联系的其他提案。在第五届第四次中国人民政治协商会议扬州市委员会会议中，提出了议案《"一体两翼"地调配资源，步入经济发展的新阶段》。而且，中国人民政治协商会议扬州市委员会委员在第五届第五次会议（2007 年 2 月）中提出议案《"一体两翼"地调配资源，步入经济发展的新阶段》。该提案提出所谓"一体两翼"的地区性概念。"一体"指的就是维扬区、邗江区、广陵区，"两翼"指的是江都市、仪征市。提案向扬州市人民政府提醒到，在扬州市经济发展战略的立案过程中，有效利用扬州市经济核心地区的土地和交通网络优势，是不可或缺的。随后扬州市人民政府发展计划委员会对这些问题进行了回应。

2005 年 2 月，中国民主建国会扬州市委员会提出的第 1006 号提案《谋求区域间平衡，加快沿河地区科学开发的脚步》和 2005 年 2 月第五届扬州市人民代表大会第三次会议中提出议案《有关紧急实施扬州市沿河地区综合发展战略的议案》（第 3 号议案）的主旨极为相似。而且政协委员会在第二年提出的 1003 号提案《"一体两翼"地调配资源，步入经济发展的新阶段》与 2007 年 2 月第五届扬州市人民代表大会第五次会议中提出的议案《加快建设"一体两翼"，更大更好地建设扬州市核心》（第 1 号议案）的主旨也十分相似。从中国共产党委员会和立场上看，内容极为相似的扬州市人民代表大会议案与扬州市政协的提案，几乎都是同一时期提出来的。可以看出，在扬州市经济发展战略的政策制定过程中，两者相互联系，合作提出议案与提案。

3. 是"合演"吗？

所以说，扬州市人民代表大会与扬州市政协，在提出议案与提案过程中，是否在有意识地进行"合演"。因为无法对提出议案和提案的双方当事人进行采访调查，所以无法确认他们是否是有意为之的。以下只能通过分析他们提出议案和提案的动机来进行解读。

首先，扬州市人民代表大会代表提出议案的动机十分明确。2005年2月的第五届扬州市人民代表大会第三次会议中提出的议案《有关紧急实施扬州市沿河地区综合发展战略的议案》，是由来自宝应县和高邮市的20名人大代表所提出的。这些人大代表来自于——扬州市人民政府事先发布的《关于加快推进沿江开发的意见》和《扬州市沿江开发总体规划纲要》中并不包含的地区——宝应县和高邮市，他们代表了各自选区并要求加入战略涵盖的范围。

2007年2月召开的第五届扬州市人民代表大会第五次会议中，提出了议案《加快建设"一体两翼"，更大更好地建设扬州市核心》（第1号议案），该议案的提出者是扬州市人民代表大会常务委员会的主要成员，他们的动机也十分明确。

如前所述，在2006年11月，扬州市人民政府发布了作为扬州市经济发展战略基本方针的《扬州市沿河开发规划》。该《规划》作为2002年末提出的《扬州市沿江开发总体规划纲要》的修改版，将经济发展战略范围扩大到了宝应县和高邮市（2004年发布的《扬州市沿河地区综合发展研究报告》和《扬州市沿河地区综合发展计划（初稿）》是中间报告）。根据该《规划》的发表，扬州市经济发展战略的服务区域拓展到扬州全市。随后战略议论的焦点转移到如何缓和区域间的经济发展差距和行业间的发展阶段差距。在这一方面，议案《加快建设"一体两翼"，更大更好地建设扬州市核心》的提出者来自于扬州市各选区，同时又是各选区最有力的人大代表。为了深化讨论扬州市经济发展战略，必须有对扬州市整体的理解，从而对各地区的要求进行调节。

那么中国民主建国会扬州委员会提出提案的动机又是什么呢？

扬州市人民政府发展计划委员会官方网站公开的资料显示，民主建国会扬州市委员会与扬州市人民政府发展计划委员会进行了意见交换。为何两者可以建立这种密切的交换意见的关系？从另一个角度去寻找，我们可以发现扬州市人民政府发展计划委员会综合处的处长其实就是提出第1006号提案的民主建国会扬州市委员会的委员。这种意见交换能够建立或许正是得益于民主建国会扬州市委员会的这种人员构成。

中国民主建国会扬州市委员会在其官方网站上这么描述：中国民主建国会"主要由经济界人士组成的、致力于建设中国特色社会主义事业的政党，是中国共产党领导的多党合作和政治协商制度中的参政党"。也就是说，它是代表扬州市经济精英利益的政党。该会的组织发展方针为："要贯彻以大中城市为主，以中上层人士为主，以经济界人士为主……有计划地稳步发展。"另外，入会的对象是："经济界人士以及其他方面的专家学者，愿意履行本会的章程的，而本会将以企业经营者、管理者以及与经济界关系密切的专家为本会的基础。"

该会的主要构成人员中，有不少是在扬州市经济界具有影响力的人物。该委员会主任委员同时还是主管旅游行政的局长，此外，该会的前副主任委员还负责面向民营企业家的融资相关业务，而包含民营企业家在内的企业经营者也是该会的成员。同时，该会会员中亦有在主管扬州市经济发展战略的扬州市人民政府发展计划委员会中工作。这一事实上的关系正说明了中国民主建国会扬州市委员会提出与扬州市经济发展战略紧密相关的提案时的动机。该委员会代表了那些十分关心扬州市经济发展战略的人群的诉求。

中国人民政治协商会议也在中国的决策者与中国社会之间搭起了"桥梁"。中国人民政治协商会议所担当的政治作用或许就是中国决策者与非共产党员的社会团体之间的"桥梁"。这种政治作用可以说是"代理者"或"谏言者"，也可以说是"代表者"。

表达选区意志的人民代表大会和代表社会团体诉求的中国人民政治协商会议，提出各自所关心的议案与提案。在本研究中我们无法分清两者是否有意在同一时期提出议案与提案。但如果从中国共产党和人民政府的立场来看，两者同一时期两者提出议案与提案，确实存在"合演"的现象。就研究对象的事例而言，两个民意机关作为不同的组织对同一问题持有意见，在同一时期采取不同的途径表达自己的意志。就结果而言，两者确有"合演"的事实。

结　语

作为中国民意机关的人民代表大会与中国政治协商会议并非是大多数人所印象中的"橡皮图章"或"政治花瓶"。人大代表与中国政协委员发挥着代理者、谏言者以及代表者的政治作用。

由于人大代表与中国政协委员发挥着代理者、谏言者以及代表者的政治作用，所以民意机关的构成人员将其代表的选区或其所属的组织（就业单位）的各种信息传达给中国共产党和人民政府。前者通过人民代表大会，后者则通过中国人民政治协商会议。作为中国共产党和人民政府的领导者来说，在中国共产党一党制领导下，决策者进行政策立案与修改时，从这两个民意机关中获取信息是必不可少的。

这两个民意机关的活动在外者看来，完全是一种"合演"行为。这种"合演"的政治作用对于一党主导制下的决策者来说，可以了解区域内多元化的诉求，是必不可少的过程。

本研究对中国民意机关的政治作用进行了解析。但今后仍然还有很多可以研究的课题。大致可以整理为以下三点：

第一，课题所分析的区域有必要进一步扩大，本研究仅仅对扬州市进行了调查，调查的对象也应多元化。

第二，有必要了解今天中国民意机关中有多少成员会拥有代理者、谏言者和代表者这样的意识。20世纪90年代初的时候，欧博文作过调查，调查显示人民代表大会作为代理者和谏言者发挥其政治作用，但是没有发现其作为代表者而进行的活动。今天的中国，已经可以验证民意机关作为代表者发挥功能。这也暗示了近些年来中国民意机关的政治作用发生了变化，不再仅仅是作为"中国共产党、人民政府通向中国社会之间的桥梁"，发挥代理者和谏言者的政治作用，更多的民意机关成员开始担当起"中国社会通向中国共产党、人民政府的桥梁"，发挥代表者的政治作用。这一变化或许会对中国共产党主导下一党体制的安定产生不小的负面影响。作为代表者而活动的人大代表和中国人民政治协商会议委员所提出的要求与人民政府的方针如果形成尖锐的对立，那么可能会给中国共产党的政治权威带来负面的影响（当然，这并不是一定的，随着对中国民意机关的研究从形式走向实质，对中国政治体制的信赖也会提高，作为执政党的中国共产党的政治权威或许反而会提高）。

第三，有关人民代表大会与中国人民政治协商会议"合演"的问题，这也是本研究最为重要的课题。在研究还不充分的中国地方政治方面，本研究说明了两个民意机关的政治作用。特别是发现了两者在中国政治舞台上的"合演"。但"合演"的两个民意机关究竟是哪个出于主导地位还不清楚。而且，这种"合演"是人民代表大会与中国政治协商会议主动的行为，还是中国共产党指导下发生的，这一问题尚不清楚。如果基于现代中国的政治原则，那么人民代表大会与中国人民政治协商会议的"合演"或许是在中国共产党的指导下进行的。如果这样的话，那么现在中国共产党的工作方法与过去不是有所差异么？如果有所差异，那中国共产党为何会发生这种变化。这一课题直接联系到中国共产党主导下一党体制的安定问题。但是这一课题已经超越了本研究的分析范围，今后或将对这一课题展开进一步研究。

（陈可嘉编译　南开大学日本研究院硕士研究生）

一党制选举中的"好人":中国地方人民代表大会中的选举联系*

[美]墨 宁

在20世纪70年代中期开始的第三波民主浪潮之后很久,一党主导制政权仍然到处盛行:根据一项最新的估算(Svolik,2012),约40%的国家是一党制政权。然而,执政者也通过名义上民主的制度向更多的参与者开放了政治竞争领域。现在,一党制选举已是司空见惯之事,也很少被说成是强制性的公民投票。从经验上来看,执政者的赌注得到了回报:一党制选举带来的不是民主转型(Brownlee,2007),而是政权的长寿(Geddes,1999)。究竟为什么会这样,是大量研究文献的主题①,但是,有一种著名的观点指出了一党制选举的信息效用(Brownlee,2007;Gandhi,2008;Geddes,2006;Magaloni,2006;Malesky & Schuler,2008;Simpser,2013)。由于执政者必须代表权力,因此,选举以选票向普通公民传递了关于底层政治家政绩的信息,从而解决了监督问题。

为了帮助执政者解决监督问题,选举不需要提供关于民众偏好的完美信息,但至少必须对这些信息进行近乎准确的估量;也就是说,选举不能使选票丧失它的信息价值。这似乎表明,一党制选举也必须至少在一定程度上解决选民监督问题。要不然,怎么使选民评价政治家的表现呢?然而,即使在自由民主政体中,监督政治家也是一个难题,惩罚政绩不佳的

---

* 本文系作者为本书提供的专稿,墨宁为美国威斯康星大学麦迪逊分校教授。

① 关于出色的文献回顾和讨论,参见 Gandhi and Lust-Okar(2009);Magaloniand Kricheli(2010);and Svolik(2012)。

政治家经常达不到效果（Przeworski, Stokes & Manin, 1999）。众所周知，在解决选民与政治家代理关系中的道德风险问题上，一党制政权更加糟糕。在一党制选举中，选票不可能是"把烂政客赶下台去"的可信威胁。确实，一党制选举的问题是内在的：对执政者来说，一旦解决选民监督问题的做法开始侵蚀一党制的基础，就会带来高昂的成本。在一党制的大多数变种中，即使所有反对党派参与竞选（实际上并非总是如此），执政者也能够成功地阻止政权更迭。[①] 即使执政党分享一定的议会权力，它仍然行使大多数权力，控制大多数资源。在大多数一党制政权中，民选的议会不制定政策，这样一来，除了执政党外，其他政党不可能与执政结果存在坚固的联系。选民也不可能指望批评性的自由新闻来帮助他们监督当权者。在一党制政权中，所有这些特征都向选民提出了更严峻的挑战。不仅有组织的反对派被禁止，而且监督当权者也更加困难：选民不可能把政党标签当做一条收集政治家信息的捷径。

本文的经验研究不再集中于执政者监督问题，而是接受甘地和鲁斯特－奥卡（Gandhi and Lust-Okar, 2009）的建议，对一党制选举的"基本但又具体的特征"与选举结果的关系问题进行理论分析和经验探究。中国地方人大选举的新选举设计提供了一个探究一党制选举信息效用的良机。自20世纪80年代以来，中国的选民不仅选举乡镇人大，而且与共产党分享选举人权力[②]，它们和地方党委各自选择乡镇人大代表的候选人。可是，新的选举设计也有利于选举操纵：以党为主导的选举委员会拥有否决权，决定哪些被提名的候选人成为正式候选人。在自由民主政体中，不同的选举人通常产生不同的候选人（Carey & Shugart, 1995；Gallagher & Marsh, 1988；Hazan & Rahat, 2010）。在中国，尽管选举设计具有形式上的包容性，但是党可能忽视选民提名所传达的信息，作为唯一的选举人也能进行有效的掌控。更重要的是，由于一党制结构的基本特征仍然没有改变，因此，

---

① 这些政权的共同标签包括选举权威型主义（Diamond, 2002；Schedler, 2002）、竞争型一党制（Levitsky & Way, 2002），和一党主宰型一党制（Magaloni, 2006）。

② 在这里，我根据关于候选人提名的文献以通常的方式使用"选举人"（selectorate）一词，也就是说，选举人包括那些提名争取选举职位的候选人的个人。这不同于 Bueno de Mesquita, Smith, Siverson, and Morrow（2003）的用法。

新的选举设计似乎没有解决选民监督难题。

我的理论分析是：对选民来说，由于一党制选举未能解决道德风险问题，因此，选举就是解决逆向选择问题。[①] 具体而言，我从政治选择文献中借用了一个概念，提出了如下理论分析：选民运用他们的选举权力，不是去惩罚政绩烂的政治家，而是为了选择"好人型"（good type）的政治家，他们是可以信赖的选民代表。在中国的地方人大选举中，这种挑选首先发生在提名阶段。我分析了一组独特的原始数据——这些数据来自于一项对4071名地方人大代表的最新调查，利用了所调查的选民和党所提名的候选人。我发现，选民提名的候选人和党提名的候选人是不同的类型。尤其是，选民选择那些具有表明他们能够忠实代表社区的品质的人。然而，在就地方的各种问题与当选的人大代表进行联系的时候，选民采取了两面下注的策略：他们与更有权力的政治家进行联系，后者更接近权力，也是"好人"。新的选举设计产生了这些结果，这一点从两个方面来看是值得关注的，不仅意味着选民能够以提名来传达信息，而且意味着更有权力的地方党委不能无视选民所传达的信息。换句话说，中国地方人大中的"选举联系"把候选人与两个选举人联系起来：地方党委和选民。

本文的结构如下：第一部分"一党制选举中的'好人'"阐述了所提出的理论和假设；第二部分"中国的地方人民代表大会与候选人提名过程"利用中文材料和对地方人大代表和学者的访谈，扼要描述了新选举设计的相关特征；第三部分"统计检验"提出了备选假设，并对调查数据进行了统计分析。结论部分把各种发现放入一党制的环境中，为解决为什么在这种一党制环境下选民能够使他们的偏好发挥作用的谜题提供了一种观点。

[①] 更恰当的术语（但不常见）或许是"顺向选择"，参见 Hemenway, 1990。

一党制选举中的"好人"

正如贝斯利（Besley，2005，2006）所指出的那样，现代政治经济学十分专注于解决詹姆斯·麦迪逊的著名担忧：纠正各种制度，让高尚的政治家执掌权力（Buchanan，1989；Ferejohn，1986；Fiorina，1981；Key，1966；Manin，1997；Mayhew，1974）。这种担忧所体现的古典代理人视角集中于道德风险问题，把选举作为责任机制进行分析。选举之所以使政治家负责任，是因为它们是惩罚（因而是约束）机制：当选的官员担心失去以后的选举，所以他们现在不会逃避对选民的责任。正如上文所认为的那样，"自由主义理想"不适合一党制。

然而，贝斯利（Besley，2005）提醒我们，麦迪逊关于如何防止政治阶层利用手中权力自利的理论还有另一个尚未充分研究的内容。在《联邦党人文集》中，麦迪逊论述了选择"具有最高智慧来辨别和最高道德来追求社会公益"领导人的规则的重要性。在责任设计不充分的世界中，选择"好人"担任政治领导人至关重要。在这种框架下，"找到值得信任的政治家是选择问题，而不是激励问题"（Besley，2005，p.49）。政治代表取决于选择那些能够因某些特质而能被委托执政的人。费伦（Fearon，1999）接受了这一框架，把选择当做选民筛选代表而不是控制道德风险的反复机会。这种筛选即使在好人之间差异细微和信号充满杂音的地方也是可能的。如果选民能够鉴别出"好人"，例如利用关于个人品质的信息，那么选民不需要通过选举惩罚这种经典问责来产生他们想要的执政结果。学者们也在经验研究中接受了政治选择框架：尤其是，潘德（Pande，2003）与查托帕迪亚雅（Chattopadhyay and Duflo，2004）等人分析了印度的选举，发现选民把种姓和部族当做那些一旦当选就会忠实地提供公共产品的人的符号。[1] 鲁斯特-奥卡（Lust-Okar，2006）和谢哈塔（Shehata，2008）发现，在中东的一党制政权中，选民利用部族、部落、社区和村庄的标签来辨别所要支持的候选人。然而，令人惊讶的是，政治选择框架尚未被明

---

[1] 除了代表关切外，Stone，Maisel，and Maestas（2004）认为，在美国的环境下，选举前景因"个人品质"而改善，因为选民重视它本身的价值。

确地用来研究一党制选举。

如果一党制选举是惩罚政治家自利行为的不可靠机制，那么中国地方人大代表对普通公民的责任实质上是政治挑选。选民更愿意选择被提名人，选举那些表明具有会忠实地代表地方利益的品质的候选人。例如，像长期居住当地之类容易观察到的事情表明了对地方关切的了解和对非正式地方影响的敏感性。以这种方式评价潜在的候选人，判断他们是否忠实地代表地方，并不是微不足道的问题，对地方的普通公民来说也是容易做到的事情。然而，选举"好人"比提名他们更困难。上文已经指出，选民与地方党委分享挑选候选人的权力，地方党委可能为了追求自己的利益而否决选民所提名的候选人，偏好党所提名的候选人。

笔者的理论假定是：中国的基层民众提名"好人"。这包含一个最明显的可检验的假设，即：

假设1：两类选举人，即选民和党。选民提名的候选人和党提名的候选人具有不同的品质，这些品质反映出对不同类型的人的偏好。具体而言，选民提名的候选人具有那些把他们确定为"好人"的品质，他们将会忠实地代表当地的利益。

笔者检验这个假设所分析的数据来自对已当选人大代表的调查。也就是说，笔者的样本中的每个人都是选举的胜利者，而不仅仅是候选人；每个人都经历了包括党的审查在内的整个候选人选择过程。这为证明政治选择所包含的假设带来了额外的负担：即使选民事实上更愿意提名"好人"，这些类型的人也只有当他们出现在选票上并赢得选举后才会出现在笔者的样本中。[①] 这意味着笔者对上述假设的检验同时也是研究每类选举人如何按照选举法规成功地通过整个提名和选举过程认识到自己的偏好。正如在"中国的地方人大与候选人选择过程"这一部分中所讨论的那样，尽管选举法规赋予选民选举权力，但是对他们来说，充当否决者，否决党所提名的候选人，仍然比较困难。相比之下，选举法规却使地方党委比较容易无视选民的提名所传达的信息，行使他们的否决权力，阻止"好人"成为正式候选人。这种机制和其他机制将会使选民和党提名的候选人是相同的类

[①] 当然，他们能够作为选民自填的候选人取得选举胜利。参见下一部分的讨论，我的样本中没有选民自填的候选人。

型。本文的"统计检验"部分将会在备选假设中描述这些机制。

政治选择也对这里所研究的选举具有不那么直接的影响。由于"好人"的品质隐含着忠实代表这个前提,因此,我的理论假定是,选民在选举后求助这些类型的人大代表,寻求解决当地问题的方法。这产生出如下假设:

假设2:选民在选举后联系"好人型"的人大代表。选民基本上联系当选的"好人型"的人大代表,报告当地的问题,因为他们是当地利益的忠实代表。

本文的"统计检验"部分将会提出备选假设。

中国的地方人大代表大会与候选人提名过程

近年来,中国的地方人大否决政府工作报告,质询和罢免官员,驳回党提名的政府领导候选人(Cho,2008;Manion,2008;Xia,2008);它们还共同代表当地选民的利益,有时与地方党委发生冲突(Kamo & Takeuchi,2013)。这一切都发生在地方上,仍然嵌入在一党制政权的框架内。自20世纪70年代末期以来,这个一党制政权一直进行各种类型的制度建设,提高自身的合法性和稳定性。地方人大的新选举设计是这种制度建设的例证之一。

1979年的《选举法》规定了无记名投票、差额选举和选民提名乡镇和县级人大的候选人。这在候选人的推荐中引入了新的包容性,并在选举结果中引入了新的不确定性。①

推荐候选人在两个层级上分为两个阶段:选区提名,随后审查和筛选被提名的候选人,确定乡镇人大或县人大的候选人。法律规定了5天的提名时间和8天的确定候选人的时间。选举日期是在公布候选人一周后。地

---

① 在1979年之前,党垄断了候选人的提名,选举竞争非常罕见,而且投票通常是公开的。参见Townsend,1967,pp.115-137。1953年的《选举法》赋予选民提名权,但作出的说明(1953年2月11日)确定党是合适的主要提名者。选民推荐的候选人很少成为正式候选人。

方党委直接或间接地管理选举过程。① 特别是，在确定候选人的第二阶段，以党为主导的选举委员可以行使有效的否决权力，最终决定哪些被提名人是正式候选人。

然而，选举决定谁是赢家。竞选和无记名投票能够制约党委的权力，因此，选票上不完全是党提名的候选人，群众也不是完全不接受党提名的候选人。也就是说，选举能够制约以党为主导的选举委员会，使之作出考虑到选民偏好的战略选择。选举法规使这一点成为可能，但并非轻而易举。下文将会讨论这一点。

选民选举赢家

法律所规定的竞选和无记名投票可能产生出两种（在地方当局看来）不合意的结果：所谓的选举失败和选民自填的候选人当选。第一，地方人大选举可能失败，需要举行新一轮选举。选举要具备法律上的有效性，选票就必须由大多数选民投出。然而，被动员起来的投票可能不足以避免选举失败，因为选举胜利需要赢得所投出的大多数选票。这促使地方当局使选票上出现少量的候选人。复数选区选举多名地方人大代表，因为选区按照人口数量确定1—3名人大代表。按照法律规定，选票上必须为每个席位列出1.33—2名候选人。为了保证决定性的成功，选举委员会总是把竞争设定在法律允许的最低限度上：在单一选区中，选票列出两位候选人；在两个席位的选区中，选票列出三位候选人；在三个席位的选区中，选票列出四位候选人（Shi, Guo, & Liu, 2009, p. 61）。第二，选票列出的候选人可能败给选民自填的候选人。选民也可能损坏他们的选票，剥夺选票列出的候选人的胜利，造成选举的失败。

总之，就选举竞争和无记名投票而言，选民能够制约党委的提名权力，使自己的偏好在投票箱上得到重视。然而，从我们所了解的情况来看，选举失败和选民自填的候选人当选是小概率事件。2001年，2.2%的乡镇人大选举和1.7%的县级人大选举是失败的选举。2006年，1.7%的乡

---

① 在乡镇人大选举中，通常由乡镇党委书记领导选举委员会。在县人大选举中，县人大常委会在县党委批准后任命选举委员会的成员。在选区中，选举办公室完成了许多与确定候选人相关的工作；在这两级人大的选举中，党支部书记通常担任选举办公室主任（Xiong, 2002）。

镇人大选举和1.3%的县级人大选举是失败的选举（Shi et al.，2009，p. 520）。① 2001年，0.4%的当选的乡镇人大代表是选民自填的候选人（Shi et al.，2009）。② 这并不令人感到惊讶。根据关于选举失败的法律规定，党提名的候选人只要获得四分之一以上的选民的支持，就能赢得选举。这并不是很高的门槛。此外，要想选举自填的候选人，选民需要在非常短的时间内就某位候选人达成一致。③

党委提名的候选人和选民提名的候选人

中国官方的词典只承认两类候选人：选民提名的候选人和党提名的候选人。十人以上的选民可以联名提名候选人；地方党委动员民主党派和群众组织联合提名党要提名的候选人。在数量上，党员在上述两类候选人中占据绝对多数。

首先讨论一下党提名的候选人。在中国的政治体制中，上级党委任命、考评和管理所有下级党政领导干部。④ 在举行人大代表选举前半年，县党委任命乡镇党委和政府的领导干部，地市级党委任命县党委和政府的领导干部。⑤ 为了推进中央制定的党内标准并提高执政中的有效协调，地方党委命令选举委员会把候选人名额分配给一些领导干部。出于相同的原因，候选人名额通常也分配给党委最想让其担任人大领导职务——例如人大常委会主任和常委——的人。事实上，这些名额分配是保证特定的被指定的候选人当选的安排。选举委员会把名额分配到各个选区，在这些选区

---

① 在这里和下文中，笔者使用了可以获得的最新数据，包括所有或大多数省份。如果数据不完整，我就会指出。

② 那些自封的谋求官职者在没有党的支持下积极竞选人大代表，对他们来说，这实际上是通往选举成功的唯一途径。这些"独立候选人"可能谋求或避开选民支持，但他们很少通过审查成为正式候选人。

③ 参见 Nathan（1985）；Zhu（2006）；F. Li（2008）；Z. Yuan（2011）；and Sun（2013）。

④ 这方面研究有大量的文献，尤其是 Manion（1985）；Burns（1989，1994）；Whiting（2001，2004）；Edin（2003）；Brødsgaard（2004）；and Landry（2008）。

⑤ 严格地说，这是一种准议会体制，融合了行政部门和立法部门。党的干部是任命的，但政府（和人大）官员必须由人大选举产生。党委提名政府官员和人大官员的候选人，而且这些候选人一般都会获胜。（参见 Manion，2008）

中，被指定的候选人在党提名的候选人中占到一定的比例（He,2010;Shi,2000;Zhang,2005）。被指定的赢家未能当选是严重的选举失败。一些省份为党提名的候选人设定了数量限额。基层党委可以避开这些限额，指示选举机构"把党的意愿变成选民的希望"（Shi & Liu,2008,p.55），也就是动员选区的党员提名党委支持的人选。这些不是真正的提名的候选人，不同于下文所讨论的选民提名的候选人。

选民提名的候选人通常只有在专门为此召开的选民小组会议上产生。提名过程是松散的（Cai, 2002），不需要选民付出多少努力。[①] 数据显示，选民提名的候选人在数量上可能超过党提名的候选人：例如，2001 年，选民提名的候选人占到乡镇人大代表提名人数的70%，占到县级人大代表提名人数的77%（Shi et al.,2009）。[②] 毫无疑问，其中一些是党动员提名的候选人。

选举委员会确定候选人

在一些选区中，候选人在数量上多于人大代表名额，选民提名的候选人在人数上多于党提名的候选人，这些显然是正常现象（Cai,2003;Zhang,2005），因此，从提名人选中确定正式候选人必然会剔除许多选民提名的候选人。这是候选人初选的广泛性（和容易）阶段与选举法规促使地方机构提出少数正式候选人的激励共同作用的结果。尽管如此，2001 年，选民产生了大多数正式候选人和大多数选举赢家：乡镇人大 60% 的正式候选人和 53% 的当选代表，县级人大 71% 的正式候选人和 56% 的当选代表（Shi et al.,2009）。当然，如果选民提名的候选人选事实上就是党提名的候选人，这就不那么令人困惑了。

中国知名学者（Cai,2003;Shi & Liu,2008;D.Yuan,2003）认为，候选人提名的审查和筛选阶段并不透明，为地方党委的掌控提供了可能性。按照法律的规定，如果提名人选数量巨大，而且选民的支持非常分散，那么就必须举行初选，或者与各选民群体的代表进行协商。在实践中，初选是不常见的。此外，在协商会议上，以党为主导的选举委员会设定会议议

[①] 即便如此，选民可能不会大规模出席选民小组会议。例如，Zuo（2007）调查了北京某个选区的选民，发现47%的选民没有参加2006年选举的任何会议。

[②] 在县人大，只得到了10个省的数据。

程，控制那些使决定反映出党的偏好的信息（例如，参见 Li，2003；D. Yuan，2003；Zhang，2005）。尽管选举委员会不能保证特定候选人的提名，但是它能够有效地"确保他们不想让其成为候选人的提名人选不会出现在选票上"。例如，这包括"独立候选人"（He & Liu，2012；Nathan，1985，pp. 193-223；Sun，2013；Z. Yuan，2011），他们很少通过提名成为正式候选人。

统计检验

上文对候选人提名过程的简要描述与理论上的政治选择过程是一致的。在一党制体制下，选民利用他们的提名权利，发现并联系那些其品质表明会忠实地代表选民的"好人"。

在本文的这一部分中，我把理论的各种推论付诸统计检验，分析我对地方人大代表的调查数据。在乡镇人大代表和县人大代表方面，提名数据的缺失率分别是6%和3%，因此，在19个县人大和26个乡镇人大中，有效样本分别是2919份和1152份。选民的提名占到乡镇人大样本的68%和县人大样本的50%。

假设

最直接的理论假设是选民和党委提名了不同类型的候选人：选民提名的候选人（但不是党提名的候选人）是"好人"。不过，上一部分的描述比这一部分更具体：它表明党提名的候选人也是各种类型的。地方党员利用他们的提名权利找到"统治型"候选人：这些候选人具有官方所重视的能力等品质，会按照中央制定的标准提高官员的信誉，促进党、政府和人大等机构的协作。这些类型的候选人会或者不会促进选区的利益，但他们的品质没有表明他们在这一方面的可靠性。在日常工作中，党政官员与乡镇或县的联系比他们与选区的联系更为紧密。为了表明这一推论，我重述了原始的假设，例如表1中的假设1。

原始假设及其更具体的重述产生了一个关于选民提名的候选人与党提名的候选人之间明显差别的预测。这个检验是一项严格的检验。因为本文所使用的调查数据中的提名人选也是通过党的审查的选举赢家。

表 1　可检验的假设

理论所产生的各种假设
假设1：两类选举人，即选民和党。选民提名的候选人和党提名的候选人具有不同的品质，这些品质反映出对不同类型候选人的偏好。具体而言，选民提名的正式候选人具有那些把他们确认为是"好人型"的品质，他们会忠实地代表当地社区的利益；党提名的候选人具有那些把他们确认为是"统治型"的品质，他们符合能力标准，能促进地方治理中的协作。
假设2：选民在选举后联系"好人型"的人大代表。选民大多数联系当选的"好人型"人大代表（而不是"统治型"），报告当地的各种问题，因为"好人型"人大代表是当地利益的更可靠代表。
备选假设
假设1a：某类选举人，即党。由于地方党委行使哪些候选人可以成为正式候选人的否决权力，它们可以忽视独特的选民偏好，选择那些它们将会选择的相同类型的选民提名人选，因而，党所提名的正式候选人与选民提名的候选人毫无差别，反映出党对"统治型"品质的偏好。
假设1b：某类选举人，即党。由于政权对资源配置具有压倒性的影响，因此，选民抑制了自己的真实偏好，提名那些靠近政权的人。选民提名的候选人和党提名的候选人毫无差别，反映出党对"统治型"品质的偏好。
假设1c：某类选举人，即选民。由于地方党委把选民的权力视为选举否定者，因此，它们选择那些最能阻止选举失败和选民自填候选人当选的候选人。选民提名的候选人和党提名的候选人毫无差别，反映出选民对"好人型"品质的偏好。
假设2a：选民在选举后联系"统治型"人大代表。由于"统治型"人大代表拥有获取政权资源的更好途径，因此，大多数选民就地方的问题而联系他们。

　　经验证据的支持不意味着候选人的确定通过了选民选择的审查；法规使这样一些审查变得相当容易。经验证据的支持只是指出了更细微的行为和制度结果，至少也表明选民的偏好不同于地方党委的偏好，无论候选人的确定过程多么扭曲，选民提名为普通民众提供了表达选举声音的渠道。

　　关于选民提名的候选人与党提名的候选人之间没有明显差别的另一种预测符合表1从假设1a到假设1c中所提出的三种不同因果机制。第一种观点认为，无记名投票、选举竞争和提名的包容性是把执政党的权力垄断合法化的装饰。从这种观点来看，地方党委在候选人提名的第二阶段利用它们的否决权力，剔除它们认为具有政治威胁的选民提名的候选人，同时坚持它们自己的偏好，牺牲了选民公开表达的偏好：选民提名的正式候选人反映出党（而不是选民）的偏好。这种不同的看法与其他一党制环境中的发现是一致的。学者们发现，选民可能不顾自己的偏好，支持政权中的现任者（Magaloni，2006）和那些靠近一党制政权的离任者（Lust-Okar，2008），因为政权对于资源分配具有压倒性的影响——选民们知道这一点。由于运用这种视角，中国的选民可能提名党政官员或其他的政权内部人或青睐者，因为那些靠近政权的人大代表拥有获得官方资源的更好途径，他们能够把这些资源分配给自己的选民。两种因果机制并不相互冲突。提名"统治型"候选人的选民在战略上是明确的，考虑到了一党制环境，简化了地方党委决定正式候选人的工作。这两种机制产生出相同的预测，即选民提名的候选人和党提名的候选人都反映出党对"统治型"候选人的偏好——就像表1假设1a和假设1b所描述的那样。

关于选民提名的候选人与党提名的候选人之间没有明显差别的发现，也与一个更根本的机制是一致的。地方党委可能对选民提名所披露的选民偏好作出充分的回应。在这种情境下，选民是否决者：由于害怕选举失败和选民自填的候选人当选，地方党委就会产生出与选民偏好是相同类型的候选人。这产生出如下预测：选民提名的候选人和党提名的候选人都反映出选民对"好人型"候选人的偏好。

本文第一部分"一党制选举的'好人型'"已经指出，对于选民联系，理论还有一个不那么直接的推论。由于"好人型"人大代表的品质暗含了一个他们忠实代表地方利益的前提，因此，选民转向这些类型的人寻求地方问题的解决办法。笔者在表1中重述了假设2，以便反映出选民联系"好人型"而不是统治型人大代表的选择。这个预测并不是不证自明的。"统治型"人大代表是政权的内部人或青睐者，许多人担任领导职务，可能拥有获得解决地方问题和提供地方公共产品的资源的良好渠道。就此而言，选民在选举后联系"统治型"人大代表会更好，这产生了表1像假设2a一样的备选假设。[①]

[①] 按照相同的逻辑，选民作出战略性（而不是真诚）的提名或许会更好，就像假设1b所体现的那样。

测量

"好人型"。我从三个方面界定"好人型"的品质：熟悉度、回应性和效能。熟悉度是选择"好人型"的依据，因为熟悉度使选民能够评价他们的个人品质。多年居住本地是熟悉度的良好标准。长期居民之所以能够成为"好人型"，是因为他们不仅熟悉选民，而且也熟悉当地的问题。即使他们与选民在地方的问题上没有共同看法，他们也至少在空间上卷入了这些问题的表现形式。此外，他们与地方的融合可以使地方更容易通过隐性和明确的社会压力对他们产生非正式的影响，因而使他们对选民作出更多的回应。第二个标准体现在职业类别中。人大代表还有其他的全职工作；回应当地的关切也可能已经是他们的全职工作的一部分。尤其是，在村委员会和社区委员会中，民选的官员相对而言可能更具有回应性。他们处理地方问题的经验也使他们更有效能。

除了这些客观指标外，调查把回应性和效能作为选民所推测的态度加以衡量。第一，人大代表应该既代表"小集体"（选民）的地方利益，又代表"大集体"（乡镇或县）的更广泛利益，而且人大的官员承认这两者可能出现冲突。在这两种利益代表发生冲突的地方，"好人"把地方放在乡镇或县之上的优先地位。第二，就人大代表认为选民更关注他们的所做所为而言，他们应该更好地代表选民的利益。也就是说，"好人"自认为受到监督其行为的专注的选民的制约。第三个态度项评估了在解决地方问题时的主观效能；重要的是，这个态度项指向的是选区，而不是乡镇或县。

"统治型"。地方党委提名那些有助于地方治理的候选人。这些"统治型"候选人都是党政官员。县人大（而不是乡镇人大）也有自己的领导层：大约占到人大代表数量7%或8%的人大常委。严格地说，"中国的地方人民代表大会与候选人提名过程"这一部分所描述的行为早于人大常委的选举，不过，因为他们的构成非常重要，所以，我们认为地方党委提名人大常委是在人大代表选举之前，因而预测人大常委中党提名的候选人比选民提名的候选人更多，就是顺理成章的事情了。最后，"统治型"人大代表更充分地反映出官方所重视的能力，也更充分地反映出领导干部的职业准备：党员、高学历和上级党校学习。①

人口特征。除了理论兴趣的变量外，为了反映出候选人的品质，我们纳入了标准的人口变量（性别、年龄）。

选民联系。我们向地方人大代表们了解在其任期内选民主动联系他们报告地方问题的状况。② 从地方人大代表的答复中，计算出了每位人大代表的年均联系率。③ 由于自我报告提供了夸大的机会，笔者在所调查的乡镇人大子样本中对比了自我报告的联系和选民报告的联系；选民大体上赞同当地人大代表对联系频率的看法。

分组均值之间的差异

检验假设 1 和备选假设 1a 到 1c 的最恰当方式也极其简单：对分组（选民提名的候选人和党委提名的候选人）均值差异的"t"检验。在那些促使笔者分开分析两个样本的方面，乡镇人大和县人大存在差异。最重要的差异是规模，这影响到人大代表对选区人口的熟悉度。中国的县均人口大约是 46.7 万，数量级远远大于乡镇的平均人口数量——大约是 3.9 万。平均来看，每名乡镇人大代表代表 679 人，每名县人大代表代表 2393 人。④ 乡镇人大的选区远远小于县人大的选区：就乡镇人大而言，每个选区的人口数量是 1100 人；就县人大而言，每个选区的人口数量是 3800 人（Shi et al., 2009）。⑤ 乡镇人大的选区非常小，足以有效地保证选民提名的候选人非常熟悉整个选区人口。对县人大来说，选民提名的候选人在整个选区中毫无疑问不是广为人知。规模影响到了人大代表对选区的回应性

---

① 自乡镇以上都建立了党校。人大代表通常在地方党委开办的党校接受短期培训；要被提拔的官员在更高级党校中接受更多的培训。

② 我们接着提出了一个关于选民联系内容的开放式问题。基础设施问题（尤其是道路）、住房、公共空间和农业生产是主要的问题。

③ 当然，选民联系在任期内可能增加或减少。由于缺少支持这些看似合理的命题的证据，只能简单地使用年平均数。

④ 这些数字简单划分了这两级人大代表的平均人口数量。显然，每个县之间和每个乡镇之间都存在巨大的规模差异。在我的样本中，乡镇人大代表和县人大代表的平均人数分别是 726 人和 2742 人。

⑤ 乡镇人大有 959100 个选区，县人大有 330000 个选区。这些数字是根据 2006—2007 年人大选举作出的估计。

和熟悉度，因为规模小促进了非正式的社会影响，可能也与更大的选区同质性有关，非正式的社会影响和选区的同质性都有助于代表地方利益和选民监督。

在乡镇人大和县人大，选民提名的候选人都比党提名的候选人更熟悉选民：他们生活在选区的时间更长，例如，平均时间是 31 年，而县人大代表的候选人则是 18 年。在这两级人大中，更高比例的选民提名的候选人重视选区利益而不是乡镇或县的利益（接近 40%，而党提名的候选人则刚过 30%），而且选民提名的候选人也比党提名的候选人拥有更高的效能感。在县人大（而不是乡镇人大），选民提名的候选人比党提名的候选人具有更高的选民监督意识。

在县人大中，民选的社区干部分别占到选民提名的候选人和党委提名的候选人的 33%（最大职业类别）和 15%。在乡镇人大中，社区干部都是党提名的候选人和选民提名的候选人中的最大职业类别，但差异仍然是实质性的，具有统计上的重要性：54% 的选民提名的候选人和 32% 的党提名候选人是社区干部。相比之下，更高比例的党提名的候选人是党政官员：例如，在县人大中，党政官员分别占到党提名的候选人和选民提名的候选人的 33%（最大职业类别）和 10%；在乡镇人大中，党政干部分别占到党提名的候选人和选民提名的候选人的 16% 和 4%。在选举人大常委的县人大中，14% 的党提名的候选人是人大常委，而只有 4% 的选民提名的候选人是人大常委。无论在乡镇人大中还是在县人大中，与选民提名的候选人相比，党提名的候选人进入过更高级的党校学习：例如，在县人大中，50% 的党提名的候选人（29% 的选民提名的候选人）进入县级以上党校学习。在乡镇人大和县人大中，党提名的候选人普遍比选民提名的候选人拥有更高的学历。例如，更高比例的党提名的候选人完成了某种形式的大学学历，仅有初高中学历的则非常少。

笔者的调查数据区分了选民提名的候选人和党提名的候选人，但我不能区分选民提名的候选人和党动员选民提名的候选人。不过，这对解释不会产生很大的影响。选民提名的候选人看起来像"好人型"，而党提名的候选人看起来像"统治型"。无论选民提名的正式候选人如何产生，如果他们揭示了选民的偏好，那么联系就是选民和党委之间的联系；

选民提名的候选人和非选民提名的候选人都反映出选民对"好人型"品质的偏好。

总之，选民利用他们的提名权力来挑选"好人"，而"好人"具有的品质表明他们将会忠实地代表当地的利益。此外，地方党委有权力无视选民提名所传达的信息，它们在决定哪些被提名的候选人可以成为正式候选人时对选民作出了回应。但是，它们不是充分地回应选民：它们还把党提名的大量候选人确定为正式候选人，这些候选人是"统治型"的候选人，可以预见他们不同于选民明显偏好的"好人型"候选人。

混合效应线性模型

为了检验关于选民在选举后联系人大代表的假设2和假设2a，笔者提出了混合效应线性模型，这种模型聚集了每个乡镇的人大代表和每个县的人大代表。这使我可以抓住与各地差异量级相关的未指定随机效应。概率比检验比较了混合效应模型中的估计与普通最小二乘法的估计，显示了这些随机效应的统计重要性。

兼任代表与选民联系一样作为分析的因变量，这增加了每名人大代表所代表的选民数量。兼任代表并非罕见，尤其是在县级及其以上人大中：在我们所调查的人大代表中，55%的人同时担任多级人大代表。为了从选民占据突出地位的方面作出有效的比较，我这里必须把样本限制在非兼任的人大代表，即那些在单一乡镇或县的单一选区中选民就地方的问题与之联系的人大代表。不出所料，即使在受限制的样本中，规模仍然非常重要：在乡镇人大，选民年均联系率是每千名选民13.6次，在县级人大则是每千名选民3.5次。① 这再一次表明，对乡镇样本和县样本进行分开分析在理论上是合理的。

在这里，分析的因变量是选民联系（向他们的人大代表报告地方的问题）的年均数值。正如上文所述，观察的对象是人大代表。自变量是上文为分组均值检验之间的差异所确定的个人品质。②

---

① 在这两级人大中，选民联系选民提名的候选人，而不是党提名的候选人，虽然差异只对县人大具有统计上的重要性。

② 除了年龄外，我还引入了年龄方差，因为年龄的影响可能是曲线型的。

在县人大中，唯一能够容易解释并达到统计重要性的系数是观察到的选民监督系数。更多的选民关注人大代表的行为，这种认识与更多的选民联系有关。乡镇人大也是如此。在乡镇人大，更多的系数具有统计上的重要性，我既不能驳斥假设2，也不能驳斥假设2a。选民既联系"好人型"人大代表，也联系"统治型"人大代表——社区干部和党政官员。这一切表明，选民在选举后采取了两面下注的做法。当他们遇到地方问题时，他们联系他们所认识和认为能够依赖并作出回应的那类人大代表，也联系拥有更多资源作出回应的那类人大代表。

结　论

本文的发现把中国地方人大中的代表描绘成包括选民选择在内的选择问题，而不是激励问题。在竞争性选举和无记名投票的环境下，候选人提名的新包容性具有重要意义，它把中国的地方人大与两类候选人提名群体联系起来。选民提名的候选人和党提名的候选人是不同的类型，反映了不同候选人提名者的偏好。新的选举设计为中国的普通大众提供了机会，至少一些人利用这个机会，根据自己的了解去选择要提名和选举的"好人"。"好人型"拥有表明他们将会忠实代表地方的品质。

这些发现向一党制政治研究学者提出了具有普遍重要性的问题。鉴于比较容易地行使否决权力来忽视选民提名所传达的信息，究竟为什么地方党委要听从那些信息呢？从制度设计的视角进一步来看，新的统治者为中央提供了什么呢？从调查数据中不可能得出这些问题的答案。在这里，我提供一些推测性的观点。

在其他执政党权力并不是那么绝对的一党制政权中，为了维护执政党的支配地位而进行选举操纵是普遍的现象（Simpser，2013）。中国的选举设计为普通大众提供了表达选举声音的渠道，但也把选举控制作为正常政治的一部分纳入到候选人提名之中。如果这种选举设计推动地方党委重视选民的偏好，那么它也为它们提供了一种排除选民提名的候选人的制度大棒。诚然，选举失败和选民自填的候选人当选都是罕见的事情，部分原因是那些规定选举胜利的法规几乎不需要关注选民提名的候选人。

同时，中国地方人大的新选举设计很好地服务于社会稳定这个优先事项，为普通大众提供了机会，使他们可以利用自己的地方知识，发现那些一旦当选就能在基层民众与地方政府之间架起桥梁的人大代表。那些清楚地方优先事项和问题的人大代表拥有宝贵的信息，使地方政府有机会利用回应性治理，预防暴力性的利益表达形式。现在，大规模的请愿、抗议、罢工和骚乱是中国政治生活中的正常现象，是民众对地方官员和地方环境表达不满的常规方式。新的选举设计没有使地方党委局限于遵从选民对候选人的提名，但在这方面的过多失败容易产生出明显的结果。选票上充斥选民完全无法接受的候选人类型，这是对选民的挑衅。选举失败和选民自填的候选人当选是"警报"，向中央发出地方党委在候选人提名过程中严重滥用提名和否决权力的信号。即使地方党委更喜欢无视选民提名所传达的信息，党的人事制度也使它们给予哪怕是最低程度的关注。

甘地和鲁斯特－奥卡（Gandhi and Lust-Okar, 2009）指出，在大多数时候，一党制政权的根本稳定性没有处于危险之中。在笔者看来，与此直接相关的是，我发现选民提名的候选人不仅比党提名的候选人更熟悉普通民众，而且更具有回应性的态度。这并不奇怪，但是，当我们思考中国的一党制模式时，这也不是一时的兴趣。或许，与在没有法定的选举竞争和无记名投票的环境下相比，党提名的候选人是"更好的类型"，但是，按照对普通民众而言可能重要的标准，选民提名的候选人是更好的类型。在设计和实践上，对普通公民的最低回应性都与党的管理同时并存。

最后，应该强调的是本文发现的地方重点。在中国，只有乡镇人大和县人大是民选的。凡是通过新选举法规产生的代表，都完全是地方性的，集中于社区的日常问题。① 向全国人大代表一样，省级和地市级人大代表尚不存在民选的时间表。作为提名问题的代表显然也不容易扩大：规模大的选区必定妨碍（或者至少复杂化）选民鉴别"好人型"的候选人。在这个更大的范围内，政党（而不是单一的政党）等具有意义的辨别标签——为选民收集信息——是在代议政治中制度组合的重要组成部分。

（刘智利编译　中国人民武装警察部队学院副教授）

---

① 例如，这些基本上是基础设施问题尤其是道路。在 Manion（2014）中，我把地方人大的代表性描述为"一党制的地方主义"。

经济转型中的创新与环境保护

"真正的大跃进"*

——中国的研究与创新政策

[法] 蒲吉兰　郭青溪

2010年，中国以近全球产值20%的份额成为世界第一工业强国，超过了美国，终结了美国长达110年的生产霸主地位。中国2001年加入世贸组织后经历了发展最为迅速的时期（2002—2007年），投资和出口居功至伟：它们的年均增长率分别达到29%和24%。但是，美国经济危机全球化后，市场需求整体锐减，中国对出口的极度依赖由此暴露；另一方面，中国政府为了保持经济增长提出了建立在极度宽松的货币税收政策基础上的经济刺激计划，使得投资在国内生产总值中的比重在2010年和2011年上升到了48%，由此导致某些行业产能过剩，生产率下降，通胀压力和工资压力加大，反映出投资与消费的普遍失衡。①

在努力扭转城镇化程度不高这一现状的大背景下，依靠投资和出口拉动的经济增长模式广泛依赖于农村转移劳动力的低廉价格。这是阿瑟·刘易斯（Arthur Lewis）发展模式的典型例证：城镇化进程中，传统产业转移出来的无限大的劳动力供给促进了现代产业的积累。但这种模式现在重新受到质疑，原因主要包括以下几点：首先，2004年和2007年，部分根源于社保缺乏，广东的珠江三角洲出现了劳动力短缺——这片地区的出口总

---

* 本文选自《争鸣》（le Débat）2013年第1—2月刊，作者蒲吉兰为法国知名中国问题专家，郭青溪为法国国家信息与自动化研究所高级研究员。

① Yu Yongding, *China's Policy Responses to the Global Financial Crisis*, Richard Snape Lecture, Productivity Commission（Australie）, Nov. 25, 2009.

量和外商直接投资约占全国30%，占国内生产总值的10%。虽然劳动力短缺的表现形式往往只是企业人员更替频繁和男女员工比例失衡（女员工更为温顺，在精细工种的组装中更具优势），但这种趋势未来还会加剧。联合国预测报告显示：因为独生子女政策，作为劳动密集型产业主力军的15—24岁这一阶层将在2010年到2025年这15年间减少约6200万，人口总数减少1.64亿。

其次，2000—2010年，部分因为2008—2009年经济放缓前后劳动冲突的增多，实际工资出现了两位数的增长。根据在山东省进行的一项调查，2007年，80%的农民工每月收入少于800元（105美元），其中近三分之二的农民工每周工作超过56小时，没有休息日。2011年，据官方消息，35岁以下农民工月收入达到2513元（397美元），北京、上海等大城市甚至可以达到6000元左右（952美元）。①

面对这一趋势的持续发展，中国国内一些经济学家强调中国低工资的竞争优势正在逐渐丧失。根据商务部一份公报，过去三年，城市劳动者的工资年均上涨33%；过去两年，大多数地区的最低工资上涨20%。②工资上涨的受益者主要是2.3亿农民工中近一半的"80后"，他们平均受教育时间达到10年左右，熟悉信息和通讯方面的新科技，与他们的父辈相比，也更挑剔。世界银行分析师认为，中国到2030年将成为一个高收入国家。③

第三，2000—2010年，土地成本上涨惊人，尤其是2008年危机后，为了支援经济刺激计划，土地更被大加利用，在没有房产税的情况下，出现了可以预见的房地产泡沫。

最后，占到粮食生产成本三分之一的能源价格也大幅增长，中国2011年石油购买总额达到国内生产总值的2.7%。如果加上欧美需求的锐减，

---

① 新华社，2012年8月7日。
② 新华社，2012年4月27日。
③ Patrick Artus, Jacques Mistral et Valérie Plagnol, *L'Émergence de la Chine: impact économique et implication de politique économique*, rapport du Conseil d'analyse économique, La Documentation française, 2011; *China 2030: Building a Modern, Harmonious and Creative High-Income Society*, The World Bank Report, février 2012; *China Quarterly Update*, World Bank Beijing Office, avril 2012.

以及人民币对美元升值和欧元贬值带来的竞争力下降,很明显,依靠投资和出口拉动的增长模式不再可行。

汇率、劳动力、能源、土地,成本上的四重冲击使得研发和创新成为第一要务,它被视为支撑发展的特有工具,可以像20世纪80年代的日本和"亚洲四小龙"(中国香港、中国台湾、韩国和新加坡)一样提升价值链。美国商务部认为,"二战"后美国经济的发展有四分之三归功于技术创新。

中国的追赶

中国研究创新方面的追赶模式首先依托于它沉重的政治历史遗产。欧洲的现代科学于17世纪上半叶、明朝(1368—1644年)后期通过传教士传入中国。这些传教士为数学、天文、地理等科学的引进作出了贡献,并因为善于解决历法设立中的问题享有特别声誉。

那时,虽然中国科技方面也有先进之处,比如天花接种开始于16世纪,远早于欧洲,但整体来说,还是大大落后于已经发生科技革命的西方国家。

凭借科技优势,西方诸国得以在19世纪把自己的殖民意愿强加于中国的最后一个王朝——清王朝(1644—1911年)。1840年鸦片战争时,英国海军部队为东印度公司派出了舰队中的明星"复仇女神号"(Nemesis)——1839年刚建成的第一艘蒸汽装甲舰。弥补科技落后对中国而言变得至关重要,它试图像日本那样适应现代化,为此,推出了洋务运动:中国文化作为根本,西方科技(尤其是军事领域的科技)作为强大工具。西方人逐渐淡忘了这段历史,但在中国人的集体记忆里,它根深蒂固。

20世纪上半叶,通过从日本、美国或欧洲各个领域(甚至是人文科学领域)留学归来的众多学生,中国受到了外来文化的深刻影响。一些理工大学陆续问世,比如1911年成立的清华大学,目的是培养留美预备人才。1919年发生的"五四运动",把传统文化(尤其是儒学)视为现代化发展的障碍加以抛弃,极力倡导民主与科学,为文学、艺术和生活方式开启了复兴之路。1928年,当时的国民政府创建了中央研究院——第一所用于科学研究的国家机构。

1949年中华人民共和国建立后,中国的科研事业在苏联的影响下,以高度集中的模式,借助中国科学院、大学、隶属于各部委的科研机构以及各省分支的积极参与,得到了重组和发展。苏联派出1万名科学家到中国指导工作,并接受4万名中国学生赴苏进修。苏联的支持对中国的发展,尤其是太空和原子弹等军事方面的发展起到了关键作用:20世纪60年代初,中苏关系破裂后不久,1964年第一颗原子弹爆炸成功,1967年第一颗氢弹爆炸成功,1970年借助"长征一号"火箭,第一颗人造卫星"东方红"发射成功。

从"大跃进"(1958—1960年)到"文化大革命"(1966—1976年),科学在军事上的倍受重视与其在经济上的遭到否定形成了鲜明对比,造成了20世纪80年代初科技水平的落后。

邓小平1978年担任国家领导人后,弥补科技落后成为重中之重。他召开了第二届全国科学大会(第一届在1956年),赋予科技"第一生产力"的地位。高等院校和科研中心重开大门,"右派"知识分子恢复名誉,重拾工作。邓小平富有远见的决定之一就是立即派遣几万、继而是几十万的学生前往国外学习。这一政策短期看来成本极高,在前景不明的情况下让最优秀的学生远离中国,但实际上,它构成了一项令人难以置信的长远投资。1978年,中国还和大多数工业国家签订了科技方面的合作协议,国内外的研究机构随之建立了直接联系。

一些在当前国家创新体系中居于核心地位的重大项目也是在20世纪80年代中期设立的,比如,1984年设立的由科技部直接给予经费支持的"国家重点实验室"项目,1986年开始的以出口为导向进行高新技术研究的"863计划",1988年实施的以建立科技园区为主题的"火炬计划",等等。

与之前照搬苏联计划模式的研究不同,这些项目借鉴了国外多种研究体制,同时具有惊人的综合能力与适应能力。这种活力的最佳例证之一就是1986年国家自然科学基金委员会(NSFC)的成立,它效仿美国国家科学基金会,与政治性很强的科技部保持相对独立。

1995年,第三届全国科学大会召开,目标是让科研机构回归原始使命、提高质量。中国科学院围绕一个"12年重组计划"进行了大胆调整，大量院所被取消，新的机构问世，其中很多属于生命科学领域，比如上海成立了新的巴斯德研究所。这项改革的一大战略意义在于促进"人才回流"，它推出了专门计划，吸引"海归"，也邀请身居国外的科学家前来担任客座研究员。这些回国发展的人才目前在公立的或私立的、国内的或跨国公司的实验室里比比皆是，他们也往往担任着研发部门的领导职务，微软和诺基亚便是如此。

千年转折

科技是邓小平1978—1979年重返政坛后提出的"四个现代化"规划中至关重要的一环，但"真正的大跃进"开始于新世纪之初。

2000—2008年，中国接受高等教育年龄群的比重从11%上升至35%，本科毕业人数从170万上升至700多万。39%左右的大学生在科学或工程专业就读，而在美国，这一比例为5%。每年70万学生从工程专业毕业，而美国只有8万。中国拥有大学文凭的就业人口比重如今已与欧元区相似（26%），但绝对数值非常庞大（1亿左右）。中国大学生人数同样如此：世界总数1.4亿，中国有2500万。[1]

2000—2010年，研发经费在国内生产总值中的比重翻番，从0.8%上升至1.75%，从业人数也从100万增加到280万。21世纪头十年末，如果购买力相同，全球研发经费中，中国所占比重已与日本相当（12.3%），仅次于美国（34.4%）和欧洲（23.3%）。2007年，全球科研人员总数中，中国所占比重与美国相当（20%，140万），仅次于欧洲（30%，210万），但经济危机中中国研发人员的迅速增多已使它在这方面追上了欧洲。[2]

中国的教育体制也在完善：效仿美国常春藤联盟，创建了囊括国内最好大学的九校联盟（C9），并采取了学习国际化的大胆政策。1999—2011

---

[1] P. Artus et al., *L'Émergence de la Chine*, op. cit., pp. 17, 292.

[2] Martin Grueber, *R&D Magazine*, décembre 2010; Yanrui Wu, "Indigenous Innovation in China: Implications for Sustainable Growth", *Discussion Paper* 10.18, The University of Western Australia, 2010.

年，在国外大学或科研机构深造的中国学生及科研人员数量是原来的15倍。无论是在美国、欧盟还是日本，中国学生都是人数最多的外国学生。2010年底，根据教育部统计，中国在海外留学的人数居世界之最，已经完成或正在学习的年轻人达127万，但大多数没有回国。经合组织国家中有70多万技术人才出生于中国，其中至少一半留在了美国。[1]

为了与1958—1960年否定科技的灾难性"大跃进"相区别，我们称这次发展为"真正的大跃进"，它是政治意志的产物，因为中国领导人注意到了科技创新对竞争力和经济长期增长的影响。

经过中央反复讨论，2006年初，政府推出了《国家中长期科学和技术发展规划纲要（2006—2020年）》（以下简称《2020科技规划纲要》），目的是到2020年底前，科技进步对国家发展的贡献率达到60%以上，追上先进国家水平。胡锦涛和温家宝关于"改革开放第二阶段"的论述中，"自主创新"成为关键词。

这一质变最显著的表现是中国过去十年在知识产权方面采取的措施。根据世界知识产权组织（WIPO）的数据，中国提交的专利申请在2006—2011年间翻了三倍多，达到世界总量的9%。涉及领域主要为电力、通讯和信息（58%），以及化学、生物技术和制药（21%）。2010年，中国和美国共占新增专利申请的五分之四。

科学出版方面，中国已于2003—2008年在出版数量上超越了日本，但作品影响力远低于世界平均水平。中国在该领域的强项是数学、物理、化学和工程学，弱项是生命科学。[2]

---

[1] Chen Jia, *China Daily*, 18 avril 2011; Martin Schaaper, *Measuring China's Innovation System: National Specificities and International Comparisons*, OECD Science, Technology and Industry Working Papers, n° 1, 2009.

[2] *A transformaça da China em economia orientada a inovaçao*, Carta IEDI n° 482, 26 août 2011; WIPO (*World Intellectual Property Indicators*), 2012; Jonathan Adams, *Global Research Report*, Thomson Reuters, avril 2012.

跨国公司的重要地位

跨国公司是研发领域的中坚力量。它的研发投入占到全球研发总额的一半左右、企业研发支出的三分之二强（2005年估计达到4500亿美元）。2002—2004年，研发领域外商直接投资项目有一半以上集中在亚洲和大洋洲。中国2005年已经拥有700家外国研发中心，但仍被大多数跨国公司视为未来研发机构落户的主要选择。

在中国，研发的国际化发展是受到以下需要的推动：使产品及生产流程适应当地市场；及时了解竞争对手的行为；但首要的，还是缩减研发成本、扩大庞大的新兴人才储备库。这一趋势在随后几年得以证实，因为根据中国商务部统计，2004—2010年，研发领域的外商直接投资从40亿上升到128亿美元，是原来的三倍。21世纪的前十年，中国国内研发投资平均每年增长20%，而G8国家只有3.2%。[①]

这些研发中心通常都是百分之百的外国子公司，主要在电子工业和信息通信领域研究如何适应中国市场。但有时，涉及全球项目时，研发内容也会发生变化。世界研发投入排行榜上排名前25名的公司——2011年投入总额达840亿美元——正倾向于把自己在密集型产业（如药剂和技术设备）的研发活动进行联合。辉瑞（Pfizer）、通用电气（General Electric）、飞利浦（Philips）、微软（Microsoft）、IBM等跨国公司在它们位于上海和北京的研发中心聘请了成千上万的研究人员，并与许多高校签订了合作协议。

在2007年中国学生获得美国11%的理学和工学博士学位（是印度学生的两倍）、全球研发投资越来越向增长的市场集中的情况下，这种趋势

[①] UNCTAD, *World Investment Report 2005*: *R&D Internationalisation and Development*（en ligne）; Douglas Gilman, "The New Geography of Global Innovation", Goldman Sachs, Global Markets Institute, 20 septembre 2010.

将在这十年加剧。① 中国的学生和研究人员往往在这些就近聘用人才的研发中心起着决定性作用。2008 年经济危机前,中国研究与工程方面的薪酬只有欧洲或美国的五分之一,2011 年很快上升到工业国家平均薪酬的 40%,并很可能随着研发中心所在地北京和上海生活成本的持续上涨赶上欧美水平。

在这种新形势下,在成本、产品表现力和生产流程之间寻找平衡,即英国牛津大学教授埃里克·图恩(Eric Thun)所称的"简式工程学",再加上从性价比角度考虑选择最佳供应商,将有机会提高当地的研发竞争力,并使之适应新兴市场的约束。②

《2020 科技规划纲要》

对科技的重视与 2012 年底换届前领导班子的组成有莫大关系。作为权力核心的中共中央政治局 9 名常委中,有 8 名具有工程师教育经历。他们把创新和竞争力视为一枚硬币的两面,认为其在保证国家长期发展中发挥重要作用。《2020 科技规划纲要》的目标是:全社会研发投入占国内生产总值的比重达到 2.5%,是 2010 年的三倍,预计为 3000 亿美元;科技进步贡献率达到 60%;对外技术依存度降低到 30% 以下;本国人发明专利年度授权量和国际科学论文被引用数均进入世界前 5 位。

为了实现上述目标,中国应该在 11 个关键领域发展技术(能源、水、环境保护、信息通讯技术、纳米科技、健康、蔬菜粮食种植与渔业、生物技术、航天航空、新材料、安全与国防),同时加大对知识产权的尊重,并通过国家项目、税收刺激或资金援助鼓励企业成为创新主体。2006—2010 年,上述关键领域内已有 16 大项目顺利完成;正在实施的"十二五"规划(2011—2015 年)对生命科学、传染病和医药创新尤其重视。

---

① D. Gilman, "The New Geography of Global Innovation", art. cité; Andrew Moody, "Research in Motion:Multinationals Moving R&D centers to China", *China Daily, European Weekly*, n° 17,11 novembre 2011,pp. 1,5 - 6.

② Eric Thun, "Shaping the New Economy:R&D Centers in China", *China Daily, European Weekly*, n° 17,11 novembre 2011,p. 7.

撒开这些能对企业起到宣传作用的科学项目不谈,在信息技术、新材料、新能源、生物技术和环境等研发密集型产业,政府还积极推动成立高新技术园区和科技企业孵化器,通过研发的商业化和国际化促进科研人员和企业之间的合作。北京海淀区的中关村是最重要的科技园区,坐落着40多所大学和130家研究机构。2004年起,它吸引了41家国外研发中心(尤以信息技术领域为主),其中包括惠普(Hewlett-Packard)、IBM、摩托罗拉(Motorola)、诺基亚(Nokia)、甲骨文(Oracle)、三星(Samsung)、西门子(Siemens)、索尼(Sony)、太阳微系统(Sun Microsystems)和东芝(Toshiba)。

《2020科技规划纲要》是与过去政策的决裂,因为它希望借助"自主创新"大幅减少对外来技术的依赖。目前,技术开发建立在"引进—消化吸收—再创新"的模式上。这绝对不是IBM全球创新与技术执行副总裁尼古拉斯·多诺费里奥(Nicholas M. Donofrio)所设想的分工,他曾于2005年宣称:"创新与生产周期从来没有像现在这般明显,它迫使我们作出明确的选择。最后的赢家会是创新者,或善于投资、管理、赞助知识资本的人,或专注于产品、以低廉价格、规模经济、有效配置合作伙伴的知识资本而与众不同的人。"[①] 几年时间,之前报酬微薄、技艺生疏的劳动者摇身一变,成了把合作伙伴的知识资本纳为己有进行再创新的工程师。这是价值链提升的生动例证。

中国研发体系最令人震惊的现象之一是它赋予企业的角色和它对开发活动的引导。专注于基础研究和应用研究的政府性研究机构只占研发经费的20%、人员经费的18%。应用研究占主导的大学也只占研发经费的不到10%、人员经费的16%(主要集中在50所大学里)。

大多数研发经费(71%)由企业赞助,主要是国有企业或国有控股企业。这些具有国有背景的企业拥有不同领域开发项目中66%的研发人员(电信、计算机、电子设备、测量仪器、办公自动化、机械装备和电力装备、制药、化学)。研发活动往往以项目的形式开展。基础研究和应用研究的比重已于2010年下降到17%,而经合组织国家的平均水平是50%。

---

① "Testimony before the U. S. House of Representatives", Committee on Science, 21 juillet 2005.

因此，目前中国的科技追赶政策把重心放在了开发上（占到研发的83%），以便减少对经合组织国家的技术依赖，并且能够在创新型产品上与其竞争。这一政策的支撑者是80—100家国家集团，它们是受上层掌控的工业体系的基石，也是自主创新政策的主要动力。

根据国家统计局2007年的创新调查，2006年国有企业和国有控股企业承担了81%的研发工作，制药、办公自动化、烟草、电子通讯设备、测量设备等领域尤其明显。国有企业曾是中国对外投资政策的主角，在石油、核能、电能、电信、化学、交通运输设备、矿业、水气暖管网等技术密集型领域居于主导地位。21世纪前十年，它们凭借市场垄断，利润翻了两番。它们还在股市资本中占有大部分份额（2007年83%）。①

新猫鼠游戏

在《2020科技规划纲要》以减少对外依赖为目标的情况下，应当思考这样一个问题：在中国，作为代加工第二阶段的研发国际化能否成为其合作伙伴共享成果的游戏？借助重大公共投资，中国已经在很多领域（如基因、纳米技术、清洁能源、太空、超级计算机或国防技术）成为具有重要意义的科研力量。撇开这些战略研发领域取得的成果不说，中国是依靠庞大的消费市场、大额的投资和公共订单、劳动力的竞争优势，以及创新和研发政策的活力，以市场准入为交换，直接或间接获得技术转让的。

一些人站出来，激烈反对这种交换，因为替代能源等高科技行业是经合组织国家潜在的发展源。哈佛商学院的加里·皮萨诺（Gary P. Pisano）指出："美国已经丧失或正在丧失生产众多由它发明的先进产品的能力。这一名单包括电动汽车或混合动力汽车的蓄电池，新一代节能照明设备上的二极管，太阳能板、移动电话或亚马逊Kindle阅读器等电子消费品上的部分零件，更别提梦幻客机波音787上众多的碳纤维零件。"他反对把研发与生产割裂开来的观点，而这一观点在过去25年内一直占上风。创新需

---

① M. Schaaper, *Measuring China's Innovation System*, op. cit. ; Junyeop Lee, *State-owned Enterprises in China : Reviewing the Evidence*, OECD Working Group on Privatisation and Corporate-Governance of State-Owned Assets, 26 janvier 2009; *The Economist*, 3 septembre 2011.

要一往一返,不仅仅从研发到生产,也包括从生产到研发,"生产可以产生与制作流程和产品设计相关的知识"。当然,研发与生产分开的特例也存在,但对绝大多数高科技产品而言,"当生产能力向一个国家汇集时,设计和研发能力也往往紧随其后"①。

事实上,对大多数外国公司来说,在中国生产是进入当地市场的唯一途径。2007年,外国公司的生产满足了国内市场全部需求的25%左右。②但同时,正如印度学者尼马尔·钱德拉(Nirmal Chandra)引用"十一五"规划(2006—2010年)中关于外资利用内容时强调的那样:中国"鼓励外国公司,尤其是大型跨国公司,就地转移它们技术含量最高、附加值最大的生产工艺,以及它们的研发中心……以此发挥技术带动效应,增强中国企业自主创新能力……中国利用外资的战略目标……不再是弥补资金和外汇的短缺,而是引进先进科技"③。

在自主创新的新背景下,大多数外国公司面临的问题由防止制售假货形式下的知识产权被窃,更多地转向了一边组织大规模的技术转让、一边把核心技术牢牢掌握在手中,这是一种暗中进行的猫鼠游戏。因为中国政府并不公布技术方面国际收支的具体数据,我们很难对技术转移的规模产生概念。某些研究指出:中国出口产品的技术密集程度越高,其中所含进口原件的附加值越高;电子器材(85.2%)、通讯设备(91.6%)和电脑(91.1%)便是如此。因此,中国依然是"进口高级原料的低附加值的组装者,一种作坊经济"④。

---

① Garry P. Pisano, "The U. S. is Oursourcing Away Its Competitive Edge", *Harvard Business Review*, 1er octobre 2009.

② Guillaume Gaulier, Françoise Lemoine et Deniz Ünal, "China's Foreign Trade in the Perspective of a More Balanced Economic Growth", *CEPII Working Paper*, Mars 2011.

③ Nirmal Chandra, "Appraising Industrial Policy of China and India from two Perspectives, Nationalist and Internationalist", *in* A. K. Bagchi et A. D'Costa (éd.), *Transformation and Development: The Political Economy of Transition in India and China*, Delhi, Oxford University Press, 2012.

④ Theodore H. Moran, "Foreign Manufacturing Multinationals and the Transformation of the Chinese Economy: New Measurements, New Perspectives", *Peterson Institute of International Economics, Working Papers*, n° 11 – 11, april 2011.

尼马尔·钱德拉认为这一结果肯定有些夸张。考虑到定义"外国公司"的10%的参股门槛，很可能许多所谓的"外国"公司实际是被国有企业控制的，这些公开的数据并不能体现国内企业的发展潜力。中国已经成为该地区高科技物资最主要的生产中心。毕竟，一些世界级集团（如韩国的三星或LG）开始成为美国大公司的分包商了。

面对这些相互矛盾的分析，我们可以从高速列车、航空、绿色能源和信息技术等关键领域摘取例子，帮助了解中国在实施自主创新框架下的科技追赶政策。

1. 高速列车：加速推出

中国第一条高速铁路——距离120公里、时长30分钟的京津城际铁路——于2008年8月1日投入运营。因为同年经济危机蔓延全球，中国领导人决定把高速列车项目纳入秋天启动的经济刺激计划，并加速其建设，如提前完成京沪线（金额高达330亿美元）。2009年底，高铁运营里程已达6552公里，铁道部还有1万公里在建。

《人民日报》把高速列车发展评价为融合国外先进科技的国内创新政策的典型。2004年起，中国铁道部与川崎重工（Kawasaki Heavy Industries）就时速200公里的高速列车的生产及技术转让签订了价值7.6亿美元的合同。阿尔斯通（Alstom）和庞巴迪（Bombardier）就其旗下时速200—250公里的第一代和第二代高速列车与中国签订了类似合同。2005年，西门子向中国转让了其时速300公里的高铁技术。一些曾在日本接受川崎重工培训的工程师随后参与了组建中国南方机车车辆工业集团公司，该公司每年在青岛港生产大约200辆列车，部分时速高达300公里。一名内部工程师借用博纳德（Bernard de Chartres）和牛顿（Isaac Newton）的话说："真正的创新很少。我们能在高速列车领域取得这些技术成果，是因为我们站在了前人的肩膀上。"

根据世界银行的预测，到2020年高铁路线能占世界总长一半。与竞争对手庞巴迪、西门子和阿尔斯通面对这个广阔市场选择保持沉默不同的是，川崎重工否认中国拥有自主技术，它在一份公报里指出：中国正在运营的CRH2型动车组与其日本原型几乎一样。川崎重工希望通过商业讨论解决这个问题，但不承认中国拥有出口该项技术的知识产权。①

如果中国的大多数合作伙伴都坚信中国已经"消化"了引进的技术，那很明显，国内集团非常善于利用不同国际集团之间的竞争，以便获得比公开转让份额更多的技术。国外一些工业专家认为，中国高速列车90%的技术或设备来源于其合作伙伴或由国外公司研制，但中国政府坚持该项目中只有30%的技术依赖，这意味着公开来说70%的技术（自主研发或消化再创新）都属于中国自有。②

中国的高速列车项目因为2011年铁道部部长刘志军腐败被捕、更因为该年7月两列火车在温州相撞导致40人死亡、100多人受伤的惨剧而失去了原有的光环。但它充分彰显出了2008年经济危机后中国经济刺激计划下为"自主创新"付出的巨额投资。2008年后，国内创新节奏明显加快，反映出领导者对航天航空、电子和电信设备、医疗及测量仪器、制药、电脑和办公现代化等战略领域的关注。③

2. C919：空客和波音未来的竞争者

如果我们现在转向航空航天工业——中国创新政策的重点领域，会很惊讶地发现在中国的战略意愿和美欧政府的相对消极之间存在着一定的不对称，美欧政府或是直接为中国项目提供帮助，或是委托相关企业代为行事。

2008年5月，中国宣布"成立了一家国有喷气客机公司……以减少对波音和空客的依赖"。中国商用飞机有限责任公司问世，投资总额27.2亿美元，汇集了中国一航和中国二航这两大航空公司（含分包商在内共计员工49.1万人）。

同年，中国与空客就天津建厂一事签订合约。如今，该总装线A320产量占全球10%。2011年，空客交付中国110多架A320，约占其总产量的五分之一；向中国南方航空公司交付了五架A380订单中的第一架。空客对中国市场前景表示乐观，根据预测，2020年底前，中国的世界排名很

---

① Norihiko Shoruzu, *Wall Street Journal*, 22 novembre 2010.
② Jamil Anderlini, *Financial Times*, 23 octobre 2010.
③ Yanrui Wu, "China's innovation policy", conférence au Club du CEPII, 12 octobre 2011.

可能从第二名上升到第一名。在此期间，2009年4月，一种未来的中程干线飞机C919在公众面前亮相，预计2014年实现首飞，2016年投放市场。届时，中国将有能力年产150架该国产机型。航空界一位专家认为："如果西方公司希望成为该项目的供货商，接下来要做的就是了解这些合同中海外生产的具体份额。"①

我们可以在两份已经签订的合同中找到答案：适用于高速列车项目的"吸收"比例（70%"自主创新"，30%依赖国外技术）将同样执行于航空工业。2011年9月，致力于C919项目的中国航空工业集团公司与美国通用电气公司各出一半股份，成立了一家合资公司，开发新一代导航系统（引导航行、通信及其他机上操作的"头脑"，已经在波音787机型上使用）。② 同月，法国政府在天津设立中欧航空工程师学院——集三所航空高校之力的产物，预计第一届100名中国工程师于2013年毕业。法国官员为法式教育落户成功而庆贺，中国政府却是被其他愿景所打动。如果C919成功，将是中国新航空工业第一架能与波音和空客竞争的中程干线机型；波音和空客一直对自己拥有充足的技术优势和生产能力从而保持创新领先地位充满信心。

3. 风能和太阳能：可怕的新对手

高速列车和C919两个事例充分说明了中国纵横捭阖的本领，它很好地利用了跨国公司之间的竞争，并借助自主创新或向国有企业倾斜的公开招标减少跨国公司的订单份额。绿色能源是《2020科技规划纲要》中的另一个重点，有显而易见的国内原因（中国是全球第一大二氧化碳排放国），更在于到2020年该行业将是全球最重要的产业之一。风能方面，中国已经在2009—2010年间把风电装机的全球比例从16%增加到22%，超过了美

---

① Owen E. Hermrstadt,"China's Emergent Military Aerospace and Commercial Aviation Capabilities",Testimony before the US – China Economic and Security Commission,10 mai 2010.

② John Bussey,"China Venture Is Good for GE,but Is It Good for the US?",*The Wall Street Journal*,30 septembre 2011.

国。① 风能的迅速发展离不开《京都议定书》设定的机制，它允许发达国家通过投资绿色能源项目或向发展中国家（如中国）转移技术来补偿国内二氧化碳排放。

在中国这样一个极具吸引力的市场上，一股投资热潮随之出现，以至于 2008 年风机制造商从五六家一下增加到 70 家左右。中国政府不得不修改 2010 年和 2020 年的装机总量目标，因为 2009 年国内累计装机容量已经达到 20 吉瓦，是预期的两倍。但同样，在此领域，中国根据"自主创新"标准，要求风电设备国产化率达 70%。外国供应商在这个迅速膨胀的市场上的份额从 2004 年的 75% 锐减到 2009 年的 13.8%。虽然 2010 年因为外国生产商的诉讼这些创新标准被废除，但目的已经达到，因为之后的问题转为风机生产的产能过剩、中国企业竞相出口（全球市场占有率从零变为 6%）。如今，只有中外双方各占 50% 股份的合资企业才获准从事或开发近海风电场。2010 年，中国的美欧商会针对许多领域实行的旨在限制市场准入的一系列规则提出抗议。②

太阳能方面，中国是世界第一大光伏板生产商，占全球产量的 57%，主要用于出口。2009 年，中国的太阳能发电装机容量只有 0.3 兆瓦，但在相关政策的推动下，该行业 2011 年的增长达 230%，装机总量 1.6 吉瓦，对欧洲出口 210 亿欧元。由此引发了当地生产商协会的抗议、以及随之展开的反倾销程序。中国绿色能源领域的进攻战略不局限于出口产品的强大竞争力，也包含对外国公司的深厚吸引力。美国应用材料公司（Applied Materials）——半导体芯片、太阳能面板和平板显示器生产的全球主要设备供应商之一——在西安设立了唯一一家能够容纳整条生产线的研究中心，目的是提高它在太阳能板生产方面的性能。③

---

① Ashvin Ahuja et al., "An End to China's Imbalances?", *IMF Working Paper*, n° 12/100, avril 2012, p. 7.

② Kate Gordon, Susan Lyon, Ed Paisley et Sean Pool, *Rising to the Challenge: A Progressive U.S. Approach to China's Innovation and Competitiveness Policies*, Center for American Progress, janvier 2011.

③ Solarbuzz, 10 octobre 2011; *Economist Intelligence Unit*, 11 septembre 2012; Keith Bradsher, "China Drawing High-Tech Research from U.S.", *The New York Times*, 17 mars 2010.

4. 大数据：中国战略的核心

在信息技术这一战略性领域，中国在全球的市场占有率是8%。[①] 它在设备生产方面（主要面向外国公司）尤为专业。2004年起，它的信息技术产品出口量居世界首位，占本国出口总量40%多、进口总量三分之一多。北京中关村科技园区内60%的外国研发中心从事信息技术。中国开发了世界第一大电信网络，拥有10亿手机用户和5亿多网民。一些国内明星企业已经成为全球领头羊：如电信设备商华为，仅次于瑞典爱立信位居世界第二；中兴，世界排名第五。华为目前已在100多个国家开展业务，为全球前50家电信运营商中的大多数提供设备。2010年，世界上最强大的超级计算机在长沙国防科技大学研制成功。[②] 此外，中国还发展出一些网络巨头，如百度，世界排名前列。

2008年，没有一家中国公司在全球科研经费排行榜[③]前100名中出现。两年后，四家公司榜上有名，其中两家就是电信设备制造商华为（第39名）和中兴（第74名）。和许多跨国公司一样，华为已经在全球建立起实验室网络：主阵地在深圳，20多家实验室主要位于美国、俄罗斯、印度、瑞典，包括最近的法国。华为近半数员工（44%）从事研发，对新兴领域——如"云数据存储"和"云计算"——投入庞大。

如果说欧洲人习惯使用美国公司提供的网络服务（谷歌、脸书、亚马逊等），中国人则发展出一些在国内市场占有绝对优势的本土网络明星，并且在全球前二十强中占有四席[④]，足以与美国大牌公司一较高下。尤其值得一提的是百度，它在中国搜索引擎市场占有60%多的份额，世界排名第五。

论坛、博客、社交网络、即时通讯工具及网购的活跃程度证明了中国年轻一代对网络的迷恋，以及国内这一行业的高效。在最常用的网站中，

---

① Jean-Paul Simon, *The ICT Landscape in BRICS Countries：Brazil，India，China*，JRC，IPTS，Commission européenne 2011.
② www.top500.org.
③ 2011 EU Industrial R&D Investment Scoreboard.
④ Alexa，http://www.alexa.com/topsites.

以 QQ 聊天、游戏和虚拟世界闻名的腾讯世界排名第九位；以淘宝等电子商务起家的阿里巴巴及其分公司位居第十四名；以新闻和微博见长的新浪，排名第十五位。

和电信设备商一样，网络公司也属于中国工业的重大胜利。虽然它们现在还不具备世界规模，但战略的重要性同样不容小觑。中国不是唯一开发了自有网站的国家。① 俄罗斯创建了类似脸书的社交网络 VK（Vkontakte），是国内第四大网站；日本的乐天（Rakuten）以电子商务和博客著称，位居国内第七；伊朗的 Blogfa 拥有非常多的波斯语博客，国内排名第三……但在所有这些国家中，最大的网站基本还是美国的。中国正好与之相反：除了几个特例，前五十名网站都是国内的。② 所以，这是唯一的案例：希望发展国有外延式工业，而不是对美国的隐性依赖。

美国在信息社会方面独具天赋，它能不断发明完全崭新的功能，并对全球免费开放。作为交换，美国人不停搜集所有用户的各种信息。中国的策略体现了它希望脱离这种控制的意愿。

中国的网络在各个领域都存在，就像 2011 年发布的中国社会媒体图③所展现的那样，以美系居多的主导系统和中国系统在各种类型的服务之间（社交网络、博客、聊天、视频分享、搜索引擎、百科等）都存在对应模式。

中国网络公司的建筑师（从商业角度看，也从技术角度看）主要来自美国，尤其是硅谷。一些中国公司已经在纳斯达克上市。美国人也对中国公司进行投资，比如谷歌持有百度的股份，雅虎于 2005 年以 10 亿美元的价格收购了阿里巴巴 40% 的股份，这是中国当时最大一笔收购交易，最近阿里巴巴又以 71 亿美元回购了其中一半股份。④

大家开始衡量中国工业家的努力带来的影响。美国在信息技术知识产

---

① Erin Biba et Lisa Katayama,"Bigger than Face-book! Foreign Sites that Outshine the Web's U. S. Stars", *Wired*, mars 2012.

② 做个对比，法国最受欢迎的前 25 家网站中只有 7 家法国网站。

③ Jeremy Webb,"China Social Media Equivalents: A New Infographic", *Asia Digital Map*, 28 février 2011.

④ Kkevin Volgt,"Yahoo, Alibaba Reach ＄7.1 Billion Deal", CNN, 21 mai 2012.

权方面的领导地位正在削弱。根据世界知识产权组织的数据，松下（Panasonic）、中兴、高通（Qualcomm）和华为在全球专利应用排行榜上位居前列①，也就是说，全球前四家企业中，中国占了两家。

虽然中国的网络公司如今还主要在国内开展业务，但据此认为它们的野心止步于此却是相当幼稚的。中国网络的影响区域如今已包括东亚，尤其是韩国和日本，某些程度上还包括俄罗斯。很明显，中国在信息技术领域采取了一种独创性的策略，为其赢得了一流的席位。

比看上去更开放的游戏

一直到近期，中国大陆研发创新方面的追赶政策往往被拿来与日本和"亚洲四小龙"的政策相比较。这种分析实际上低估了中国的规模效应：这种规模效应体现在21世纪前十年"真正的大跃进"造就的不计其数的科技人才，更体现在已经超越美国的工业生产能力、国内市场规模和中国企业对新兴市场的不断占据。

如果在这些因素上加上国家主权（它在信息技术和国防技术的敏感领域扮有重要角色），很明显，中国的研发与创新战略正在缓慢地改变科学技术的国界线与整体面貌。虽然中国减少技术依赖的意愿完全合法，《2020年远景规划》中"自主创新"的目标却被很多国际公司视为"世界范围内前所未有规模的技术偷窃计划"。一些分析家对这种与减少国内市场准入相连的新型"技术民族主义"的后果表示悲观："曾经外国公司一直认为重大投资、共享人才、技术转让会让中国更为开放，但现在这种信仰已经让位于各种笑话：在中国，共赢游戏意味着中国赢了两次"，甚至出现了"重大的贸易纠纷和频繁的政治辩论"②。

这种研发创新的垂直模式已经受到中国一些杰出科学家的严厉批评，

---

① WIPO, rapport 2011.
② James McGregor, "China's Drive for 'Indigenous Innovation', A Web of Industrial Policies", Chambre de commerce américaine en Chine, 2011, pp. 4 et 6.

他们指责这种模式让政治家拥有了对科学家发号施令的太多权限。[1] 高速列车项目在2011年7月撞车惨剧后的放缓推进正说明了这种新"技术民族主义"的局限性。

但是，只盯着"自主创新"，忽略其实比初次接触看上去更为开放的研发的整体面貌也是不对的。虽然在航天、绿色能源、环保汽车、高速列车等战略领域确实存在冲突环节，但研发并不能被视为中国政府鼓励技术转让和外国企业希望保留业务核心之间的猫鼠游戏。在其他领域，如化学、生命科学、信息通讯技术和纳米技术，发展更为开放，中国绿卡方便了外国研究人员涌入中国，美国或欧洲的华人研究员也自由来往，都有利于创造出研发与创新相融合的新氛围，这与东亚其他国家已经存在的氛围非常类似。

一些跨国公司负责人相信中国是创新的新国界。陶氏化学公司（Dow Chemicals）董事长兼首席执行官利伟诚（Andrew Liveris）相信："在中国，创新与工业能力同步发展。"他补充道："将来，当企业需要对扩展研发能力作出决定时，选择在生产国进行产品支持、改善或创新设计会越来越被认为最有益处……这就是为什么陶氏中国聘用了500名科学家，从而实现了巨大的利润，并创造出比其他分部更多的专利。"[2]

时任中国国家主席胡锦涛在2011年出席夏威夷APEC峰会时发表讲话，强调了国家领导层在这方面的政治诉求："中国正在努力推进创新型国家建设，以吸引海外高水平专业人才，把中国制造变为中国创造。"[3] 接下来就看这两种方式能否长期并存。一切取决于领导层的务实作风，以及国外参与者适应中国文化和规则、与这位深刻改变研发面貌的重大伙伴相互影响的能力。

（高璐编译　中央编译局文献翻译部副译审）

---

[1] *Nature Magazine*, numéro spécial Chine, automne 2004; Jean-Paul Malrieu, *La Science gouvernée: essai sur le triangle sciences/techniques/pouvoir*, Toulouse, Librairie Ombres blanches, 2011.

[2] John Bussey, "Does History Says China Wins?", *The Wall Street Journal*, 4 novembre 2011.

[3] 新华社，2011年11月12日。

"环境严酷时代"的中国[*]

[日] 青山周

中国的环境问题并非只有 PM2.5

北京的冬天是严酷的。如果是在不久前,这还只是老百姓用来形容严寒的字眼。但现在,北京的冬天,更为严酷的是大气污染。如今,不仅北京,口罩和空气净化器在全中国都已经变成了生活的必需品。

今年1月,北京的 PM2.5 观测值处于基准值以下的日子甚至连1周都不到。烟雾朦胧的北京除了太阳什么也看不见,那里没有蓝天。简直如同身处一条长长的隧道中。为了从各种意义上的"隧道"中脱身,1月末我动身去了上海。我很难用言语表达在虹桥机场看到久违的蓝天时心里的感动。此后,因为2月的农历正月里,市里行驶车辆的减少以及交通状况的改善,使得堵车问题得以解消,我本还期待着北京的空气也应该恢复正常了,但这种天真的期待却完全落空了。一周时间里,PM2.5 的观测值并没有下降。很明显,并非只有机动车是 PM 的污染源。中国的大气污染是"复合污染"。

日本的媒体只对 PM2.5 议论纷纷,然而中国的大气污染当然不仅仅是PM2.5,还包括 PM10、硫氧化物、氮氧化物、一氧化碳、挥发性物质等

---

[*] 本文选自《东亚》2013年第7期,作者为日本经团联中国事务所所长。

等，这些污染在日本方面看来，不论哪种都是极为严重的状况，而且汽车尾气所造成的污染也正在逐年恶化。

中国的环境问题也不仅限于大气污染。

山东省的潍坊市，因为风筝大会的举办而被人所熟知。然而以年画闻名、给人以古风城市印象的潍坊市，环境问题开始引发了公众的关注。起因是有人揭发称，潍坊市的企业将未经处理的废水用高压水泵随意排入地下，从而引发了公众对地下水污染的关注。此后，虽然媒体报道称经过当局的调查，被揭发的企业被判定是清白的，[①] 但人们由此产生的疑问却无法消失。为此，国家环保部也以华北地区为对象，查处污染地下水的企业，并对违反禁令的88家企业处以罚款，其总额达630万元。[②] 然而，平均到每家公司只缴纳不足7万元人民币，换算成日元则仅有百万余日元，罚款数额是否妥当，进一步引发了社会的争论。

不仅是地下水的污染，形势依然严重的还有河川和湖泊等地表水污染，渤海湾及长江周边等急剧加重的海洋污染。大量包围都市周边未经处理的废弃物，世界各地运来的电子垃圾，持续燃烧的地下煤矿火焰，未公布实际污染情况的土壤污染，尽管已是世界最大的温室气体排放国，中国依然刹不住增长势头的温室气体排放等，这类问题多到数不清，却几乎被原封不动地搁置了。

而且，威胁人类安全的问题也不仅限于环境问题。假货和有害物质混入等难以根除的食品和药品的安全问题，被镉等危险物质污染的农作物，成为禽流感等大规模传染病的病源地的可能性，在检查设备不完善的医院就医等。在中国，存在着在日本生活所无法想象的风险。

就身边的事来说，即使在北京这样的大城市，狂犬病都是"如今就在身边的危机"。宠物热导致居民养犬的数量急速增长。首都北京的常住人口大概已达到2000万人。与此相对，登录在案的宠物狗的数量有百万只，未被登录在案的宠物狗数量据估计也有百万只上下，因而，大概有200万

[①] 《环保部称山东潍坊未发现确切地下排污证据》，载《北京青年报》，2013年5月9日，B1面。

[②] 《环境保护部开展华北平原排污企业地下水污染专项检查》，http://www.mep.gpv.cn/gkml/hbb/qt/201305/t20130509_251858.htm，访问时间2013年5月27日。

只左右的宠物狗在北京"常住",然而中国并未采取任何针对这些宠物犬狂犬病的预防对策。因此,在中国,人不得不去打狂犬疫苗,而狗则不需要。

今年2月,北京市发生的仅被报道的人被狂犬咬伤的事件就有两起,而且也很难说这是把握住了准确的情况。散步时给狗戴上狗链的养主也不是很多,很明显,患上狂犬病的风险相对于日本来说是极高的。熟悉情况的医生指出,假如在中国被疑似患有狂犬病的狗咬伤的话,被咬伤者要连续接受七次狂犬病疫苗的接种,而且在被确认无发病的可能性之前不能离开中国。

被这些诸多问题所困扰的情况,和过去经济高速增长时期的日本所面临的问题有许多重合的地方,但在中国特有的政治、经济系统下,问题变得严重化、复杂化也是不能否认的。而且其影响不仅限于中国,其影响规模之大甚至连周边国家乃至全球都会被波及,这或许也与日本的情况略有不同。

社会的认知

上个季度和这个季度的巨大差异并非在于PM2.5的严重程度。上个季度,北京的大气污染也呈现出严重的状况,已经发生了几起首都机场因烟雾导致视野不良而陷入瘫痪,市内的医院急性哮喘患者人满为患等情况。

日本的媒体报道就如同在中国的媒体后面追赶一样,1月份以后终于追赶了上来,然而PM2.5自上个季度开始早已成为脍炙人口的流行语。这一季度,也不过是直截了当地将"雾霾"这一表示烟雾的词汇添加进了新流行语的行列而已。①

大气污染在各个不同领域都产生了严重的影响。今年也首次开始涌现一天到晚地讨论是否允许在外管理交通状况的各类交通工作人员在工作中戴口罩的现象。严重的大气污染使得容许口罩的论调很快取得了胜利。此后,政府官员也开始对大气污染的严重程度公开发表言论。不论官职的高

---

① 《中国可悲的流行语"PM2.5"》,日经经济在线,http://business.nikkeibp.co.jp/article/report/20120306/229497。

低，人们都产生了不得不呼吸被污染的空气这样的"连带意识"，环境污染是生活问题这样的认识也就一口气扩散开了。与此同时，对于放任以大气污染为首的环境污染的行政机构以及全国人大的不作为，民众所施加的压力也日益高涨。

领导层的认知度

去年11月召开的中国共产党第十八次全国代表大会上，举行了政权交接仪式，新旧政权的政策有哪些不同成为了社会关注的焦点。其中，大会上提出要实现建设"美丽中国"的新目标。建设中国特色社会主义的五大构成要素"五位一体"，除经济、政治、文化、社会以外，还列举出了生态环境因素。新领导集体已经明确地告诉我们，中国终于要开始进入"环境的时代"了。①

中国为了实现建设"美丽中国"的目标，正如环保部的周生贤部长提出的那样，必须要从"干净的水"、"新鲜的空气"、"洁净的食品"这些与人们生活息息相关的最低程度的要求开始着手。② 按照发达国家的标准来看，中国要实现"美丽中国"的目标的确还需要相当长的时间。在这种严峻的状况下，中国的领导层在政权交接之际实行政策的无缝衔接，以力求尽早摆脱"污染国家"的标签。中国在有关环境方面的问题意识和政策方面，虽然未因政权交接而产生变动，但问题在于对该问题的认知度以及政策的实效性方面。

此次，作为建设"美丽中国"这一新目标支柱的环境政策而备受瞩目的，是时隔20多年后重新修订环境保护法。

《中华人民共和国环境保护法》，1989年制定完成并作为正式法律公布。此后，环境方面，《海洋环境保护法》、《水法》等20余项法律也相继出台。关于修订该法律的问题，早在20世纪90年代中期就已经有人提出，

---

① 《胡锦涛在中国共产党第十八次全国代表大会上的报告》，http://www.cpc.people.com.cn/n/2012/1118/c64094_19612151_1.html，访问时间2013年5月27日。

② 周生贤：《建设美丽中国，走向社会主义生态文明新时代》，http://www.mep.gov.cn/gkml/hbb/qt/201212/t20121203_243048.htm，访问时间2013年5月27日。

但直到2011年1月，全国人大环境与资源保护委员会才着手为修订《环境保护法》组建临时机构，正式开始了环境保护法条文的修订工作。经过国务院18个相关部门以及31个省、自治区、直辖市人大的反复探讨，并经2012年8月27日召开的全国人大环境与资源保护委员会的批准，将该草案公布。

此次修订的要点在于，明确新世纪环境保护的行政方针，强化政府责任与责任监督，并与规范的法律制度有机结合，进一步推进环境保护法及相关法律的实施。

从这种观点来看，对于未取得一致意见的排污许可制度、环境污染责任保险、环境功能区划等条款的修订将会被延缓，针对改善环境的政策强化也是刚一起步就遭遇碰壁。虽然修订也征求了公众的意见，但自从发出修订的呼声以来已经过了15年时间，着手进行的修订工作却始终都主要限于在行政部门之间进行调整。接下来的课题是：法律修订以后，环境是否就会因此而改善呢？从环境改善或者说保护人们的健康生活这种观点出发，对明确污染的责任归属以及建立对环境改善具有实效性的制度框架等条款，能否使得具有实效性的政策得以实行，这对于修订后法律的施行来说也是很重要的。

在2013年3月的全国人民代表大会上，温家宝总理在政府工作报告中强调了"发展"。作出了"我国是世界上最大发展中国家的国际地位没有变"、"发展仍是解决我国所有问题的关键"的发言。在这样的理论思想指导下，政府强调了加速经济发展方式转型的必要性，宣布将要大力推进"绿色发展"、"循环发展"、"低碳发展"。[①] 在此，我们看不到对有关经济发展与环境保护的相互矛盾关系的考虑。环境被看做是经济的"内数"。在这样的考虑之下，很难看出有将外部的浪费内部化，以试图去保护环境的方向性。

用抽象的表述来强调环境保护的重要性是没有意义的。由于伴随数值目标的具体目标，以及面向政策实现的途径并未表明，因而这些表述不能作为保障人们健康生活的可靠凭据。国外的立场自然不用多说，就算是对

---

① 《政府工作报告——2013年3月5日在第十二届全国人民代表大会第一次会议上》，http://www.gov.cn/2013lh/content_2356704.htm，访问时间：2013年5月27日。

在中国国内的人们来说也是如此。与其不断重复好听的口号，不如在确保人民生活安全的基础上，围绕改善大气和水质的具体目标，提出具有实效性的政策，并且更重要的是能否对这种许诺负起责任。当然，绝不能允许类似于虚假统计这样的数值欺骗存在。这样做的意义在于，要让人们认识到，政府不能仅满足于提出针对环境改善的政策。接下来需要做的，是让政府发布必要的信息，以评价有关环境政策以及为改善环境而作出的努力的方向性是否正确。对此，我们有必要密切关注今后的动向。

环境治理能力

中国今后能否在环境治理上取得成功，改善污染状况，笔者认为完全取决于其治理能力。在本文中，将这种治理能力称为"环境治理能力"。

与中国有关的日本政府相关人士、学者、研究人员，甚至是商人中间，存在着两种意见。一种认为，中国政府能够采取适当的政策成功治理环境污染问题；另一种意见认为治理存在困难，中国的环境污染将进一步走向恶化。换言之，日本社会对中国政府治理能力的评价存在乐观论和悲观论。

乐观论的意见主张，由于中国存在着计划经济制度框架的残留，政府能以计划经济手段对企业和市场动用强权，通过政府对企业和市场采用政策工具。因此，如果政策中环境治理的重要性得以增加，环境污染自然会得以改善。

与此相对的悲观论则主张，由于中国是上下级式的纵向行政，地方政府也处于相互分裂的状态，以致政策缺乏协调性，很难推进政策上环境和经济的统一。此外，在改革开放政策的影响下，市场化早已渗透至中国社会的每一个角落，中国已无法像过去计划经济时代那样通过政府实行强权性质的政策。事实上，连对企业道德缺失的问题也提不出有效政策的状况下，中国想要取缔那些没有守法精神、随意排放的企业是根本不可能的。

整理这些讨论后，可以明白，这里存在着政府的环境治理能力和社会的环境治理能力两种环境治理能力。中国社会在飞速变化的过程中，若想将环境治理能力最大化，那么无论用什么方式将社会的环境治理能力和政府的环境治理能力相结合，双方目标朝着同一个方向才是最重要的。相反说来，社会的环境治理能力和政府的环境治理能力向不同的方向分离，甚至走向相反方向的话，整体的环境治理能力就会下降，也就意味着实际的环境改善将无法继续推进。

环境和经济的统一

尽管迎来了对环境敏感的时代，但在这个时代中，一方面，在经济上富裕起来的地区中，已经出现了许多认为"如今已经不需要再发展经济，而是需要洁净的环境"的老百姓。另一方面，也确实有很多认为"为了生存需要金钱，与环境相比，发展经济更重要"的人存在。在当今严峻的经济形势下，该如何解决在广度和深度上都日益严重化的环境污染呢？可以说，至今都还未找到治理的药方。

为提高环境治理的效果，就必须要实现环境和经济的统一，具体来说，就是环境政策要被经济政策所内部化。在优先发展经济的情况下，环境污染的改善无法取得预期的成果是显而易见的。

这无疑是当下重大的一项课题。可以说，这种既没有经济上的余力，又无法在环境政策上采取对策的现状，在背负着贫富差距问题的中国无限地扩展开来。

其中一个事例就是资源枯竭型城市。

过去计划经济时期专司资源开发工作的城市，该如何才能摆脱面临的资源枯竭的危机呢。对于这种城市中的贫富差距问题，中国的专家们从20世纪90年代起就一直在探讨。值得关注的是，与这一探讨同时进行的是关于正式引入市场化机制问题的讨论。

以国家发改委的前身——国家计划委员会的宏观经济研究院为中心的重点研究课题"我国资源型城市经济结构转型研究"课题组，选出了中国的180个资源型城市。此后，2007年10月召开的中国共产党第十七次全国代表大会上第一次提出"帮助资源枯竭地区实现经济转型"的方针。在党的方针下，2008年3月，国务院指定了第一批12个资源枯竭型城市，一年后的2009年3月，又发布了第二批指定的32个城市。

现在，资源枯竭型城市的问题已经作为政府公认的问题，继续推行其相应对策的实施。

作为"资源枯竭型城市"的典型代表，指定城市的第一号是辽宁省的阜新市。阜新市是典型的煤炭矿城市，其经济规模现在依然处在辽宁省的末位。然而，1940年建市的阜新也有着光荣的过去，新中国第一个五年计划中，国家重点项目里的四项都是在阜新市完成的。但是，依靠煤炭立市的阜新却也因煤炭资源枯竭导致矿山关闭，一下子失去了发展的活力。[1]

《南方周末》报道的资源枯竭型城市的状况只能用"悲惨"一词来形容。第一批指定城市中的云南省个旧市，过去作为锡矿的产地曾发展得相当繁荣。但锡矿矿山被关闭后，全盛时期的数百家选矿工厂如今也已经关闭，整个城市已经没有了像样的产业。结果，如今的个旧已经变成了毒品、艾滋病和犯罪蔓延的"法外之地"。报道中，有关政府政策有效进展的事实一个字也没有出现。[2] 矿山旧址和与锡矿相关的市内各种工厂，也理所让然地在未采取任何对策的状态下被放置不管了。这座城市目前不但需要环境对策，还处在迫切需要治安对策的状况下。

一方面是挣扎在贫困中的资源枯竭型城市，另一方面，也开始出现像唐山市这样，虽然身为资源枯竭型城市，却已经开始着手将自身构筑成顶级城市的例子。

唐山市原本是出产煤矿的矿业城市，是上述被指定的资源型都市之一。唐山市开发的核心，是滨海的大规模工业园区——曹妃甸生态工业园。

着手开发该项目的赵勇是中国共青团出身的年轻干部，他继唐山市委书记后，升任河北省常务副省长，如今正担任河北省委副书记的要职。去年秋天召开的党大会上，赵勇虽然排名靠后，但却当选为中央委员会的候补委员。

中国的首都——北京，虽然身为政治中心，但从全中国的经济发展上来看，其经济地位却并没有其政治地位那样崇高。尽管囊括周边天津市和

---

[1] 《作为政策空间的中国环境——中国环境政策研究》，明德出版社2011年版，第114—118页。

[2] 《"法外之地""资源枯竭魔咒"下的个旧工人村》，载《南方周末》2013年4月18日。

河北省的首都圈构想已经开始构建，但与长江三角洲地区和珠江三角洲地区相比，其经济基础仍然比较脆弱。关于这点，当地的干部也抱有极大的问题意识。其中，赵勇一边活用曹妃甸生态工业园的经验，关注环境问题，将环境纳入发展为目标，同时积极着手解决当今国际社会指出的"环首都贫困带"的问题。①

然而，对于赵勇等河北省干部，乃至对于资源枯竭、失去产业地区的干部和企业，以及生活在那里的老百姓来说，"生态环保"是为从中央得到支援而打出的"招牌"之一，无非是未来要达到的目标而已。正如赵勇着手解决"环首都贫困带"所象征的，对他们来说，如今不得不解决的首要问题在于脱贫，保证能够获得来自中央财政和政策的支援，以促进经济发展。对财政窘迫的地方来说，为了撑过当前的困境，生存下去，从中央获取的这剂强心针就正如久旱逢甘霖一样。

在这种严峻的状况下，政府围绕环境保护问题所采取的政策非常重要。结合保障人民群众的健康生活所需的具体的数值目标和未来应着手解决问题优先顺序的工程的构想从未被明示过，正体现了中国现政权的政策和环境治理能力的局限。

中国所需的制度

传统学术领域中，要想实现环境与经济的统一这一命题，就有必要将某种来自市场外的制约制度化。② 中国在实践这一命题的同时，也在寻求着稳步推进市场化的进程。笔者认为中国的模式正是在这点上，存在着与资本主义市场经济的不同。1992年采用社会主义市场经济制度以来，中国加速了市场化的步伐。中国市场的经验和历史只有20年而已。不难理解，市场作为一种制度，很难说中国在这20年中就已经完全具备了支撑这一制度所需的各种社会基础设施。中国"市场"该沿着怎样的脉络摸索前进才能够在历史上成立，构成"市场"的社会各方面条件又是与哪些方面有关，如今，有必要再一次对历史进行反思。

---

① 赵勇：《求解环首都贫困带》，载《中国新闻周刊》2013年3月18日，第32—33页。
② 细田卫士：《好东西与坏东西的经济学》（第2版），东洋经济新报社2012年版。

温家宝总理在国务院节能减排工作领导小组会议等场合,不断强调"以政府为主导,以企业为主体,发挥市场机制"①。但按照中国现在的状况来看,只要还继续强调政府的主导作用,就很难确立以企业作为市场责任主体的制度。

在政府、企业、市场三者的关系上,中国所需的制度可列为以下三点。

第一是落实企业的责任。作为企业的社会责任,企业要服从以环境保护法为首的相关法律,主动限制自身的反社会行为,树立企业伦理道德。对于环境相关法律法规的遵守,虽然已经开始尝试针对环境风险施行环境问题相关的保险,但还是必须加速将其正式引入机制内的步伐。

第二是政府和企业的完全分离。在拥有计划经济历史的中国,政府和企业如今依然存在着粘连的关系。在迄今为止的经济改革和企业改革过程中,政企分离虽然有了一定的进展,但至今仍可窥见计划经济的残余。政府决定政策,政府在坚持作为监督法律实施的裁判这一立场的同时,还必须确立负责制定市场无法实现的民生和福祉政策的立场。这意味着裁判员在裁判的同时自己还在场上比赛,因此所谓的市场规则根本不可能成形。只有认识到市场固有的规则以后,进行彻底改革的时期才会到来。

第三是贯彻市场的原则。制度的缺陷和机制的不健全是滋生腐败的温床。回顾中国的历史,市场化的部分和行政化的部分夹杂在一起的现象,使得20世纪80年代产生了"官倒"的腐败现象,这已无需多言。从这个意义上说,中国所需要的是稳步推进市场化的进程。不要将国外对中国市场化的要求视为对中国的压力,有必要将发展市场原则的观点引入国内的改革。

总结以上三点,对于提升环境治理能力,中国所需要的是政府、企业和市场三位一体的改革。②

---

① 《温家宝主持召开国务院节能减排工作领导小组会议安排2008年节能减排工作》,http://www.gov.cn/ldhd/2008-07/01/content_1032774.htm,访问时间:2013年5月27日。
② 《作为政策空间的中国环境——中国环境政策研究》,明德出版社2011年版,第140—142页。

国际合作的重要性

提升中国政府以及社会的环境治理能力的同时，为提高其透明性，国际合作尤为重要。只要中国还打着开放的旗号，日本的政府、企业、大学、研究机构、NGO（非政府组织）等，就应该找到伙伴联手，稳步加强相互合作。国际合作的意义正在于这点。

由于市场化的不断发展，中国的社会也在不断多元化、分裂化。如今的中国不论是从政府、行政，还是企业，亦或是从市场、消费者的视角来看，都不可能再是铁板一块。

可以肯定的是，这种怀有共同的目标、拥有同样价值观、在环境治理方面愿意推进政府间的国际合作，或是愿意通过企业和个人的活动来构筑深层关系的中国行政机关、企业、民众会稳步地增加下去。

当然，这种事情并不仅限于环境领域。国际合作是改变中国，甚至改变地区和世界的原动力之一。不要说是人们生活所必不可少的生态环境，就算是对生态环境的主角动植物来说，国界也是毫无意义的。因此，超越国界进行的环境领域的国际合作，可以说在整个国际合作范畴里都是最为重要的、具有核心意义的领域。

只有让人们能够享受新鲜的空气和洁净的水，并且能够吃上健康放心的食品，才能算真正实现了中国梦。这不仅是亿万中国人的期望，也是从事环境问题研究的我们共同的期望。

（王凡编译　国际关系学院硕士研究生）

资料篇

海外中国研究主要机构

美 国

加州大学伯克利分校中国研究中心

该中心在福特基金会和加利福尼亚州政府的资助下成立于1957年,其使命是协调和支持加州大学伯克利分校的当代中国研究,20世纪60年代初成立当代中国资料室,后来成为中心图书馆,收藏了大量关于当代中国和中国共产党的文献资料。加州大学伯克利分校中国研究中心是目前美国西部最有影响力的中国研究机构,也是美国最活跃和受尊重的中国研究机构之一。该中心研究领域涉及中国政治、经济、文化等各个方面,还包括东南亚的华人社会,拥有来自校内不同学科和系的70名学者。著名中国历史专家魏斐德教授曾长期兼任中国研究中心主任,现任主任是邢幼田教授(You-Tien Hsing)。该中心每年都会举行大量的公共活动,包括讲座、电影放映、演出和学术研讨会,每年为校内中国研究人员提供资助,也提供博士后研究奖金。

密歇根大学中国研究中心

该中心正式成立于1961年,是美国中国研究重镇之一。1968年,中心设立了"密歇根中国研究专著"出版项目,至今已经出版了百余部世界各国学者撰写的中国研究书籍，涵盖了经济、政治、文学、艺术、历史、哲学、宗教、医学等领域。除了支持专著出版之外，中心还出版了当代中国现状概览、中文学习入门指导等教科书，并重印了一些中国研究的经典著作。中心开设午间讲座系列，每周二都有一次讲座，主题既谈古，也论今——既关注中国历史、文化、艺术，也关注当今中国发展的重点热点问题、中国发展的主旋律。2011年，为纪念中心成立50周年，午间讲座系列中还特别设立校友讲座系列，邀请在中国研究方面颇有见地的校友做讲座。2013年，罗睿弛（Richard and Susan Rogel）向中心捐款1000万美元，同时为感谢李侃如对中心的贡献，于是更名为密歇根大学李侃如—罗睿弛中国研究中心，目前拥有30多名教师和研究人员，现任中心主任是著名中国问题专家高敏（Mary Gallagher）教授。

宾夕法尼亚大学当代中国研究中心

宾夕法尼亚大学当代中国研究中心成立于2012年，隶属于宾夕法尼亚大学文理学院，使命是协调全校各系、项目、研究所、研究人员和学生的当代中国研究活动，举办各种学术研讨会、圆桌讨论会和讲座，为教授和学生提供研究支持，接受来自全世界的访问学者和博士后研究人员，其宗旨是提高宾夕法尼亚大学在中国研究项目和学术研究上的领导地位。该中心已与中国的40多所研究机构建立了合作关系，有大约100多名研究人员参与的各种中国研究项目和相关研究。该中心的研究领域集中于当代中国的政治、法律、经济和社会方面以及中国在当今世界上的地位，目前拥有40多名研究人员，首任主任是著名中国问题专家金骏远（Avery Goldstein）教授，著名中国法律研究专家戴杰（Jacques deLisle）教授担任副主任。

丹佛大学美中合作中心

丹佛大学美中合作中心成立于1998年，中心的宗旨是"反映中美人民间的友好关系和时代精神，积极与中国的独立机构、学者及企业进行合作"。该中心隶属于丹佛大学国际关系学院，拥有自己的教职员工、学生，积极同中国及世界其他地区发展文化交流关系，以加强中美政策研究。该中心与当地政府、华人媒体、学术界（包括美国空军学院、科罗拉多大学等)、商界关系密切，设立杰克逊/何中国论坛，邀请著名学者、政府官员、商界领袖和其他专业人士发表关于中国和美中关系的演讲，同时每年举办一次国际研讨会。中心目前拥有10多名研究人员，现任主任是原国际关系学院院长汤姆·法尔（Tom Faver），执行主任为美籍华人赵穗生教授。中心出版的《当代中国》（Journal of Contemporary China）是北美洲地区面向学者、商界人士、政策决策者介绍当前中国事务的英文刊物。该刊物由中心执行主任赵穗生在1992年创办并担任主编。

亚洲协会美中关系中心

美中关系中心在罗斯基金会的支持下成立于2006年，其宗旨是寻找新的方式加强美中两国之间的相互理解，举办各种探讨美中存在共同利益和观念分歧的各种项目和活动，关注的领域包括政策、文化、商业、媒体、经济、能源和环境等，并发布相关研究报告。该中心位于亚洲协会纽约总部，同时在首都华盛顿设立办事处。中心目前拥有9名研究和工作人员，主任是著名中国研究专家夏伟（Orville Schell）。中心还邀请其他世界知名学者担任研究员，目前有8名来自世界各地的学者担任兼职研究员，何汉理（Harry Harding）和谢淑丽（Susan Shirk）等知名中国问题专家曾经担任该中心研究员。中心定期在纽约总部举办各种以美中关系中的关键问题为内容的研讨会，每年都启动各种项目，目前的项目包括："中国空气日报"、"中国繁荣"、"冰河"和"煤矿中国"等。除此之外，中心还主办一份非营利的网络杂志"中参馆"（China File）。

威尔逊中心基辛格中美关系研究所

基辛格中美关系研究所成立于2008年，同时成立一个由20名左右中美各界知名人士组成的顾问委员会，由基辛格和中美友协会长、中国工程院院长徐匡迪担任共同主席。该研究所致力于扩大对美中关系问题以及这些问题对美中和世界的影响的理解，广泛探讨美中两国各自行为模式和世界观背后的政治、经济、文化和历史因素。该研究所与中国人民外交学会展开合作，开展中国和中美关系的研究及学术交流。研究所目前由9名研究人员，现任主任是罗伯特·戴利（Robert Daly），创始主任是前美国驻华大使芮效俭（J. Stapleton Roy）。自成立以来，该研究所举办了大量研讨会，发布了多份研究报告，并于2014年推出一份关于美中关系的每月通信《中美关系月报》。

兰德公司亚太政策中心

兰德公司是一家致力通过研究与分析来改善政策和决策的非营利性研究机构，正式成立于1948年，目前拥有1700多名来自全世界各地的员工，其中研究人员达到1200多名，目前正在开展的研究项目多达1000多项。兰德公司于1970年成立了兰德研究生院，现有来自25个国家的大约100名博士生在校就读。兰德公司对中国的研究十分广泛，包括中国的军事、政治和贸易关系，尤其是中国大陆与台湾地区和日本的关系，中国的环境及其前景，中国的国际贸易和知识产权挑战等。兰德公司下属的亚太政策中心是从事中国研究的主要部门，该中心目前拥有43名研究人员，现任主任是迈克尔·J.洛斯坦波（Michael J. Lostumbo）。2007年，在美国唐氏基金会的资助下，该中心成立了唐氏美中关系研究所（Tang Institute for U.S.–China Relations），其主要致力于推动美国和中国之间货币、劳工、贸易、外国直接投资等政策问题，以及两国对上述问题看法的讨论，支持兰德公司研究人员开展对中国的跨学科研究，帮助研究人员传播他们的研究成果。2012年，唐氏美中关系研究所资助兰德公司开设了它的第一个外文网站——中文网站，同时还资助兰德公司把研究成果翻译成中文，目前已经有10多份译成中文的报告可以从兰德公司中文网站上免费下载。

布鲁金斯学会约翰·桑顿中国中心

布鲁金斯学会是美国著名的综合性政策研究机构和智库之一，成立于1927年，目前拥有300多名来自全世界的著名专家。布鲁金斯学会的中国研究以约翰·桑顿中国中心为主导，其他一些研究中心也涉及中国研究，例如经济研究所、对外政策研究所和东北亚政策研究中心。中心于2006年成立，总部设在华盛顿特区，并在清华大学设立了北京办事处，即清华—布鲁金斯中心。约翰·桑顿中国中心提供前沿的研究、分析、对话与出版服务，聚焦中国的崛起及其对美国、中国邻国乃至整个世界的影响，主要研究领域包括中国的经济与贸易、国内挑战、能源政策和外交政策。此外，约翰·桑顿中国中心还举办关于中国的公共项目、圆桌会议、研讨会和会议。约翰·桑顿中国中心目前拥有14名常驻和非常驻研究人员，现任主任为著名华人学者李成。从2011年开始，约翰·桑顿中国中心每年推出一套中国思想家丛书，从政治学、经济学、法学等各学科的中国思想家中选择翻译和出版他们的著作，目前已经出版了4本。

美国战略与国际研究中心费和中国研究项目

美国战略和国际研究中心于1962年成立，是现在美国国内规模最大的国际问题研究机构，总部设在华盛顿。战略与国际研究中心以注重亚洲和中国研究而著称，其国际安全研究项目、亚洲研究项目尤其是费和中国研究讲座云集了研究中国的众多一流专家。费和中国研究中心源于费和敦（Houghton "Buck" Freeman）1994年捐资设立的费和中国研究讲座，旨在加强对中国的研究并增进美国与亚太各国之间的了解。著名中国问题专家江文汉（Gerrit W. Gong）和季北慈（Bates Gill）曾经担任主任，现任主任是克里斯托弗·K. 约翰（Christopher K. Johnson），具体项目人员包括葛莱仪（Bonnie S. Glaser）和前任主任、非常驻高级研究员查尔斯·弗里曼（Charles Freeman）。自成立以来，费和中国研究中心每年都举办演讲、圆桌会议、研讨会和国际会议等活动，并设立众多研究项目，近年来的主要项目包括"美中关系中的巧实力"、"中国的创新和竞争力政策"、"中国资产负债表"、"中国的太空项目"、"中国在中亚的崛起"、"中国与地区安全动态"等，当前进行的项目涵盖中国的经济、政治、卫生、安全和台湾等领域，每月出版一期《费和简报》。

（吕增奎　整理）

英　国

查塔姆研究所

查塔姆研究所，又称英国皇家国际事务研究所，是一家旨在分析国际事务的独立智库组织。该研究所成立于1920年，享有国际盛誉，是著名的推动自由言论和会议保密性的查塔姆研究所原则（Chatham House Rule）的发源地。在2013年由宾夕法尼亚大学发布的《全球主要智库》（The Global Go-To Think Tanks）测评报告中，查塔姆研究所位居世界智库第二。亚洲项目组是查塔姆研究所的重要组成部分，每月出版一至多篇月度研究报告。中国问题是亚洲项目的重要研究领域之一，主要关注中国国内政治经济发展以及中国的全球和区域角色和行为。查塔姆研究所中国问题研究依托欧洲中国研究咨询网络项目（ECRAN），该项目受欧盟的资助，旨在提高欧洲政策决策能力，加深对中国政治、经济和社会发展的理解以及由此产生的对欧盟和中欧关系的影响。

伦敦国际战略研究所

伦敦国际战略研究所是一家成立于1958年、重点研究核威慑和军备控制的中立智囊机构。如今，国际战略研究所以其每年发布的各国《军力平衡》报告和香格里拉对话等高级别的安全峰会而享有国际盛誉。亚太地区研究，特别是中国研究也是伦敦国际战略研究所的研究领域。通过对亚太地区的研究以及香格里拉对话，伦敦国际战略研究所一直以来对亚太安全问题的研究产生了重要影响，每年召开的被称为"军事达沃斯"的对话是全球规模最大的国防部长、军事首脑等高级政府官员参加的会议。联合国秘书长非常肯定香格里拉对话这样的平台为促进区域安全所作出的贡献。

外交政策中心

外交政策中心是一家总部设在伦敦的独立外交事务智库组织。该组织成立于1998年，由英国前首相托尼·布莱尔（Tony Blair）和时任英国外交大臣罗宾·库克（Robin Cook）共同发起，旨在通过举办活动、出版著作及分析报告，发展政策思想，促进建立更为公平的世界。2004 年 5 月，外交政策中心成立了研究中国问题的项目。中国项目的成立是为了研究中国在能源和原材料、公共外交、国际安全与秩序、发展与治理、技术、金融和国际经济秩序等领域在世界产生的影响力以及各种关于中国问题的新事物和前沿思想。

皇家联合服务研究所

英国皇家联合服务研究所是威灵顿公爵于 1831 年创办的独立智囊机构。英国皇家联合服务研究所具有强烈的研究特色，近两个世纪来集中关注对防御和安全问题的研究。英国皇家联合服务研究所被誉为"思想领袖机构"，被《展望》杂志评为 2008 年的年度智库以及 2009、2011 年的年度外交智库。皇家联合服务研究所紧紧围绕防御与安全议题开展研究工作，目前已涉及社会及国际安全研究、军事科学研究、战争与文化研究、网络空间与网络安全等多个领域。

随着全球力量的转移，皇家联合服务研究所开设了关于中国问题的研究项目。中国问题研究项目旨在研究中国在国际舞台上的角色、中国武装力量的现代化，并以东亚地区乃至整个亚洲地区为背景，探讨中国的崛起，包括中日之间不断变化的对外关系、中国对朝鲜问题六方会谈的外交政策以及中国与其他亚洲新兴国家的关系等。皇家联合服务研究所定期发布 RUSI 期刊、RUSI 分析报告、RUSI 通讯、RUSI 观察、白厅书、白厅报告等多种研究出版物，分析中国时下军事、安全以及外交政策。

伦敦大学亚非学院

伦敦大学亚非学院创立于 1916 年，曾被称为"东方学院"，是世界一流的研究亚洲、非洲和中东地区的研究机构，是欧洲制定相关亚洲和非洲战略的重要智囊机构，同时也是全世界研究东方以及非洲问题拥有学者最多的机构。亚非学院下设 48 个研究中心，其中创立于 1960 年的当代中国研究所和 1992 年成立的中国研究中心均将重点放在中国当代研究之上。

《中国季刊》是伦敦大学亚非学院主办的重要学术杂志，所收录的文章涵盖了当代和近代中国经济、政治、人口、地理、历史、外交、社会等各个领域，是展示中国问题研究成果的重要平台，享有国际盛誉。

伦敦政治经济学院亚洲研究中心

依托伦敦政治经济学院与亚洲，特别是与中国和印度的常年合作，伦敦政治经济学院亚洲研究中心于1997年成立，是一家跨学科、旨在整合伦敦政治经济学院各部门亚洲研究力量的研究机构。亚洲研究中心的创始人为伦敦政治经济学院两位前校长约翰·阿什沃思（John Ashworth）博士和帕特尔（IG Patel）博士，英国著名国际关系学者、东南亚问题专家麦克尔·雷弗教授担任第一任主任，知名中国问题专家阿塔·侯赛因（Athar Hussain）为现任亚洲研究中心主任。中国问题研究是亚洲研究中心的研究重点。亚洲研究中心自2009年起，每年与中国发展协会（China Development Society）共同举办中国发展论坛，构建了一个中国问题研究学者和专家碰撞思想的交流平台。2014年中国发展论坛的主题为"中国的重新调整"。

杜伦大学当代中国研究所

杜伦大学当代中国研究所成立于1999年，长期致力于当代中国以及东亚地区研究，是一个集经济、教育、法律、现代语言文化、地理、政府与国际政治以及政治经济学的跨学科研究中心。杜伦大学开展汉语教学研究已40余年，成为英格兰东北部地区的汉语教学中心。1999年当代中国研究所的成立进一步巩固并发展了杜伦大学对中国社会、文化、经济的研究。杜伦大学中国研究所的核心目标包括扩大并深化国际认可的当代中国问题研究；举办跨学科论坛，促进中国研究的发展；在各层面上提高中国学的研究和培训机会；提升全球影响力和促进当代中国学研究发展。《东亚：国际季刊》是杜伦大学当代中国研究所主办的学术刊物，该刊主要探究中国、日本、韩国以及泛太平洋地区政治和文化之间的相互作用，为研究东亚地区的政治、经济和文化问题提供了一个独特的研究视角。

白玫瑰东亚研究中心全英中国学研究所

2006年,由英格兰高等教育基金委员会、英国经济和社会研究委员会以及艺术人文研究委员会共同拨款建立的一个旨在整合利兹大学东亚研究和国际商业中心以及谢菲尔德大学东亚研究学院专门从事东亚研究的专家学者的国际性高级研究中心——全英中国学研究所正式成立。全英中国学研究所隶属于白玫瑰东亚研究中心,同时隶属该机构的还有英国国立日本研究所。近50年来,利兹大学和谢菲尔德大学一直致力于本科和研究生的现代汉语教育和研究工作。这两所大学在语言教学和人文社会科学研究中采取资源共享的方式,并由此成为中国学的高级研究中心。全英中国学研究所就是将这两所大学的学者们组织在一起,从社会、文化、政治和经济四个不同方面对现代中国进行研究。

利兹大学艺术学系语言、文化和社会学院

利兹大学的东亚研究专业隶属于利兹大学艺术学系语言、文化和社会学院。利兹大学在1963年就开展了中国研究。历经50年发展,利兹大学的东亚研究已经成为欧洲最大的东亚研究中心之一。利兹大学的东亚研究共有25位研究人员,包括了华裔、日裔以及韩裔的学者,关于中国问题的研究涵盖了传统汉学和当代中国问题两个方面。传统汉学研究主要是以大卫·帕丁森(David Pattiason)教授为代表的对中国帝国末期书信的研究和埃里森·哈迪(Ellison Hardy)教授为代表的对17世纪的中国个性和认同的研究;当代中国研究主要以克里斯托夫·邓特(Christopher Dent)教授为代表的对东亚和拉美地区关系与东亚地区和亚太地区自由贸易协定以及区域化的研究。

谢菲尔德大学东亚研究学院

1963年,在日本研究中心的基础上,谢菲尔德大学东亚研究学院正式成立,至今已经有51年的历史。在成立之后的50余年中,东亚研究学院不断扩展自身的研究范围,在詹弗瑞·鲍纳斯教授的不断努力下,学院的研究领域随即扩展至对朝鲜半岛以及中国的研究。谢菲尔德大学东亚研究

学院关注多学科以及跨学科的研究，学院的许多研究人员都取得了英国国家学术院、经济和社会研究委员会、艺术人文研究委员会、勒伍豪基金会的资金支持，也体现了谢菲尔德大学东亚研究学院强劲的研究实力。谢菲尔德大学东亚研究学院主要包括四大研究领域，分别是东亚地区商业、政治经济和发展，认同与文化，社会变革与转型以及区域化和全球化。

曼彻斯特大学中国研究中心

曼彻斯特大学的中国学研究可以追溯到20世纪初期，英国知名汉学家、前任驻华外交官庄延龄担任曼彻斯特维多利亚大学（曼彻斯特大学的前身）的中国问题教授。2004年，曼彻斯特大学将分散在各院系的中国问题研究和教学机构合并创建中国研究中心，并于2006年与曼彻斯特大学孔子学院一并正式成立。曼彻斯特大学中国研究中心的成立旨在为当代中国研究提供一个跨学科的创新研究平台。除了跨学院、跨学科合作以外，曼彻斯特大学中国研究中心还在英格兰高等教育基金委员会、英国经济和社会研究委员会以及艺术人文研究委员会的资助下，与牛津大学和布里斯托大学合作，成立了旨在建成英国对中国和中国语言研究和教学中心的英国跨大学中国中心。

伦敦大学国王学院刘氏中国研究院

伦敦大学国王学院在鸦片战争时期就设立了汉语的讲座教授，近年来也一直与中国诸多学术机构保持着密切的交流。2008年，伦敦大学国王学院中国研究院成立，旨在整合伦敦大学国王学院的中国研究学术资源，有针对性地对当代中国政治、社会、文化和商业开展研究。2012年，为了表示对一位刘氏华人校友向中国研究院捐款的感谢，将中国研究院更名为刘氏中国研究院。目前，伦敦大学国王学院刘氏中国研究院已拥有教职员工20余人，开展合作的高校有香港大学、新加坡国立大学以及中国人民大学。伦敦大学国王学院刘氏中国研究院通过开展一系列活动，旨在聚焦对当代中国的研究，这些活动包括：组织中国问题的研究项目、鼓励并支持两国学者的交流与交换、与中方研究机构和高校广泛开展交流合作等。

威斯敏斯特大学当代中国研究中心

威斯敏斯特大学当代中国研究中心隶属于威斯敏斯特大学社会学与人文科学系，是一家成立时间并不长的中国问题研究中心，旨在整合威斯敏斯特大学社会学和人文科学系以及其他院系的中国问题研究资源。威斯敏斯特大学当代中国研究中心致力于促进研究中国社会和政治转型的跨学科研究，探究中国在全球知识和文化影响中的核心特征，培养创新性的跨学科研究以及当代中国研究的博士。目前，威斯敏斯特大学当代中国研究中心开展的研究项目主要有中国男性及其男性特征、"文化大革命"的宣传画、中国的文化传承：转变中的轨迹和任务等。

诺丁汉大学当代中国学学院及中国政策研究所

与其他大学或者智库相比，诺丁汉大学的中国学研究起步较晚，与中国的渊源并不深，直到1999年隶属于商学院的当代中国研究所才正式成立，教授汉语以及有关中国的历史、文化和地理课程。2003年，在捐款资金的资助下，诺丁汉大学成立了中国政策研究所，由原BBC亚洲部主任伊丽莎白·怀特（Elizabeth White）担任主席。2007年，经机构调整，诺丁汉大学取消当代中国研究所，成立当代中国学学院，同时保留中国政策研究所，姚树洁任院长，原中国政策研究所所长理查德仍担任所长一职。目前，诺丁汉大学这两家当代中国问题研究机构的主要分工是当代中国学学院以教学及研究为主，而中国政策研究所偏向于政策研究的智囊机构。诺丁汉大学当代中国学学院及中国政策研究所已经成为在英国研究中国问题发展最为迅速的机构，凝聚了一批华裔中国问题专家。

（冯瑾　整理）

法　国

法国近现代中国研究中心

法国近现代中国研究中心，别名"中国中心"，是由法国国家科学研究院（CNRS）和法国社会科学高等研究院（EHESS）共同管理的研究中心。该中心创建于1996年，是对法国国家科学研究院原有的两个中国研究机构的整合：一个是当代中国研究和资料中心（Centre de recherches et de documentation sur la Chine contemporaine），1958年由曾任法国驻华使馆武官的纪业马（Jacques Guillermaz）将军组建，主要研究20世纪的中国，特别是社会史，并拥有关于当代中国的大量丰富资料，毕仰高（Lucien Bianco）、白吉尔（Marie-ClaireBergère）、魏丕信（Pierre-Etienne Will）等中国问题专家曾先后担任该中心主任；另一个是中国比较研究中心，1985年由米歇尔·卡迪埃（Michel Cartier）创立并领导，主要是在比较视野下研究中国的历史和文明，出版刊物《汉学文献览要》。法国近现代中国研究中心主要是在社会科学的视角下开展关于中国的研究项目，并根据法国社会科学高等研究院的独特模式进行研究教学活动。中心尤其注重跨学科研究，涉及历史学、人类学、经济学、社会学、哲学、政治学等诸多领域。法国近现代中国研究中心的成员，由三方面人员组成：一是中心专职研究人员，目前共有31人，主要进行中国政治、经济、外交、文化、历史等领域的研究；二是兼职研究人员，目前有32人，主要来自法国高校和其他研究机构；三是中心的在读博士研究生。法国大多数当代中国研究学者似乎都与近现代中国研究中心有着这样或那样的联系，可以说，近现代中国研究中心集中了法国最优秀的一批中国学研究专家，是法国最重要的中国研究机构之一。

法国国际研究中心

法国国际研究中心创建于1952年，原名国际关系研究中心，1976年更名为国际研究中心，由巴黎政治学院（Siences Po）和法国国家科学研究院（CNRS）共同管理。该研究中心的研究力量主要依托巴黎政治学院的教师及博士研究生，研究重点之一是当代中国研究，特别是政治领域的研究，汇聚并培养了一批在法国颇具影响力的中国问题专家。中国问题专家杜明（Jean-Luc Domenach）曾于1985—1994年间担任该中心主任。国际研究中心目前的研究团队中有两个是针对中国问题展开的：一个是由鲍佳佳（Stéphanie Balme）领导的"中国法律、司法与社会"，从2006年开始每年围绕五项活动在中国展开，包括基础研究与出版物、组织科研活动、教学、组织欧洲法律专业人员赴中国考察或资助中国法律专业人员赴欧洲培训、与清华大学联合举办中法法治对话；另一个是由梅珍（Françoise Mengin）和罗卡（Jean-Louis Rocca）共同领导的"关于中国的博士生专题讨论会"，基本上每月活动一次，每次活动针对一位博士生的在研成果进行讨论和分析，重视运用历史社会学与政治学的方法分析当代中国问题。

法国现代中国研究中心

法国现代中国研究中心是由法国外交部和国家科学研究院共同支持的27家海外研究机构的成员之一，任务是对中国大陆、中国台湾、中国香港和中国澳门地区在政治、经济、社会及文化领域的变化进行研究。该中心创建于1991年，总部设在中国香港，1994年起在中国台湾设立分中心，是唯一一家设在中国并完全致力于现代中国研究的欧洲研究中心。中心的专职研究员是由法国国家科学研究院或者外交部亚洲司科学委员会招募的，中心也会邀请其他欧洲研究机构的研究者作为兼职研究员。为中心工作的研究者涵盖人文社会科学的各个学科。研究中心通过与中国香港、中国台湾和中国大陆的研究机构建立合作关系，构建了与中国教育界和知识界人士的联合研究网络，定期举办研究班讨论会和国际研讨会。中国问题专家潘鸣啸（Michel Bonnin）、高敬文（Jean-Pierre Cabestan）、纪野（Gilles Guiheux）、让-弗朗索瓦·于歇（Jean-François Huchet）曾任法国现代中国研究中心主任，现任主任为魏简（Sebastian Veg）。中心出版英法文的两版刊物《神州展望》（*Perspectives chinoises*），这是对现代中国的各个方面进行全面分析的学术期刊。

法国国际关系研究院

法国国际关系研究院是隶属于其外交部的官方智库，1979 年按照英美智库模式创立，是分析国际问题和全球治理的最重要的法国研究机构之一。该研究院主要进行导向性政策的研究，对重大国际事件进行阐释和展望，首要咨询对象为政治和经济决策者、学术界、意见领袖和公民社会代表，出版季刊《对外政治》(Politiqueétrangère)。法国国际关系研究院的研究领域主要是按地域划分，其中亚洲中心之下专门设立中国研究团队，由 4 位研究人员组成，团队负责人弗朗索瓦丝·尼古拉（Françoise Nicolas）也是亚洲中心主任，研究方向主要是中国的外交政策和对外战略。

法国中国学高等研究所

中国学高等研究所创立于 1927 年，1972 年归属法兰西学院管理。该研究所拥有的图书馆是欧洲最大的汉学文献图书馆之一，1951 年该图书馆接收了巴黎大学汉学研究中心保存在北京的藏书，由此馆藏得到了极大丰富。目前，图书馆藏书超过 25 万册，期刊大约 1300 种，其中有 300 种现在仍在发行；国书馆收藏了大量关于古典汉学的研究成果，特别是保存了大量的地方志，为欧洲地区之最；另藏有丰富的丛书和善本。除了管理图书馆之外，法国中国学高等研究所的另一项主要活动是出版关于中国的学术著作，特别是最受好评的博士论文，每年出版一至两本。按照传统，由法兰西学院掌管中国文化讲席的教授编辑出版最古老的关于传统中国的学术刊物《通报》(T'oung Pao)。该研究所聚集了法国最优秀、最具影响力的汉学家，现任所长是汉学家魏丕信。

（赵超　整理）

俄罗斯

俄罗斯科学院远东研究所

远东研究所于1966年9月根据苏联科学院主席团决议成立，40多年来，远东所一直是俄罗斯综合研究中国问题的主要研究机构、俄罗斯中国学研究的最大科学中心和培养中国学研究人才的主要基地。其主要任务是分析和研究当代中国党、政、社会、经济、内外政策、意识形态及俄中关系等重大问题，为俄罗斯政府研究对华政策发挥顾问的作用。此外，该所还综合研究日本、朝鲜半岛、国际政治、亚太地区经济一体化进程，以及俄罗斯同这些国家和地区的关系以及这些国家和地区的社会经济发展经验等。

目前，俄罗斯科学院远东研究所下设10个科学研究中心，分别是：中俄关系研究预测中心、中国经济和社会研究中心、东北亚与上合组织战略问题研究中心、中国政治研究中心、当代中国历史研究中心、东北亚文明比较研究中心、学术信息和文献中心，以及日本研究中心、朝鲜半岛研究中心和越南研究中心。其中，前六个研究中心都与研究中国问题有关。

远东所目前拥有一支由200位专家学者组成的庞大的科研队伍，集中了全国关于东亚国家历史、经济、国际关系、哲学、文学等领域的顶尖学者，其中包括2位俄罗斯科学院院士，1位军事科学院和国际信息科学院院士，32位教授、博士及90位副博士。现任所长是俄罗斯科学院院士、俄中友协主席、俄汉学家协会主席、俄罗斯著名汉学家 M. Л. 季塔连科。

远东所与亚洲、澳洲及欧美20多个科研机构和大学进行广泛的学术交流。根据双方合作协议开展信息交流及互派访问学者，经常举办和参与关于中国、远东和亚太地区国际问题的学术会议。远东所设有现代中国问题学术委员会和东亚和平、安全与发展问题国际学术委员会，每年定期举行题为"中国、中国文明与世界：历史、现状与前景"的国际学术研讨会。

远东研究所编写和出版了大量论述中国和远东国家的著作、丛书、论文集等，如《远东问题》（中英文版），《中华人民共和国：政治、经济、文化年鉴》，《日本年鉴》（与科学院世界经济与国际关系研究所、东方学研究所共同主办）。此外还有《通讯》、《快讯》、《俄罗斯报刊摘要》、《中国哲学百科词典》、《资料》和《特刊》等文献。《远东问题》于1972年创刊，是俄罗斯国内唯一一本采集各家观点反映俄罗斯远东和亚太地区问题的研究状况的杂志。

俄罗斯科学院东方学研究所

俄罗斯科学院东方学研究所的前身是成立于1818年11月的亚洲博物馆东方手稿部。1950年东方学手稿部部分迁至莫斯科，组成苏联科学院东方学研究所，1960年更名为苏联科学院亚洲人民研究所。1970年重新恢复原称——苏联科学院东方学研究所，1991年改用现名。该所是俄罗斯最大的东方学研究机构。研究所机构设置齐全，既是科学研究机构，也是博物馆和图书馆，在国际学术界占有重要地位。

东方所内研究中国问题的机构是其下属的中国问题研究室，该研究室目前共有25位研究人员，现任负责人是哲学博士 А. И. 科布泽夫教授。他们主要关注当代中国的外交政策、意识形态、社会思潮、人口问题、经济发展情况，研究中国共产党的政治新战略、中国当代青年的世界观、中国航天工业的新成就等问题。东方所的定期出版物有：《东方》、《新东方评论》、《今日亚非》、《东方会议》、《东方档案》、《东南亚发展迫切问题》等，它们都会刊登与中国相关的学术论文。中国问题研究室每年定期举办的传统会议"中国社会与国家"迄今为止已是第44届，每次会后都会出版一套三卷本的论文集，刊登近百篇研究中国问题的论文。

俄罗斯科学院东方学研究所圣彼得堡分所

俄罗斯科学院东方学研究所圣彼得堡分所又称圣彼得堡科学研究中心，1956年更名为苏联科学院东方学研究所圣彼得堡分所，1991年改用现名。

圣彼得堡分所主要研究东方民族的文化遗产，侧重收集和整理涉及中国敦煌文献、西夏手稿、藏文和西藏文化发展史等资料。目前已完成了大量敦煌文献的编目工作，经常主办有关中国问题的学术讨论会，出版学术著作。

莫斯科大学亚非学院

莫斯科大学亚非学院成立于1956年6月24日，其前身是莫斯科大学东方学院，1972年改用现名。该院设语文、历史和社会经济3个部。部下设18个教研室，其中语文学部的汉语教研室、历史学部的中国史教研室以及跨校中国学系都是俄罗斯联邦培养高级中国学人才的教育机构和开展中国研究的基地。历史学部中国史教研室的研究涉及中国史的各个时期。

国立圣彼得堡大学东方系

国立圣彼得堡大学东方系成立于1944年，其前身是1819年成立的圣彼得堡大学东方语言部，1855年扩大为东方语言系，1944年又改为东方系。1949年，东方系成立了近东国家史和远东国家史教研室，从此开始了对中国史的系统教学和研究工作。

目前，该系下设14个教研室，170多名教师，其中有2位俄罗斯科学院院士、33位教授和56位副教授。东方系内涉及中国研究的教研室主要是中国语文学教研室和远东国家史教研室。这两个教研室有组织地进行东方学、特别是中国学方面的教学工作，培养中国史、中国文学和汉语方面的人才；重点研究中国语言、文学和历史，在历史方面注重研究中国古代和中世纪以及近现代史、历史编纂学和史料学（包括思想史、文化史和国际关系史），在语言方面侧重研究汉语发展史和现代汉语，在文学方面关注中国古典文学的研究。20世纪50年代以后（特别是在中国改革开放以后），这两个教研室还加强了对现代中国社会经济和政治的研究，编写和出版了有关中国历史、语言和文学的文集、专著及教科书，经常召开或联合召开有关中国问题的学术会议，如从1961年起每两年召开一次"亚非国家历史编纂学和史料学"学术讨论会，从1968年起与东方学研究所等单位每两年联合举办一次全俄"远东文学理论问题"学术讨论会。

国立远东大学东方学院

国立远东大学东方学院成立于1899年10月21日，原名东方学院，1920年改为国立东方大学，后又改为国立远东大学东方系，1930年停办，

1962年恢复，1994年在原国立远东大学东方系的基础上重建为国立远东大学东方学院。该学院的汉学系是汉语教学和汉学研究的重要机构，下设汉语和中国文明史两个教研室，下设电子图书馆并藏有大量有关中国问题的书籍。

汉学系的主要任务是培养汉语教学和研究中国问题的人才。学术活动包括汉语教学、中国问题研究、出版教科书和专著，参与俄罗斯科学院远东研究所每年举办一次的"中国、中国文明与世界：历史、现在与前景"国际会议和俄罗斯科学院东方学研究所每年定期召开的"中国社会与国家"研讨会。①

（肖德强　整理）

日　本

日本现代中国学会

日本现代中国学会，成立于1951年5月26日。成立时名为现代中国学会。1992年后，因为与中国交流日益频繁，所以更名为日本现代中国学会，简称"现中学会"。并将学会杂志名称定为"现代中国"，明确了对象及内容。现代中国学会的研究范围很广泛，对象包括有关现代中国的所有问题。20世纪90年代后，除了日本中国问题专家外，在日本工作的中国学者和留学生的会员数不断增加，至今，现代中国学会的会员总数已近800名，是有关现代中国研究的各种学会、研究会中规模最大、历史最悠久的研究团体之一。在国别研究中，这样规模的学会还是绝无仅有的，其发展历程代表了日本中国研究的重要特点。学会的经费主要来自会员会费、团体捐助以及学会出版物所得。学会每年召开一次全国学术大会，主题与中国社会发展密切相关，例如，1951年第一次大会主题为"新中国的文化特征"、1959年为"人民公社"、1967年为"文化大革命"、1980年

---

① 以上材料主要来源是中国人民共和国国史网：http://www.hprc.org.cn/gsyj/gwddzgyjjg/eg/。

为"转折期的中国"、1992年为"中国改革开放的新阶段与社会主义的方向"、1999年为"毛泽东、邓小平时代与21世纪"。全国学术大会是"现中学会"最重要的学术活动，每年轮流在会员所在大学举办。大会会期通常为两天，第一天是"现中学会"总部和主办大学确定的专题报告，第二天是会员自愿申请的自由报告。进入21世纪后，每年平均约有200人参加大会。此外，关东（东京）、关西（大阪）、西日本（福冈）等地设有分会，每年都有自己的学术活动，各分会还召开数次研讨会。学会出版年刊《现代中国》，刊登日本中国研究的成果，是日本研究中国的著名刊物之一。此外还出版《日本现代中国学会通报》，向会员介绍学会、分会的活动情况和中国研究的动态。

亚洲政经学会

亚洲政经学会，1953年在东京成立，是亚洲相关领域之中建立最早的学会之一。学会发起人约50人，其中包括第一任理事代表植田捷雄（东京大学）、石川忠雄（庆应义塾大学）、卫藤沈吉（东京大学）、英修道（庆应义塾大学）、板垣与一（一桥大学）、石川滋（一桥大学）、山本登（庆应义塾大学）、川野重任（东京大学）等，现任理事长为立教大学的竹中千春。该学会主要以亚洲地区为对象，对其政治经济领域进行理论与实际相结合的研究，并公开其成果。到2012年8月为止，学会共计拥有1309名会员。这是日本现代亚洲研究领域最大规模的学会。学会的主要研究对象为东亚、东南亚、南亚等三个领域，其中东亚地区研究者为762人，占了总人数的大半，这其中主要为中国研究者。因此可以说，亚洲政经学会是以东亚地区，尤其是中国为中心进行研究活动。亚洲政经学会每年召开一次全国研究大会，1988年起相继召开关东地区会议（后来的东日本大会）、西日本地区会议（后来的西日本大会）等地区研究大会。学会研究杂志为《亚洲研究》，每年发行四期。学会建立初期只有50名会员，到1983年学会创立30周年时，会员人数达到500人。进入20世纪90年代后，伴随亚洲地区重要性的日益显现以及留日学生的不断增多，1993年学会创立40周年时会员数达到800人。至2012年8月为止，仅名誉会员和普通会员已发展到1243人。学会很早就开始对研究生开放门户，鼓励学生向研究大会和学会杂志投稿。不仅有大学和民间的研究者，学会还包括许许多多希望研究亚洲的研究生，这也是亚洲政经学会的一大特点。

中国研究所

中国研究所，1946 年 1 月 20 日创立于日本东京，是战后日本最早建立的中国研究实体机构，现任理事长为杉山文。目前主要开展的活动包括举办现代中国相关的研究会、讲座、演讲，编辑、发行出版刊物，运营专业图书馆等。1947 年创立研究刊物《中国研究所所报》，后改名为《中国研究月报》，每月发行一次，其中刊载了包括与中国相关的所有领域的研究论文、研究笔记、书评等；1955 年创办《中国年鉴》，每年发行一次，其中包含中国的动向、要览、统计、重要文献等最新信息。1966 年 4 月开设中文研修学校。中国研究所的创立目的，是对现代中国乃至整个亚洲地区的政治、经济、社会、文化、教育、历史等各领域进行调查和研究，并开展各类学术活动，与此同时，希望通过这些研究不断加深中国及亚洲各地区民众的相互理解。创立之后，中国研究所以这些活动为支柱，作为日本调查研究现代中国的根据地，积蓄了丰硕的成果。

日本中国学会

日本中国学会成立于 1949 年 10 月。学会成员主要研究领域包括文学、语言学、哲学三大部分，刚成立时有会员 246 人，现在会员总数 2000 余人。学会每年出版一期《日本中国学会会报》。每年秋天召开一次全国性学术大会。与日本现代中国学会不同的是，该学会主要从事中国语言、文学和思想方面的研究。学会还设"日本中国学会奖"，每年评选出两名获奖者，一名哲学研究人员，另一名是文学、语言学研究人员。

21 世纪中国总研

21 世纪中国总研，创始人为横滨市立大学名誉教授矢吹晋。主要以中国为对象开展研究活动，是一所非营利机构。1984 年秋，矢吹晋同三菱综合研究所研究员稻垣清就 MRI 中国信息服务的有关问题进行商谈。这一构想在第二年付诸实施，1985 年 4 月发行月刊《MRI 中国信息》，到 2001 年

3月停刊为止一共发行了16年。以此为起点的"21世纪中国总研"积累了丰富经验，汇集了广大同行，关注新世纪的中国，努力进行信息的收集、分析、预测，主要为日本企业服务。当前，该机构发行《中国信息手册》、《中国日系企业一览》等刊物，设立网站，发行电子杂志、纸质杂志、书籍，并举办研讨会、研究会等，通过多重媒体手段，提供最新、最值得信任的优秀研究成果，为日本在华商业活动提供支持。

爱知大学国际中国学研究中心

爱知大学国际中国学研究中心，其前身为1901年日本东亚同文会在上海建立的东亚同文书院（后改称"东亚同文书院大学"），1945年停办，1946年以此为基础在日本爱知县创立了爱知大学。该校自建立以来一直十分重视研究中国和亚洲，建校伊始即相继在法律系设立了中国政法专业，在经济系设置了中国文学、东方历史、东方哲学等专业。1948年创立的国际问题研究所也是以现代中国为中心，广泛研究亚洲、中欧、东欧、西欧、北美等地区的政治经济情况。1991年该校研究生院增设了日本第一个专门研究中国的中国学专业（1994年设博士学位）。1997年4月该校正式成立现代中国学院，这是日本国内第一个以"中国"命名的院系。学院成立后开始出版《中国21》杂志。在培养学生的同时组织了多项研究活动，为在日本建立一个以当代中国为主要研究对象的系统的、科学的研究体系作出了努力。国际中国学研究中心就是在这样的基础上组建起来的。该中心是日本近年来最活跃的当代中国研究机构，是日本文部省2002年启动的"21世纪重点科研基地COE工程"之一，也是以爱知大学中国研究专业博士课程为核心形成的现代中国学国际性研究教育机构；此外，还与世界10个国家和地区（中国大陆、中国香港、中国台湾、韩国、美国、澳大利亚、新加坡、英国、法国、德国）的主要大学、研究机构建立了合作关系，相互形成远程多边的教研交流系统。

科学技术振兴机构中国综合研究交流中心

科学技术振兴机构中国综合研究交流中心，前身为2006年设立的中国综合研究中心，其目的是向日本国内介绍中国的科技政策和研发成果，同时向中国介绍日本的科技政策和研发成果，加深日中两国相互理解，通过日中两国科学工作者的密切交流，探讨日中两国应该共同研究的课题，把日中两国科技活动成果制成数据库供两国大学、研究所和企业共享等。2013年4月，该机构改为科学技术振兴机构所属的中国综合研究交流中心，在原来的基础上增加了"交流"这一重要内容。如今的中国综合研究交流中心，主要活动是调查和研究中国的科学技术发展现状，并无偿提供中国的科技政策、统计数据、中文文献数据等资料，旨在促进中日两国的学者、专家、大学、相关机构、企业的研究及商务往来。2006年10月，创立刊物《中国科技月报》。2008—2012年分别举办了四次研讨会，主题分别是"飞跃的中国科技能力"、"日中科技能力新发展"、"中国新体制下的日中关系"、"习近平政权的政策与课题"。

庆应义塾大学东亚研究所

庆应义塾大学东亚研究所，前身为地域研究中心，是1984年4月在石川忠雄校长的领导下，作为庆应义塾建立125周年纪念活动的一个环节设立的。战后，庆应义塾着力于了解世界各个地区及国家的特点和形势，开展教育和研究。地域研究中心就是在此基础之上发展而成的研究机构。该机构汇集世界各国家和地区及各专业领域的诸多学者，推进学术性的共同研究，与此同时，也在努力扩展同日本国内外相关机构及研究学者的学术交流圈。中心积累了大约20年的活动成果，考虑到其中许多研究是关于亚洲、特别是东亚的内容，为明确研究对象和活动重点，2003年10月1日，地域研究中心更名为东亚研究所，第一任所长为法学部教授国分良成。该研究所仍继续保留地域研究中心的活动内容。

早稻田大学现代中国研究所

早稻田大学现代中国研究所，现任所长为天儿慧教授，顾问为毛里和子。该研究所主要以现代中国为对象，进行各个领域的学术研究。早稻田大学在十年间，积极任用现代中国的研究学者，特别是精通政治、社会、历史等领域的研究者；同时，也与国内其他大学的相关研究者们进行充分交流，充实研究团队；还与海外，特别是中国的研究机构开展共同研究和调查。当前的研究计划包括：（1）与中国等海外研究机构和学者进行共同研究；（2）与中国等海外研究机构和学者开展共同调查；（3）同海外机构和学者定期举办国际研讨会；（4）每年召开共同研究大会；（5）积极将研究成果发布海外。

（王琪　整理）

澳大利亚

悉尼大学中国研究中心

悉尼大学中国研究中心成立于2011年1月，现有的150多名学术成员来自悉尼大学的各种学术领域，现有16个学术小组正在进行与中国有关的广泛的跨学科研究。凯利·布朗（Kerry Brown）是现任中心主任，而著名的中国问题研究专家戴维·古德曼（David Goodman）教授则担任中国研究中心的学术主任。中心设有中国研究硕士和博士的教学项目。悉尼大学中国研究中心的出版物类型多样，甚至还拥有新浪微博的官方账户，自2012年起，中国研究中心将其研究成果汇总出版，形成"中国纵览丛书"。中心主办的在线杂志《中国快报》每年出版3期（2013年暂停1年），主要文章来自于中心研究人员的研究成果。中心主办的在线博客"今日中国、明日中国"汇集世界学者对中国的观点和认知，帮助人们更好地了解中国的内政外交。研究中心每年还编撰该中心的年度报告，全面展示中心全年的研究工作、会议活动和观点看法。同时，该中心每年会出版数份政策报告，该报告重在研究中国在当今世界各种重要领域中的角色和作用。另外，中国研究中心还协同中澳青年联合会出版《中澳青年联合会中澳关系学报》，该刊为同行评议期刊，中英双语出版，每年出版一期，旨在为学生、青年专业人士和研究学者提供一个可以就中澳关系相关问题，发表深度学术论文、原创观点文章和创意作品的平台。悉尼大学中国研究中心创立的目标是提供高质量的教学课程，尤其是采用跨学科的方式进行中国研究；为在中国从事学术活动的悉尼大学学生与教职员工提供协助；在澳大利亚和中国建立联系，促进两国政府、商业与社会之间更加广泛和深入的合作；鼓励澳大利亚与中国社会的交流对话，促进双方对彼此的了解，共同繁荣。中心现已启动了三个项目以满足商业和公共政策的需要，分别是商业发展，公共卫生和社会变迁。

澳大利亚国立大学当代中国研究中心

澳大利亚国立大学当代中国研究中心成立于1970年，2010年中心与国立大学政治与社会发展系合并，形成现在的规模。当代中国研究中心汇集了澳大利亚一流的中国问题专家，包括中心现任主任乔纳森·安戈（Jonathan Unger）、任柯安（Andrew Kipnis）、塔玛拉·杰华（Tamara Jacka）、莎莉·萨吉森（Sally Sargeson）、邓利杰（Luigi Tomba）和陈佩华（Anita Chan）等。中心每年出版两期《中国研究》杂志（China Journal），此刊主要关注与中国大陆及港澳台地区相关的议题，并刊登对中国出版的较具社会影响力的书籍的书评。当代中国研究中心开设乔治·欧内斯特·莫里森系列讲座（the George Ernest Morrison Lecture Series），讲座主题涉及澳大利亚与中国共同关注的热点问题、对发生在中国的具有国际影响力的事件的评析、对中国改革与发展中的一些议题的关注等。当代中国研究中心自1970年开始出版"当代中国丛书"，该系列丛书从各个角度反映中心对当代中国研究的成果。

澳大利亚国立大学中华全球研究中心

澳大利亚国立大学中华全球研究中心2010年4月由澳联邦政府出资5300万元澳币成立，现任中心主任是白杰明（Geremie R. Barme），中心还汇集了本杰明·佩尼（Benjamin Penny）、齐白珂（Rebecca Fabrizi）、简·戈雷（Jane Golley）和邓利杰（Luigi Tomba）等中国问题专家。中华全球研究中心的成立目的是帮助澳大利亚民众更多地了解中国这个崛起中的大国、强国，增加对中国、中国的角色以及中国对全球事务的影响力的认识，同时也为澳大利亚、中国乃至世界其他国家的专家和学者提供学术交流的平台。中心现有国立大学的中国研究博士教学点，中心目前的研究主题包括每日中国、中国法制、中国数字、中国语言、中国城市和中澳关系等领域，主办电子刊物《中国遗产季刊》和《东亚史》，并每年出版《中国的故事》年刊。

（刘强　整理）

新加坡

新加坡国立大学东亚研究所

新加坡国立大学东亚研究所成立于1997年，前身可追溯到1983年由新加坡时任副总理吴庆瑞所建立的东亚哲学研究所。1992年东亚哲学研究所改名为东亚政治经济研究所，1997年，东亚政治经济研究所易名为东亚研究所。东亚研究所的宗旨是推动对东亚地区学术和政策层面的研究，特别是对当代中国（包括港台地区）的政治、经济和社会发展，中国与世界迅速发展的经济一体化态势及其在该地区的政治和安全问题的研究。东亚研究所有两个任务，一个是为政府官员提供政策分析报告，另一个任务是从事学术研究。其出具的政策背景分析、政策报告以及政策咨询意见不仅对于新加坡政府的决策有着重要影响，并为亚太地区许多国家的政府与研究人员所重视。研究所下设政治、经济、社会和东亚4个研究组。主办期刊《国际中国研究杂志》（*China: An International Journal*）和《东亚政策》（*East Asian Policy*）。东亚研究所董事会主席为王赓武，现任所长为郑永年，副所长为黎良福。

新加坡国立大学亚洲研究所

新加坡国立大学亚洲研究所成立于2001年7月，2003年3月12日正式成立，是新加坡国立大学战略性校级研究机构之一。其使命和宗旨是建立亚洲地区世界性的学术交流和学术资源中心。亚洲研究所主要从事广义上的人文与社会科学的研究，特别是跨学科前沿问题的研究。根据学者的研究兴趣和领域，开展集群式研究（research cluster），有亚洲移民、亚洲城市化、亚洲家庭变化、亚洲文化研究、亚洲的关系、亚洲环境下的宗教与全球化、科学技术与社会研究等 7 个研究集群和 1 个开放式研究集群。研究小组分为印度支那研究组、印度尼西亚研究组、马来西亚研究组、缅甸—泰国研究组和菲律宾研究组等 5 个研究小组。亚洲研究所现任所长是杜赞奇（Prasenjit Duara）。

新加坡国立大学李光耀公共政策学院

李光耀公共政策学院成立于 2004 年，是在新加坡国立大学公共政策系的基础上扩建而成。学院致力于为学者的学术探究和政府的政策制定提供创新而严谨的成果，培养新一代亚洲各国政府高级管理者，以提高亚洲国家政府治理水平，提升亚洲人民生活水准，宗旨是实现亚洲的整体进步。学院研究团队紧跟亚洲地区的发展变化，分为发展政策、国际/区域经济、社会政策、公共管理、能源环境与水资源政策、国际关系等 6 个大的研究领域。内设 4 个研究机构，分别是亚洲竞争力研究所、亚洲与全球化研究中心、政策研究所、水资源政策研究所。学院董事会主席为王赓武教授，现任院长为马凯硕（Kishore Mahbubani）教授。

拉惹勒南国际关系学院

2006 年 12 月 11 日，新加坡总统纳丹为拉惹勒南国际关系学院主持启动仪式，2007 年 1 月 1 日学院正式成立。该院是新加坡南洋理工大学第 13 所院校，也是一所自主研究院，其前身是 1996 年 7 月 30 日由时任新加坡副总理兼国防部长的陈庆炎主持成立的国防与战略研究院（IDSS），集中培养外交与安全事务，以及从事政策相关研究的领袖人才，为来自全世界的研究生提供国际关系的专业教育，并且就新加坡和本区域所面临的传统与非传统安全挑战进行政策相关及基础性的研究工作。该研究院以新加坡首任外交部长、已故的拉惹勒南先生的名字命名，以纪念他在外交事务上的杰出贡献。学院下设 6 个研究机构，即多边关系研究中心（Center of Multilateralism Studies）、非传统安全研究中心（Center for Non - traditional Security Studies）、国家安全卓越研究中心（Center of Excellence for National Security）、国防与战略研究院（The Institute of Defence and Strategic Studies）、政治暴力与恐怖主义国际研究中心（International Center for Political

Violence and Terrorism Research)、淡马锡基金会贸易与谈判研究中心（Temasek Foundation Center for Trade and Negotiations）。研究领域主要涉及亚太安全、冲突与非传统安全、国际政治经济、国家和地区研究等。高级智囊机构——国防与战略研究院仍是拉惹勒南国际关系学院的核心研究机构之一，那些可以通过国内发展和外交政策影响区域安全的国家是研究的重点。研究以国别和区域设立相关项目，这些项目主要包括中国、印度尼西亚、马来西亚、东南亚和美国。

连氏中国企业研究中心

连氏中国企业研究中心由新加坡南洋理工大学与连氏基金共同创建，2006年12月11日正式成立，是新加坡首家以中国企业为研究对象的研究中心。该中心利用南洋理工大学独一无二的竞争优势，以及从事中国相关研究及教育的专长，为新加坡商人提供服务，以更好地与中国企业进行贸易往来。中心根据中国新西兰两国的共同利益寻找及开拓商机，致力于将两国的物力与智慧资源，同全国、跨国及环球企业联系起来。

新加坡国际事务研究所

新加坡国际事务研究所（SIIA）是一家独立的非政府研究机构，是新加坡历史最悠久的智库，致力于研究、分析和探讨区域及国际问题，让新加坡成为更加国际化和具有全球思维的社会。该研究所成立于1961年，起初为会员制的学会组织，是东盟战略与国际研究网络（ASEAN – ISIS）的创始成员。研究重点是东盟、亚洲与世界、环境与资源、治理与人权、经济等领域。该所日常工作由选举出的委员会和顾问小组领导，现任主席是原新加坡国家环境局主席、新加坡国立大学法学院副教授西蒙·泰（Simon Tay）。

（柳宁　整理）

新西兰

新西兰亚洲研究学会

新西兰亚洲研究学会,成立于1974年,现任主席为斯蒂夫·艾普斯坦(Stephen Epstein),学会网址:http://www.nzasia.org.nz/。该学会是新西兰建立较早、具有十分重要影响力的学术研究组织,是新西兰较早研究中国问题的民间学术团体。新西兰大多数的中国学专家学者都在这个机构或是它的会员,但是该机构研究的范围较为广泛,关注的中国问题多为语言、传统文化、宗教等方面,当代中国现实问题研究只是其中的一个研究部分。它的财政来源主要是各种捐助、捐款和基金会的资助,目前挂靠在奥克兰大学。学会的宗旨是传播亚洲知识,包括亚洲历史、亚洲文化以及亚洲在国际事务中的作用等。主要活动:(1)举行学术讨论会和学术会议;(2)出版发行定期刊物和其他出版物;(3)为教育部门提供资料和其他帮助;(4)促进国际学术交流。学会下设理事会,会员分为个人会员、团体会员和公司会员三类。学会刊物《新西兰亚洲研究杂志》是新西兰中国研究最重要的期刊,其前身是《新西兰东亚研究杂志》,创刊于1993年,1998年改为现名,1999年被确定为官方杂志,为半年刊。该杂志主要刊载新西兰研究东亚的文章,其中有关中国的论文以及文章占一定比例。

新西兰当代中国研究中心

新西兰当代中国研究中心,成立于2009年,现任主任为黄晓明,学会网址:http://www.victoria.ac.nz/chinaresearchcentre。中心隶属于惠灵顿维多利亚大学,是一个研究中国当代问题的学术实体。中心由新西兰政府提供资助,合作伙伴包括新西兰奥塔哥大学、坎特伯雷大学和奥克兰理工大学等著名高校。重点关注当代中国在政治和经济领域的动向、新西兰企业在中国投资经商的相关法律以及中国在亚太地区的影响力等。虽然成立较晚,但在推动中国问题研究、促进中国新西兰两国学术文化交流方面正在发挥越来越重要的作用。中心目前有研究人员10人,管理人员1人,主要通过举办各种研讨会议、讲座等学术活动研讨中国问题，定期举办研讨会、圆桌会议和演讲，促进在新西兰对中国的研究，加强新西兰学术界与社会及国际学术界的联系互动，加强新西兰商界、政界、公共部门以及学术界在涉华领域的合作与交流。该中心如今是新西兰制定与中国相关决策的主要贡献者。

（孙召鹏　整理）

海外中国研究主要学者

美 国

季北慈（Bates Gill）：1998—2002 年担任布鲁金斯学会东北亚研究中心主任，2002 年担任美国战略与国际研究中心研究员，2007 年担任瑞典斯德哥尔摩国际和平研究所所长，2012 年担任澳大利亚悉尼大学美国研究中心首席执行官，世界知名的中国军事和安全问题专家。主要著作包括《崛起之星：中国的新安全外交》（*Rising Star: China's New Security Diplomacy*, Brookings Institution Press, 2007, revised edition in 2010），主编《中国：资产负债表——了解这个新兴超级大国》（*China: The Balance Sheet-What the World Needs to Know Now about the Emerging Superpower*, Public Affairs, 2006）、《亚洲的新多边主义：合作、竞争与共同体追求》（*Asia's New Multilateralism: Cooperation, Competition and the Search for Community*, Columbia University Press, 2009）和《控制核弹：核武器的文官控制和民主责任》（*Governing the Bomb: Civilian Control and Democratic Accountability of Nuclear Weapons*, Oxford University Press, 2010）等。

约书亚·科兰兹克（Joshua Kurlantzick）：现为美国《新共和》（*New Republic*）特派记者，目前在美国卡内基国际和平基金会（Carnegie Endowment for International Peace）中国项目做访问学者。他曾供职于《美国新闻和世界报道》(U. S. News and World Report)和《经济学人》(The Economist)等知名媒体，专门负责东南亚和中国事务的报道。他有关亚洲的论述曾发表在《外交》(Foreign Affairs)、《纽约时报杂志》(New York Times Magazine)等美国主流媒体。主要著作包括《魅力攻势——中国的软实力是如何改变世界的?》(Charm Offensive: How China's Soft Power is Transforming the World, Yale University Press, 2007)。

玛格丽特·皮尔森（Margaret Pearson）：马里兰大学政府与政治学系教授，中国国内政治经济和对外经济政策专家，主要从事中国国内经济监管、中国加入全球经济和全球机构、监管制度和产业政府等方面的研究。主要著作包括《中华人民共和国的合资企业》(Joint Ventures in the People's Republic of China, Princeton University Press, 1991)和《中国的新商业精英：经济改革的政治结果》(China's New Business Elite: The Political Results of Economic Reform, University of California Press, 1997)。

狄忠蒲（Bruce J. Dickson）：乔治·华盛顿大学艾略特国际关系学院政治学和国际关系教授，主要研究中国大陆和台湾地区的政治变化动力，尤其是政党在政治变化中的作用，近年来主要研究中国经济改革的政治后果以及私营企业主与中国共产党的关系等。著有《中国的红色资本家：党、私营企业主与政治变化的前景》(Red Capitalists in China: The Party, Private Entrepreuneurs, and Prospects for Political Change, Cambridge University Press, 2003)和《财富化为权力：中国共产党对私营部门的拥抱》(Wealth into Power: The Communist Party's Embrace of China's Private Sector, Cambridge University Press, 2008)。

沈大伟（David Shambaugh）：乔治·华盛顿大学艾略特国际关系学院政治学和国际关系教授和美中关系全国委员会理事，著名中国问题专家，主要研究中国政治、中国外交和军事安全问题以及亚太国际关系，曾担任著名中国研究刊物《中国季刊》(China Quarterly)主编、布鲁金斯学会高级研究员和威尔逊中心亚洲项目主任，也曾担任各种政府机构、研究机构和私人公司的顾问，主要著作包括《中国军事现代化》(Modernizing China's Military, University of California Press, 2003)、《中国共产党：收缩与调适》(China's Communist Party: Atrophy & Adaptation, University of California Press,

2008)、《中国走向世界：不完全的大国》（*China Goes Global：The Partial Power*，Oxford University Press，2013）等多部著作。

李侃如（Kenneth Lieberthal）：布鲁金斯学会约翰·桑顿中国中心主任、外交政策项目和全球经济与发展项目资深研究员。1983—2009 年，担任密歇根大学教授；1998 年 8 月—2000 年 10 月，担任国家安全事务特别助理兼国家安全委员会亚洲局资深主任。主要著作包括《治理中国：从革命到改革》（*Governing China：From Revolution Through Reform*，second revised edition，W. W. Norton，2004，First edition published in 1995）和《应对中国挑战：如何在中国实现商业成功》（*Managing the China Challenge：How to Achieve Corporate Success in the People's Republic of China*，Brookings Institution Press，2011）等。

戴维·兰普顿（David M. Lampton）：霍普金斯大学高级国际研究学院乔治和桑迪·海曼中国研究教授，曾担任约翰·霍普金斯大学高级国际研究学院院长和中国研究系主任、亚洲基金会主席，1988—1997 年担任美中关系全国委员会主席，1998—2006 年在尼克松中心做中国研究项目，奥巴马参加美国总统大选期间曾担任奥巴马的中国政策高级顾问。主要著作有《通往权力的多种道路：当代中国的精英流动》（*Paths to Power：Elite Mobility in Contemporary China*，Center for Chinese Studies：University of Michigan，1986）、《同床异梦：管理美中关系，1989—2000》（*Same Bed，Different Dreams：Managing U. S. - China Relations*，1989—2000，University of California Press，2001）和《跟随领导者：从邓小平到习近平》（*Following the Leader：Ruling China，from Deng Xiaoping to Xi Jinping*，University of California Press，2014）等。

傅士卓（Joseph Fewsmith）：波士顿大学国际关系与政治科学教授，波士顿大学跨学科东亚研究项目主任，哈佛大学费正清中国研究中心研究员，1983—1987 年、1989—1991 年，先后在美国对外信息处（Foreign Broadcast Information Service）担任分析师、高级分析师。曾经任教于霍普金斯大学国际关系学院，自 1995 年以来一直执教于波士顿大学，目前担任《中国季刊》等多家中国研究刊物的编委，斯坦福大学胡佛研究所《中国领导人观察》杂志的专栏撰稿人。主要著作包括《民国时期的政党、国家与地方精英：上海的商会组织与政治》（*Party, State, and Local Elites in Republican China: Merchant Organizations and Politics in Shanghai, 1890—1930*, University of Hawaii Press, 1985）、《中国改革的困境：政治冲突与经济争辩》（*Dilemmas of Reform in China: Political Conflict and Economic Debate*, M. E. Sharpe, 1994）和《中国政治改革的逻辑与局限》（*The Logic and Limits of Political Reform in China*, Cambridge University Press, 2013）等。

柯伟林（William C. Kirby）：哈佛大学 T. M. Chang 中国研究讲席教授，哈佛商学院斯潘格勒家族（Spangler Family）讲席教授，曾获哈佛大学杰出贡献教授称号，目前担任哈佛中国基金主席。1992 年加入哈佛之前，柯伟林教授曾任圣路易斯华盛顿大学历史学教授、亚洲研究中心主任和本科生院长。在哈佛大学，柯伟林教授历任历史系主任、亚洲研究中心主任和哈佛文理学院院长，2006—2013 年担任哈佛燕京学社社长。主要著作包括《德国与中华民国》（*Germany and Republican China*, Stanford University Press, 1984）和《中国能够领导吗？达到权力和增长的极限》（*Can China Lead? Reaching the Limits of Power and Growth*, Harvard Business Review Press, 2014）。

怀默霆（Martin King Whyte）：哈佛大学社会学系教授，主要从事比较社会学、家庭社会学、发展社会学和当代中国的社会学研究，曾执教于密歇根大学和乔治·华盛顿大学，2000 年以来执教于哈佛大学。作品主要有《美国的婚姻：社群主义视角》（*Marriage in America: A Communitarian Perspective*, Rowman & Littlefield, 2000）、《中国的革命与代际关系》（*China's Revolutions and Inter-Generational Relations*, University of Michigan Center for Chinese Studies, 2003）、《一个国家，两种社会：当代中国的城乡不平等》（*One Country, Two Societies: Rural-Urban Inequality in Contemporary China*, Harvard University Press, 2010）和《社会火山的神话：对当代中国不平等和分配不公的认知》（*Myth of the Social Volcano: Perceptions of Inequality and Distributive Injustice in Contemporary China*, Stanford University Press, 2010）等。

裴宜理（Elizabeth J. Perry）：哈佛大学肯尼迪政府学院亨利·罗索夫斯基讲座教授、哈佛燕京学社社长，美国人文与科学院院士，担任多家知名中国研究刊物编委，1972 年起先后执教于密歇根大学、亚利桑那大学、华盛顿大学、加利福尼亚大学、哈佛大学,曾经担任美国亚洲研究学会主席和哈佛大学费正清东亚研究中心主任,主要研究中国近代以来的农民问题、工人运动、中国社会和政治等。主要著作有《华北的叛乱者与革命者(1845—1945)》(*Rebels and Revolutionariesin NorthChina*, Stanford University Press,1980)、《上海罢工:中国工人政治研究》(*Shanghai on Strike: The Politics of Chinese Labor*, Stanford University Press, 1995)和《安源:中国革命的发祥地》(*Anyuan: Mining China's Revolutionary Tradition*, University of California Press,2012)等。

魏昂德(Andrew G. Walder):斯坦福大学人文与科学学院讲座教授,曾经担任斯坦福大学社会学系主任和亚太研究中心主任,主要研究毛泽东时代的政治和经济组织和当代中国的社会分层、社会流动性和政治冲突。主要著作有:《共产党的新传统主义:中国工业中的工作和权威》(*Communist Neo-Traditionalism: Work and Authority in Chinese Industry*, Berkeley: University of California Press, 1986)和《破裂的造反:北京的红卫兵运动》(*Fractured Rebellion: The Beijing Red Guard Movement*, Harvard University Press, 2009),他的最新著作《毛泽东治下的中国:脱轨的革命》(*China Under Mao: A Revolution Derailed*)将于2015年由哈佛大学出版社出版。

魏德安(Andrew Wedeman):乔治亚州州立大学政治学系教授,主要研究中国的腐败问题,曾经担任内布拉斯加—林肯大学政治学系副教授和亚洲研究项目主任。主要著作有《东风的消失:中国的外交政策与文革的起源》(*The East Wind Subsides: Chinese Foreign Policy and the Origins of the Cultural Revolution*, Washington Institute Press,1987)、《从毛泽东到市场:中国的寻租行为、地方保护主义和市场化》(*Mao to Market: Rent Seeking, Local Protectionism, and Marketization in China*, Cambridge University Press, 2003)和《双重悖论:中国的快速增长与腐败的加剧》(*Double Paradox: Rapid Growth and Rising Corruption in China*, Cornell University Press,2012)。

墨宁(Melanie Manion):威斯康星大学麦迪逊分校政治科学与公共事务学院教授,主要研究中国政治的制度化、腐败和地方人大。主要著作包括:《中国革命者的退休:公共选择、社会规范与私人利益》(*Retirement of Revolutionaries in China: Public Policies, Social Norms, Private Interests*, Princeton

University Press, 1993）和《设计中的腐败：中国大陆与香港地区的廉洁政府建设》（*Corruption by Design: Building Clean Government in Mainland China and Hong Kong*, Harvard University Press, 2004）。

高龙江（John W. Garver）：佐治亚理工大学国际关系学院教授，主要研究亚太国际关系和中国外交关系，担任《中国季刊》、《当代中国》和《亚洲安全》等多家知名刊物的编委，代表作品包括《中华人民共和国的外交关系》（*Foreign Relations of the People's Republic of China*, Prentice Hall, 1993）、《对峙：中国大陆、美国与台湾地区的民主化》（*Face Off: China, the United States and Taiwan's Democratization*, University of Washington Press, 1997）、《持久的竞赛：20世纪的中印竞争》（*The Protracted Contest: Sino-Indian Rivalry in the Twentieth Century*, University of Washington Press, 2001）和《后帝国世界中的古老伙伴——中国与伊朗》（*China and Iran, Ancient Partners in a Post-Imperial World*, University of Washington Press, 2006）等。

钱明健（Michael R. Chambers）：印第安纳州立大学政治科学系教授，伊利诺伊大学香槟分校东亚和太平洋研究中心兼职研究员，主要研究国际关系、中国外交政策、东亚的国际政治和比较政治。2000年从哥伦比亚大学政治学系获得博士学位，博士论文题目是"论中国的盟友：遏制地区的和超级大国的威胁"，曾经担任哈佛大学费正清东亚研究中心访问学者和圣奥拉夫学院政治系副教授，在《当代史》（*Current History*）、《当代中国》和《东亚研究杂志》（*The Journal of East Asian Studies*）等刊物上发表大量文章。

陆伯彬（Robert Ross）：波士顿学院政治学系教授，哈佛大学费正清东亚研究中心兼职研究员，主要研究中国的安全政策、民族主义和国防政策、东亚安全以及美中关系，担任美国国会美中工作组学术顾问以及《安全研究》（*Security Studies*）、《当代中国》、《冷战研究杂志》（*Journal of Cold War Studies*）、《亚洲政策》（*Asia Policy*）、《中国政治学刊》（*Journal of Chinese Political Science*）等多家杂志的编委。代表著作包括《中国的安全政策：结构、权力和政治》（*Chinese Security Policy: Structure, Power, and Politics*, Routledge, 2009）、《谈判合作：1969—1989年的美国和中国》(*Negotiating Cooperation：The United States and China*,1969—1989,Stanford University Press,1995)和《印度支那的混乱：1975—1979 年中国的越南政策》(*The Indochina Tangle：China's Vietnam Policy*,1975—1979,Columbia University Press,1988)等。

金骏远(Avery Goldstein)：宾夕法尼亚大学政治系国际关系和全球政治 David M. Knott 讲座教授，宾夕法尼亚大学当代中国研究中心主任，外交政策研究所高级研究员，主要从事国际关系理论、战略/安全和中国政治研究。主要著作包括：《应对挑战：中国的大战略与国际安全》(*Rising to the Challenge：China's Grand Strategy and International Security*,Stanford University Press,2005)、《21 世界的威慑与安全：中国、英国、法国和核革命的持久遗产》(*Deterrence and Security in the 21st Century：China, Britain, France and the Enduring Legacy of the Nuclear Revolution*,Stanford University Press,2000)和《从跟风政治到均衡政治：1949—1978 年结构型约束与中国政治》(*From Bandwagon to Balance-of-Power Politics：Structural Constraints and Politics in China*,1949—1978,Stanford University Press,1991)。

江忆恩(Alastair Iain Johnston)：加拿大多伦多大学国际关系和历史学学士，美国哈佛大学东亚研究硕士，美国密歇根大学政治学博士。现为美国哈佛大学政府系教授，被誉为"当今美国新生代中最出色的中国问题专家"，担任《中国季刊》和《亚洲研究》(*Asian Survey*)等多家知名刊物编委。著有和主编多部著作，包括《社会国家：中国与国际体系 1980—2000》(*Social States：China in International Institutions*,1980—2000,Princeton：Princeton University Press,2008)和《文化现实主义：中国历史中的战略文化与大战略》(*Cultural Realism：Strategic Cultureand Grand Strategyin Chinese History*,Princeton University Press,1995)。

柯庆生(Thomas J. Christensen)：普林斯顿大学政治系讲座教授，中国与世界项目主任，美中关系全国委员会理事会和执行委员会理事，国家亚洲研究局学术顾问，外交关系委员会终生会员，布鲁金斯学会非常驻高级研究员，主要研究领域是国际关系、国际安全、中国外交政策和东亚国际关系。曾执教于康奈尔大学和麻省理工学院，2002 年获得美国国务院杰出公共服务奖，2006—2008 年担任负责中国大陆、中国台湾和蒙古事务的副助理国务卿。主要著作有《有用的对手：大战略、国内动员与中美冲突（1947—1958）》（*Useful Adversaries: Grand Strategy, Domestic Mobilization, and Sino-American Conflict, 1947—1958*, Princeton University Press, 1996）和《比坚如磐石更糟：亚洲的联盟政治和强制外交问题》（*Worse Than a Monolith: Alliance Politics and Problems of Coercive Diplomacy in Asia*, Princeton University Press, 2011）。

安东尼·赛奇（Anthony Saich）：哈佛大学肯尼迪政府学院教授，艾什民主治理和创新中心主任，罗阁瓦利基金会亚洲研究所主任，目前的研究领域是当代中国政治和治理与城乡不平等。著有和主编 20 多部著作，主要有《80 年代中国的科技政策》（*China's Science Policy in the 80s*, Manchester University Press, 1989）、《中国共产党的权力崛起》（*The Rise to Power of the Chinese Communist Party*, M. E. Sharpe, 1996）、《毛泽东时代的革命话语》（*Revolutionary Discourse in Mao's Republic*, with David Apter, Harvard University Press, 1998）、《中国转型时期的公共服务》（*Providing Public Goods in Transitional China*, Palgrave Macmillan, 2008）、《中国的治理与政治》（*Governance and Politics of China*, Third Edition, Palgrave Macmillan, 2010）和《中国农村，全球市场：新集体与农村发展》（*Chinese Village, Global Market: New Collectives and Rural Development*, with Biliang Hu, Palgrave Macmillan, 2012）等。

欧博文（Kevin O'Brien）：加利福尼亚大学伯克利分校亚洲研究 Walter and Elise Haas 讲座教授，东亚研究所主任，研究领域是中国的社会运动、抗议管理、地方选举、比较立法和政治改革。主要著作有《没有自由化的改革：中国的全国人民代表大会与制度变迁政治》（*Reform without Liberalization: China's National People's Congress and the Politics of Institutional Change*, Cambridge University Press, 1990）和《中国农村的合法抗争》（*Rightful Resistance in Rural China*, with Lianjiang Li, Cambridge University Press, 2006）。

施道安（Andrew Scobell）：兰德公司高级政治学家，曾担任德州农工大学乔治·H. W. 布什政府与公共服务学院国际事务副教授（终身职位）

和中国研究认证项目主任,1999—2007 年担任美国陆军战争学院战略研究所副研究教授和迪金森学院政治学客座教授。著有《中国用兵模式:超越长城与长征》(*China's Use of Military Force:Beyond the Great Wall and the Long March*,Cambridge University Press,2003),与黎安友合著《中国寻求安全的战略》(*China's Search for Security*,Columbia University Press,2012),并发表十多篇专题论文和报告以及几十篇期刊论文和专著章节。他还主编或合编了关于亚太地区安全问题的著作共 12 部。

史文(Michael D. Swaine):卡内基国际和平基金会高级研究员,曾经担任兰德公司高级政策分析师,主要研究领域包括中国防务和外交政策、美中关系和东亚国际关系,主持多项与中国相关的安全项目。著有和主编多部著作,包括《美国的挑战:在 21 世纪与崛起的中国打交道》(*America's Challenge:Engaging a Rising China in the Twenty-First Century*,Carnegie Endowment for International Peace,2011)、《中国军队在国家安全决策中的作用》(*The Role of the Chinese Military in National Security Policymaking*,RAND Corporation,1998)、《中国军队和政治更替:领导人、制度和信念》(*The Military and Political Succession in China:Leadership,Institutions,Beliefs*,Rand Publishing,1995)和《中国:国内变化与外交政策》(*China:Domestic Change and Foreign Policy*,RAND Corporation,1995)等。

巴瑞·诺顿(Barry Naughton):加利福尼亚大学圣地亚哥分校中国国际事务 Sokwanlok 讲座教授,布鲁金斯学会约翰·桑顿中国研究中心兼职高级研究员,主要研究领域包括中国的市场转型、金融、贸易和工业,最近的研究重点是中国的地区经济增长以及对外贸易和外国投资与地区经济增长的关系。著有和主编著作多部,主要有《走出计划的增长:1978—1993 年中国经济改革》(*Growing Out of the Plan:Chinese Economic Reform,1978—1993*,Cambridge University Press,1995)和《中国经济:转型与增长》(*The Chinese Economy:Transitions and Growth*,MIT Press,2007)。他与霍普金斯大学政治科学系蔡欣怡(Kellee Tsai)教授共同主编的《国家资本主义、制度调适与中国奇迹》(*State Capitalism,Institutional Adaptation and the Chinese Miracle*)即将由剑桥大学出版社出版。

乔纳森·波拉克（Jonathan Pollack）：布鲁金斯学会约翰·桑顿中国研究中心主任高级研究员，东北亚政策研究中心高级研究员，曾经担任美国海军战争学院亚太研究教授和战略研究系主任以及兰德公司高级研究员，主要研究领域包括中国国家安全战略、美中关系、美国亚太战略、朝鲜问题、亚洲国际政治、核武器和国际安全。著有和主编20多部著作和研究报告，主要有《战略突袭：21世纪初的美中关系》（Strategic Surprise: U. S. – China Relations in the Early Twenty-First Century, Naval War College Press, 2004）和《绝不放弃：朝鲜、核武器与国际安全》（No Exit: North Korea, Nuclear Weapons and International Security, Routledge, 2011），其研究中国国家安全的新著《艰难的转型：中国与东北亚的战略未来》（Troubled Transition: China and Northeast Asia's Strategic Future）即将出版。

黛博拉·布罗蒂加姆（Deborah Brautigam）：霍普金斯大学高级国际研究院比较政治学教授、国际研究项目主任和中国—非洲研究项目主任，著名中国—非洲研究专家，经常担任国际机构和政府的中非经济交往顾问，目前正在从事关于中国、非洲和全球粮食安全的研究。主要著作有《龙的礼物：中国在非洲的真实故事》（The Dragon's Gift: The Real Story of China in Africa, Oxford University Press, 2010）、《中国的援助与非洲发展：输出绿色革命》（Chinese Aid and African Development: Exporting Green Revolution, St. Martin's Press, 1998）。

尼古拉斯·拉迪（Nicholas R. Lardy）：彼得森国际经济研究所高级研究员，1991—1995年担任华盛顿大学国际关系学院院长，1995—2003年担任布鲁金斯学会高级研究员，2003年加入彼得森国际经济研究所，研究领域是中国经济，被《国家杂志》（National Journal）誉为"每个人了解中国的导师"。主要著作有：《在全球金融危机后维持中国经济的增长》（Sustaining China's Economic Growth after the Global Financial Crisis, Peterson Institute, 2012）、《1978—1990年中国的对外贸易和经济增长》（Foreign Trade and Economic Reform in China, 1978—1990, Cambridge University Press, 1992）、《中国现代经济发展中的农业》（Agriculture in China's Modern Economic Development, Cambridge University Press, 1983）和《中国的经济增长

与分配》(*Economic Growth and Distribution in China*, Cambridge University Press, 1978) 等, 2014 年出版了最新著作《市场战胜毛泽东: 中国私营企业的崛起》(*Markets over Mao: The Rise of Private Business in China*)。

(吕增奎 整理)

英 国

凯利·布朗(Kerry Brown): 查塔姆研究所中国问题专家, 同时也是悉尼大学中国研究中心主任以及中国政治学教授, 是欧盟资助的欧洲中国研究咨询网络的项目负责人。布朗拥有丰富的个人经历, 历任查塔姆研究所亚洲项目主管、英国外交官、诺丁汉大学中国政策研究所高级研究员等。布朗分别在剑桥大学以及利兹大学获得硕士和博士学位, 著有众多关于中国精英政治、政治经济、外交关系和海外投资的著作, 主要包括《当代中国》(*Contemporary China*)、《中国 2020: 未来十年》(*China 2020: The Next Decade for the People's Republic of China*)、《中国投票箱: 一党执政大国的基层民主》(*Ballot Box China: Grassroots Democracy in the Final Major One Party State*)、《奋斗的巨人: 21 世纪的中国》(*Struggling Giant: China in the 21st Century*)。

马丁·雅克(Martin Jacques): 伦敦政治经济学院亚洲研究中心的高级客座研究员, 毕业于曼彻斯特大学, 之后在剑桥大学国王学院取得博士学位, 曾在布里斯托大学经济与社会史系任教。1977—1991 年期间, 雅克还担任了英国共产党的杂志《今日马克思主义》的编辑。马丁·雅克工作经历非常丰富, 曾在京都立命馆大学、中国人民大学、新加坡国立大学任教, 还担任过《泰晤士报》、《星期日泰晤士报》、《卫报》和《新政治家》的专栏作家, 并为 BBC 撰写及主持过电视节目。马丁·雅克并不是传统的学术型学者, 而是更多地从社会实践角度去观察、研究中国。尽管著述不多, 但他的心血之作《当中国统治世界: 西方世界的结束和新的世界秩序的诞生》(*When China Rules the World*:*The End of the Western World and the Birth of a New Global Order*)一书在西方世界和中国都产生了巨大影响。

肖恩·布思林（Shaun Breslin）：英国华威大学政治和国际研究系教授，华威大学全球化与区域化研究中心主任，《太平洋评论》杂志合作编辑。布思林曾于20世纪80年代在中国学习当代中国政治、经济和国际关系，擅长的研究领域包括中国政治、中国对外关系、东亚政治经济以及比较区域整合等。著有《中国软实力的软概念》、《在线中国民族主义和中国的双边关系》(*Online Chinese Nationalism and China's Bilateral Relations*)、《中国与全球政治经济》(*China and the Global Political Economy*)、《中国国际关系手册》(*Handbook of China's International Relations*)、《东亚与全球危机》(*East Asia and Global Crisis*)等。

夏添恩（Timmer Summers）：查塔姆研究所亚洲项目高级研究员，同时在香港中文大学中国研究中心任教。夏添恩分别在剑桥大学女王学院和香港中文大学获得硕士和博士学位，曾在2004—2007年任英国驻重庆总领事馆总领事。夏添恩的主要研究领域包括中国政治、政治经济、中国对外关系、中国区域问题（特别是西部问题和香港问题）等。夏添恩是查塔姆研究所一位很有作为的中国问题年轻学者，承担了撰写查塔姆研究所大量研究报告的工作，并著有《云南：中国通向亚洲的桥梁》、《中国西部地区2020：国内及国际影响》、查塔姆研究所工作报告《中国的全球性格》(*China's Global Personality*)、《中国：依旧"西学"?》(*China*:*Still "Going West"*)、《中国新的领导集体：处理国际事务方法》(*China's New Leadership*:*Approaches to International Affair*)。

阿塔·侯赛因（Athar Hussian）：伦敦政治经济学院亚洲中心主任，中国经济问题专家，中国—欧盟社会保障合作项目专家，世界银行、亚洲开发银行、联合国发展项目顾问。毕业于牛津大学，获经济学博士学位。侯赛因的研究领域主要聚焦于亚洲地区以及中国的经济转型、企业改革、金融危机、国际经济关系、自由主义、市场经济等领域，文章经常发表在《美国经济评论》和《经济文献杂志》等顶级经济学术刊物上。著有《中国的经济改革》(*The Chinese Economic Reforms*)、《中国：市场经济的转型》

(China: Transition to a Market Economy) 等。

克里斯托夫·邓特（Christopher Dent）：利兹大学艺术学系语言、文化和社会学院中国问题研究方向教授，主要研究领域包括东亚区域化问题、亚太地区的自由贸易协定、东亚地区新能源和低碳发展以及能源政策等。邓特教授在任职利兹大学之前，曾在赫尔大学任教，著有《东亚地区的可再生能源：走向新发展主义》（Renewable Energy in East Asia: Towards a New Developmentalism）、《东亚区域主义》（East Asian Regionalism）、《亚太地区新自由贸易协定》（New Free Trade Agreements in the Asia-Pacific）等；论文《中国的可再生能源发展：政策、工业和商业视角》（China's Renewable Energy Development: Policy, Industry and Business Perspectives）、《东亚和亚太区域化的发展道路》（Paths Ahead for East Asia and Asia-Pacific Regionalism）等。

丁莱特（Tim Wright）：谢菲尔德大学东亚研究学院荣誉退休教授，目前是牛津文献目录中国研究模块的主编。丁莱特的主要研究领域为中国近现代政治经济和发展，他所主持的项目内容主要是关于中国经济动荡，发表了众多关于中国西南地区和西北地区劳动力和地区经济的文章。目前，他的研究内容主要集中在近代中国东北地区经济自然灾害以及经济波动问题，著有《中国煤炭工业的政治经济：石油和血腥煤矿》（The Political Economy of the Chinese Coal Industry: Black Gold and Blood-Stained Coal）、《1895—1937年中国经济和社会中的煤炭开采》（Coal Mining in China's Economy and Society, 1895—1937），编著《20世纪早期中国经济：近来中国研究》（The Chinese Economy in the Early Twentieth Century: Recent Chinese Studies）以及论文《中国的煤炭开采业：社会成本》（Coal Mining in China: The Social Costs）、《中国：1911—1949》（Republican China, 1911—1949）等。

朱莉·C. 斯特劳斯（Julia C. Strauss）：伦敦大学亚非学院政治和国际研究系中国政治学教授。斯特劳斯1983年毕业于康涅狄格学院中国语言和欧洲历史系，后分别于1984年和1991年在加利福尼亚大学伯克利分校政治学系取得硕士和博士学位。1994年执教于伦敦大学亚非学院政治国际研究系，2002—2011 年担任《中国季刊》的编辑。斯特劳斯的研究领域主要集中在中国的国家构建、制度构建、治理以及中国"走出去"战略，特别是中国与非洲和拉美洲的关系等。著有《弱政体中的强制度：1927—1940 年中国的国家构建》（*Strong Institution in Weak Polities: State Building in Republican China, 1927—1940*），编有《从长城到新世界：21 世纪的中国与拉丁美洲》（*From the Great Wall to the New World*）、《中国与非洲：全球化和发展中的新兴模式》（*China and Africa: Emerging Patterns in Globalization and Development*）、《舞台政治：亚洲和非洲的力量与表现》（*Staging Politics: Power and Performance in Asia and Africa*）等。

哈里特·艾华（Harriet Evans）：威斯敏斯特大学社会学和人文科学系、当代中国研究中心、现当代文化研究所中国文化学教授。艾华于 2002—2005 年担任英国中国研究协会主席，还担任伦敦大学中国委员会执行委员，同时还是《中国季刊》、《交叉：亚洲背景下的性别、历史和文化》杂志编委会委员。艾华是英国伦敦大学亚非学院的博士，曾求学于英属哥伦比亚大学、北京大学、北京外国语大学。艾华主要关注中国当代社会问题，著有《中国的妇女与性别：1949 年以来的女性和性别论述》（*Women and Sexuality in China: Discourses of Female Sexuality and Gender since 1949*）、《中华人民共和国的力量："文化大革命"期间的宣传画》（*Picturing Power in the People's Republic of China*）、《性别主题：中国城市中的女儿与母亲》（*The Subject of Gender: Daughters and Mothers in Urban China*）。

大卫·克尔（David Kerr）：杜伦大学政府与国际关系学院讲师，当代中国研究所研究人员。克尔在格拉斯哥大学取得博士学位后留校任教，后于 2002 年任教于杜伦大学。克尔的研究领域主要集中在三个方面，分别是中国与俄罗斯的外交关系、亚洲的安全政治以及中国与欧盟的国际关系，著有《中欧关系的国际政治》（*The International Politics of EU-China Relations*），编有《中国的诸多梦：中国寻求国家复兴的比较视野》（*China's Many Dreams: Comparative Perspectives on China's Search for National Rejuvenation*）；发表文章包括《中欧关系中的大战略问题》（*Problems of Grand Strategy in EU-China Relations*）、《区域主义和世界秩序之间：2025 年前中欧关系中的五个结构因素》（*Between Regionalism and World Order: Five Structural Factors in China-Europe Relations to 2025*）、《欧洲、中国、安全治理：是否存在标准的聚合迹象》（*Europe, China and Security Governance: Is There Evidence of Normative Convergence*）、《中美"新型大国关系"的前景》（*What Prospects for a "New Kind of Great Power Relations" between China and America?*）、《中国、新疆和中亚的跨国安全》（*China, Xinjiang and the Transnational Security of Central Asia*）等。

（冯瑾　整理）

法　国

毕仰高（Lucien Bianco）：20 世纪中国农民史专家，法国社会科学高等研究院教授。毕仰高 1930 年 4 月 19 日出生于法国萨瓦省于吉纳（Ugine），毕业于尚贝里公立中学和巴黎高等师范学院文学院，后又获国立现代东方语言学校（现已改称国立东方语言文化学院）中文毕业证书。1959—1960 年任博韦（Beauvais）市费利克斯—福尔公立中学教师，1960—1961 年任巴黎市伏尔泰公立中学教师，1961—1969 年任法国国立高等学院（又译为法国国立高等研究实践学院）教务主任。1964—1965 年在美国哈佛大学东亚研究中心从事研究工作。自 1969 年起担任法国社会科学高等研究院高级研究员，1977 年起担任当代中国研究和资料中心（如今的法国近现代中国研究中心）主任，后任社会科学高等研究院内设的法国全国科研中心协作工作组第 717 号即当代中国跨学科研究组组长。1980 年当选为法国中国研究协会（Association Francaise d'Etudes Chinoises）理事会理事。主要著作包括《中国革命溯源 1915—1949》（*Les origines de la revolutionchinoise 1915—1949*, Paris: Gallimard, 1967, édition remise à jour et augmentée 2007）、《误入歧途的革命——20 世纪中国的历程》（*La revolution fourvoyée: Parcours dans la Chine du XX° siècle*, La Tour d'Aigues, Éditions de l'Aube, 2010）等。

白吉尔（Marie-Claire Bergère）：法国大学荣誉教授，出生于1933年，毕业于法国女子高等师范学院，随后获得巴黎第七大学人文科学博士学位。1974—1997年在国立东方语言文化学院任教，1978—1994年为法国社会科学高等研究院高级研究员，自1997年起任国立东方语言文化学院荣誉教授，主要研究方向为中国的资产阶级与20世纪中国城市历史。另外，她也关注中国改革开放和海峡两岸关系问题，主持和推动了国立东方语言文化学院中国研究中心的建设，该中心着重进行中华民国史和当代中华人民共和国的研究，出版杂志《中国研究丛刊》。主要著作包括《中国：新的国家资本主义》（*Chine : Le nouveau capitalisme d'État*, Fayard, 2013）、《资本主义与资本家在中国：从起源到今天》（*Capitalismes et capitalistes en Chine : Des origines à nos jours*, Perrin, 2007）等。

潘鸣啸（Michel Bonnin）：哲学学士、中国语言与文化学硕士及历史学博士，现于法国社会科学高等研究院教授中国当代史，法国近现代中国研究中心高级研究员。主要研究领域为当代中国社会的各种问题，包括民主运动、就业、农民工等，并对中国政治制度进行探讨。早在20世纪70年代，即开始进行有关中国知青上山下乡运动的研究，在多种法文或中文刊物上发表论文。1992—1998年出任法国现代中国研究中心（香港）主任，创办杂志《神州展望》法语版及英语版，现在仍是审读委员会委员。2011年，在北京创办中法中心（Centre franco–chinois）并担任中心主任，这是由法国外交部资助挂靠在清华大学社会学系的研究机构，旨在促进中法两国社会学领域研究人员的交流与合作。主要著作包括《失落的一代：中国的上山下乡运动1968—1980》（*Génération perdue : Le mouvement d'envoi des jeunes instruits à la campagne en Chine, 1968—1980*, Paris, Éditions de l'École des hautes études en sciences sociales, 2004）、《北京地震》（*Le tremblement de terre de Pékin*, Paris, Gallimard, 1991）等。

高敬文（Jean-Pierre Cabestan）：1979年在巴黎第七大学获得中国语言与文化硕士学位，1982年在巴黎第一大学获得政治学博士学位，1984年在巴黎第七大学获得日本语言与文化学士学位，1988年在巴黎第一大学获得法学博士学位。1994—1998年在台北创建法国现代中国研究中心台湾分中心并担任负责人,2003—2007年任法国现代中国研究中心(香港)主任,并加入巴黎第一大学比较法研究联盟。自2007年起,执教于香港浸会大学,任政治学系主任,同时还是亚洲研究中心(Asia Center)兼职研究员。主要著作包括《中国的政治制度——一种新的威权平衡体》(*Le Systèmepolitiquechinois. Vers un nouvel équilibreautoritaire*,Presses de sciences po,2014)、《中国的国际政治》(*La Politique internationale de la Chine.*,Presses de sciences po,2010)等。

伊沙白(Isabelle Thireau):法国国家科学研究院高级研究员,法国社会科学高等研究院高级研究员,主要研究方向为规范与正义社会学、农村社团中的协调形式、国内人口迁移与社会关系、劳动与工资关系的新形式等。曾进行过20世纪中国家族史的研究,在研究方法方面注重采用人类学的方法开展对于中国问题的探讨。主要著作包括《从近亲到亲近——当代中国结社形式的人种志》(*De proche en proche. Ethnographie des forms d'association en Chine contemporaine*,Bern,Berlin,Bruxelles,Frankfurt am Mein,New York,Oxford,Wien,Peter Lang,2013)、《民主的巧妙手段:在中国表达异议》(*Les ruses de la démocratie. Protester en Chine*,Paris:éditions du Seuil,2010)等。

程若望(Thierry Sanjuan):巴黎第一大学教授。于巴黎高等师范学院毕业后,开始从事中国问题研究,主要研究方向包括三个方面:第一,中国经济地理学,主要研究发展的空间蕴涵、地区差异性以及新的领地划分;第二,中国的城市与社会地理,主要研究中国城市网、城市在功能和景观上的现代化、公共空间以及社会转型;第三,人类地理与中国的地缘政治。主要著作包括《中国图集:紧张局势下的世界》[*Atlas de la Chine*:*Un monde sous tension*,Editions Autrement(2e Edition),2013]、《中国地图——加速变革》(*Atlas de la Chine*,*les mutations accélérées*,Editions Autrement,2007)等。

施维叶(Yves Chevrier):法国近现代中国研究中心高级研究员,主要研究方向为20世纪中国的政治社会史和思想史,特别是20世纪上半叶以及后毛主义的改革时期政治思想的变化以及社会政治化路径。主要著作包括《20 世纪中国的市民与公民——社会史论文集》(*Citadins et citoyens dans la Chine du XXe siècle. Essais d'histoire sociale*, Paris, Maison des Sciences de l'Homme, MSH Hors Collection, 2010)、《中国与人权》(*La Chine et les droits de l'homme*, Paris, Editions l'Harmattan, 2000)等。

杜明(Jean-Luc Domenach):曾以文化专员身份于 1970—1972 年常驻日本,1976—1978 年常驻香港,1973 年起任巴黎政治学院研究员,1979—1981 年任法国外交部分析预测中心特派员,1985—1994 年任法国国际研究中心主任,1995 年成为巴黎政治学院学术带头人,创建了一个关于当代亚洲的硕士项目。2002 年,杜明代表巴黎政治学院赴北京与清华大学合作筹建了中法人文社科研究中心,成为法国与中国学术界之间的第一个对话交流的平台。除此之外,他还任《西部法国》杂志的专栏作家,《20 世纪》杂志编委会委员,《历史》杂志记者。主要著作包括《理解今日的中国》(*Comprendre la Chine d'aujourd'hui*, Paris, Perrin, 2007)等。

白夏(Jean-Philippe Béja):巴黎第七大学亚洲研究博士,1975 年进入法国国际研究中心,并在法国国家科学研究院从事研究工作。1993—1997 年任法国现代中国研究中心(香港)主任,是《神州展望》杂志的创办人之一,同时担任杂志主编,目前仍任编委会委员,并在巴黎政治学院和法国社会科学高等研究院担任博士生导师。他的主要研究方向是中国公民与政权的关系,特别是民主运动,也关注香港的政治生活。主要著作包括《追忆中国的影子——中国的民主运动(1919—2004)》[*A la recherche d'une ombre chinoise. Le mouvement pour la démocratie en Chine* (1919—2004), Paris, Le Seuil, 2004]等。

鲍佳佳(Stéphanie Balme):中国政治问题专家,研究领域包括新兴国家的宪制与法治、比较司法文化与中国司法体系改革、司法安全与刑事程序法、中国治理、公共管理与伦理学、亚洲的后社会主义体制等。2000 年在巴黎政治学院获得政治学博士学位,2002 年加入法国国际研究中心(CERI)。曾先后在索邦大学政治学系、法国近现代中国研究中心、香港中文大学政治学系、巴黎政治学院、清华大学法学院等高校和研究机构教授政治学课程。担任欧中法律研究协会(EU-China Law Studies Association)

执行办公室成员、法中司法研究协会（Association pour l'étude et la recherche juridiques franco – chinoises）副会长、傅雷翻译出版奖评审委员会委员。2006年至今，负责领导法国国际研究中心的"中国法律、司法与社会"研究项目。主要著作包括《中国的尝试——对一个变化中的国家的新看法》（*La Tentation de la Chine. Idées reçues sur un pays en mutation*，Paris，Le Cavalier bleu，2013）等。

梅珍（Françoise Mengin）：现任《中国季刊》（*The China Quarterly*）和《国情导报》（*China Information*）编委会委员。她的主要研究方向是用历史社会学视角研究华人世界的国家构成，她与罗卡共同主持法国国际研究中心"关于中国的博士生专题讨论会"。主要著作包括《未完成战争的残片——台湾企业家与对中国的划分》（*Fragments d'une guerre inachevée. Les entrepreneurs taïwanais et la partition de la Chine*，Paris，Karthala，2013）、《数码中国——在信息时代重建国家认同》（*Cyber China. Reshaping National Identities in the Age of Information*，(dir.)，New York，Palgrave Macmillan，2004）等。

罗卡（Jean-Louis Rocca）：在法国社会科学高等研究院获得博士学位，随后进入巴黎政治学院从事教学和科研工作，2006—2010年任清华大学中法人文社科研究中心主任，2011年回到法国国际研究中心。他的主要研究方向是中国的社会分层、中产阶级的兴起、关于国家民主化的社会争论等，主要采用的研究方法是比较研究和非规范研究的方法。主要著作包括《运动中的中国》（*La Chine en mouvement*，Paris，PUF，2013）、《中国的条件：中国改革过程中的资本主义、劳动与抵抗力》（*La condition chinoise：capitalisme，mise au travail et résistances dans la Chine des réformes*，Paris，Karthala，2006）等。

（赵超 整理）

俄罗斯

季塔连科（М. Л. Титаренко）：哲学博士，俄罗斯科学院院士，俄罗斯功勋科学活动家，俄罗斯科学院远东研究所所长，俄中友协会长，俄罗斯著名汉学家。季塔连科是研究中国哲学史、中国政治和现实问题、俄罗斯与亚太各国及俄中关系问题的专家，有论著200余部（篇）。

在中国哲学史方面，季塔连科的代表著作是1985年在莫斯科出版的《古代哲学家墨翟及其学派与学说》以及1988年在莫斯科出版的《墨翟及其学派对中国哲学和社会政治思想的影响》（第二卷）一书。除此之外，季塔连科还编辑了《中国哲学史》（1989年）一书并为该书撰写了后记，为《中国古代哲学》（莫斯科，1972年）一书撰写了序言。由他主编的《中国哲学百科词典》（莫斯科，1994年）共收录了1500多个词条，堪称古今中国哲学文化系统知识大全。另外，他还在1997年《远东问题》杂志第4期上发表了题为"认真研究中国古代哲学"的论文。在中国政治和现实问题研究方面，季塔连科的主要著述有：《中国：文明与改革》（莫斯科，共和国出版社，1999）、《中国的现代化与改革》（莫斯科，1999）以及与Л. С. 佩列瓦洛夫合著的《中国社会政治与政治文化的传统》（1994）等。在对俄罗斯与亚太各国及同中国关系的研究方面，季塔连科也很有建树，代表作主要有：《亚太和远东地区的和平、安全与合作问题》（莫斯科，1989年）、《俄罗斯和东亚：国际与文明间的关系问题》（莫斯科，1994年）、《俄罗斯面向亚洲》（莫斯科，共和国出版社，1998年）、《俄罗斯：通过合作求安全·东亚的向量》（莫斯科，历史思想文献出版社，2003年）。季塔连科在这方面的研究成果还表现在由他主持完成的一些重大课题上，如题为"俄罗斯远东和东北亚：经济合作问题"（1998年）的科研课题。

维诺格拉多夫（А. В. Виноградов）：政治学博士，俄罗斯科学院远东所中国政治研究中心主任。主要研究方向是：现代化问题、现代化过程中的社会文化转型、文明与跨文明关系、社会思想、中国与俄罗斯的当代政治进程和政治体制。主要作品有：《中国的现代化模式：革命发展与稳定的辩证法》、《国家治理传统：中华文明的历史经验》、《中国和俄罗斯的政治改革比较》、《用比较眼光看中国的现代化》、《中国现代化的政治保障》、《中国的和谐社会观》、《当代中国的政治机制：几个起源问题》、《中俄政治改革比较》、《政治现代化：中国之于俄罗斯的经验教训》、《中俄政治现代化机制比较》、《中国的政治现代化》、《中国的官僚制度》、《政治现代化：中国和俄罗斯的制度化问题》、《90年代俄罗斯对中国发展模式的研究》、《中国十二届全国人大一次会议和新一轮的行政改革》等。

斯米尔诺夫（Д. А. Смирнов）：俄罗斯著名中国问题专家。1975年毕业于莫斯科大学亚非学院，1985年获历史学副博士学位。1986年、1990年、1998年先后在中国的山东大学、北京大学、中国社会科学院进修。现任俄罗斯远东所当代中国历史研究中心中共问题研究室负责人。近年侧重于研究中国现代化思想、中国政治理论、邓小平理论、中国国内政策等。主要作品有《中国现代化理论：从毛泽东到邓小平》（论文）、《邓小平与中国现代化》（论文）、《"三个代表"思想：中国国家理论发展新阶段》（论文）等。

奥斯特洛夫斯基（А. В. Островский）：经济学博士、教授，现任俄罗斯科学院远东所副所长，远东所中国经济和社会研究中心主任，俄罗斯著名中国问题专家。主要研究方向是：中国经济社会现实问题、中国人口、中国的对外经济政策、俄罗斯与亚太地区。发表论文有：《全球金融危机下的中国经济》、《从计划到市场：中国模式在俄罗斯应用的可能性》、《作为东北亚地区合作因素的中俄经贸关系的发展》、《全球经济危机中的中国经济》、《中国的就业问题和人才培养》、《中国转向市场经济的模式》等。

卢金（А. В. Лукин）：1984年毕业于苏联外交部莫斯科国立国际关系学院国际关系。1984—1985年在中国北京大学哲学系进修。曾就职于苏联外交部、苏联驻中国大使馆、苏联科学院东方学研究所。1997年获英国牛津大学政治学博士学位，2007年获俄罗斯外交部外交学院历史学博士。曾在美国哈佛大学肯尼迪政府学院贝尔弗科学与国际关系研究中心和布鲁金斯研究院东北亚政策研究中心做访问学者。1999—2007年任莫斯科国立国际关系学院比较政治学教研室副教授。2000—2006年被美国乔治·华盛顿大学欧洲俄罗斯欧亚研究所聘为特约研究员。2004年起担任东亚和上海合作组织研究中心主任。卢金还是南斯纳夫贝尔格莱德《国际问题》杂志编委成员，黑龙江省社会科学院名誉研究员，莫斯科州州长对外经济关系问题顾问，曾担任《俄罗斯——中国21世纪》杂志主编（2005—2008年）。主要著作有：《三次中国旅游》（与А.Д.吉卡列夫合著，1989年，莫斯科）、《无知反对不公正：俄罗斯民主人士政治文化》（2000年英文版，2005年俄文版），《俄国熊看中国龙：17—21世纪中国在俄罗斯的形象》（2003年英文版，2007年俄文版）。2009年胡锦涛主席授予卢金"中俄关系60周年杰出贡献奖"，以表彰他为发展中俄关系所作出的重大贡献。

贝尔盖尔（Я. М. Бергер）：俄罗斯著名汉学家，历史学博士。1952年毕业于莫斯科东方学院中国系，并开始研究中国经济地理问题。1953—1956年任职于苏联科学院地理所，参加了1957年苏联科学院地理所对新疆的考察。1958年在中国科学院地理所进修，1987年获得历史学博士学位。2001年至今任俄罗斯科学院远东所研究员，《远东问题》杂志副主编。现在主要研究方向是中国政治、经济、社会发展问题。主要作品包括：《中国的经济战略》、《中国发展面临的威胁、危险和挑战》、《中国经济的全球化》（合著）等；另有论文《中国国家权力机关的行政改革》、《中国的证券市场》、《当代中国的政治改革前景》、《中国的政治改革》、《中国区域发展问题研究》、《中国：21世纪的全球化强国？》等等；

格尔布拉斯（В. Г. Гельбрас）：俄罗斯著名汉学家，历史学博士，经济学副博士，莫斯科大学亚非学院教授。格尔布拉斯博士是俄罗斯最著名的研究中国经济的经济学家之一，从中华人民共和国成立之初就开始研究中国问题。同时他还是欧洲汉学家协会和全俄汉学家协会会员，俄罗斯人文研究基金会会员，俄罗斯国家杜马国际事务委员会专家，发表200多篇论文。

拉林（А. Г. Ларин）：1954年毕业于莫斯科东方大学，曾于1958年和1986年分别在北京大学、中国人民大学和中山大学进修。主要研究方向是中国移民问题、中国外交、俄中关系、台湾问题。主要作品有《中国与海外华人》、《中国：移民过程的调整》、《中国学生在俄罗斯》、《中国商人在俄罗斯》等。

涅波姆宁（О. Е. Непомнин）：俄罗斯历史学家，汉学家，历史学博士，俄罗斯科学院东方所教授。涅波姆宁教授是中国近现代史以及中国社会经济史方面的权威专家。他在自己的早期作品中就曾提出要解决传统中国社会中资本主义制度形成的根本问题，以及20世纪初中国传统结构的转型和民族资产阶级形成的问题。20世纪60—90年代致力于中国转型社会问题的研究。21世纪初的10年主要进行一些总结性的工作，例如主持和参与了6卷本著作《东方史》，出版了专题著作《中国史：清》和《中国史：20世纪》。

（肖德强　整理）

日　本

国分良成：当代中国政治问题著名专家，现任防卫大学校长。1976年毕业于庆应义塾大学法学部，1981年修完庆应义塾大学政治学专业博士课程。曾任庆应义塾大学地区研究中心（2003年更名为东亚研究所）所长、新日中友好21世纪委员会委员、亚洲政经学会理事长、日本国际政治学会副理事长、《中国季刊》杂志编辑委员等职务。主要著作包括『現代中国の政治と官僚制』、『アジア時代の検証——中国の視点から』、『中国政治と民主化——改革・開放政策の実証分析』、『現代東アジア——朝鮮半島・中国・台湾地区・モンゴル』（合編）、『中国の統治能力——政治・経済・外交の相互連関分析』（合編）等。

毛里和子：当代中国政治问题著名学者。现任早稻田大学名誉教授，早稻田大学现代中国研究所顾问。主要研究领域包括中国政治与外交、东亚国际关系等。1962年毕业于御茶水女子大学教育学部历史专业，后获得东京都立大学博士学位。曾任静冈县立大学国际关系学院教授、横滨市立大学国际文化学院教授、日本国际问题研究所研究员、日本现代中国学会理事长。主要著作包括『日中関係——戦後から新時代へ』、『新版・現代中国政治』、『現代中国政治を読む』、『周縁からの中国——民族問題と国家』等。

高原明生：1958年生于日本神户，现任东京大学法学部教授。主要研究领域包括现代中国政治、东亚国际政治等。1981 年毕业于东京大学法学部。曾先后担任笹川和平财团研究员、日本驻香港总领事馆专门调查员、樱美林大学副教授，立教大学教授等职务。主要著作包括 The Politics of Wage Policy in Post-Revolutionary China、『日中関係史 1972—2012 I 政治』（合编）、『現代アジア研究 <1 巻> 越境』（合编）、『東アジア安全保障の新展開』（合编）等。

竹内实：1923 年出生于中国山东省，1942 年回到日本。中国问题专家，日本战后最早开展现代中国研究的代表性学者，被誉为日本"毛泽东学"的权威和"现代中国研究第一人"。日本战败后，进入京都大学文学系中文专业学习，毕业后进入东京大学研究生院学习。曾先后担任东京都立大学、京都大学人文科学研究所、立命馆大学国际关系学院、北京日本学研究中心、杭州大学日本文化研究所、松阪大学等学校和机构教员及研究员等职务。主要著作包括『竹内実「中国論」自選集 1 文化大革命』、『中国という世界人・風土・近代』、『コオロギと革命の中国』、『中国欲望の経済学』、『中国国情と世相』、『毛沢東』、『毛沢東の生涯：八億の民を動かす魅力の源泉』、『毛沢東と中国共産党』等。

茅原郁生：1938 年出生，现任拓殖大学国际学部教授。主要研究领域包括中国政治、中国国际关系、东亚地区争端等。1962 年毕业于防卫大学。曾先后担任陆上自卫队连队长（团长）、师团幕僚长（集团军参谋长）、陆将补（陆军少将）、英国伦敦大学客座研究员、防卫研究所第二研究部部长。主要著作包括『中国の軍事力——2020 年の将来予測—』、『中国は何処に向かう』、『安全保障から見た中国』、『若者の目に映った台湾』、『中国軍事論』等。

田中明彦：中日关系问题专家，1977 年毕业于东京大学教育学部，1981 年获美国马萨诸塞理工大学博士学位。1984 年入东京大学工作，先后任教育学部助教，东洋文化研究所教授、所长，2009—2012 年出任东京大学副校长。2012 年 4 月至今担任日本国际合作组织理事长。主要研究领域为中日关系，出版专著《中日关系（1945—1990）》。

天儿慧：1947 年出生于日本冈山县，现任早稻田大学亚太研究生院院长，早稻田大学亚洲研究机构现代中国研究所所长。主要研究领域包括中

国政治、东亚国际关系等。1971年毕业于早稻田大学教育学部，1981年于一桥大学社会学部修完博士课程。曾担任早稻田大学亚洲太平洋研究院教授、早稻田大学亚洲太平洋研究中心主任、亚洲政经学会理事长等职务。主要著作包括『日中対立：習近平の中国をよむ』、『アジア連合への道理論と人材育成の構想』、『中国・アジア・日本——大国化する「巨竜」は脅威か』、『中国の歴史（11）巨龍の胎動——毛沢東 vs 鄧小平』、『中国とどう付き合うか』、『等身大の中国』、『現代中国——移行期の政治社会』等。

川岛真：1968年出生于日本东京，现任东京大学国际社会科学系副教授。主要研究领域包括政治外交史、中日关系史等。毕业于东京外国语大学外语学院中文专业，后于东京大学人文科学研究院修完博士课程。曾担任日本学术振兴会特别研究员，北海道大学法学部副教授等职务。主要著作包括：『岐路に立つ中国と日中関係：歴史と現在、そして今後の可能性』、『近代国家への模索』、『台湾における日本研究』、『中国近代外交の形成』等。

加加美光行：1944年出生于日本东京，现任爱知大学现代中国学院教授。主要研究领域包括文化大革命和民族问题等。1967年毕业于东京大学文学院。曾先后担任亚洲经济研究所研究员兼教授，爱知大学法学部教授，霞山会监事及顾问，国际中国研究中心主任等职务。主要著作包括『裸の共和国：現代中国の民主化と民族問題』、『中国の民族問題：危機の本質』、『鏡の中の日本と中国：中国学とコビヘイビオリズムの視座』、『歴史のなかの中国文化大革命』、『21世紀の世界政治：中国世界』等。

矢吹晋：1938年出生于日本福岛县，现任横滨市立大学名誉教授。主要研究领域包括当代中国、中国经济等。1962年毕业于东京大学经济学部。曾先后于东洋经济新报社、亚洲经济所任职，曾任横滨市立大学商学部教授。主要著作包括『チャイメリカ—米中結託と日本の進路』、『図説中国力』、『激辛書評で知る中国の政治経済の虚実』、『日中の風穴未来に向かう日中関係』、『巨大国家中国のゆくえ：国家・社会・経済』等。

村田忠禧：1946年出生于日本神奈川县，现任横滨国立大学名誉教授。主要研究领域包括中国现代史、现代中国、日中关系等。1986年毕业

于东京大学文学部中国文学专业。曾先后担任横滨国立大学教育学部副教授、教授等职务。主要著作包括『中国の「対日新思考」は実現できるか——「対中新思考」のすすめ』（合编）、『毛沢東伝（1893—1949）〈上〉』（翻译）、『毛沢東伝（1893—1949）〈下〉』（翻译）等。

加藤弘之：现任神户大学经济学部教授，经济学博士。1979年毕业于大阪外国语大学外语学部，后于神户大学经济学研究生院修完博士课程。曾担任神户大学经济学院讲师、副教授，神户大学国际合作研究院副教授，神户大学经济学部教授，日本驻华公使。主要著作包括『中国の経済発展と市場化—改革開放時代の検証』、『シリーズ現代中国研究6：地域の発展』、『東アジア長期経済統計12：中国』（合编）、『進化する中国の資本主義』（合编）、『現代中国経済論』（合编）等。

石川祯浩：毕业于京都大学，现任京都大学人文科学研究所教授，京都大学史学会、东洋史研究会、日本现代中国学会、中国现代史研究会会员。研究领域包括中国近现代史、中国共产党、日中文化交流史等。主要著作包括『革命とナショナリズム』等。

（王琪　整理）

澳大利亚

戴维·古德曼（David S. G. Goodman）：先后于曼彻斯特大学、北京大学、伦敦东方和非洲学院学习政治和现代史、经济、中文和中国政治，现任悉尼大学中国研究中心学术主任和中国政治学系教授。主要研究领域包括当代中国政治和社会变迁、中国省份研究、中国共产党党史、1900—1949年间的中国社会史以及中国的地方和区域发展问题等。主要著作包括《中国农民和工人：阶级身份的改变》（*China's Peasants and Workers：Changing Class Identities*）、《中国向西方的开放运动：国家、省份和地方的视角》（*China's Campaign to Open Up the West：National, Provincial and Local Perspectives*）、《中国的共产主义革命：中国成立50年史》（*China's Communist Revolutions：Fifty Years of the People's Republic of China*）、《中国新富》

(*The New Rich in China*: *Future Rulers*, *Present Lives*) 和《20 世纪殖民主义和中国》(*Twentieth-Century Colonialism and China*: *Localities*, *the Everyday and the World*) 等。

泰维斯（Frederick Teiwes）：中国精英政治研究的知名学者，现任悉尼大学中国研究中心教授，主要研究领域包括中国共产党精英政治、中国政治、邓小平研究、毛泽东研究、周恩来研究和国际共产主义运动等。主要著作包括《毛泽东时代的结束：中国走向灾难》（*The End of the Maoist Era*, *China's Road to Disaster*）、《林彪的悲剧》（*The Tragedy of Lin Biao*）、《中国农业合作社的政治》（*The Politics of Agricultural Co-operativisation in China*）、《毛泽东领导阶层的构成》（*The Formation of the Maoist Leadership*）和《毛泽东时代的结束："文化大革命"尾声时期的中国政治》（*The End of the Maoist Era*: *Chinese Politics during the Twilight of the Cultural Revolution*, *1972—1976*）等。

杭智（Hans Hendrischke）：先后在德国、台湾和日本学习，在波鸿大学取得博士学位，现担任悉尼大学商学院教授、悉尼大学中国研究中心执行委员会主席。曾担任马奎尔大学中国政治经济研究中心主任、新南威尔士大学中国研究所主任、悉尼大学孔子学院主任。研究领域包括中国企业、中国经济制度、中国私有制经济、中国地方治理和中国对外直接投资等。主要著作有《21 世纪的中国经济：企业和商业行为》（*China's Economy in the 21st Century*: *Enterprise and Business Behaviour*）等。

乔纳森·安格（Jonathan Unger）：社会学博士，1986 年加入澳大利亚国立大学前曾在英国发展研究院、堪萨斯大学、华盛顿大学和莱顿大学任职，现任澳大利亚国立大学政治与社会发展系教授、当代中国研究中心学者。研究领域包括中国社会阶层、中国乡村社会政治和经济发展、城镇化、中国工人生活、中国民族主义以及"文化大革命"史等。他是《中国杂志》的两名长期编辑之一，主要著作有《中国乡村变迁》（*The Transformation of Rural China*）等。

任柯安（Andrew Kipnis）：文化人类学博士，澳大利亚国立大学人类学系教授、当代中国研究中心学者。研究领域包括当代中国社会、文化和政治发展、中国城镇化、中国教育人类学等。其著作包括《当代中国社会和社会发展》（Contemporary China Society and Social Change）、《中国的文化、政治和教育》（Governing Eucational Desire: Culture, Politics, and Schooling in China）和《中国和后社会主义人类学》（China and Postsocialist Anthropology: Theorizing Power and Society after Communism）等。

陈佩华（Anita Chan）：毕业于香港大学，后分别在约克大学和伦敦大学取得硕士学位，在萨塞克斯大学获得社会学博士学位。现任悉尼科技大学中国研究中心教授，并为澳大利亚国立大学政治和社会发展系访问学者。研究领域主要包括中国劳工问题、中国工会和劳工权益问题以及中国社会发展问题等。主要著作有《陈村：全球化革命》（Chen Village: Revolution to Globalizatio）、《中国工人：在全球化经济下的剥削和虐待》（China's Workers Under Assault: Exploitation and Abuse in a Globalizing Economy）等。

白杰明（Geremie R. Barme）：毕业于澳大利亚国立大学亚洲研究学院，后又于1974—1977年间在中国学习，精通中文，并有长期在中国工作的经历。现任澳大利亚国立大学中华全球研究中心主任、中国历史系教授。研究领域十分广泛，主要包括21世纪中国历史、20世纪中国文化历史、当代中国文化、明清文学和美学、"文化大革命"史以及北京历史等。主要著作有《中国的故事年刊》（China Story Yearbook）等。

（刘强　整理）

新加坡

王赓武：东亚研究所董事会主席、新加坡国立大学教授、澳大利亚大学荣誉退休教授。1947—1949年在南京中央大学学习，1949—1954年在新加坡马来亚大学学习并获学士、硕士学位，1954—1957年在伦敦大学东方及非洲研究院学习，获博士学位，主修中国历史。1957—1968年任教马来亚大学历史系并任该系主任，1968—1986年任澳大利亚国立大学远东史教授、远东历史系主任、太平洋研究院院长，1986—1995年任香港大学校长，1997—2007年任新加坡国立大学东亚研究所所长。王赓武教授长期致力于中国历史、海外华人、民族主义、移民等方面的研究,是华裔学者中中国移民史、中国通商史、东南亚地区史和地区社会文化研究的权威学者,其研究涉及历史学、文化学、政治学、社会学等诸多领域,在国际学术界享有很高的声誉。代表著作有《南海贸易:南中国海华人早期贸易史研究》、《南洋华人简史》、《中国与海外华人》、《王赓武自选集》、《华人与中国:王赓武自选集》等。

郑永年:新加坡国立大学教授、东亚研究所所长,《中国季刊》主编。1985年、1988年分别获得北京大学法学学士和硕士学位,1992年、1995年分获普林斯顿大学政治学硕士和博士学位,历任北京大学政治与行政管理系助教、讲师,新加坡国立大学东亚研究所研究员、资深研究员,英国诺丁汉大学中国政策研究所教授和研究主任。其研究重点领域是中国政治、全球化、民族主义与国际关系、东亚国际和地区安全、中国的外交政策、国家转型和社会正义、技术变革与政治转型、社会运动与民主化、比较中央与地方关系。郑永年教授出版专著13部。英文著作包括《技术赋权中国的互联网、国家与社会》(*Technological Empowerment the Internet, State and Society in China*,2007);《中国的事实联邦主义改革与中央地方关系的动力》(*De Facto Federalism in China. Reforms and Dynamics of Central Local Relations*,2007);《全球化与中国国家转型》(*Globalization and State Transformation in China*,2004)和《发现中国的民族主义:现代化、特性及国际关系》(*Discovering Chinese Nationalism in China: Modernization, Identity, and International Relations*,1999)等。主编学术著作11部,主要包括《改革中的中国共产党》(*The Chinese Communist Party in Reform*)、《中国和新世界秩序》(*China and the New International Order*)和《中国的开放社会》(*China's Opening Society*)等。除了研究工作以外,郑永年还是一位积极的学术活动家。他曾经担任联合国发展计划中国农村发展和民主项目的咨询专家,还长期担任香港《信报》和新加坡《联合早报》专栏作家,就中国的国内与国际事务撰写大量评论。

黄朝翰(John Wong):新加坡国立大学教授、东亚研究所学术顾问。1962年获香港大学文学荣誉学士,1966年获英国伦敦大学经济学博士学位。1966—1971年执教于香港大学经济系,1971—1990年任教于新加坡国立大学经济系，1990—1997 年期间任新加坡国立大学东亚政治经济研究所所长，1997—2009 年任东亚研究所研究主任。曾任美国佛罗里达大学、加拿大多伦多大学东盟客座教授，美国哈佛大学费正清中心、耶鲁大学经济成长研究中心、英国牛津大学圣安东尼学院客座研究员，曾在美国斯坦福大学做访问学者。黄朝翰教授出版著作 33 部，发表关于中国和东盟经济方面的论文 400 余篇，还为新加坡政府撰写关于中国发展政策的报告 80 多份。他是多家著名期刊亚洲研究和经济发展方面编辑委员会成员，是新加坡政府咨询专家。同时，他还担任联合国亚太社会经济组织、联合国工业发展组织、国际劳工组织、亚洲生产力组织、亚太发展研究中心、亚洲开发银行等多个国际组织顾问。

杜赞奇（Prasenjit Duara）：印裔美国学者，著名历史学家、汉学家，现任新加坡国立大学亚洲研究所所长。1970—1974 年在印度德里大学（Delhi University）学习，分获学士和硕士学位，主修历史，1983 年于哈佛大学获得历史学博士学位，曾在印度德里大学、美国乔治·梅森大学（George Mason University）、美国斯坦福大学、日本东京大学从事教学或研究工作。代表性学术专著《文化、权力与国家：1900—1942 年的中国北方农村》（*Culture, Power and the State: Rural North China, 1900—1942*, Stanford University Press, 1988, 1991）和《从国家中拯救历史：当代中国的质疑阐述》（*Rescuing History from the Nation: Questioning Narratives of Modern China*, University of Chicago Press, 1995），均在学术界引起了巨大的反响。其中《文化、权力与国家：1900—1942 年的中国北方农村》一书获得了美国历史协会的费正清奖和亚洲研究协会的列文森奖。

马凯硕（Kishore Mahbubani）：1948 年出生于新加坡印度裔家庭，1967 年获得总统奖学金，1971 年以一等荣誉学位获新加坡大学哲学学士学位，1976 年获加拿大德尔豪斯大学硕士学位，1995 年该校授予其荣誉博士学位。1971 年大学毕业后即进入新加坡政府部门，从事外交工作，并开始撰写关于公共事务的文章。他先后被委派至柬埔寨、马来西亚以及华盛顿、纽约等处工作。1993—1998 年任新加坡外交部常任秘书（Permanent Secretary），2001 年 1 月—2002 年 5 月任新加坡驻联合国大使，曾任联合国安理会主席。马凯硕现任李光耀公共政策学院院长，同时服务于新加坡、欧洲、北美等多家决策咨询机构。马凯硕在全球思想理论界都有很大影响，代表著作有《亚洲人会思考吗？》(Can Asians Think?)，《走出纯真年代——重建美国与世界的信任》，《新亚洲半球：全球权利不可抗拒向东方转移》(The New Asian Hemisphere: The Irresistible Shift of Global Power to the East) 等。最新著作《伟大的融合：亚洲、西方与一个世界的逻辑》(The Great Convergence: Asia, The West and the Logic of One World) 被《金融时报》评为 2013 年最好的书之一。马凯硕还被评选为全球外交政策顶尖思想家，他还被称为"亚洲世纪的缪斯"。

黄靖：李光耀公共政策学院特聘客座教授，亚洲与全球化研究所所长。早年在四川大学和复旦大学学习，获得英语学士、历史学硕士，后来获得哈佛大学政治学博士学位。曾在哈佛大学、美国犹他州州立大学、斯坦福大学和布鲁金斯学会从事教学和研究工作。在李光耀公共政策学院，黄靖教授发起并主持了中印二轨安全问题对话，中印媒体/宣传高层对话。黄靖教授是中国国务院授权任命的三名新华社高级经济国际顾问之一，为中国决策层就中国战略发展等重大课题提供政策分析与建议，同时担任中国国际战略基金会的海外顾问。黄靖教授的代表性著作有《中共政治中的宗派主义》(Factionalism in Chinese Communist Politics, 获大平正芳奖)，《1989—1993 年美中关系的危机与挑战》(Crisis and Challenges in US-China Relations, 1989—1993) 和《不可分离的两岸关系：中国台湾政策的制定与发展》(Inseparable Separation: the Making of China's Taiwan Policy, 2010)。他还发表了涉及中国高层政治、发展战略、中国政治改革、中国国家安全与国防、中美关系、中印关系、亚太安全、台湾问题、朝核问题等重大课题的众多研究论文。

李明江(Li Mingjiang)：拉惹勒南国际关系学院中国研究项目协调人，北京国际关系学院学士、硕士，美国波士顿大学政治学博士。主要研究领域为中国殖民史、中苏关系、亚太安全、中国外交政策的国内资源、中美关系、中国与东亚多国家关系，中国崛起及其国际影响，出版著作 9 部，发表大量学术论文。

（柳宁　整理）

新西兰

陈智宏（Gerald Chan）：新西兰奥克兰大学政治系前主任、讲座教授，肯特大学文学硕士，澳大利亚格里菲斯大学政治与历史学博士。现任职于全球国际编辑咨询委员会，负责《剑桥国际事务评论》、《人类安全杂志》、《国际中国学研究杂志》、《国际关系研究月刊》、《政治与治理》、《国际关系研究杂志》。研究的领域包括国际关系、中国和新西兰的战略关系等问题，曾任教于新西兰维多利亚大学，担任过英国杜伦大学东亚政治学院教授和中国研究中心主任。著作有《中国参与全球治理》、《新中国60年：中国与全球的相互作用》等。

黄晓明（Xiaoming Huang）：现为新西兰惠灵顿维多利亚大学政治学与国际关系系教授、新西兰当代中国研究中心主任，2004—2006年曾担任新西兰惠灵顿维多利亚大学政治学与国际关系系主任，北京对外经济贸易大学和中国政法大学名誉教授。主要从事国际关系、政治学理论、当代中国政治研究。近著有《中国与国际体系：成为一个世界大国》（2013）、《中国和印度的发展模式》（2011）等。

杨健（Jian Yang）：新西兰执政的国家党议会议员，是新西兰历史上第一位在中国大陆完成高等教育后移民并当选议员的华裔，曾担任奥克兰大学人文和社会科学学院副院长、新西兰亚洲研究所中国研究中心主任。研究领域为中国对外战略问题、国际政治问题。著作有《美国国会与对华政策》、学术专著《中国大战略中的太平洋岛国：小国家，大博弈》等。

高宏志（Hongzhi Gao）：新西兰当代中国研究中心高级研究员，营销和国际商学院高级讲师和副总监，研究领域为中国国际关系问题等。

安琳（Anne-Marie Brady）：新西兰坎特伯雷大学社会与政治科学学院政治学系、南极研究中心副教授，《极地学报》（*The Pola Journal*）主编，研究领域为中国外交和国内政治问题。

尼古拉斯·胡（Nicholas Khoo）：奥塔哥大学政治学系讲师、博士，研究领域为中国的外交政策、亚洲地区主义、国际关系理论、冷战在亚洲、美国的外交政策，著有《间接伤害：中苏敌对与中越联盟的中止》。

陈鑫（Xin Chen）：新西兰奥克兰大学亚洲研究所研究员、项目主任，研究领域为中国政治、中国在东亚等。

彼得·科曾思（Peter Cozens）：新西兰战略研究中心执行主任，亚太安全合作理事会理事，研究领域为海上安全和海洋的亚太政策、中国和印度海洋战略。

叶曼英（Manying Ip）：奥克兰大学亚洲研究学院教授，研究领域为历史和当代的新西兰华人、在跨国环境迁移、毛利中国的相互作用、新西兰和亚洲、中国亚洲新的反思。

杰森·杨（Jason Young）：新西兰当代中国研究中心项目管理员、博士，研究领域为政治经济改革、农业发展、东亚国际关系、东亚政治、中国政治与国际关系。

（孙召鹏　整理）

海外中国研究文献索引

(一) 英文

1.《非洲的农业发展与粮食安全：中国、印度和巴西投资的影响》

Agricultural Development and Food Security in Africa：The Impact of Chinese, Indian and Brazilian Investments，Fantu Cheru and Renu Modi，Zed Books，2013.

2.《汉语剖析：韵律、比喻、政治》

Anatomy of Chinese：Rhythm，Metaphor，Politics，Perry Link，Harvard University Press，2013.

3.《焦虑的财富：金钱和中国新富人的道德》

Anxious Wealth：Money and Morality among China's New Rich，John Osburg，Stanford University Press，2013.

4.《亚洲安全与中国崛起：变动时代的国际关系》

Asian Security and the Rise of China：International Relations in an Age of Volatility，D. M. Jones，N. Khoo and M. L. R. Smith，Edward Elgar，2013.

5.《避免失败：中国经济的重组》

Avoiding the Fall：China's Economic Restructuring，Michael Pettis，Carnegie Endowment for International Peace，2013.

6.《中国南海领土争端之外》

Beyond Territorial Disputes in the South China Sea，R. Beckman，et. al，

Edward Elgar,2013.

7.《中国联系之外：当代非洲—亚洲的文化生产》

Beyond the Chinese Connection:Contemporary Afro-Asian Cultural Production,Crystal S. Anderson,University Press of Mississippi,2013.

8.《21世纪全球政治中的中国和欧洲：伙伴关系、竞争或者共同发展》

China and Europe in 21st Century Global Politics:Partnership,Competition or Co-Evolution,Frauke Austermann,Anastas Vangeli,and Wang Xiaoguang,Cambridge Scholars Publishing,2013.

9.《中国与环境：绿色革命》

China and the Environment:The Green Revolution,Sam Geall,Zed Books,2013.

10.《中国与欧盟》

China and the European Union,Dong Lisheng,and Wang Zhengxu and Henk Dekker,Routledge,2013.

11.《中国与欧盟：未来的方向》

China and the European Union:Future Directions,José María Beneyto,Song Xinning,and Ding Chun,CEU Ediciones,2013.

12.《中国与国际体系：变成世界大国》

China and the International System:Becoming a World Power,Huang Xiaoming and Robert G. Patman,Routledge,2013.

13.《中国选择：为什么我们应该共享权力？》

China Choice:Why We Should Share Power,Hugh White,Oxford University Press,2013.

14.《中国梦：20个未来愿景》

China Dreams:20 Visions of the Future,William A. Callahan,Oxford University Press,2013.

15.《中国走向世界：不完全的大国》

China Goes Global:The Partial Power,David Shambaugh,Oxford University Press,2013.

16.《太空中的中国：大跃进》

China in Space: The Great Leap Forward, Brian Harvey, Springer, 2013.

17.《中国投资公司：中国的主要主权财富基金和投资问题》

China Investment Corporation: China's Key Sovereign Wealth Fund and Chinese Investment Issues, Ines Hembrecht, Nova Science Publisherr, 2013.

18.《中国复兴：习近平的崛起与中国共产党第十八次代表大会》

China Renaissance: The Rise of Xi Jinping and the 18th Communist Party Congress, Jonathan Sharp, World Scientific Publishing Company, 2013.

19.《中国与东方主义：西方的知识生产与中华人民共和国》

China and Orientalism: Western Knowledge Production and the PRC, Daniel Vukovich, Routledge, 2013.

20.《中国、日本与欧洲共同体》

China, Japan and the European Community, Robert Taylor, Bloomsbury Academic, 2013.

21.《中国，新纸老虎》

China, the New Paper Tiger, John Tierney, BookBaby, 2013.

22.《中国的外交政策：谁来制定和如何制定？》

China's Foreign Policy: Who Makes It, and How Is It Made?, Gilbert Rozman, Palgrave Macmillan, 2013.

23.《大变革时代的中非关系》

China-Africa Relations in an Era of Great Transformations, Xing Li and Farah Abdulkadir Osman, Ashgate Publishing Ltd., 2013.

24.《中俄关系在中亚：能源政策、北京的新自信与21世纪地缘政治》

China-Russia Relations in Central Asia: Energy Policy, Beijing's New Assertiveness and 21st Century Geopolitics, Eder Thomas Stephan, Springer, 2013.

25.《中国在非洲的援助和软实力：教育和培训案例》

China's Aid and Soft Power in Africa: The Case of Education and Training, King Kenneth, Boydell & Brewer, 2013.

26.《中国的户口制度：市场、民工和制度变迁》

China's Hukou System: Markets, Migrants and Institutional Change, Young Jason, Palgrave Macmillan, 2013.

27. 《中国的国内和国际移民》

China's Internal and International Migration, ed. by Li Peilin and Laurence Roulleau-Berger, Routledge, 2013.

28. 《中国的贸易、汇率和产业政策结构》

China's Trade, Exchange Rate and Industrial Policy Structure, Whalley John, World Scientific Publishing Company, 2013.

29. 《中国经济：最新趋势和政策问题》

Chinese Economy: Recent Trends and Policy Issues, Giorgio Gomel, Daniela Marconi, and Ignazio Musu, Springer, 2013.

30. 《中国的环境治理：变动社会中的动力、挑战和前景》

Chinese Environmental Governance: Dynamics, Challenges, and Prospects in a Changing Society, Ren Bingqiang and Shou Huisheng, Palgrave Macmillan, 2013.

31. 《中国人的全球化：中国人的全球联系概况》

Chinese Globalization: A Profile of People-Based Global Connections in China, Sun Jiaming and Scott Lancaster, Routledge, 2013.

32. 《中国的工业间谍：技术获取和军事现代化》

Chinese Industrial Espionage: Technology Acquisition and Military Modernisation, William C. Hannas, James Mulvenon, and Anna B. Puglisi, Routledge, 2013.

33. 《中国石油工业：历史与未来》

Chinese Oil Industry: History and Future, Bobby Buka, Annemarie Uliasz, and Karthik Krishnamurthy, Springer, 2013.

34. 《中国外交与联合国安理会：超越否决票》

Chinese Diplomacy and the UN Security Council: Beyond the Veto, Joel Wuthnow, Routledge, 2013.

35. 《中国军事现代化与军事力量发展：西方的视角》

Chinese Military Modernization and Force Development: A Western Perspective, ed. by Anthony H. Cordesman, Ashley Hess and Nicholas S. Yarosh, Center for Strategic & International Studies, 2013.

36.《当代中国的基督教：社会文化的视角》

Christianity in Contemporary China：Socio-Cultural Perspectives，Francis Khek Gee Lim，Routledge，2013.

37.《中国的公民社会：从古代到新改革时代的法律框架》

Civil Society in China：The Legal Framework from Ancient Times to the New Reform Era，Karla W. Simon，Oxford University Press，2013.

38.《后社会主义中国的阶级和阶级冲突》

Class and Class Conflict in Post-Socialist China，Alvin Y. So，World Scientific Publishing Company，2013.

39.《中国更干净的天空：调和空气质量、气候和经济目标》

Clearer Skies over China：Reconciling Air Quality，Climate，and Economic Goals，Chris P. Nielsen and Mun S. Ho，The MIT Press，2013.

40.《比较视野中的中国刑事司法》

Comparative Perspectives on Criminal Justice in China，ed. by Mike McConville and Eva Pils，Edward Elgar Publishing，2013.

41.《构建国家安全：美国与印度和中国的关系》

Constructing National Security：U. S. Relations with India and China，Jarrod Hayes，Cambridge University Press，2013.

42.《当代中国：新千年之初的变化动力》

Contemporary China：The Dynamics of Change at the Start of the New Millennium，Peter Preston and Jurgen Haacke，Routledge，2013.

43.《中国的公司社会责任：愿景、评估和蓝图》

Corporate Social Responsibility in China：A Vision，an Assessment and a Blueprint，Benoît Vermander，World Scientific，2013.

44.《当代中国的维权：保留权利》

Defending Rights in Contemporary China：Reserving the Right，Jonathan Benney，Routledge，2013.

45.《中国西藏的非赋权发展：边缘化经济研究》

Disempowered Development of Tibet in China：A Study in the Economics of Marginalization，Andrew Martin Fischer，Lexington Books，2013.

46. 《纪录片、世界历史与中国的实力：中国人眼中的全球崛起》

Documentary, World History, and Power in the PRC: Global Rise in Chinese Eyes, Mueller Gotelind, Routledge, 2013.

47. 《在中国农村做生意：凉山的新少数民族企业家》

Doing Business in Rural China: Liangshan's New Ethnic Enterpreneurs, Thomas Heberer, University of Washington Press, 2013.

48. 《中国气候变化的经济学：走向低碳经济》

Economics of Climate Change in China: Towards a Low Carbon Economy, Fan Gang, Nicholas Stern, and Ottmar Edenhofer, Routledge, 2013.

49. 《中国的电子政务：技术、力量和地方政府改革》

E-Government in China: Technology, Power and Local Government Reform, Jesper Schlaeger, Routledge, 2013.

50. 《市场社会主义下的新合资企业：中国的创业者》

Emerging Business Ventures under Market Socialism: Entrepreneurship in China, Zheng Ping and Richard Scase, Routledge, 2013.

51. 《当今中国的环境问题：来自日本的观点》

Environmental Issues in China Today: A View from Japan, Imura Hidefumi, Springer, 2013.

52. 《中国的环境诉讼》

Environmental Litigation in China, Rachel E. Stern, Cambridge University Press, 2013.

53. 《环境之风：中国西南部走向世界》

Environmental Winds: Making the Global in Southwest China, Michael J. Hathaway, University of California Press, 2013.

54. 《中国的侨民：经验、机会与挑战》

Expatriates in China: Experiences, Opportunities and Challenges, Ilaria Boncori, Palgrave Macmillan, 2013.

55. 《中国的兴衰：治愈历史的创伤》

Fall and Rise of China: Healing the Trauma of History, Paul U. Unschuld, Reaktion Books, 2013.

56.《外商直接投资：利益、怀疑和风险，尤其是关注来自中国的外商直接投资》

Foreign Direct Investment：Benefits，Suspicions，and Risks with Special Attention to FDI from China，Theodore H. Moran and Lindsay Oldenski，Peterson Institute for International Economics，2013.

57.《中华人民共和国的外交关系：1949 年以来中国国际政治的遗产和制约》

Foreign Relations of the PRC：The Legacies and Constraints of China's International Politics since 1949，Robert G. Sutter，Rowman & Littlefield Publishers 2013.

58.《印太地区的地缘政治权力转变：21 世纪的美国、澳大利亚、中国与三角外交》

Geopolitical Power Shift in the Indo-Pacific Region：America，Australia，China and Triangular Diplomacy in the Twenty-First Century，Randall Doyle，Lexington Books，2013.

59.《全球老龄化、中国和城市化》

Global Aging，China and Urbanization，Jason L. Powell，Nova Science Publishers Inc.，2013.

60.《危机后的全球金融：美国、中国与新世界秩序》

Global Finance After the Crisis：The United States，China and the New World Order，Richard A. Iley and Mervyn K. Lewis，Edward Elgar，2013.

61.《欧洲与亚洲之间的气候关系治理：来自中国和越南等主要新兴经济体的证据》

Governance of Climate Relations Between Europe and Asia：Evidence from China and Vietnam as Key Emerging Economies，Hans Bruyninckx，Qi Ye，and Thuan Nguyen Quang，Edward Elgar，2013.

62.《伟大的平等社会：儒家、中国与 21 世纪》

Great Equal Society：Confucianism，China and the 21st Century，Kim Young-oak，World Scientific Publishing Company，2013.

63.《中国的绿色政治：环境治理与国家—社会关系》

Green Politics in China:Environmental Governance and State-Society Relations,Joy Y. Zhang and Michael Barr,Pluto Press,2013.

64.《中国治理和国内政治手册》

Handbook of China's Governance and Domestic Politics,Ogden Chris,Routledge,2013.

65.《亿万人民的背后:稀缺如何在未来十年决定中国的崛起》

In Line Behind a Billion People:How Scarcity will Define China's Ascent in the Next Decade,Damien Ma and William Adams,FT Press,2013.

66.《中国和印度的工业化:它们对世界经济的影响》

Industrialization of China and India:Their Impacts on the World Economy,ed. by Nobuharu Yokokawa,Jayati Ghosh and Bob Rowthorn,Routledge,2013.

67.《由内而外,印度和中国:地方政治走向世界》

Inside Out,India and China:Local Politics Go Global,Antholis William,Brookings Institution Press,2013.

68.《中国正在购买世界吗?》

Is China Buying the World,Peter Nolan,Wiley,2013.

69.《中国劳动市场问题》

Labor Market Issues in China,Solomon Polachek and Konstantinos Tatsiramos,Emerald Insight,2013.

70.《中国的法律和公平工作》

Law and Fair Work in China,Sean Cooney,Sarah Biddulph,and Zhu Ying,Routledge,2013.

71.《中国南方新农村秩序的形成》

Making of a New Rural Order in South China,Joseph P. McDermott,Cambridge University Press,2013.

72.《中国南海的海洋问题:麻烦水域还是机会之海》

Maritime Issues in the South China Sea:Troubled Waters or a Sea of Opportunity,Alfred Hu Nien-Tsu and Ted L. McDorman,Routledge,2013.

73.《中国的中产阶级:认同与行为》

Middle Class in China:Identity and Behaviour,Chen Minglu and David S. G.

Goodman, Edward Elgar, 2013.

74. 《中国文化的现代化：连续与变化》

Modernisation of Chinese Culture: Continuity and Change, Jana S. Rosker and Natasa Vampelj Suhadolnik, Cambridge Scholars Publishing, 2013.

75. 《中国在非洲的道德》

Morality of China in Africa, Stephen Chan, Zed Books, 2013.

76. 《亚太人类安全的新路径：中国、日本和澳大利亚》

New Approaches to Human Security in the Asia-Pacific: China, Japan and Australia, William T. Tow, David Walton, and Rikki Kersten, Ashgate Publishing Group, 2013.

77. 《世界舞台上的新玩家：中国的省份与印度的邦》

New Players on the World Stage: Chinese Provinces and Indian States, William Antholis, Brookings Institution Press, 2013.

78. 《中国农产品——粮食市场的政治经济：全球化时代的市场建构》

Political Economy of Agro-Food Markets in China: The Social Construction of the Markets in an Era of Globalization, Louis Augustin-Jean and Björn Alpermann, Palgrave Macmillan, 2013.

79. 《变动全球秩序中的大国：美国、俄罗斯和中国》

Power in the Changing Global Order: The US, Russia and China, Martin A. Smith, Wiley 2013.

80. 《焦躁不安的中国》

Restless China, Perry Link, Richard P. Madsen, and Paul G. Pickowicz, Rowman&Littlefield Publishers, 2013.

81. 《巨龙的回归：崛起的中国和地区安全》

Return of the Dragon: Rising China and Regional Security, Roy Denny, Columbia University Press, 2013.

82. 《中国人民银行的崛起：制度变化的政治》

Rise of the People's Bank of China: The Politics of Institutional Change, Stephen Bell and Feng Hui, Harvard University Press, 2013.

83. 《中国不平等的加剧：和谐社会的挑战》

Rising Inequality in China：Challenges to a Harmonious Society，Li Shi，Hiroshi Sato and Terry Sicular，Cambridge University Press，2013.

84.《中国能源政策的安全和利润》

Security and Profit in China's Energy Policy：Hedging against Risk，Tunsjø Øystein，Columbia University Press，2013.

85.《中国的社会组织和一党制国家》

Social Organizations and the Authoritarian State in China，Timothy Hildebrandt，Cambridge University Press，2013.

86.《社会保护、经济增长与社会变化：中国、印度、巴西和南非的目标、问题和轨迹》

Social Protection，Economic Growth and Social Change：Goals，Issues and Trajectories in China，India，Brazil and South Africa，J. Midgley and D. Piachaud，Edward Elgar，2013.

87.《聚焦中国南海：澄清海洋争端的界限》

South China Sea in Focus：Clarifying the Limits of Maritime Dispute，Gregory B. Poling，Center for Strategic & International Studies，2013.

88.《韩国的阴谋：朴槿惠总统联合中国的隐秘议程》

South Korea's Conspiracy：President Park's Hidden Agenda to Unite with China，Okawa Ryuho，IRH Press Co.，Ltd.，2013.

89.《开发西藏：中国与世界屋顶的资源民族主义》

Spoiling Tibet：China and Resource Nationalism on the Roof of the World，Gabriel Lafitte，Zed Books，2013.

90.《中国工业的补贴：国家资本主义、商业战略与贸易政策》

Subsidies to Chinese Industry：State Capitalism，Business Strategy，and Trade Policy，Usha C. V. and Haley，George T. Haley，Oxford University Press，2013.

91.《中国的可持续发展》

Sustainable Development in China，Curtis Andressen，A. R. Mubarak，and Wang Xiaoyi，Routledge，2013.

92.《美国、中国和台湾之间的技术转移：流动的知识》

Technology Transfer between the US，China and Taiwan：Moving Knowledge，

Douglas B. Fuller and Murray A. Rubinstein, Routledge, 2013.

93.《中国的技术流动性：打工妹与手机》

Technomobility in China: Young Migrant Women and Mobile Phones, Sara Wallis, New York University Press, 2013.

94.《中国危机：中国经济崩溃如何导致全球萧条》

The China Crisis: How China's Economic Collapse will Lead to a Global Depression, James R. Gorrie, Wiley, 2013.

95.《中国谬误：美国如何能够获益于中国的崛起和避免另一场冷战》

The China Fallacy: How the U.S. Can Benefit from China's Rise and Avoid Another Cold War, Donald Gross, Bloomsbury Academic, 2013.

96.《贪食龙：中国的崛起如何威胁自然世界》

The Devouring Dragon: How China's Rise Threatens the Natural World, Simons Craig, Scribe Publications, 2013.

97.《巨龙延伸：中国军力走向全球化》

The Dragon Extends its Reach: Chinese Military Power Goes Global, Larry M Wortzel, Potomac Books Inc., 2013.

98.《中国社会中的家庭和社会变化》

The Family and Social Change in Chinese Societies, Dudley L. Poston Jr. et al., Springer, 2013.

99.《饥饿的巨龙：中国对资源的追求如何正在塑造世界》

The Hungry Dragon: How China's Quest for Resource is Reshaping the World, Sigfrido Burgos Cáceres and Sophal Ear, Routledge, 2013.

100.《中国政治改革的逻辑与限制》

The Logic and Limits of Political Reform in China, Joseph Fewsmith, Cambridge University Press, 2013.

101.《后社会主义中国的农民：历史、政治与资本主义》

The Peasant in Postsocialist China: History, Politics, and Capitalism, Alexander F. Day, Cambridge University Press, 2013.

102.《陷入困境的三角：美国、日本和中国的经济和安全关切》

The Troubled Triangle: Economic and Security Concerns for the United States,

Japan, and China, Inoguchi Takashi and G. John Ikenberry, Palgrave Macmillan, 2013.

103. 《不受人爱的美元本位制：从布雷顿森林体系到中国崛起》

The Unloved Dollar Standard：From Bretton Woods to the Rise of China, Ronald I. McKinnon, Oxford University Press, 2013.

104. 《论中国经济发展》

Thoughts on Economic Development in China, Ma Ying and Hans-Michael Trautwein, Routledge, 2013.

105. 《转移情景：21世纪的中国和美国》

Transition Scenarios：China and the United States in the Twenty-First Century, David P. Rapkin and William R. Thompson, University of Chicago Press, 2013.

106. 《共产主义的转轨和非转轨：中国、古巴、朝鲜和越南的政权生存》

Transitions and Non-Transitions from Communism：Regime Survival in China, Cuba, North Korea, and Vietnam, Steven Saxonberg, Cambridge University Press, 2013.

107. 《中年困境：美中的商业关系、文化、冲突和伦理》

Trouble in the Middle：American-Chinese Business Relations, Culture, Conflict, and Ethics, Steven P. Feldman, Routledge, 2013.

108. 《未知的海峡：两岸关系的未来》

Uncharted Strait：The Future of China-Taiwan Relations, Richard C. Bush, Brookings Institution Press, 2013.

109. 《不平等的中国：不平等的政治经济和文化政治》

Unequal China：The Political Economy and Cultural Politics of Inequality, Sun Wanning and Guo Yingjie, Routledge, 2013.

110. 《联合国在亚洲：一位特使眼中的中国、越南、泰国和南太平洋的发展》

United Nations at Work in Asia：An Envoy's Account of Development in China, Vietnam, Thailand and the South Pacific, Roy D. Morey, McFarland &

Company, 2013.

111.《处于中日之间的美国》

United States between China and Japan, Caroline Rose and Victor Teo, Cambridge Scholars Publishing, 2013.

112.《富强：中国走向 21 世纪的长征》

Wealth and Power: China's Long March to the Twenty-first Century, Orville Schell and John Delury, Random House, 2013.

113.《每个人都必须知道的：21 世纪的中国》第二版

What Everyone Needs to Know: China in the 21st Century（2nd Edition）, Jeffrey N. Wasserstrom, Oxford University Press, 2013.

114.《颠倒的世界：中国与拉美的复杂关系》

World Turned Upside down: the Complex Partnership between China and Latin America, Hardy Alfredo Toro, World Scientific Publishing Company, 2013.

115.《帝国之伤：印度与中国后帝国时期的意识形态和外交政策》

Wronged by Empire: Post-Imperial Ideology and Foreign Policy in India and China, Miller Manjari, Stanford University Press, 2013.

116.《孔夫子说不》

Confucius says no, Leonard Yong, Halstead Press, 2013.

117.《澳大利亚和台湾：双边关系，中国，美国与南太平洋》

Australia and Taiwan: bilateral relations, China, the United States, and the South Pacific, Joel Atkinson, Brill, 2013.

118.《当代中国的社会与社会变化》

Contemporary China: Society and Social Change, Tamara Jacka, Andrew B. Kipnis and Sally Sargeson, Cambridge University Press, 2013.

119.《中国的企业治理和银行》

Corporate Governance and Banking in China, Michael Tan, Routledge, 2013.

120.《中国的地区发展和经济增长》

Regional Development and Economic Growth in China, edited by Yanrui Wu, University of Western Australia, World Scientific Publishing Co. Pte. Ltd., 2013.

121.《党的时期：中国的执政党与执政方式》

Party Time：Who Runs China and How，Rowan Callick，Black Inc.，2013.

122.《中国外交政策中的权力和责任》

Power and Responsibility in Chinese Foreign Policy，Yongjin Zhang and Greg Austin（eds），ANU Press，2013.

（吕增奎　刘强　整理）

（二）法文

1.《中国：军事威胁？》

La Chine：une menace militaire ?，Pierre Picquart，Favre Sa；Édition：1，2013.

2.《地缘政治视角看中国》

Yves Lacoste et Collectif，*Hérodote：géopolitique de la Chine*，Béatrice Giblin，Editions La Découverte，2013.

3.《中国：大差异——中国的发展模式》

La Chine：le grand écart. Le modèle chinois de développement，Dominique de Rambures，Editions de l'Aube，2013.

4.《金砖四国的经济：巴西、俄罗斯、印度和中国》

L'économie des BRIC：Brésil, Russie, Inde, Chine，Andrea Goldstein et Françoise Lemoine，Editions La Découverte，2013.

5.《中国的认同、规则和价值观》

Identités, codes et valeurs en Chine，Brigitte Tison，L'Harmattan，2013.

6.《中国及其移民：获得公民身份》

La Chine et ses migrants：la conquête d'une citoyenneté，Chloé Froissart，PU Rennes，2013.

7.《中国、伊朗和俄罗斯：一个新的蒙古帝国？》

Jean-Marie Holtzinger，Jérôme Pâris et Antoine-Louis de Prémonville，*Chine, Iran, Russie：un nouvel empire mongol ?*，Laboratoire Mondes Futurs，Thomas Flichy（dir.），Lavauzelle，2013.

8.《中国概述》

Esquisses de Chine，Emmanuel Lincot，Belin Litterature et Revues，2013.

9. 《公民社会在中国广东产生过程中的男性和女性》

Hommes et femmes dans la production de la société civile à Canton Chine, Monique Sélim, L'Harmattan, 2013.

10. 《中国如何改变世界》

Comment la Chine change le monde, Charles-Edouard Bouée, Editions dialogues, 2013.

11. 《中国与列强在非洲：一种地缘战略和地缘经济的研究角度》

La Chine et les grandes puissances en Afrique：Une approche géostratégique et géoéconomique, Tanguy Struye De Swielande et Tanguy De Wilde D'Estmael, Presses universitaires de Louvain, 2013.

12. 《中国图集：紧张局势下的世界》

Atlas de la Chine：Un monde sous tension, Thierry Sanjuan et Madeleine Benoît-Guyod, Editions Autrement, 2013.

13. 《法国—中国》

France-Chine, Hotier Hugues, Editions L'Harmattan, 2013.

14. 《2025年的亚洲巨人：中国、日本和印度》

François Godement et Christophe Jaffrelot, *Les géants d'Asie en 2025：Chine, Japon, Inde*, Jean-Marie Bouissou, Philippe Picquier, 2013.

15. 《中国的战略是什么？》

Quelle stratégie pour la Chine ?, François-Régis Dabas, Nuvis Phebe Editions, 2013.

16. 《18 世纪的中国》

La Chine au 18e siecle, Damien Chaussende, éditions Les Belles Lettres, 2013.

17. 《帝国时期中国的神话》

Cahiers Victor Segalen, *Le mythe de la Chine impériale*, Colette Camelin et Philippe Postel（éds.）, éditions Honoré Champion, 2013.

18. 《运动中的中国》

Jean-Louis Rocca, *La Chine en mouvements*, Emilie Frenkiel, PUF, 2013.

19. 《中国的尝试——对一个变化中的国家的新看法》

La tentation de la Chine. Nouvelles idées reçues sur un pays en mutation, Stéphanie Balme, Le Cavalier Bleu, 2013.

20.《未完成战争的残片——台湾企业家与对中国的划分》

Fragments d'une guerre inachevée. Les entrepreneurs taïwanais et la partition de la Chine, Françoise Mengin, Karthala, 2013.

21.《从近亲到亲近——当代中国结社形式的人种志》

De proche en proche. Ethnographie des formes d'association en Chine contemporaine, Isabelle Thireau(éd.), Bern, Berlin, Bruxelles, Frankfurt am Mein, New York, Oxford, Wien, Peter Lang, 2013.

22.《中国——新的国家资本主义》

Chine. Le nouveau capitalisme d'État, Marie Claire Bergère, Fayard, 2013.

23.《非物质文化遗产保护公约：在法国和中国法律中的运用》

La Convention pour la sauvegarde du patrimoine culturel immatériel: son application en droit français et chinois, Wang Li, L'Harmattan, DL 2013.

24.《中国的企业战略：太阳与云彩之间》

Stratégies d'entreprises en Chine: entre soleil et nuages, Dominique Jolly, Pearson, impr. 2013.

25.《欧亚驿站：信息技术与权力的传播：中国、伊朗、叙利亚、意大利》

La poste à relais en Eurasie: la diffusion d'une technique d'information et de pouvoir: Chine, Iran, Syrie, Italie, Didier Gazagnadou, Kimé, 2013.

26.《是否应当惧怕中国？：中国共产党与西方》

Doit-on avoir peur de la Chine ?: le communisme chinois et l'Occident, Thi Minh-Hoang Ngo, l'Aube, 2013.

27.《中国的世纪：北京如何按照自己的形象重建世界》

Le siècle de la Chine: comment Pékin refait le monde à son image, Heriberto Araújo et Juan Pablo Cardenal (dir.), Claire Lamorlette (trad.), Flammarion, 2013.

28.《法国在中国：从 17 世纪到今天》

La France en Chine: du XVIIe siècle à nos jours, Bernard Brizay,

Perrin,2013.

29.《习近平：红色中国的新一代》

Xi Jinping: la Chine rouge nouvelle génération, Agnès Andrésy, l'Harmattan,2013.

30.《中国与世界：1919—1949：25项记录》

La Chine et le monde：1919—1949：en 25 fiches, Christian Birebent et Élodie Gavrilof,Ellipses,2013.

31.《中国商事法典》

Lu Jianping et Li Bin, *Droit chinois des affaires*, Robert Guillaumond, Larcier,2013.

32.《雄鸡遇到龙：从第二次世界大战结束到20世纪60年代中叶中法经济关系20年》

Le coq face au dragon：deux décennies de relations économiques franco-chinoises de la fin de la seconde guerre mondiale au milieu des années 1960, Thierry Robin,Droz,2013.

33.《亚洲的互联网：中国、韩国、日本、印度》

Internet en Asie：Chine, Corée du Sud, Japon, Inde, Séverine Arsène, Karyn Poupée et Alexandra Soulier,P. Picquier,2013.

34.《中国的多情字典》

Dictionnaire amoureux de la Chine,José Frèches,Plon,2013.

35.《中亚地缘政治：欧洲与中国之间：欧亚的核心》

Géopolitique de l'Asie centrale：entre Europe et Chine：le coeur de l'Eurasie, Isabella Damiani,Presses universitaires de France,2013.

36.《中国：从鸦片战争到今天》

La Chine：des guerres de l'opium à nos jours, Xavier Paulès, La Documentation française,2013.

37.《参与民主：挑战与现实（法国、巴西、中国、瑞士、欧盟）》

La démocratie participative：enjeux et réalités（France, Brésil, Chine, Suisse, Union Européenne）,Gilles Lebreton,L'Harmattan,2013.

38.《在敞开大门与房门紧闭之间：19 世纪到 21 世纪中国的对美政治》

Entre porte ouverte et "porte fermée"：la politique chinoise des États-Unis du XIXe au XXIe siècle, Juliette Bourdin, Presses Sorbonne nouvelle, 2013.

39.《法国人眼中的中国"文化大革命"（1966—1971）》

La révolution culturelle chinoise sous le regard des Français（1966—1971）, Camille Boullenois, l'Harmattan, 2013.

40.《中国：三次复兴革命：从孙中山到习近平》

La Chine：trois révolutions pour une renaissance：de Sun Yat-sen à Xí Jìnpíng, Jean-Jacques Tur, L'Harmattan, 2013.

41.《2020 年，什么样的中国，什么样的世界？：2013 年 8 月 30 日研讨会论文集》

Quelle Chine, pour quel monde, en 2020？：colloque du Futuroscope, Fondation Prospective et innovation, 30 *août 2013*, Ginkgo, 2013.

42.《中非：中国、印度和非洲将会打造明日的世界》

Chindiafrique：la Chine, l'Inde et l'Afrique feront le monde de demain, Jean-Joseph Boillot et Stanislas Dembinski, Odile Jacob, 2013.

43.《中国的台湾人》

Les Taïwanais en Chine, Hayet Sellami, Presses universitaires de Rennes, 2013.

44.《新的世界秩序》

un nouvel ordre du monde, Gérard Chaliand et Michel Jan Vers, Éd. du Seuil, 2013.

45.《中国：官僚资本主义：优势与劣势》

Chine：un capitalisme bureaucratique：forces et faiblesses, Au Loong Yu, Patrick Le Tréhondat（trad.）, Ed. Syllepse, 2013.

46.《中国与世界：发展与世界主义：21 世纪的中国，现在与未来》

La Chine et le monde：développement et socialisme：la Chine au XXIe siècle, présent et avenir, Patrick Theuret（dir.）, le Temps des cerises, 2013.

47.《山姆大叔与中国官员》

L'oncle Sam et le mandarin, Général Henri Paris, Nuvis, 2013.

48.《新兴红色亿万富翁》

Les nouveaux milliardaires rouges, Laure de Charette et Marion Zipfel, l'Archipel, 2013.

49.《金钱、财富与奢侈品在亚洲：日本、中国、印度》

Argent, fortunes et luxe en Asie: Japon, Chine, Inde, Jean-Marie Bouissou, Jonathan Siboni, Max-Jean Zins, P. Picquier, 2013.

50.《中国的法律》

Le droit chinois, Frédéric Constant et Christophe Lopez, Dalloz, 2013.

51.《中非关系中非洲参与者的角色与责任：感受性战略的人种志与社会起源》

Serge Banyongen, *Rôle et responsabilité des acteurs africains dans les relations sino-africaines: ethnographie et sociogenèse des stratégies de réceptivité*, Paris: L'Harmattan, DL 2013.

（赵超 整理）

（三）德文

1.《中国的工人运动——来自世界工厂的报告》

Arbeitskämpfe in China, Berichte von der Werkbank der Welt/Egger, Georg [Hrsg.], Promedia-Verl, 2013.

2.《亚洲在世界政治舞台上的崛起》

Asiens Aufstieg in der Weltpolitik/Staack, Michael [Hrsg.], Budrich, 2013.

3.《红色装置——中国共产党人》

Der rote Apparat, Chinas Kommunisten/McGregor, Richard, Matthes & Seitz, 2013.

4.《下一场冷战——中国对抗西方》

Der nächste Kalte Krieg, China gegen den Westen/Hirn, Wolfgang, S. Fischer, 2013.

5.《畏惧中国——新霸主将如何利用我们的危机》

Angst vor China, wie die neue Weltmacht unsere Krise nutzt / Sieren, Frank, Ullstein, 2013.

6.《中国经济的法律环境》

Das rechtliche Umfeld des Wirtschaftens in der VR China / Heuser, Robert; Sprick, Daniel, Nomos, 2013.

7.《中国的货币权力——人民币如何崛起，欧元和美元如何衰落》

Geldmacht China, wie der Aufstieg des Yuan Euro und Dollar schwächt / Sieren, Frank, Hanser, 2013.

8.《中国的资本主义——没有计划和未来？》

Chinas Kapitalismus, Weg ohne Plan und Zukunft? / Coase, R. H.; Wang, Ning, Schäffer-Poeschel, 2013.

9.《罪刑法定与刑法解释——中德比较》

Das Gesetzlichkeitsprinzip im Strafrecht, ein deutsch-chinesischer Vergleich / Hilgendorf, Eric [Hrsg.], Mohr Siebeck, 2013.

10.《通向未来的理性之路》

Der wissenschaftliche Umgang mit Zukunft: Eine Ideologiekritik am Beispiel von Zukunftsstudien über China / Johannes Gabriel, Springer VS, 2013.

（张国华　整理）

（四）俄文

1.《俄罗斯和中国：四个世纪的互动》

《Россия и Китай. Четыре века взаимодействия》（2013 г.）издательства《Весь мир》. Авторский коллектив монографии составили ведущие российские ученые и дипломаты: А. И. Денисов (МИД), Е. П. Бажанов, А. В. Лукин (Дипломатическая академия), А. В. Иванов (МГИМО), В. Л. Ларин, Г. Н. Романова (ИИАЭ ДВО РАН), В. Г. Дацышен (СФУ), А. А. Писарев (Тайвань), Н. А. Самойлов (СПбГУ).

2.《中国化：21世纪中国实力增长在世界引起的后果》

《Китаизация. Последствия роста мощи Китая для мира в XXI веке》. А. М. Байчорова

3.《在现代化道路上的传统中国》

《Традиционный Китай на пути к модернизации》

4.《如何成为兄弟》

《Какстатьсюнди》, Автор: Владимир Марченко. Издательство Амфора. Серия Амфора

5.《从古代到21世纪初的中国历史》（七卷本的第7卷）

Том VII десятитомногоиздания《ИсторияКитая с древнейшихвремендоначала XXI века》//Главный редактор – академик С. Л. Тихвинский. Ответственный редактор тома – доктор исторических наук – Н. Л. Мамаева. Ответственный секретарь – Верченко А. Л.

6.《中国处于亚太地区全球性问题的中心》（论文集）

Китай в эпицентреглобальныхпроблемАТР.

7.《当今世界的中国与俄罗斯》

《Китай и Россия в современном мире》

Автор: Титаренко М. Л. /Страницы: 88/Библиотека: Библиотека ИДВ

8.《中共十八大：新的任务与发展前景》（远东所中国政治研究中心会议材料）

XVIII СЪЕЗД КПК: НОВЫЕ ЗАДАЧИ И ПЕРСПЕКТИВЫ РАЗВИТИЯ (Материалыежегоднойнаучнойконференции Центраполитическихисследований и прогнозовКитая ИДВ РАН.

9.《中共十八大：新的任务与发展前景》（论文集）

сборник《XVIII съезд КПК: новыезадачи и перспективыразвития》

（肖德强　整理）

（五）日文

1.《日中关系史》

『日中関係史』，国分良成、添谷芳秀、高原明生、川島真著，有斐閣，2013年12月。

2.《现代中国政治外交的原点》

『現代中国政治外交の原点』，国分良成、小嶋華津子編，慶應義塾大学出版会，2013年10月。

3.《展望日中的"历史转变"：中日关系再考》

『日中「歴史の変わり目」を展望する：日中関係再考』，天児慧編，勁草書房，2013年3月。

4.《日中对立：解读习近平治下的中国》

『日中対立：習近平の中国をよむ』，天児慧著，筑摩書房，2013年6月。

5.《十字路口上的中国与日中关系：历史、现实与未来的可能性》

『岐路に立つ中国と日中関係：歴史と現在、そして今後の可能性』，川島真著，かわさき市民アカデミー，2013年5月。

6.《对立与共存的历史认识：日中关系150年》

『対立と共存の歴史認識：日中関係150年』，劉傑、川島真編，東京大学出版会，2013年8月。

7.《钓鱼岛冲突始于归还冲绳：日美中三角关系焦点上的钓鱼岛》

『尖閣衝突は沖縄返還に始まる：日米中三角関係の頂点としての尖閣』，矢吹晋著，花伝社，2013年8月。

8.《钓鱼岛问题的核心：日中关系如何演变》

『尖閣問題の核心：日中関係はどうなる』，矢吹晋著，花伝社，2013年1月。

9.《日中领土问题的起源：政府公文讲述的失真事实》

『日中領土問題の起源：公文書が語る不都合な真実』，村田忠禧著，花伝社，2013年6月。

10.《革命的礼仪：中国共产党根据地的政治动员与民俗》

『革命の儀礼：中国共産党根拠地の政治動員と民俗』，丸田孝志著，汲古書院，2013年8月。

11.《变革期的基层社会：全面战争与中国·日本》

『変革期の基層社会：総力戦と中国·日本』，奥村哲著，創土社，2013年2月。

12.《当代中国秘密结社研究》

『現代中国秘密結社研究』，三谷孝著，汲古書院，2013年12月。

13.《向海洋扩张的中国：越发强硬的共产党与人民解放军》

『海洋へ膨張する中国：強硬化する共産党と人民解放軍』，飯田将史著，角川マガジンズ，2013年3月。

14.《中国转折期的对话：舆论领袖24人谈》

『中国転換期の対話：オピニオンリーダー24人が語る』，本田善彦著，岩波書店，2013年11月。

15.《现代中国法律的发展与变化：西村幸次郎古稀纪念论文集》

『現代中国法の発展と変容：西村幸次郎先生古稀記念論文集』，北川秀樹、石塚迅、三村光弘、廣江倫子編，成文堂，2013年7月。

16.《现代中国：多方位解读其政治·经济·文化·历史》

『現代中国：複眼で読み解くその政治·経済·文化·歴史』，大沢昇著，新曜社，2013年8月。

17.《转折期中国的政治与社会集团》

『転換期中国の政治と社会集団』，鈴木隆、田中周著，国際書院，2013年10月。

18.《作为思想问题的现代中国：革命·帝国·党》

『思想課題としての現代中国：革命·帝国·党』，丸川哲史著，平凡社，2013年7月。

19.《有义之问答：垂询中国改革派19人》

『問答有用：中国改革派19人に聞く』，吉岡桂子著，岩波書店，2013年11月。

20.《中国的投资·会计·税务Q&A》

『中国の投資·会計·税務Q&A』，トーマツ中国室編，中央経済社，2013年2月。

21.《中国风险与日本经济》

『中国リスクと日本経済』，石山嘉英著，日本経済評論社，2013年11月。

22.《中国的对外援助》

『中国の対外援助』，下村恭民、大橋英夫、日本国際問題研究所編，日本経済評論社，2013年1月。

23.《最新中国金融·资本市场》

『最新中国金融·資本市場』，川村雄介著，日本証券経済研究所/編，金融財政事情研究会，2013年2月。

24.《中国法务手册》

『中国法務ハンドブック』，森川伸吾、住田尚之、谷友輔、岩井久美子、金子広行著，中央経済社，2013年9月。

25.《中国经济六法2013年增补版》

『中国経済六法2013年増補版』，射手矢好雄主編，日本国際貿易促進協会，2013年1月。

26.《日本经济！无中国亦无可忧》

『日本経済は、中国がなくてもまったく心配ない』，三橋貴明著，ワック，2013年3月。

27.《现代中国经济》

『現代中国経済』，丸川知雄著，有斐閣，2013年7月。

28.《中国经济史》

『中国経済史』，岡本隆司編，名古屋大学出版会，2013月11日。

29.《解读中国商务：把握大局的11个论点》

『中国ビジネスを理解する：大局をつかむ11の論点』，早稲田大学ファイナンス研究センター編，川本裕子著，中央経済社，2013年12月。

30.《中国社会的近现代化与经济政策》

『中国社会の近現代化とその経済政策』，森恒夫著，神戸新聞総合出版センター，2013年2月。

31.《中国流通的活力：内需扩大时期内资企业与外资企业的竞争》

『中国流通のダイナミズム：内需拡大期における内資系企業と外資系企業の競争』，渡辺達朗、流通経済研究所編，白桃書房，2013年4月。

32.《日中贸易指南：中国商务的实用指南手册2013（特集：中国的新体制与经济展望）》

『日中貿易必携：中国ビジネスの実用ガイドブック2013（特集：中国

の新体制と経済展望)』，日本国際貿易促進協会，2013年4月。

33.《中国构建的国际秩序》

『中国がつくる国際秩序』，中園和仁著，ミネルヴァ書房，2013年5月。

34.《中国经济的转折点》

『中国経済の転換点』，南亮進、牧野文夫、郝仁平著，東洋経済新報社，2013年3月。

35.《中国的两个策略：等待历史性转机》

『中国二つの罠：待ち受ける歴史的転機』，関志雄著，日本経済新聞出版社，2013年3月。

36.《中国投资的税务风险管理》

『中国投資の税務リスクマネジメント』，簗瀬正人著，中央経済社，2013年12月。

37.《中国的朝鲜半岛政策》

『中国の対韓半島政策』，中居良文編著，益尾知佐子、渡辺紫乃、李正勲、村主道美執筆，御茶の水書房，2013年12月。

38.《中国资本市场的现状与问题：日中资本市场合作研究会报告》

『中国資本市場の現状と課題：日中資本市場協力研究会リポート』，小川英治責任編集，資本市場研究会編，資本市場研究会，2013年12月。

39.《习近平治下的中国：继"和谐"之后》

『習近平政権の中国：「調和」の次に来るもの』，大西康雄著，アジア経済研究所，2013年8月。

40.《中国重金属污染对策强化决策与防污染技术转让合作事业业务报告书平成24年》

『中国における重金属汚染対策を強化するための政策立案及び汚染対策技術移転協力事業業務報告書平成24年』，日中経済協会，2013年3月。

41.《恶中论：没有中国世界经济照样转》

『悪中論：中国がいなくても、世界経済はまわる』，上念司著，宝島社，2013 年 11 月。

42.《中国变革论：饮食的基础与环境》

『中国変容論：食の基盤と環境』，元木靖著，海青社，2013 年 5 月。

43.《解读习近平时代的中国人民币》

『習近平時代の中国人民元がわかる本』，川村雄介、大和總研著，近代セールス社，2013 年 9 月。

44.《中国的亚洲外交》

『中国のアジア外交』，青山瑠妙著，東京大学出版会，2013 年 11 月。

45.《中国外交与台湾："一个中国"原则的起源》

『中国外交と台湾：「一つの中国」原則の起源』，福田円著，慶應義塾大学出版会，2013 年 2 月。

46.《透析"中国外交战略"之目的》

『完全解読「中国外交戦略」の狙い』，遠藤誉著，ワック，2013 年 7 月。

47.《中国潮流：恰逢日中关系艰难时》

『中国潮流：日中関係が困難なときだからこそ』，杉田欣二著，日本僑報社，2013 年 10 月。

48.《中国觉醒的民众：习近平体制与日中关系之未来》

『中国目覚めた民衆：習近平体制と日中関係のゆくえ』，興梠一郎著，NHK 出版，2013 年 1 月。

49.《变化的中国不变的中国》

『変わる中国変わらぬ中国』，竹内実著，桜美林大学北東アジア総合研究所編，桜美林大学北東アジア総合研究所，2013 年 10 月。

50.《中国复合污染的真面目：走进现实》

『中国複合汚染の正体：現場を歩いて見えてきたこと』，福島香織著，扶桑社，2013 年 12 月。

51.《日本与中国的稀土政策》

『日本と中国のレアアース政策』，福田一徳著，木鐸社，2013 年 10 月。

52.《中国房价调控政策效果分析》

『中国における住宅価格抑制政策の効果分析』，日本住宅総合センター，2013年4月。

53.《中国军力与日本防卫力》

『中国の軍事力日本の防衛力』，杉山徹宗著，祥伝社，2013年4月。

54.《中国四大名校：以压倒性的人才能量迈向世界顶端》

『中国主要四大学：圧倒的な人材パワーで世界トップレベルへ』，科学技術振興機構中国総合研究交流センター編，科学技術振興機構中国総合研究交流センター，2013年9月。

55.《中国初中等教育的发展与改革》

『中国の初等中等教育の発展と変革』，科学技術振興機構中国総合研究交流センター編，科学技術振興機構中国総合研究交流センター，2013年。

56.《中国·日本科学最前沿：研究现场2013版》

『中国·日本科学最前線：研究の現場から2013年版』，科学技術振興機構中国総合研究交流センター編，科学技術振興機構中国総合研究交流センター，2013年3月。

57.《中国社会保障制度的现状与动向2013版》

『中国の社会保障制度の現状と動向2013年版』，科学技術振興機構中国総合研究交流センター編，科学技術振興機構中国総合研究交流センター，2013年。

58.《中国风险管理研究会报告书》

『中国リスクマネジメント研究会報告書』，中国リスクマネジメント研究会著，日本貿易振興機構海外調査部中国北アジア課，2013年10月。

59.《中国市场的真相：收缩的日本与膨胀的中国市场能否成为救世主？》

『中国市場の真相：縮む日本伸びる中国マーケットは救世主となるか？』，川出圭司著，商業界，2013年2月。

60.《中国的水土流失：历史追溯与现代中国的转折点》

『中国の水土流失：史的展開と現代中国における転換点』，松永光平著，勁草書房，2013年7月。

61.《错误百出的对华战略：只有日本人不知晓的中国的弱点》

『間違いだらけの対中国戦略：日本人だけが知らない中国の弱点』，富坂聰著，新人物往来社，2013年2月。

62.《中国质量是否会成为日本的威胁：中国企业、质量管理的实情与建议》

『中国品質は日本の脅威になるか：中国企業、品質管理の実態と提案』，服部和夫著，文芸社，2013年1月。

63.《中国能否成为世界的模式》

『中国は世界の模範となれるか』，池田昌昭著，金沢印刷，2013年1月。

64.《在亚洲寻求生路：中小企业的中国·亚洲战略》

『アジアに活路を求めて：中小企業の中国・アジア戦略』，合田實著，繊研新聞社，2013年3月。

65.《另一个中国风险：知识产权大国中国可怕的国家战略》

『もうひとつのチャイナリスク：知財大国中国の恐るべき国家戦略』，依久井祐著，三和書籍，2013年8月。

66.《世界走向金本位制》

『世界は金本位制に向かっている：金で世界支配を目論む中国』，宮崎正弘著，扶桑社，2013年3月。

67.《即便如此中国将持续发展》

『それでも中国は巨大な成長を続ける』，副島隆彦著，ビジネス社，2013年3月。

68.《政权交替期的中国：胡锦涛时代的总结与习近平时代的展望》

『政権交代期の中国：胡錦濤時代の総括と習近平時代の展望』，日本国際問題研究所編，日本国際問題研究所，2013年3月。

69.《因而中国来日本购买农业土地：TPP报告》

『だから中国は日本の農地を買いにやって来る：TPPのためのレポー

ト』，河添恵子著，産経新聞出版，2013年12月。

70.《中国农业的市场化与农村合作社的发展》

『中国農業の市場化と農村合作社の展開』，神田健策、大島一二著，筑波書房，2013年1月。

71.《毛泽东与邓小平的"百年计划"：解读中国人民解放军的核·海洋·太空战略》

『毛沢東と鄧小平の「百カ年計画」：中国人民解放軍の核・海洋・宇宙戦略を読む』，平松茂雄著，オークラ出版，2013年4月。

72.《中国跨国企业的海外经营：以东亚制造业为中心》

『中国多国籍企業の海外経営：東アジアの製造業を中心に』，川井伸一著，日本評論社，2013年2月。

73.《中国的产业是如何发展》

『中国の産業はどのように発展してきたか』，渡邉真理子著，勁草書房，2013年7月。

（王琪　整理）

中央编译局海外理论信息研究中心简介

中央编译局海外理论信息研究中心（China Center for Overseas Social and Philosophical Theories）为局属信息研究机构。

中心以中央编译局研究、翻译、信息资源为依托，跟踪、收集、整理、分析和研究海外专家学者在重大理论问题上，特别是在中国问题研究上的理论思考和观点，形成多种形式的研究成果，通过公开或内部发行的刊物以及图书、网站等予以发布，供有关部门和理论界参考，为中央决策服务，为中国社会主义现代化建设服务。

中心致力于打造一支高素质、有影响力的专职理论信息研究队伍，同时欢迎国内外专家学者通过兼职等方式参与中心的工作。中心研究领域涵盖哲学、政治学、经济学、社会学、法学和国际关系学，工作语言包括英语、法语、德语、俄语、日语等。

中心致力于与海内外思想库、智囊团、高等院校、研究机构建立和深化联系，互派学者访问，共同举办学术研讨会，开展合作研究。

中心同时致力于向海外推介我国有影响的哲学社会科学研究成果，增强我国理论研究成果和理论研究工作者在海外的影响力。

图书在版编目（CIP）数据

海外中国研究报告. 2014 / 赖海榕主编，张利军执行主编.
（海外当代中国研究丛书 / 魏海生主编）
—北京：中央编译出版社，2014.12

ISBN 978-7-5117-2416-8

Ⅰ. ①海… Ⅱ. ①张… Ⅲ. ①中国经济 – 经济发展 –
研究报告 – 2014 ②社会发展 – 研究报告 – 中国 – 2014
Ⅳ. ①F124 ②D668

中国版本图书馆 CIP 数据核字（2014）第 288889 号

海外中国研究报告 2014

出 版 人：刘明清
责任编辑：薛迎春
责任印制：尹 珺
出版发行：中央编译出版社
地　　址：北京西城区车公庄大街乙 5 号鸿儒大厦 B 座（100044）
电　　话：(010) 52612345（总编室）　　(010) 52612336（编辑室）
　　　　　　(010) 52612316（发行部）　　(010) 52612317（网络销售）
　　　　　　(010) 52612346（馆配部）　　(010) 55626985（读者服务部）
传　　真：(010) 66515838
经　　销：全国新华书店
印　　刷：北京金瀑印刷有限责任公司
开　　本：787 毫米 ×1092 毫米　1/16
字　　数：480 千字
印　　张：26
版　　次：2014 年 12 月第 1 版第 1 次印刷
定　　价：95.00 元

网　　址：www.cctphome.com　　**邮　　箱**：cctp@cctphome.com
新浪微博：@ 中央编译出版社　　**微　　信**：中央编译出版社（ID：cctphome）
淘宝店铺：中央编译出版社直销店（http://shop108367160.taobao.com）

本社常年法律顾问：北京市吴栾赵阎律师事务所律师　闫军　梁勤
凡有印装质量问题，本社负责调换。电话：010 – 55626985